UTB **2908**

Eine Arbeitsgemeinschaft der Verlage

Beltz Verlag Weinheim · Basel
Böhlau Verlag Köln · Weimar · Wien
Verlag Barbara Budrich Opladen · Farmington Hills
facultas.wuv Wien
Wilhelm Fink München
A. Francke Verlag Tübingen und Basel
Haupt Verlag Bern · Stuttgart · Wien
Julius Klinkhardt Verlagsbuchhandlung Bad Heilbrunn
Lucius & Lucius Verlagsgesellschaft Stuttgart
Mohr Siebeck Tübingen
C. F. Müller Verlag Heidelberg
Orell Füssli Verlag Zürich
Verlag Recht und Wirtschaft Frankfurt am Main
Ernst Reinhardt Verlag München · Basel
Ferdinand Schöningh Paderborn · München · Wien · Zürich
Eugen Ulmer Verlag Stuttgart
UVK Verlagsgesellschaft Konstanz
Vandenhoeck & Ruprecht Göttingen
vdf Hochschulverlag AG an der ETH Zürich

TOBIAS BEVC

Politische Theorie

UVK Verlagsgesellschaft

Zum Autor: Dr. Tobias Bevc ist wissenschaftlicher Mitarbeiter am Lehrstuhl für Politische Wissenschaft an der TU München.

Bibliografische Information der Deutschen Nationalbibliothek
Die Deutsche Nationalbibliothek verzeichnet diese Publikation in der Deutschen Nationalbibliografie; detaillierte bibliografische Daten sind im Internet über http://dnb.d-nb.de abrufbar.

Das Werk einschließlich aller seiner Teile ist urheberrechtlich geschützt. Jede Verwertung außerhalb der engen Grenzen des Urheberrechtsgesetzes ist ohne Zustimmung des Verlages unzulässig und strafbar. Das gilt insbesondere für Vervielfältigungen, Übersetzungen, Mikroverfilmungen und die Einspeicherung und Verarbeitung in elektronischen Systemen.

ISBN: 978-3-8252-2908-5

© UVK Verlagsgesellschaft mbH, Konstanz 2007

Einbandgestaltung: Atelier Reichert, Stuttgart
Coverfoto: © Brooks Kraft/CORBIS
Lektorat: Verena Artz, Bonn
Satz und Layout: PTP-Berlin Protago-TeX-Production GmbH, Berlin
Druck: Ebner & Spiegel, Ulm

UVK Verlagsgesellschaft mbH
Schützenstr. 24 · D-78462 Konstanz
Tel.: 07531-9053-0 · Fax: 07531-9053-98
www.uvk.de

Inhalt

1	**Einleitung**	**7**

2	**Grundbegriffe der Politischen Theorie**	**15**

2.1 Grundbegriffe der politischen Ideengeschichte 15
    2.1.1 Gerechtigkeit 16
        2.1.1.1 Platon 18
        2.1.1.2 Utilitarismus 22
        2.1.1.3 John Rawls 28
    2.1.2 Freiheit 35
        2.1.2.1 Jean-Jacques Rousseau 37
        2.1.2.2 John Stuart Mill 42
        2.1.2.3 Theodor W. Adorno 46
2.2 Grundbegriffe der politikwissenschaftlichen Analyse 53
    2.2.1 Herrschaft 53
        2.2.1.1 Aristoteles 55
        2.2.1.2 Thomas Hobbes 61
        2.2.1.3 Max Weber 66
    2.2.2 Macht 72
        2.2.2.1 Niccolò Machiavelli 74
        2.2.2.2 Hannah Arendt 80
        2.2.2.3 Michel Foucault 84

3	**Politische Theorie im Handgemenge**	**93**

3.1 Politik und Kontext 94
    3.1.1 Kultur und Politik 94
        3.1.1.1 Ernst Cassirer 97
        3.1.1.2 Kritische Theorie 104

3.1.2	Wirtschaft und Politik	112
	3.1.2.1 John Maynard Keynes	113
	3.1.2.2 Milton Friedmann	121
3.2	Politik und Ideologie	129
3.2.1	Konservatismus	131
	3.2.1.1 Edmund Burke	133
	3.2.1.2 Carl Schmitt	140
3.2.2	Sozialismus	149
	3.2.2.1 Die Frühsozialisten	152
	3.2.2.2 Karl Marx und Friedrich Engels	163
3.2.3	Liberalismus	177
	3.2.3.1 John Locke	182
	3.2.3.2 Alexis de Tocqueville	189

4 Grundelemente der Politik 198

4.1	Grundelemente des Staatsverständnisses	199
4.1.1	Gewaltenteilung	200
	4.1.1.1 John Locke	202
	4.1.1.2 Charles Louis de Montesquieu	207
4.1.2	Föderalismus	214
	4.1.2.1 Johannes Althusius	217
	4.1.2.2 The Federalist Papers	222
	4.1.2.3 Immanuel Kant	229
4.1.3	Parteien	236
	4.1.3.1 Klassische Parteientheorie	241
	4.1.3.2 Moderne Parteientheorie	255
4.2	Grundelemente der Demokratie	265
4.2.1	Partizipation	265
	4.2.1.1 Benjamin Barber	267
	4.2.1.2 Seyla Benhabib	276
4.2.2	Diskurs	285
	4.2.2.1 Jürgen Habermas	286
	4.2.2.2 Michel Foucault	296

Register 307

Einleitung | 1

Einführungen in die politische Theorie und auch in die politische Ideengeschichte sind in jüngster Zeit in großer Anzahl erschienen. Der hier nun vorliegende Band aus der Reihe »UTB Basics« muss sich daher zu diesen Veröffentlichungen positionieren. Es stellen sich somit zwei Fragen: Was unterscheidet diese Einführung von den anderen und welchen Nutzen besitzt sie für das Studium der Politikwissenschaft?

Die Frage nach dem Unterschied zu anderen Einführungen ist wichtig, nicht zuletzt weil der Gedanke, wie eine Einführung in die politische Theorie einmal anders aussehen könnte, schon die ersten Überlegungen, die zur Entstehung dieses Buches führten, bestimmten. Diese Einführung ist in Hinblick auf die Studierenden und deren Bedürfnisse geschrieben. Das heißt, dass hier der Versuch unternommen wurde, die teilweise recht komplizierten Sachverhalte so darzustellen, dass sie auch für den Studienanfänger nachvollziehbar sind. Nachvollziehbarkeit bedeutet aber auch immer eine Herausforderung und einen Anspruch an jeden Leser: er muss bei der Lektüre dieser Einführung mitdenken, um sich selbst über die eigenen Vorstellung klar zu werden, mit anderen Worten: um zu verstehen!

Während viele Einführungen in die politische Theorie oder in die politische Ideengeschichte nach dem gleichen Schema verfahren, nämlich einen Autor nach dem anderen mehr oder weniger vollständig abzuhandeln, um auf diese Weise – so die Intention – die Entwicklungsgeschichte der Theorien/Ideen aufzuzeigen, so verfährt die vorliegende Einführung anders. Die politische Theorie soll anhand zentraler Begriffe und Theoriekonzepte selbst zum »Sprechen« gebracht werden. Ziel ist es nicht, eine vollständige Darstellung der Theorien einiger Autoren zu bieten. Vielmehr stehen Begriffe und Theoriekonzepte einzelner Autoren im Zentrum der

Unterschied zu anderen Einführungen

Darstellung. Pro Begriff oder Konzept werden dies zwei oder drei Autoren sein. So soll erreicht werden, dass der Studienanfänger oder interessierte Laie nachvollziehen kann, dass solche Konzepte und Begriffe facettenreich sind und eine historische Entwicklung durchlaufen, in der ihre Bedeutung variiert. Gleichzeitig aber hinterlässt die Entwicklung jedes Begriffs Spuren in ihm, die er nicht mehr los wird, sein Bedeutungsgehalt wird also immer vielfältiger.

Aktualisierbares Wissen

Hinter diesem Konzept steckt die Idee, dass die Begriffe und Konzepte dadurch greifbar für den Leser werden und damit auch sinnvoll aktualisierbar, d. h. auf heutige Verhältnisse anwendbar. Anwendbar in dem Sinne, dass viele der Begriffe und Konzepte, die in dieser Einführung besprochen werden, noch bzw. gerade wieder aktuell sind und implizit oder explizit diskutiert werden. Genannt seien hier beispielsweise die Themen Föderalismusreform, Gerechtigkeit in einer globalisierten Welt, Freiheit in Zeiten des Terrors oder die Frage, wer wann wo partizipieren darf und zur Gesellschaft dazugehört. Es zeigt sich also, dass die zentralen Themen der politischen Theorie, die teilweise 2500 Jahre alt sind, auch heute noch einen zentralen Stellenwert in der Diskussion über Politik und Gesellschaft haben.

Fragen der Methode

Bei der Beschäftigung mit der politischen Theorie ist zu beachten, wie man mit Texten, die ja im vorliegenden Fall größtenteils historische sind, umgeht. Man kann zum einen eine historische Herangehensweise auswählen. Das bedeutet, dass man versucht, den

Umgang mit dem Text

Text aus seiner Zeit heraus zu verstehen, ihn gewissermaßen mit den Augen der Autoren und Zeitgenossen betrachtet. Man denkt den historischen Kontext mit und versucht so, den Texten möglichst gerecht zu werden. Eine andere Herangehensweise ist die systematische. Man kann sie auch als dekontextualisierend bezeichnen. Die Texte werden dabei aus ihrem Entstehungskontext herausgenommen und als eigenständige »semantische« Reaktionen des Gesellschaftssystems auf Wandlungen verstanden.[1]

---

1 So zumindest Hauke Brunkhorst in seiner »Einführung in die Geschichte politischer Ideen«. Brunkhorst will in seiner Einführung den dekontextualisierenden Ansatz verfolgen (Brunkhorst 2000).

Diese Einführung versucht beiden Ansätzen gerecht zu werden. Auf der einen Seite werden die Begriffe und Konzepte auf ihren systematischen Gehalt befragt, also dekontextualisiert, andererseits werden die Begriffe anhand historischer Texte rekonstruiert. So wird z. B. versucht, »Gerechtigkeit« in ihren unterschiedlichen theoretischen Erscheinungsformen darzustellen, ohne dabei näher auf die jeweiligen historischen Gegebenheiten im Einzelnen einzugehen. Dennoch geschieht dies immer anhand von Theoretikern, die natürlich in einem historischen Kontext stehen, der ihr jeweiliges Gerechtigkeitsverständnis beeinflusst. In der retrospektiven Metabetrachtung des Begriffs »Gerechtigkeit« kann man dann zu einem dekontextualisierten und systematischen Gerechtigkeitsbegriff kommen, und zwar indem man nur die strukturelle und analytische Dimension der einzelnen Begriffe betrachtet.

Methodische Überlegungen

Jedoch ist zu bedenken, dass es in den Disziplinen der Sozial- und Geisteswissenschaften – man kann die politische Theorie wohl beiden zuordnen – keine absoluten und überzeitlichen Wahrheiten gibt. Hier soll nun keinem bedenkenlosen Relativismus das Wort geredet werden, jedoch ist darauf aufmerksam zu machen, dass es immer so viele Interpretationen eines Textes geben wird, wie es Leser gibt. Manche der Interpretationen werden dabei natürlich offensichtlich falsch sein, viele aber durchaus ihre Berechtigung haben. Diese Feststellung ist auch in Bezug auf diese Einführung zu machen: Die hier angestellten Interpretationen sind, diesen gerade gemachten Beobachtungen folgend, also nicht die einzig möglichen und sie sollten auch nicht als endgültig gesichertes Wissen – ähnlich etwa dem Satz des Pythagoras – »auswendig« gelernt werden. Theorie in den Sozial- und Geisteswissenschaften, auch und gerade politische Theorie, verlangt vom Leser immer, dass er selbst einen kritischen Standpunkt einnimmt und zu einer eigenständigen Interpretation gelangt! Es gibt beispielsweise nicht die eine, wahre und gültige Definition von Freiheit oder Gerechtigkeit. Es gibt sicherlich einige Komponenten von Freiheit und Gerechtigkeit, bei denen die meisten übereinstimmen würden, dass sie zu einer Definition von Freiheit und Gerechtigkeit dazugehören. Dennoch kann diese stark variieren. Das sieht man sehr schön in den Ausführungen zu diesen beiden Begriffen im 2. Kapitel.

Wahrheit

Hermeneutik

Eine gängige Methode in den Geistes- und Teilen der Sozialwissenschaften (selbstverständlich nicht der empirischen Sozialwissenschaften!) ist die Hermeneutik. Was bedeutet Hermeneutik? Die Hermeneutik (von griechisch *hermeneutiké*: die Kunst der Auslegung, das wissenschaftliche Verfahren der Erklärung, die methodische Erklärung des Verstehens) ist die Lehre vom Verstehen. Da das Verstehen aber immer von dem Gegenstand abhängt, der verstanden werden soll, muss man sich bei einigen Gegenständen, deren Verständnis über das alltägliche »Verstehen« hinausgeht, erst einmal selbst einen Verstehenshorizont erarbeiten. Denn Verstehen versteht sich nur von selbst, solange »die intersubjektive Aktivität des Verstehens [...] unproblematisch auf geteilte Hintergrundvoraussetzungen zurückgreifen kann.« (Jung 2001, 7).

Mit Gadamer lässt sich formulieren, dass das Verstehen einen eigenständigen Erkenntnischarakter hat. Der, der etwas verstehen möchte, geht in einem lebensweltlichen Zusammenhang an den Gegenstand, den er verstehen will, heran. Dieser Zusammenhang ist von der Lebenssituation, Sprache, Überlieferung etc. geprägt. Insofern muss man sich beim Verstehen immer dieses Vorverständnisses bewusst sein, um es so einer kritischen Korrektur zugänglich zu machen. Jürgen Habermas fügt Gadamers Methode noch ein ideologiekritisches Element hinzu, da der Überlieferungsprozess des zu verstehenden Gegenstandes ein sprachlicher ist und die Sprache eben auch das Medium von Herrschaft und Macht ist. So konstatiert Habermas: »Der objektive Zusammenhang, aus dem soziale Handlungen alleine begriffen werden können, konstituiert sich aus Sprache, Arbeit und Herrschaft zumal.« (Habermas 1982, 309).

Das bedeutet mit Blick auf die hier vorliegende Einführung, dass das hermeneutische Vorverständnis des Autors ein anderes ist als das der Rezipienten dieser Einführung. Insofern wird damit auch die oben gemachte Aussage verständlicher, dass es keine Wahrheiten gibt, hängt das Verständnis doch auch von den gerade angeführten Voraussetzungen ab. Dieser Tatsache muss man sich beim Studium eines Textes immer bewusst sein.

Gliederung und Auswahl der Themen und Autoren

Die Gliederung dieser Einführung in drei Hauptkapitel ergibt sich aus dem Anspruch, ein möglichst breites Spektrum der politischen Theorie aufzugreifen.

Diese drei Kapitel heißen:

- Grundbegriffe der Politischen Theorie
- Politische Theorie im Handgemenge
- Grundelemente der Politik

Das Kapitel »Grundbegriffe der Politischen Theorie« ist wiederum untergliedert in »Grundbegriffe der Ideengeschichte« und »Grundbegriffe der politikwissenschaftlichen Analyse«. »Freiheit« und »Gerechtigkeit« werden der Ideengeschichte zugeordnet und »Herrschaft« und »Macht« der politikwissenschaftlichen Analyse. Was heißt Grundbegriffe politikwissenschaftlicher Analyse? Analysiert man diese Grundbegriffe, dann erhält man einen zentralen Einblick in das Theoriegebäude eines Autors und dessen Menschen- und Gesellschaftsbild. Insofern sind diese Begriffe zentral für das Verständnis einer politischen Theorie.

In »Grundbegriffe der politischen Ideengeschichte« werden exemplarisch zwei Begriffe vorgestellt, die in allen politischen Theorien bis heute eine zentrale Rolle spielen: Freiheit und Gerechtigkeit. Die Darstellung dieser Begriffe anhand verschiedener Autoren aus unterschiedlichen Epochen verdeutlicht die Spannbreite ihrer Bedeutungshorizonte und die Unterschiede in ihrer Begründung. Die Begriffe der politikwissenschaftlichen Analyse sind solche, die grundlegend für die Konstitution jeglicher Art von politischer Gemeinschaft sind. Dies soll an den Begriffen »Herrschaft« und »Macht« verdeutlicht werden. Gerade an diesen beiden Beispielen kann man nachvollziehen, wie sich im Laufe der Zeit die Einschätzung solcher zentraler Begriffe verändert hat. Am Beispiel von Macht kann man sehen, dass heute zentrale Bestandteile politischer Gemeinschaften deutlich kritischer gesehen werden, als das noch vor 100 Jahren der Fall war. Am Beispiel von Herrschaft ist zu sehen, wie in der politischen Theorie das moralisch-konstruktivistische von einem strukturell-analytischen Denken abgelöst wurde.

Im Kapitel »Politische Theorie im Handgemenge« wird zunächst in »Politik und Kontext« das Phänomen der politischen Kultur – oder besser ihres Verfalls – untersucht. Dies geschieht anhand von zwei Theorien, die zu erklären versuchen, wie es zu einem kompletten Verlust demokratischer und pluralistischer Strukturen kommen kann. Dabei wird gleichzeitig ersichtlich, wieso solche Strukturen wichtig sind und wie verschieden dies wiederum begründet werden kann.

In »Wirtschaft und Politik« geht es um die zwei herausragenden Vertreter der sich diametral entgegenstehenden Wirtschaftstheorien des 20. Jahrhunderts, des Keynesianismus und des Monetarismus, bzw. um die gesellschaftspolitischen Theorien bzw. Konzepte, die hinter diesen beiden Wirtschaftstheorien stehen. Spätestens hier wird nun klar, dass alle einzeln besprochenen Begriffe in dieser Einführung in Wechselbeziehung zueinander stehen, sind doch hier wieder die Begriffe »Gerechtigkeit« und »Freiheit« zentral.

Politik und Ideologie

»Politik und Ideologie« beschäftigt sich mit den zentralen Ideologien oder »-ismen« des 19. und 20. Jahrhunderts, dem Konservatismus, dem Sozialismus und dem Liberalismus. Auch hier wird die gerade betonte Wechselbeziehung aller Begriffe und Konzepte in diesem Buch deutlich werden.

Grundelemente der Politik

Das letzte Kapitel »Grundelemente der Politik« ist untergliedert in »Grundelemente des Staatsverständnisses« und »Grundelemente der Demokratie«. Im 1. Teil werden strukturelle Gliederungen bzw. Unterteilungen des Staates und die damit verbundenen Theoriekonzeptionen verdeutlicht. Die Konzepte der Gewaltenteilung und des Föderalismus sollen hier paradigmatisch zeigen, wie und mit welchen Konsequenzen über die Aufgaben- und Kompetenzverteilung innerhalb eines Staatsgebildes reflektiert wurde und wird. Ergänzt werden diese Betrachtungen durch das Kapitel über Parteien. Diese sind vornehmlich erst eine Erscheinung des 19. Jahrhunderts, haben jedoch heute eine fundamentale Bedeutung für die Funktionsweise der Demokratien.

Diskurs und Partizipation

Der zweite Teil »Grundelemente der Demokratie« behandelt zwei grundlegende Fragen jeder Demokratietheorie: die des Diskurses und die der Partizipation. Gerade heute, unter den Bedingungen der wachsenden Mobilität der Menschen und der Globalisierung, stellt sich die Frage, wer unter welchen Bedingungen an den Entscheidungen eines Gemeinwesens partizipieren darf und wer nicht. Genauso wichtig ist die Frage, an welchen Entscheidungen die Bürger beteiligt sind und welche delegiert werden. Die beiden behandelten Autoren stellen zwei grundlegende Fragen zum Thema Partizipation: Verdienen unsere westlichen repräsentativen Demokratien überhaupt diesen Namen und gibt es nicht andere und bessere Formen der Bürgerbeteiligung als in regelmäßigen Intervallen abgehaltene Wahlen?

Die zwei vorgestellten Diskurstheorien unterscheiden sich deutlich in ihrer Analyse bzw. normativen Zielsetzung. Für die politische Theorie ist die Frage nach der Bedeutung und Macht der Diskurse sehr wichtig, vor allem im Hinblick auf Demokratie, mutet es doch nicht sehr demokratisch an, wenn sich nicht jeder an politischen Diskursen beteiligen kann, diese also Instrumente der Ausschließung sind. Darin stimmen beide Autoren überein.

Weiterführende Hinweise

Den Ausführungen zu einem Begriff folgen jeweils sogenannte »Lernkontrollfragen« und die verwendete Literatur. Bei der Sekundärliteratur sind meist einige Titel kommentiert. Dies soll als Hilfe für diejenigen dienen, die sich gerne intensiver mit einem Thema beschäftigen wollen und eine Literaturempfehlung wünschen.

Im Folgenden werden noch einige Nachschlagewerke genannt, die prinzipiell hilfreich sind und Studierenden der politischen Theorie in fast allen Fällen einen schnellen Überblick über ein Thema oder einen Theoretiker bieten. Sie haben auch beim Verfassen dieses Buches geholfen:

- Riescher, Gisela (Hg.) (2004), Politische Theorie der Gegenwart in Einzeldarstellungen, Stuttgart.
- Hofmann, Wilhelm u. a. (Hg.) (1997), Hauptwerke der politischen Theorie, Stuttgart.
- Fetscher, Iring, Münkler, Herfried (Hg.) (1986), Pipers Handbuch der Politischen Ideen, 5 Bde., München.
- Nohlen, Dieter (Hg.) (1991 ff.), Lexikon der Politik, 7 Bde., München. Darin vor allem:
  Bd. 1: Politische Theorien (1995).
  Bd. 2: Politikwissenschaftliche Methoden (1994).
  Bd. 7: Politische Begriffe (1998).

In diesen Nachschlagewerken findet man unter verschiedenen Gesichtspunkten zu jedem der in dieser Einführung aufgeführten Begriffe und Autoren schnelle Hilfe und auch Hinweise zur weitergehenden Lektüre. Während die beiden Lexika »Politische Theorie der Gegenwart« und »Hauptwerke der Politischen Theorie« kurze Zusammenfassung der zentralen Schriften von vielen Autoren der politischen Theorie von der Antike bis zur Gegenwart bieten, ist »Pipers Handbuch der politischen Ideen« ein (gelungener) Versuch, die politische Ideengeschichte samt ihres jeweiligen historischen Kontextes darzustellen bzw. zu zeigen, welche gesellschaftlich-politischen Ereignisse zu welchen ideengeschichtlichen Entwicklungen geführt haben.

Die hier genannten Bände des »Lexikons der Politik« sind ebenfalls sehr zu empfehlen. Hier wird zuverlässig ein erster Überblick über eine Theorie bzw. über Begriffe oder Methoden und die aktuelle wissenschaftliche Diskussion gegeben, wobei natürlich zu bedenken ist, dass die Bände dieses Lexikons in den 1990er-Jahren erschienen sind und »aktuell« somit als relativer Begriff zu verstehen ist.

Dank

Ein Buch schreibt man nicht alleine, auch wenn man schlussendlich alleine für die in ihm eventuell enthaltenen Fehler und Unzulänglichkeiten verantwortlich ist.

Daher möchte ich mich bei einigen Personen bedanken, die mehr oder weniger intensiv an der Entstehung dieses Buches beteiligt waren. Meiner Lektorin Verena Artz gebührt das Verdienst, hier an erster Stelle genannt zu werden. Sie war es, die mich immer wieder dazu bewogen hat, inhaltliche Unverständlichkeiten und Unklarheiten nochmals zu überdenken und zu reformulieren, damit sie besser mit der Intention der »Basics«-Reihe übereinstimmen und für Studienanfänger leichter verständlich sind.

Des Weiteren möchte ich mich bei Tarquin Mészáros und Holger Zapf bedanken, die als wissenschaftliche Hilfskräfte den Text gelesen und somit zu seiner Verbesserung beigetragen haben. Mészáros hat dankenswerterweise einige Definitionen, Hintergründe und Literaturkommentierungen für mich übernommen, als am Ende die Zeit drängte.

Darüber hinaus danke ich Susanne und Finja für ihre Geduld und Nachsicht, mit der sie die Vernachlässigung meiner neu gewonnenen väterlichen Pflichten – oder besser: Privilegien – ertrugen.

Literatur

Brunkhorst, Hauke (2000), Einführung in die Geschichte politischer Ideen, München.

Habermas, Jürgen (1982), Zur Logik der Sozialwissenschaften, Frankfurt/Main.

Jung, Alfred (2001), Hermeneutik zur Einführung, Hamburg.

Grundbegriffe der Politischen Theorie | 2

Inhalt

In diesem Kapitel geht es um die fundamentale Bedeutung von zentralen Begriffen der Politischen Theorie. Anhand einiger Beispiele wird verdeutlicht, welche Funktion und welchen Stellenwert diese Grundbegriffe für die Politische Theorie haben. Dabei wird sichtbar, dass sie trotz konstanter Kernaussage in den verschiedenen historischen Epochen unterschiedlich ausgelegt und begründet werden. Die hier behandelten Grundbegriffe sind in zwei Gruppen unterteilt:

2.1 **Grundbegriffe der politischen Ideengeschichte**

2.2 **Grundbegriffe der politikwissenschaftlichen Analyse**

Grundbegriffe der politischen Ideengeschichte | 2.1

Als Grundbegriffe der politischen Ideengeschichte werden Begriffe verstanden, die in den meisten Theorien eine enorme Bedeutung für die Konstruktion von Politik und Gesellschaft haben. Beispielhaft sollen die Begriffe der Gerechtigkeit und der Freiheit untersucht werden, da sie in den unterschiedlichsten Formen in allen Theorien einen wichtigen Beitrag leisten. Gleichzeitig sind diese Begriffe auch bestens geeignet, um zu zeigen, wie unterschiedlich derselbe Begriff bei verschiedenen Autoren besetzt sein kann. Insofern werden die folgenden Ausführungen deutlich machen, wie groß die inhaltliche Spannbreite von Begriffen sein kann. Daraus wird zugleich ersichtlich, dass es wichtig ist, sich dieser großen Differenzen bewusst zu sein, um nicht voreilig falsche Schlüsse aus bestimmten Schlagworten zu ziehen.

2.1.1 | Gerechtigkeit

Gerechtigkeit als Grundnorm des Politischen

Die Ideengeschichte liefert uns viele unterschiedliche Konzeptionen davon, wie Gerechtigkeit als Grundnorm des Politischen so begründet werden kann, dass sie von allen Betroffenen akzeptiert wird. Man kann unter Gerechtigkeit beispielsweise Chancengleichheit oder Verteilungsgerechtigkeit verstehen. Unterschiedliche Gerechtigkeitskonzeptionen haben unterschiedlich weitgehende Staatsinterventionen zur Folge, d.h. sie greifen in unterschiedlicher Intensität in das Leben der Menschen ein. Darüber hinaus muss man zwischen personaler und politischer Gerechtigkeit unterscheiden.

Personale und politische Gerechtigkeit

Die personale Gerechtigkeit ist das Charaktermerkmal von Personen. Die politische Gerechtigkeit dagegen umfasst zweierlei: einerseits Gerechtigkeit als Gerechtigkeit sozialer Institutionen (Ehe, Familie, Wirtschaft, Bildungssystem) und andererseits Gerechtigkeit, die Staat, Recht und Politik betrifft.

Definition

Personale und politische Gerechtigkeit
- *Personale Gerechtigkeit* ist das Charaktermerkmal von Personen und Gruppen, ihren Handlungen, Einstellungen und Charakteren sowie Urteilen und Wertungen.
- *Politische Gerechtigkeit* umfasst zwei Gerechtigkeitsbegriffe:
  1. Gerechtigkeit von sozialen Institutionen z.B. Ehe, Wirtschaft, Gesundheitssystem;
  2. Gerechtigkeit, die Staat, Recht und Politik sowie deren Organisation und den Zugang dazu betrifft.

Innerhalb der normativen Theorien der Politik kann man insgesamt sieben Arten der Gerechtigkeit unterscheiden, die von der personalen Gerechtigkeit unterschieden sind und für deren Verwirklichung Institutionen verantwortlich sind (vgl. Horn/Scarano 2002, 9):

Sieben Gerechtigkeitsfelder

1. politische Gerechtigkeit (als Gerechtigkeit sozialer Institutionen und als Gerechtigkeit, die Staat, Recht und Politik sowie deren Organisation und den Zugang dazu betrifft),
2. soziale und ökonomische Gerechtigkeit,

3. Gerechtigkeit zwischen Geschlechtern,
4. Gerechtigkeit gegenüber Minderheiten,
5. Gerechtigkeit zwischen den Generationen (intergenerationelle Gerechtigkeit),
6. juristische Gerechtigkeit, die dem satzungsmäßigen Recht entspricht
7. internationale Gerechtigkeit.

Sieht man sich diese Gliederung der Gerechtigkeitstheorien und der Anwendungsformen der Gerechtigkeit genau an, so kristallisieren sich drei Kernproblemfelder heraus, die grundlegende Fragen aufwerfen. Erst ihre einvernehmliche Lösung würde es zulassen, einen universell gültigen Gerechtigkeitsbegriff zu konstruieren.

1. Das *Dissensproblem* problematisiert die Frage der universellen Geltung bestimmter Gerechtigkeitsdefinitionen, d. h. ihrer Geltung in allen Teilen der Welt.

Dissens-, Positivitäts- und Egalitarismusproblem

2. Beim *Positivitätsproblem* geht es um den Zusammenhang zwischen der normativen Idee der Gerechtigkeit und der tatsächlichen gesellschaftlichen Rechtsordnung und den tatsächlichen gesellschaftlichen Institutionen.
3. Das *Egalitarismusproblem* schließlich fragt nach dem Verhältnis von Gerechtigkeit und Gleichheit (ebd., 11 f., vgl. ebd. 235–249).

Diese Vielschichtigkeit des Gerechtigkeitsbegriffs soll im Folgenden am Beispiel der Gerechtigkeitskonzeptionen Platons, des Utilitarismus und John Rawls' genauer betrachtet werden. Platon macht hier den Anfang, da seine Gerechtigkeitskonzeption bis heute die formale Definition von Gerechtigkeit liefert und seine politische Theorie der erste grundlegende Versuch war, einen »gerechten« Staat zu entwerfen. Der Utilitarismus wurde deshalb ausgewählt, weil er zweierlei leistet, was vorher nie der Fall war: Zum einen unternimmt er den Versuch, die Gerechtigkeit ausschließlich durch das Kriterium der Nützlichkeit zu definieren, zum anderen zeigt er die Ambivalenz jedes anderen Versuchs der Gerechtigkeitsdefinition auf. John Rawls' »Theorie der Gerechtigkeit« wurde ausgewählt, da sie eine zeitgenössische Theorie ist, die zudem die akademische Diskussion über Jahre beschäftigt hat. Interessant ist hier vor allem sein Anspruch, dass die von ihm herausgearbeiteten Gerechtigkeitselemente jederzeit von jedem wieder so gewählt werden würden, wenn rational entschieden werden würde.

2.1.1.1 | Platon

Leben und Werk

Platon (427–347 v. Chr.)

Platon wurde 427 v. Chr. in Athen geboren. Die ersten 23 Jahre seines Lebens waren geprägt vom Peloponnesischen Krieg (431–404), in dem Sparta und Athen um die Vorherrschaft in Griechenland kämpften. Die Tyrannenherrschaft in Athen (411–410) und das Todesurteil gegen seinen Lehrer Sokrates (470/69–399) ließen Platon daran zweifeln, dass jemals der Mächtige auch der Gerechte sein könne. Das Motiv der Gerechtigkeit ist die Grundfrage von Platons politischer Philosophie.

Wichtige Werke Platons für die Politische Philosophie sind u.a.: »Apologie des Sokrates«, »Der Staat«, »Der Staatsmann« und »Die Gesetze«. Platon gründete 387 eine eigene Akademie. 347 v. Chr. starb er in Athen.

Gerechtigkeit als Ziel der Polis

In Platons »Politeia« (»Der Staat«, eigentlich besser als Verfassung zu übersetzen) ist der zentrale Begriff, auf dessen Verwirklichung die gute Polis (Stadtstaat) zielt, die Gerechtigkeit. Diese ist gleichzeitig die höchste Tugend und wird nur dadurch verwirklicht, dass alle Bürger der Polis ihr gemäß handeln.

Definition

Polis

Polis (griech.) hieß ursprünglich »Burg«, später die im Schutz der Burg entstehende Siedlung, die den politischen Mittelpunkt des Umlandes bildete. Das antike Athen war beispielsweise eine solche Polis oder Stadtstaat bzw. Stadt. In der Polis befand sich der Sitz der Beamten, der Tagungsort der politischen und juristischen Versammlungen etc. Die Stadtstaaten waren meist nach seinen Bürgern benannt. Politische Rechte in diesen Stadtstaaten hatten meist nur besitzende männliche Bürger bzw. in der Stadt geborene männliche Bürger. Die Städte waren wirtschaftlich, juristisch, militärisch und politisch autonome Einheiten.

Platons Verständnis von Gerechtigkeit

Bevor Platon zu seiner eigenen Gerechtigkeitsdefinition kommt, spielt er drei andere Definitionen und deren negativen Konsequenzen durch. Diese sind in Abbildung 1 zusammengestellt.

Diese drei Gerechtigkeitsvorstellungen, die Platon allesamt als unzureichend ablehnt, stehen stellvertretend für die drei Regierungsformen Demokratie, Oligarchie und Tyrannis. Sie sind Ausdruck eines Verständnisses von Gerechtigkeit, das stets dem Herrschenden zum Vorteil gereicht. Demzufolge ist für Platon die Tyrannis nur dem Tyrannen zum Vorteil, die Oligarchie nur einigen wenigen, also den Oligarchen, und die Demokratie der Mehrheit, d.h. – nach Auffassung Platons – den Armen.

Platon schildert in seiner »Politeia« zunächst die *Ur-Polis*, die ein einfaches und zufriedenes Leben ermöglicht. Diese Polis wird als »rechte« und gesunde Polis bezeichnet, die jedoch nicht dem Anspruch der Gerechtigkeit, d.h. dass jeder das Seine tut (s.u.), genügen kann. Dagegen gibt es in der *üppigen Polis* beides: Gerechtigkeit und Ungerechtigkeit. Hier hat die Kultur einen größeren Stellenwert, es gibt raffiniertere Speisen und anspruchsvolle Vergnügungen. Folge dieser üppigen Polis ist Krieg, da das eigene Territorium nicht reicht, um die Bedürfnisse zu befriedigen. Der Krieg verdrängt die Gerechtigkeit. Der Ursprung des Krieges ist gefunden: das »unbegrenzte Streben nach Gütern« (griech.: *pleonexia*, Platon 1991, 373d,e). Daraus folgt die Notwendigkeit einer Kriegerkaste bzw. der Wächter.

Drei Formen der Polis

Von der Beschreibung dieser Kaste, ihrer Aufgabe und Stellung in der Polis, gelangt Platon zur Idee der *idealen Polis*, in der der Philosoph und damit die Gerechtigkeit herrscht. Die Wächter sind das Bindeglied zwischen der üppigen und ungerechten Polis und der idealen Polis, die wohlgeordnet und gerecht ist. Der in ihr verwirklichte Gerechtigkeitsgrundsatz Platons führt zur Glückseligkeit. Platons Gerechtigkeitsgrundsatz »Jedem das Seine« definiert sowohl, was dem Individuum zusteht, als auch, wie es handeln

Definition von Gerechtigkeit	Ordnet Platon folgender Regierungsform zu
1. »Wiedergeben, was man empfangen hat«	Demokratie
2. »Den Freunden nutzen, den Feinden schaden«	Oligarchie
3. »Der Vorteil des Stärkeren ist das Gerechte«	Tyrannis

Abb. 1

Gerechtigkeitsdefinitionen, die Platon ablehnt

und arbeiten soll. Wenn jeder das tut, was er am besten kann, dementsprechend handelt und lebt, dann führt er ein gerechtes Leben und trägt somit zur gerechten Gesellschaft bei.

Definition

Die drei Formen der Polis

- *Ur-Polis* bzw. Schweinestadt: Sie stellt eine primitive Stadt dar, in der ein einfaches aber rechtes Leben möglich ist. Die Grundbedürfnisse der Einwohner können befriedigt werden, jedoch sind Kunst und Kultur nicht fortgeschritten, Gerechtigkeit kann es hier noch nicht geben.
- *Üppige Polis*: In ihr gibt es Gerechtigkeit wie auch Ungerechtigkeit. Kultur und Kunst sind weit fortgeschritten. Um ihren hohen Lebensstandard zu finanzieren, muss die üppige Polis Krieg führen; er verdrängt die Gerechtigkeit. Der Ursprung des Krieges ist gefunden: die *pleonexie*, das unbegrenzte Streben nach Gütern.
- *Ideale Polis*: Sie hat die Harmonie der drei Seelenteile erreicht, der Vernunft, des Mutes und der Selbstbeherrschung. Dieser Dreiteilung entspricht die Ordnung der Polis in Herrscher, Wächter und das Volk. Dies hat Gerechtigkeit zur Folge, da in dieser Stadt »jeder das Seine« tut.

Gerechtigkeit und Sittenlehre

Platons Konzept der Gerechtigkeit ist eng verbunden mit seiner Sittenlehre. Gerechtigkeit ist der höchste anzustrebende Zustand, sie ist eine der vier Kardinaltugenden, jedoch überragt sie die drei anderen, da sie deren Harmonie darstellt. Die drei anderen Kardinaltugenden sind die Weisheit, die Tapferkeit und die Besonnenheit. Diese entsprechen den drei Seelenteilen: der Vernunft, dem Mut und der Selbstbeherrschung, die wiederum für die drei Teile der idealen Polis stehen: den Herrscher, die Wächter und das Volk.

Nun wird auch deutlich, wie »das Seinige tun« jeweils aussieht: der Herrscher herrscht mit Hilfe der Vernunft. Der Wächter beschützt die Stadt durch seinen Mut. Das Volk arbeitet, d.h. produziert, was die Stadt zum Leben benötigt, und hält durch seine Selbstbeherrschung Maß, sodass es nicht wie in der »üppigen Polis« zu einem unbegrenzten Streben nach Gütern kommt und somit zu Krieg.

Die Polis wird von Platon als ein vergrößertes Abbild der drei menschlichen Seelenteile dargestellt. Sind die drei Teile des Staates alle in vollendeter Übereinstimmung organisiert, ist ein gerechter Staat die Folge, in dem das Ziel der Gerechtigkeit für alle Einwohner erreicht ist (ebd., 441e–443c). Insofern kann man feststellen, dass nur harmonische Menschen einen harmonischen Staat ermöglichen.

Gemeinwohlorientierung

Dieses Ziel macht deutlich, dass sich Platons Herrschaftsentwurf am Gemeinwohl orientiert. Im Gegensatz zu dem heute weit verbreiteten Gerechtigkeitsverständnis, das seinen Maßstab an der gerechten Verteilung des materiellen Wohlstands hat, macht Platon einen anderen Maßstab geltend: die Möglichkeit für jeden Bürger der Polis, den eigenen Anlagen und Neigungen gemäß zu leben. Hier wird Gerechtigkeit und damit auch das Glück von materiellen Erwägungen abgekoppelt. Gerecht ist der Einzelne und damit auch das Ganze (die Polis), wenn jeder das Seine tut (ebd., 433a). Somit wird aus der Möglichkeit eigentlich eine Pflicht, das jeweils »Seinige« zu tun.

Maßstab der Gerechtigkeit

Platon deutet Gerechtigkeit nicht nur als Verhältnis zu anderen, sondern auch als ein Verhältnis zu sich selbst. Nur wenn die Menschen sich selbst gegenüber gerecht sind, können sie es auch gegenüber ihren Mitmenschen sein. Nur dadurch, dass jeder seinen Fähigkeiten und seiner Aufgabe gemäß handelt, wird die Ordnung der Polis aufrechterhalten. Gleichzeitig betont Platon am Ende der »Politeia«, dass das gerechte Leben immer auch das gute Leben ist. Somit wird erkennbar, dass bei Platon die personale und die politische Gerechtigkeit noch unmittelbar miteinander verbunden sind.

Gerechtigkeit als Verhältnis zu sich selbst

Zusammenfassung

Platons Gerechtigkeitskonzeption

Gerechtigkeit ist ein Gut, das man um seiner selbst Willen liebt und das nicht Mittel zum Zweck ist. Sie ist die höchste Kardinaltugend. Die Seele des Einzelnen ist wie die ideale Polis in drei Teile gegliedert. Nur wenn diese drei Teile – im Individuum wie in der Polis – je das Ihre tun, ist ein Zustand der Gerechtigkeit vorstellbar. Gerechtigkeit bedeutet für jeden Bürger der platonischen Polis die

Pflicht, den eigenen Anlagen und Neigungen gemäß zu leben. Hier wird Gerechtigkeit und damit auch das Glück von materiellen Erwägungen abgekoppelt. Nur wenn die Menschen sich selbst gegenüber gerecht sind und gemäß ihrer Talente leben sowie ein harmonisches Miteinander ihrer drei Seelenteile (Vernunft, Mut und Selbstbeherrschung) besteht, können sie es auch gegenüber ihren Mitmenschen sein. Daraus folgt die unmittelbare Verbundenheit von personaler und politischer Gerechtigkeit.

2.1.1.2 | Utilitarismus

Definition

Der Utilitarismus

Utilitarismus ist der Sammelbegriff für die Philosophie aller Utilitaristen: u.a. Jeremy Bentham (1748–1832), John Stuart Mill (1803–1873) und Henry Sidgwick (1838–1900). Die Grundfrage dieser Philosophie ist: »Was ist moralisch verbindlich und wie kann man es rational begründen?« Um hierauf eine Antwort zu finden, stellt der Utilitarismus ein Kriterium auf, mit dem sich Handlungen, Entscheidungen, Institutionen etc. als moralisch richtig bzw. falsch beurteilen lassen. Dieses Kriterium ist das Utilitätsprinzip, d.h. das Nützlichkeitsprinzip.

Der bekannteste Vertreter des Utilitarismus ist John Stuart Mill (→ vgl. auch Kap. 2.1.2.2), weswegen hier vor allem sein Gerechtigkeitsbegriff dargestellt wird. Der Utilitarismus ist der hedonistischen Auffassung, dass der Begriff »Glück« durch den der »Lust« definiert werden muss. Das zentrale Prinzip des Utilitarismus ist das Nützlichkeitsprinzip. Es wird wie folgt definiert:

Das Nützlichkeitsprinzip

»Die Auffassung, für die die Nützlichkeit oder das Prinzip des größten Glücks die Grundlage der Moral ist, besagt, dass Handlungen insoweit und in dem Maße moralisch richtig sind, als sie die Tendenz haben, Glück zu befördern, und insoweit moralisch falsch, als sie die Tendenz haben, das Gegenteil von Glück zu bewirken« (Mill 1976, 13).

Es ist hier zu betonen, dass die Utilitaristen unter Glück Lust und die Abwesenheit von Unlust verstehen.

Definition

Das Nützlichkeitsprinzip

Das Nützlichkeitsprinzip ist das zentrale Prinzip des Utilitarismus. Es besagt, dass immer diejenige Handlung ausgewählt werden soll, die den größtmöglichen Nutzen zur Folge hat. Das Ergebnis dieser Handlungswahl ist, dass das Glück, das diesem Handeln entspringt, nicht nur dem Handelnden zugute kommt, sondern allen, die von diesem Handeln betroffen sind. Daraus folgt, dass alle Gesetze, die diesem Prinzip gemäß erlassen werden, immer sowohl die Interessen des Einzelnen wie die aller berücksichtigen müssen.

Das größtmögliche Glück aller

Das »größte Glück der größten Zahl« ist für die Utilitaristen das oberste Bewertungsprinzip von Handlungen und Institutionen (Bentham). Dabei ist das »Glück, das den utilitaristischen Maßstab des moralisch richtigen Handelns darstellt, [...] nicht das Glück des Handelnden selbst, sondern das Glück aller Betroffenen« (ebd., 30). Insofern müssen Gesetze immer die Interessen des Einzelnen und die Interessen aller so weit wie möglich in Einklang bringen. Der nach utilitaristischen Gesichtspunkten organisierte Staat muss seine Bewohner so erziehen, dass sie diese utilitaristische Maxime immer befolgen und das persönliche Glück immer mit dem Wohl aller in Beziehung setzen.

Das Glück aller als Maßstab des Utilitarismus

Dies bedeutet aber nicht, dass alle Handlungen der Menschen immer darauf abzielen müssen, allen Menschen Gutes zu tun. Die Utilitaristen gehen davon aus, dass auch die Handlungen, die nur aus wohlverstandenem Eigeninteresse durchgeführt werden, der Allgemeinheit zugute kommen. Als »konsequentialistische Ethik« bemisst der Utilitarismus Handlungen immer nur nach ihren Folgen und nicht daran, ob die Handlung selbst gerecht oder ungerecht ist. Die Handlung eines Diebes wäre beispielsweise dann gerecht, wenn er seine Beute so verteilen würde, dass die Folgen des Diebstahls insgesamt einen gesamtgesellschaftlichen Nutzen zeitigen würde.

Konsequentialistische Ethik

Vier Teile des Nützlichkeitsprinzips

Mill ist auch der Auffassung, dass der moralische Wert von Handlungen und Handlungsregeln immer argumentativ, d.h. ohne

Bezug auf einen moralischen Instinkt, entschieden werden muss. Dieser Bedingung entspricht das oben zitierte Nützlichkeitsprinzip, das man in vier Teilprinzipien gliedern kann (s. Abb. 2). Diese vier Teilprinzipien haben keine Rangfolge. Zusammengefasst kann man formulieren: Man soll so handeln, dass die Folgen des eigenen Handelns für alle Betroffenen optimal sind.

Glück und Gerechtigkeit

Inwiefern ist dies nun hilfreich bzw. zielführend bei der Beschreibung der Gerechtigkeitskonzeption des Utilitarismus? Der ethische Hedonismus der Utilitaristen zielt darauf, das kollektive Glück als obersten Zweck menschlichen Handelns zu etablieren. Daher ist es gleichzeitig das einzige Kriterium, das moralisches Handeln und dessen Regeln leitet oder bestimmt (Schumacher 1994, 118). Im 5. Kapitel von »Der Utilitarismus« diskutiert Mill, welche Beziehung zwischen der Nützlichkeit und der Gerechtigkeit besteht. Er beschreibt fünf Arten von (Un-)Gerechtigkeit und stellt fest, dass aus dieser Unübersichtlichkeit nur der Utilitarismus helfen kann, denn dieser gründet den Begriff der Gerechtigkeit alleine auf dem Prinzip der Nützlichkeit (Mill 1976, 83–102).

Mill geht davon aus, dass jeder Mensch in der Lage ist, sein »wohlverstandenes Eigeninteresse« zu erkennen (ebd., 92). Dieses besteht darin, dass jeder Einzelne ein Interesse daran hat, dass kollektive Glück der Gesellschaft zu erhöhen, weil dies letztlich seine eigenen Interessen fördert und damit sein Glück zunimmt. Die Einsicht in das »wohlverstandene Eigeninteresse« führt automatisch auch zu der Erkenntnis bei allen Menschen, dass Individual- und

Abb. 2		
Die vier Teile des Nützlichkeitsprinzips	**1. Folgen- bzw. Konsequenzprinzip**	Alle Handlungen und Handlungsregeln werden nach ihren Folgen bzw. Konsequenzen beurteilt.
	2. Nutzen- bzw. Utilitätsprinzip	Gibt den Teil der Handlung an, dessen Folgen in die moralische Beurteilung einfließen. Hier geht es um den Nutzen der Folgen einer Handlung.
	3. Hedonistisches Prinzip	Es bestimmt, worin der Nutzen besteht, aufgrund dessen der moralische Wert der Handlungen und Handlungsregeln festgelegt wird. Für Bentham und Mill gilt, dass die Erfüllung menschlicher Bedürfnisse und Interessen der höchste Wert ist. Dieser Nutzen ist das menschliche Glück.
	4. Universalistisches Prinzip	Der Nutzen einer Handlung darf nicht alleine auf das handelnde Subjekt bezogen werden, sondern muss für alle von ihr betroffenen Subjekte gelten (vgl. Höffe 1992, 9 ff.).

Kollektivinteresse zusammenhängen. Die Regeln der Gerechtigkeit müssen daher so gestaltet sein, dass »alle vernünftigen Wesen [sie] zum Nutzen ihres Gesamtinteresses annehmen können« (ebd., 89 ff.).

Mill folgert, dass der Begriff der Gerechtigkeit zwei Dinge voraussetzt: »eine Verhaltensregel und ein Gefühl als Sanktion der Regel«. Während mit der Verhaltensregel das Nützlichkeitsprinzip gemeint ist, das die gesamte Menschheit verinnerlicht haben muss, muss das Gefühl der Wunsch sein, dass die, die gegen die Regel verstoßen, bestraft werden (ebd., 91 f.). Trotz allem fehlt aber noch eine Definition von Gerechtigkeit.

Definition

Die Bedeutung des Gerechtigkeitsgefühls

Das Gerechtigkeitsgefühl der Menschen hat nach Mill zwei Bestandteile: »den Wunsch nach Bestrafung desjenigen, der ein Unrecht getan hat, und das Wissen oder den Glauben, dass es ein bestimmtes Individuum oder bestimmte Individuen gibt, denen das Unrecht angetan wurde« (Mill 1976, 88). Dieses Gerechtigkeitsgefühl ist notwendig, um die Einhaltung der Verfahrensregel, also des Prinzips, dass eine Handlung dem Glück aller förderlich sein soll, zu garantieren. Dieses Gerechtigkeitsgefühl schließt nämlich mit ein, dass das Individuum sich der Tatsache bewusst ist, dass es selbst bestraft werden muss, wenn es gegen die Regel verstößt.

Was ist unter Gerechtigkeit zu verstehen?

Bei allen denkbaren Gerechtigkeitsprinzipien (Chancengleichheit, Verteilungsgerechtigkeit, etc.) besteht das Problem, dass die Gerechtigkeit zwei Seiten hat: Sollen alle gleich viel bekommen, weil sich alle gemäß ihren Fähigkeiten anstrengen, oder soll der, der mehr und bessere Arbeit leistet, mehr bekommen? Diese beiden Seiten sind nicht in Einklang zu bringen.

Um zu entscheiden, welche Position gerecht ist, muss ein weiteres Kriterium herangezogen werden. Dieses Kriterium ist das des Nutzens (s.o.): »Allein die soziale Nützlichkeit [d. h. die Nützlichkeit für alle Betroffenen] kann hier eine Entscheidung treffen.« Gleichzeitig hat jeder den gleichen Anspruch auf Glück. Das bedeutet, dass jeder »den gleichen Anspruch auf die Mittel zum Glück hat, außer insoweit, als die unausweichlichen Bedingungen des mensch-

Ambivalenz
der Gerechtigkeit

GRUNDBEGRIFFE DER POLITISCHEN THEORIE

lichen Lebens und das Gesamtinteresse, in dem das Interesse jedes Einzelnen enthalten ist, dieser Maxime Grenzen setzen« (ebd., 109).

Gleichheit und Gerechtigkeit

Der Gleichheitsgrundsatz wird allerdings eingeschränkt: Der Anspruch auf gleiche Behandlung gilt nur, solange das Gemeinschaftsinteresse nicht eine Ungleichbehandlung erfordert. Als Beispiel lässt sich die progressive Einkommensbesteuerung nennen: Das Einkommen der Menschen wird ungleich behandelt. Hier ist eine Ungleichbehandlung vorteilhaft für das größtmögliche Glück aller. Daraus folgt, dass auch Ungleichheit gerecht sein kann. Denn Gleiches wird gleich und Ungleiches ungleich behandelt.

Verteilende Gerechtigkeit

Ein weiterer wichtiger Punkt ist das Problem der verteilenden Gerechtigkeit. Um den kollektiven Nutzen zu ermitteln, betont der Utilitarismus, dass das Glück aller berücksichtigt werden muss. Er legt jedoch nicht den Modus der Verteilung des Nutzens fest. Der kollektive Nutzen bleibt gleich, ob er nur auf wenige bzw. eine Person verteilt ist oder aber auf alle, d. h., es besteht grundsätzlich die Möglichkeit der ungerechten Verteilung des kollektiven Nutzens. Diese Überlegung widerspricht aber der Forderung nach dem größten Glück der größten Zahl.

Definition

Ambivalenz der Gerechtigkeit

Von zwei Streitenden ist der eine der Ansicht, dass alle gleich viel bekommen sollen, weil sich alle gemäß ihren Fähigkeiten anstrengen. Der andere hingegen meint, dass der, der mehr und bessere Arbeit leistet, mehr bekommen muss. Mill beschreibt dieses Problem so: »Der eine sieht darauf, was der Einzelne gerechterweise bekommen sollte, der andere darauf, was die Gesellschaft ihm gerechterweise geben sollte. Jeder von ihnen ist von seinem eigenen Standpunkt her unwiderlegbar; und solange die Gerechtigkeit einzige Grundlage bleibt, muss jede Bevorzugung des einen oder anderen völlig willkürlich sein« (ebd., 101). Der einzige Ausweg aus diesem Dilemma ist die Anwendung des Nützlichkeitskriteriums.

Der Gerechtigkeitsbegriff der Utilitaristen

Der Gerechtigkeitsbegriff der Utilitaristen geht voll in der Vorstellung einer Verteilungsgerechtigkeit auf. Diese umfasst auch Rechte wie das der politischen Teilhabe. Haben mehr Menschen Teilhabe

an der Politik, so können mehr an den Verteilungsdiskussionen teilnehmen. Dies gewährleistet, dass das Glück möglichst vieler Menschen erhalten und – wenn es möglich ist – gesteigert wird. Dabei
soll eine Maximierung des Glücks bei gleichzeitiger Minimierung
des Aufwands erreicht werden. Dies bürgt nicht für gleiche Rechte
für alle, dafür sind aber die Bedingungen geschaffen, um das größtmögliche Glück der größtmöglichen Zahl zu erreichen. Ziel ist es,
die grundlegenden Bedingungen des individuellen Glücks so zu ord-
nen, dass sie dem Prinzip des größten Glücks gehorchen.

Maximierung des Glücks, Minimierung des Aufwands

Jeder soll von der Gesellschaft in dem Maße behandelt werden,
wie er sich um sie verdient gemacht hat. Dies ist das oberste Prinzip der sozialen bzw. austeilenden Gerechtigkeit, auf das die ganze
Gesellschaft im höchstmöglichen Maße ausgerichtet werden sollte
(vgl. ebd., 107 f.). Mill betont aber auch, dass alle gleich behandelt
werden sollen: »Jeder zählt für einen, keiner für mehr als einen.«
Dieses Recht gilt aber nicht, »wenn ein anerkanntes Gemeinschaftsinteresse das Gegenteil erfordert« (ebd.).

Die Gerechtigkeitsvorstellungen des Utilitarismus tendieren zu
einer verteilenden Gerechtigkeit in dem Sinne, dass die Armen von
den Reichen unterstützt werden sollen, sodass diese einen angemessenen materiellen Wohlstand haben und deren Kinder eine
anständige Erziehung und Ausbildung genießen können.

Verteilende Gerechtigkeit

Zusammenfassung

Gerechtigkeit als Umsetzung des Nützlichkeitsprinzips

- Das zentrale Prinzip des Utilitarismus ist das der Nützlichkeit
  bzw. das des größtmöglichen Glücks. Eine Handlung ist moralisch, wenn sie das Glück befördert. Dabei wird nicht die Handlung selbst bewertet, sondern ihre Folgen. Gerecht ist eine
  Handlung dann, wenn aus ihr die größtmögliche Steigerung des
  Glücks aller von ihr Betroffenen folgt. Die Gerechtigkeit beruht
  also alleine auf dem Prinzip des Nutzens. Insofern müssen ihre
  Prinzipien so formuliert sein, dass alle vernünftigen Wesen sie
  zum Nutzen ihres Gesamtinteresses annehmen können.

- Der Gerechtigkeitsbegriff der Utilitaristen umfasst nicht nur
  materielle, sondern auch politische und emanzipatorische
  Aspekte. Somit ist auch hier eine Verbindung von personaler
  und politischer Gerechtigkeit festzustellen, wobei dies hauptsächlich für den Utilitarismus Mills gilt.

2.1.1.3 | John Rawls

Leben und Werk

John Rawls (1921–2002)

John Rawls wurde 1921 in Baltimore/USA geboren und studierte in Princeton. 1960 wurde er Professor am Massachusetts Institute for Technology und 1962 Professor für Philosophie an der Harvard University. Seine wichtigste Veröffentlichung ist das Buch »Eine Theorie der Gerechtigkeit« im Jahr 1971 (dt. 1975). Rawls starb 2002. Die »Theorie der Gerechtigkeit« fand einen enormen Wiederhall in den USA und mit etwas Verspätung auch in Europa. Weitere wichtige Veröffentlichungen sind »Zwei Regelbegriffe« (1955, dt. 1975), »Gerechtigkeit als Fairness« (1958, dt. 1977), »Politischer Liberalismus» (1993, dt. 1998) und » Gerechtigkeit als Fairness – Ein Neuentwurf« (2001, dt. 2003).

Institutionen und Gerechtigkeit

»Gerechtigkeit ist die erste Tugend sozialer Institution« heißt es zu Beginn des 1. Kapitels von Rawls' Hauptwerk »Eine Theorie der Gerechtigkeit«. Damit macht er deutlich, dass seine Gerechtigkeitslehre auf die Beurteilung sozialer Institutionen (Verfassung; Wirtschafts- und Sozialsystem) zielt, die die Aufgabe haben, die Interaktionen innerhalb eines Sozialsystems zu strukturieren. Rawls geht es um die institutionelle Gliederung und Organisation einer Gesellschaft unter dem Gesichtspunkt der Gerechtigkeit als Fairness. Greift man wieder die Unterscheidung von personaler und politischer Gerechtigkeit auf, so stellt man fest, dass Rawls sein Augenmerk auf die politische Gerechtigkeit konzentriert.

Universelle Definition von Gerechtigkeit

Um zu einer universellen Definition von Gerechtigkeit zu gelangen, geht Rawls von folgendem Gedankenexperiment aus: Die Menschen befinden sich in einem Urzustand, in dem sie keine Kenntnis über ihre spätere Lebenssituation (sozialer Status, natürliche Talente etc.) haben, sie verhalten sich rational und haben keine aufeinander gerichteten Interessen. Kurz: Sie befinden sich hinter einem »Schleier des Nichtwissens«. In dieser Situation sollen sie darüber entscheiden, wie die zu begründende Gesellschaft aussehen soll.

Schleier des Nichtwissens

Da jeder in diesem Urzustand davon ausgehen muss, dass er in der zukünftigen Gesellschaft potentiell jeder Klasse angehören könnte, ist es sein Anliegen, diese für alle Beteiligten so gerecht wie möglich zu gestalten. Nur so können die Menschen im Urzustand ausschließen, später Opfer von Ungerechtigkeiten zu werden. Gleichzeitig wissen aber alle, dass sie von einigen gesellschaftlichen Gütern lieber viel als wenig haben, wie beispielsweise Selbstachtung, Freiheit, Chancen und Einkommen. Die Funktion von Gerechtigkeitsvorstellungen ist also »die Festlegung von Grundrechten und -pflichten sowie der richtigen Verteilung« (Rawls 1994, 22).

Definition

Der Schleier des Nichtwissens und die Maximinregel
Der Schleier des Nichtwissens wird als gedankliches Konstrukt eingeführt, um Regeln des gerechten gesellschaftlichen Zusammenlebens aufstellen zu können, denen jeder rational denkende Mensch zustimmen könnte. Hinter diesem Schleier müssen Menschen, die nichts von ihrer zukünftigen Position in der Gesellschaft wissen, entscheiden, nach welchen Maßstäben Chancen und Zugang zu materiellem Wohlstand verteilt werden sollen. Die Menschen hinter diesem Schleier werden den späteren Gesellschaftszustand für alle Beteiligten so gerecht wie möglich gestalten und dabei die »Maximinregel« befolgen, um nicht selbst Opfer von Ungerechtigkeiten zu werden. Diese besagt, dass man in einer Entscheidungssituation immer die Option mit dem »besten Schlimmstfall« wählen würde.

Maximinregel
Unter dieser Voraussetzung würden die Vertragsparteien der sogenannten Maximinregel als ihrer Entscheidungsregel folgen. Diese besagt, dass man in Situationen mit mehreren Optionen, die Option mit dem »besten Schlimmstfall« wählen soll. Dies bedeutet Folgendes: Man will beispielsweise 100 Euro anlegen und es besteht die Möglichkeit, dass man dabei 10, 20 oder 30 Prozent Gewinn macht. Mit gleicher Wahrscheinlichkeit könnte man aber auch 10, 20 oder 30 Prozent Verlust machen. In diesem Fall müsste man sich nach der Maximinregel für die zehn Prozent entscheiden. Da die Menschen des Urzustands mit dem schlimmsten Fall rechnen müssen, würden sie dieser Regel folgen. Hierbei geht Rawls davon aus, dass die Menschen rational handeln.

Der »Schlimmstfall« als Ausgangsüberlegung

Gesellschaftliche Grundstruktur

Für die im Urzustand entwickelte gesellschaftliche Grundstruktur sind die gesellschaftlichen Institutionen von großer Bedeutung, entscheiden diese doch über Rechte und Pflichten der Menschen. Darüber hinaus sind das politische System, die wirtschaftlichen und die sozialen Verhältnisse, in die man hineingeboren wird, wichtig, da diese die Ausgangspositionen der Menschen bestimmen. All das zusammengenommen kann in Bezug auf individuelle Lebenschancen große Ungleichheiten bedeuten. Diese sind in jeder Gesellschaft unvermeidlich. Daher muss eine Theorie der Gerechtigkeit diese Verhältnisse berücksichtigen.

Rawls ist der Auffassung, dass alle gerechtigkeitsdeterminierenden Voraussetzungen durch seine Konstruktion des »Urzustands« ausreichend Berücksichtigung finden, um in einer so formierten Gesellschaft für ein gerechtes politisches und soziales System zu sorgen. Weitere Bedingung für eine solche Gesellschaft ist, dass jeder in ihr gerecht handelt, d. h., dass jeder sich an die Grundsätze der Fairness und der natürlichen Pflichten hält (ebd., 130–139) und dass die gerechten Institutionen erhalten bleiben (ebd., 24 f.).

»Haltbarkeit« der Regeln des Urzustands

Da freie, selbstbestimmte Menschen unter fairen Bedingungen diese Gesellschaft erstellt haben, ist diese Gesellschaftskonstruktion auch für nachfolgende Generationen gerecht. Rawls ist der Überzeugung, dass unter den gleichen Umständen wieder so beschlossen werden würde. Um die Ungleichheiten, die auch in einer gerechten Gesellschaft zwangsläufig auftreten werden, so gerecht wie möglich zu gestalten, schlägt Rawls anstatt des Nutzenprinzips (*Principle of Utility*) zwei Gerechtigkeitsgrundsätze vor, wobei der erste Grundsatz vor dem zweiten Vorrang hat:

Zwei Gerechtigkeitsgrundsätze

1. Jedermann hat gleiches Recht auf das umfangreichste Gesamtsystem gleicher Grundfreiheiten, das für alle möglich ist.
2. Soziale und wirtschaftliche Ungleichheiten müssen folgendermaßen beschaffen sein:
   (a) sie müssen – unter der Einschränkung des gerechten »Spargrundsatzes« (s. u.) – den am wenigsten Begünstigten den größtmöglichen Vorteil bringen,
   (b) sie müssen mit Positionen und Ämtern verbunden sein, die allen gemäß fairer Chancengleichheit offen stehen (ebd., 336).

Während Rawls den ersten Grundsatz nicht für begründungsbedürftig hält, begründet er den zweiten so, dass es zweckmäßig und gerecht ist, dass alle an den Vorteilen einiger partizipieren. Dass ein Vorteil nicht proportional verteilt ist, ist unwichtig. Ungerecht sei es hingegen, wenn aus bestimmten Situationen nur einige einen Vorteil haben, andere hingegen einen Nachteil. Entscheidend bei Rawls' Überlegungen ist die Verbesserung der schlechtesten Position. Die gesellschaftlich am schlechtesten gestellten Menschen sollen von der Umverteilung am meisten profitieren. In diesem Zusammenhang spricht Rawls von zulässiger Ungleichheit und nennt daher den zweiten Grundsatz »Unterschiedsprinzip« (vgl. Ladwig 2004, 120 ff.).

Die Verbesserung der schlechtesten Position

Funktionsgarantie des Unterschiedsprinzips

Um sicherzustellen, dass das Unterschiedsprinzip funktioniert, hat Rawls zwei »Vorrangregeln« aufgestellt:

Vorrangregeln und Spargrundsatz

1. Freiheiten dürfen nur eingeschränkt werden, wenn davon das Gesamtsystem der Freiheiten profitiert. Zudem muss eine geringere als gleiche Freiheit von den Betroffenen akzeptiert werden (Vorfahrtsregel der Freiheit).
2. Gerechtigkeit hat Vorrang vor Leistungsfähigkeit und Lebensstandard. Chancenungleichheit ist nur dann akzeptabel, wenn sie die Chancen der Benachteiligten erhöht.

Um das Problem der Generationengerechtigkeit zu lösen, führt Rawls den »Spargrundsatz« ein. Dieser besagt, dass »jede Generation ihren gerechten Teil von ihren Vorfahren empfängt und ihrerseits die gerechten Ansprüche ihrer Nachfahren« erfüllen muss (Rawls 1994, 322).

Zusammenfassung

Institutionelle Voraussetzungen der Gerechtigkeit

1. Die Gerechtigkeitsgrundsätze müssen hinter einem Schleier des Nichtwissens ausgearbeitet werden, damit sie für alle Mitglieder der Gesellschaft und auch die folgenden Generationen fair sind.
2. Alle Individuen haben die gleichen Rechte, Pflichten und Freiheiten. Unvermeidbare Ungleichheiten müssen so gut wie möglich kompensiert werden.
3. Es soll das Prinzip der Chancengleichheit herrschen. Falls diese nicht vorhanden ist, soll sie durch Umverteilung oder die Bevorzugung Benachteiligter hergestellt werden.

4. Die Gesellschaft kann nur solche Ungleichheit ausgleichen, für die sie selbst verantwortlich ist. Sie ist nicht für von Geburt an ungleich verteilte Güter verantwortlich.

Gerechtigkeitsgrundsätze für Individuen

Neben diesen Grundsätzen für Institutionen stellt Rawls auch solche für Individuen auf. Hier unterscheidet er zwischen natürlichen Pflichten und dem Grundsatz der Fairness. Letzterer besagt Folgendes: Sind die Institutionen gerecht und nimmt man ihre Vorteile freiwillig an, dann muss man sich ihren Regeln gemäß verhalten. Aus dem Fairnessgrundsatz geht der Grundsatz der natürlichen Pflichten hervor: Wenn man in einer gerechten Gesellschaft lebt, ist es eine natürliche Pflicht, sich als Individuum gerecht zu verhalten. Rawls nennt hier beispielsweise die natürliche Pflicht, nicht grausam zu sein (ebd., 130–139).

Zusammenfassung

Die zwei Grundsätze der Gerechtigkeit

1. Der Grundsatz der natürlichen Pflichten; damit ist gemeint, dass ein Individuum in einer gerechten Gesellschaft die Pflicht hat, sich gerecht zu verhalten.
2. Der Grundsatz der Fairness; er bedeutet für das Individuum, dass es sich den Regeln von Institutionen unterwerfen muss, wenn es deren Vorteile freiwillig angenommen hat. Diese Institutionen müssen allerdings gerecht sein. Der Grundsatz der Fairness bezeichnet die gerechte Gesellschaft als einen Mechanismus des Gebens und Nehmens.

Wann ist eine Gesellschaft gerecht?

Grundgüter

Grundgüter sind Dinge, die ein Mensch benötigt, um eine vernünftige Lebensplanung umzusetzen und glücklich zu werden (ebd., 112 f.). Es gilt die Faustregel: Je mehr man von diesen Gütern hat, desto besser. Zu den Grundgütern gehören:

1. Grundrechte und Grundfreiheiten,
2. Freizügigkeit und freie Berufswahl,
3. mit der beruflichen Stellung verbundene Befugnisse und Vorrechte,
4. Einkommen und Besitz,

5. weitere soziale Grundlagen der Selbstachtung (vgl. Pogge 1994, 68). Rawls führt hier keine von Geburt an ungleich verteilten Güter an, da die Gesellschaft für sie nicht verantwortlich ist. Verantwortlich ist sie erst, wenn ein Mensch aufgrund seiner natürlichen Benachteiligung strukturell bzw. materiell schlechter gestellt wird. Eine Gesellschaft kann insofern dann als gerecht bezeichnet werden, wenn ihre Mitglieder die Möglichkeit haben, eine vernünftige Lebensplanung unabhängig von Geburt und sozialem Stand umzusetzen. Es zeigt sich deutlich, dass Rawls in seiner Theorie der Gerechtigkeit auf die politische Gerechtigkeit zielt, um so den Menschen eine größtmögliche institutionelle und verfahrenstechnisch abgesicherte Gerechtigkeit zu gewährleisten.

Zusammenfassung

Rawls' Theorie der Gerechtigkeit

John Rawls geht es mit seiner Theorie der Gerechtigkeit um die Beurteilung sozialer Institutionen und ihrer Aufgabe, die Interaktionen der Individuen innerhalb eines Sozialsystems zu strukturieren. Um eine Definition von Gerechtigkeit zu bekommen, der jeder zustimmen kann, konstruiert er einen Urzustand, den »Schleier des Nichtwissens«. In ihm sollen die Menschen unabhängig von ihren zukünftigen Positionen, Talenten und Eigenschaften die Gerechtigkeitsstruktur der zukünftigen Gesellschaft bestimmen. Unter diesen Umständen würden die Beteiligten als Entscheidungsregel die Maximinregel befolgen. Da es in jeder Gesellschaft unvermeidbare Ungleichheiten gibt, sollen diese so wenig Auswirkung wie möglich auf die Lebensgestaltung des Einzelnen haben. Daher formuliert Rawls zwei Gerechtigkeitsgrundsätze:
1. Jeder hat das gleiche Recht auf die gleichen Grundfreiheiten.
2. Die sozialen und wirtschaftlichen Ungleichheiten müssen so beschaffen sein, dass die Benachteiligten aus diesen Ungleichheiten einen größtmöglichen Vorteil erlangen und dass jedem alle Ämter und Positionen gemäß der fairen Chancengleichheit offen stehen.

Der Vorrang der Freiheit und der Vorrang der Gerechtigkeit vor Leistungsfähigkeit sind zwei weitere Regeln, die befolgt werden müssen. Dass die Individuen dabei immer rational handeln und entscheiden, ist für Rawls selbstverständlich.

Lernkontrollfragen

1 Stellen Sie die zentralen Unterschiede der Gerechtigkeitskonzeptionen Platons, des Utilitarismus und Rawls' dar.
2 Erklären Sie die Aufgabe der gedanklichen Konstruktion des »Schleiers des Nichtwissens« in der Theorie von Rawls. Diskutieren Sie diese kritisch.
3 Auf den zweiten Blick ähneln sich Platons Gerechtigkeitsdefinition, dass jeder »das Seine« tun soll, und die Definition des Utilitarismus, dass das Handeln nach den Prinzipien der Nützlichkeit gerecht ist. Diskutieren Sie diese Aussage.

Literatur

Primärliteratur

Mill, John Stuart (1976), Utilitarismus, Stuttgart.
Mill, John Stuart (1988), Über die Freiheit, Stuttgart.

Platon (1991), Der Staat, München.
Rawls, John (1994), Eine Theorie der Gerechtigkeit, Frankfurt/Main.

Sekundärliteratur

Bordt, Michael (2004), Platon, Freiburg.
Diese verständlich geschriebene Einführung beleuchtet zentrale Aspekte von Platons Leben und Lehre – schwerpunktmäßig die platonische Ideenlehre.
Höffe, Otfried (2003), Einführung in die utilitaristische Ethik. Klassische und zeitgenössische Texte, Tübingen.
Eine schöne Einführung in die utilitaristische Ethik und politische Theorie. Neben einem gut verständlichen Einleitungsaufsatz von O. Höffe finden sich hier Primärtexte von Bentham, Mill und Sidgwick sowie Aufätze zur zeitgenössischen Diskussion.
Höffe, Otfried (2002), Politische Gerechtigkeit. Grundlegung einer kritischen Philosophie von Recht und Staat, Frankfurt/Main.
Horn, Christoph, **Scarano, Nico** (Hg.) (2002), Philosophie der Gerechtigkeit. Texte von der Antike bis zur Gegenwart, Frankfurt/Main.

Dieser Band behandelt zentrale Aspekte von Gerechtigkeit in der politischen Ideengeschichte anhand von Primärtexten. Die Einleitung und die jeweils einleitenden Aufsätze zu den fünf Kapiteln des Buches stellen den Gerechtigkeitsdiskurs in seiner Fülle dar und vermitteln eine Idee von der Komplexität dieses Themas.
Ladwig, Bernd (2004), Gerechtigkeit, in: Politische Theorie. 22 umkämpfte Begriffe zur Einführung, hrsg. von Gerhard Göhler u. a., Wiesbaden, 119–136.
Pogge, Thomas W. (1994), John Rawls, München.
Diese Einführung bietet einen guten und verständlichen Überblick über die Philosophie Rawls'. Knapp werden hier die zentralen Aspekte seiner Theorie dargestellt.
Popper, Karl (1992), Die offene Gesellschaft und ihre Feinde, Bd. 1, Stuttgart.
In diesem Werk kritisiert der österreichisch-britische Philosoph in teils polemischer Art die totalitären Tendenzen, die

seiner Meinung nach in Platons Staats- und Gesellschaftsentwurf angelegt sind. Poppers teilweise heftig angefeindete Platon-Interpretation gilt heute als Standardwerk zum Thema Totalitarismus und Geschichtsphilosophie.

Schumacher, Ralph (1994), John Stuart Mill, München.
Schuhmacher stellt in seiner gut lesbaren Einführung alle wichtigen Punkte von Mills Philosophie in gut verständlicher Form dar.

Zehnpfennig, Barbara (1997), Platon zur Einführung, Hamburg.
Zehnpfennigs Platon Einführung gibt einen Überblick über Platons Gesamtwerk. Sie geht dabei chronologisch vor und untersucht das Früh-, Mittel- und Spätwerk in je eigenen Kapiteln. Zehnpfennigs Ausführungen zu Platons Philosophie sind gut nachvollziehbar und verständlich.

Freiheit | 2.1.2

Das Problem der Freiheit ist vielschichtig, wird immer wieder neu entworfen und immer neuen Lösungsansätzen zugeführt. Zunächst, wenn man ganz unbedarft an das Thema »Freiheit« herangeht, stellen sich die Fragen:

- Freiheit von was?
- Freiheit zu was?
- Freiheit für wen?

Diese drei Fragen werden oft sehr unterschiedlich beantwortet. Diese Differenzen sind nicht alleine zeitbedingt, sondern auch von den Autoren abhängig. Um hier ein breites Spektrum an Freiheitskonzeptionen darstellen zu können, fiel die Auswahl auf die Autoren Jean-Jacques Rousseau, John Stuart Mill und Theodor W. Adorno, also auf Autoren aus dem 18., 19. und 20. Jahrhundert.

Wesen der Freiheit

Warum diese drei Autoren? Die Antwort auf diese Frage lautet: Weil alle drei Autoren grundlegende Veränderungen zu den schon bestehenden Freiheitskonzeptionen vornehmen. Während Rousseau in der bürgerlichen Gesellschaft den Hort der Unfreiheit erkennt und die Menschen in einer auf gegenseitiger Übereinkunft beruhenden Gesellschaft gar zur Freiheit zwingen möchte, kämpft Mill für die Freiheit innerhalb der existierenden bürgerlichen Gesellschaft. Er ist der Auffassung, dass es in den bestehenden Gesellschaften eine Tyrannei der Mehrheit gibt, die zugunsten der Freiheit des Individuums aufgelöst werden muss. Theodor W. Adorno schließlich radikalisiert Mills Forderung vor dem Hintergrund der nationalsozialistischen Schreckensherrschaft und dem immer stärker werdenden Konformitätsdruck in den modernen Massengesellschaften. Seine zentrale Forderung lautet, dass die Individuen die Freiheit haben müssen, »ohne Angst verschieden sein« zu können (Adorno 1951, 116).

Abendländische Tradition des Begriffs

In der abendländischen Tradition tritt der Begriff der Freiheit 600 v. Chr. im antiken Athen zum ersten Mal in Bezug auf das Politische auf. Die Reform des Kleisthenes (Athen, um 510 v. Chr.) führte dazu, dass sich die Polis von Athen als eine Bürgerschaft von »Freien« etablierte. Die Freien (Adelige und Bauern) gaben sich selbst Gesetze und betrachteten sich als Gleiche. Sie regierten sich selbst und erkannten keine Herren an. Die athenische Demokratie hatte Vorbildcharakter für die Französische Revolution, da sie zeigte, dass die politische Ordnung nichts Gegebenes ist, sondern dass sie der menschlichen Gestaltung und Variation unterliegt und dass daher im Ganzen über sie verfügt werden kann. Insofern hat sie unsere Vorstellungen von politischer Freiheit vorgeformt.

Zusammenfassung

Wie lässt sich Freiheit bestimmen?

Um zu analysieren, welche Art der Freiheit in einer Gesellschaft vorhanden ist, ist es zunächst einmal interessant, sich die drei folgenden Fragen zu stellen, die man auch unter dem Titel negative und positive Freiheiten subsumieren kann:

- Freiheit von was? – beispielsweise von Verfolgung aufgrund von Religion oder Herkunft oder aber von der Sorge um eine angemessene Ausbildung.
- Freiheit zu was? – Was darf ich als Individuum in einer Gesellschaft tun? Ist es dem Individuum erlaubt zu reisen, ein Geschäft zu gründen oder seine Meinung öffentlich kundzutun?
- Freiheit für wen? – Wer gehört zur Gesellschaft und kommt in den Genuss der in ihr gewährten Rechte? Darf jeder, der in ihr lebt, wählen? Wenn nein, warum nicht? Gelten die Freiheiten, die in dieser Gesellschaft gewährt werden, für alle oder nur für eine bestimmte Gruppe?

Bestimmungsmöglichkeiten von Freiheit

Freiheit kann man negativ und positiv bestimmen. In ihrer negativen Bestimmung bedeutet Freiheit das Freisein von äußeren Zwängen, in ihrer positiven Bestimmung bedeutet sie Selbstbestimmung, freie Entscheidung und Wahl. Die politische Diskussion über Freiheit wird neben der gerade angeführten Unterscheidung zwischen positiver und negativer Freiheit noch durch eine weitere Unterscheidung bestimmt: die Unterscheidung von Willens- und Handlungsfreiheit. Beide hängen eng zusammen. Das Problem der

Willens- und Handlungsfreiheit führt zur Diskussion darüber, ob der Mensch fremd- oder selbstbestimmt ist (heteronom oder autonom) oder gar ob er durch seine Natur determiniert ist.

Diese Diskussion wird ausführlich bei Immanuel Kant (→ vgl. auch Kap. 4.1.2.3) und David Hume (1711–1776) geführt. Dies kann hier nicht weiter ausgeführt werden, daher nur so viel: Für Hume bedeutet Freiheit in politischer Hinsicht, dass jeder das Recht hat, nach seinem eigenen Wollen und seinen eigenen Überzeugungen zu handeln, er jedoch entsprechend den gegebenen Umständen gewissen Grenzen unterworfen ist. Kant hingegen bestimmt Freiheit als das Vermögen der Vernunft, selbstgesetzgeberisch tätig zu sein, d. h. jeder Mensch hat die Fähigkeit, sich selbst zu bestimmen. Insofern ist jeder Mensch auch unabhängig von seinen Lebensumständen und Kausalitäten.

Hume und Kant über Freiheit

Die Französische Revolution (1789–1799) verhalf dem Begriff der Freiheit zu einer derartigen Bedeutung, dass seit diesem Zeitpunkt keine Legitimation von Herrschaft mehr ohne einen positiven Bezug auf Freiheit auskommt. Die Kernbedeutung der politischen Freiheit hat wohl Rosa Luxemburg (1871–1919) am prägnantesten formuliert: »Freiheit ist immer die Freiheit des Andersdenkenden.«

Jean-Jacques Rousseau | 2.1.2.1

Leben und Werk

Jean-Jacques Rousseau (1712–1778)

Rousseau wurde 1712 in Genf als Sohn eines Uhrmachers geboren. In Paris lernte er Diderot kennen, der ihm u. a. den Auftrag gab, für die von ihm gemeinsam mit d'Alembert herausgegebene »Encyclopédie« die musikalischen Artikel zu schreiben. 1750 gewann Rousseau mit seinem Diskurs »Über Kunst und Wissenschaft« den Preis der Akademie von Dijon. Zwischen 1750 und 1762 erlangte er einen schriftstellerischen Ruhm, der den Voltaires überstieg. 1755 veröffentlichte er den Diskurs »Über den Ursprung der Ungleichheit unter den Menschen«. Rousseau lebte in dieser Zeit zurückgezogen auf dem Land. 1762 veröffentlichte er »Vom Gesellschaftsvertrag oder Grundsätze des Staatsrechts« und »Émile oder über die Erziehung«. Dies beendete mit einem Mal seine Popularität. In Paris wurden seine Bücher öffentlich verbrannt und er musste fliehen. Bis zu seinem Tod fühlte er sich ständig verfolgt. Er starb im Juli 1778 in der Nähe von Paris.

Freiheit ist eines der zentralen Motive in Jean-Jacques Rousseaus politischer Theorie. Die Freiheit erhalten die Menschen mit der Geburt als Geschenk von der Natur, das ihnen folglich auch niemand wieder wegnehmen darf (Rousseau 1995, 245). Jedoch ist diese Freiheit im Laufe der Zivilisierungsgeschichte der Menschen verloren gegangen. Rousseau stellt im ersten Kapitel des »Gesellschaftsvertrags« fest, dass der von Natur aus freie Mensch »überall in Ketten« liegt, aber auch, dass derjenige, der sich für den Herrn der anderen hält, mehr Sklave ist als die, die er versklavt (Rousseau 1977 I, 5).

Freiheit im Prozess der Zivilisation

Ursprüngliche Freiheit

Ursprünglich sind die Menschen völlig frei von Zwängen außer den natürlichen Zwängen, ihre körperlichen Bedürfnisse zu stillen. Rousseau beschreibt im »Diskurs über die Ungleichheit« die Entwicklung des Menschen vom Naturmenschen zum zivilisierten Menschen. Im Gegensatz zu den Tieren sind die Menschen mit einem freien Willen ausgestattet, der jede Wahl zu einem »Akt der Freiheit« werden lässt (Rousseau 1995, 105 ff.). Die Naturmenschen, die vereinzelt lebten, waren völlig frei. Diese Freiheit nahm ab in dem Maße, in dem die Menschen sich zu Gemeinschaften zusammenschlossen. Durch das Zusammenleben der Menschen und durch die »Erfindung« des Eigentums entstanden Selbstliebe und Selbstsucht, Neid und Egoismus (ebd., 191 f.).

Zusammenschluss zu Gemeinschaften

Die Gesellschaft zur Zeit Rousseaus war durch extreme Ungleichheit gekennzeichnet. Für die Minderprivilegierten bedeutete diese Ungleichheit auch gleichzeitig Unfreiheit (ebd., 229). Aber auch die scheinbar Privilegierten haben laut Rousseau keine wahre Freiheit. Sie leben immer nur, um vor dem Urteil der anderen zu bestehen und um sich in diesem Ansehen glücklich zu preisen. Rousseau beschreibt also die moderne Gesellschaft und die in ihr lebenden Menschen als hochgradig entfremdet und unfrei. Da er sich aber bewusst ist, dass der Weg zurück in den vorgesellschaftlichen Zustand nicht mehr möglich ist, entwirft er den »Gesellschaftsvertrag«. Mit dessen Hilfe soll ein staatlicher Zustand möglich werden, der den wahren Bedürfnissen der Menschen am nächsten kommt und zugleich den Menschen ihre Freiheit zurückgibt. Insofern ist der oft gegen Rousseau erhobene Vorwurf, er wolle zurück in den primitiven Naturzustand, falsch.

Entfremdung in der modernen Gesellschaft

> ## Zusammenfassung

Eigentum, Ungleichheit und Unfreiheit

Für Rousseau besteht ein enger Zusammenhang zwischen Eigentum, Ungleichheit und Unfreiheit. Im Naturzustand waren die Menschen frei und es gab kein Eigentum: »Ihr seid verloren, wenn ihr vergesst, dass die Früchte allen gehören und die Erde keinem!«, mahnt Rousseau (ebd., 193). Der, der die Früchte und die Erde in Besitz nahm, zerstörte die Gleichheit und konnte durch diesen Besitz auch den anderen die Freiheit nehmen.

Der Gesellschaftsvertrag

Die Prinzipien der politischen Freiheit lassen sich in ihrer kleinsten Einheit, der Familie, studieren. Die Familie als Urbild der politischen Gesellschaft zeigt, dass alle frei geboren sind und ihre Freiheit nur zum eigenen Nutzen veräußern können (Rousseau 1977 I, 1). Rousseau möchte mit dem »Gesellschaftsvertrag« das Problem lösen, dass die Menschen sich zusammenschließen, um gegenseitigen Schutz zu genießen, dabei aber dennoch genauso frei bleiben, wie sie es als Individuum vor dem Zusammenschluss sind.

Politische Freiheit

Dieses Vorhaben klingt wie eine Aporie (Unmöglichkeit, in einer Situation die richtige Lösung zu finden): sich zur Gemeinschaft zusammenschließen und dabei genauso frei zu bleiben wie als Individuum. Rousseau löst diese Aporie wie folgt auf:

Aporie der Freiheit

»Gemeinsam stellen wir alle, jeder von uns seine Person und seine ganze Kraft unter die oberste Richtschnur des Gemeinwillens; und wir nehmen, als Körper, jedes Glied als untrennbaren Teil des Ganzen auf.« (ebd., 4).

Das Besondere an dieser Konstruktion Rousseaus ist, dass die Mitglieder dieses Zusammenschlusses zugleich Untertanen und Souverän sind: Untertan, insofern sie den Gesetzen unterworfen sind, Souverän, insofern sie Teilhabe an der politischen Macht bzw. den politischen Entscheidungen haben. Rousseaus Konstruktion des Gemeinwillens (*volonté générale*), der zur Gründung einer Republik unerlässlich ist und sich in diesem Zusammenschluss von Einzelpersonen verdichtet, hat zur Folge, dass jeder Einzelne in zweifacher Hinsicht verpflichtet ist: als Teil des Souveräns gegenüber den Einzelnen und als Teil des Staates gegenüber dem Souverän (ebd., 7).

Gleichzeitig Untertan und Souverän

Die drei Willen: volonté générale, volonté de tous, volonté particulière

Das Problem ist, dass trotz des Gemeinwillens jeder einen Partikularwillen (*volonté particulière*) hat, der beträchtlich vom Gemeinwillen abweichen kann. Daher enthält der Gesellschaftsvertrag eine stillschweigende Übereinkunft, die die Mitglieder der Gemeinschaft ermächtigt, denjenigen, der sich weigert dem Gemeinwillen zu folgen, dazu zu zwingen. Die Logik Rousseaus ist hier ganz einfach: Politische Freiheit ist nur in einer Republik zu erreichen. Da eine Republik aber auf dem Gemeinwillen beruht, muss die Gemeinschaft den Einzelnen davor bewahren, sich und damit auch die anderen durch seinen Partikularwillen in die Unfreiheit zu stürzen.

Zwang zur Freiheit

Das bedeutet aber nicht, dass der Einzelne nicht denken darf, was er will. Rousseau unterscheidet die *volonté générale*, die *volonté de tous* (Wille aller) und die *volonté particulière* (Partikularwille) voneinander. Die *volonté générale* ist der Gemeinwille. Man kann den Gemeinwillen nur ermitteln, indem man jeden Bürger einzeln befragt. Aus dieser Befragung muss jedoch nicht automatisch der Gemeinwillen resultieren, sondern sie kann auch den Willen aller zutage fördern, der aus den verschiedenen Partikularwillen zusammengesetzt ist. Der Gemeinwille ist nur dann vorhanden, wenn die Gemeinschaft eine Gemeinschaft von tugendhaften Bürgern ist, ein »être moral et collectif«, die ihre jeweiligen Partikularinteressen zurückstellen können und dem Gemeininteresse Vorrang geben (vgl. Fetscher 1993, 126 ff.). Was uns Rousseau hier bietet, ist eine stark normative Theorie politischer Freiheit. Diese Freiheit existiert

Gemeinwille

Definition

Die drei Willen

Der Gemeinwille (*volonté générale*) hat das Gemeinwohl zum Ziel. Er hat also normativen Charakter. Er ist der vorauszusetzende Wille der Gemeinschaft als solcher, nicht der empirisch zu ermittelnde Wille der Summe der Glieder dieser Gemeinschaft. Dies wäre der Wille aller (*volonté de tous*), der keinesfalls mit dem Gemeinwillen verwechselt werden darf. Der Wille aller ist nichts weiter als die Summe der Partikularwillen (*volonté particulière*) der einzelnen Individuen, also die Summe der Privatinteressen (Rousseau 1977 I, 7; II, 2–4; vgl. Fetscher 1993, 126 ff.).

nur so lange, wie die tugendhafte Gemeinschaft auf diesem Pfad des Gemeinwohls bleibt.

Identitäre Demokratie

Rousseaus Demokratiekonzeption wird auch als »identitäre Demokratie« bezeichnet, weil hier der Untertan und der Souverän identisch sind. Die Untertanen können ihre Souveränität nicht abtreten, sondern sie bleibt immer bei ihnen: sie ist unveräußerlich, undelegierbar und unteilbar. Konsequenterweise ist Rousseau daher auch die Repräsentation ein Gräuel, sie entfremde die Menschen von sich selbst und führe zu autoritären Regimen. Benjamin Barber wird an diesem Punkt anknüpfen (→ vgl. Kap. 4.2.1.1). Rousseaus Demokratiekonzept basiert auf einer Identität von Herrschern und Beherrschten sowie einer Koppelung von Exekutive und Legislative in der Demokratie; in der rousseauschen Demokratie ist nämlich auch die Regierung mit dem Souverän und dem Volk identisch. Das ein solches Konzept gefährlich ist, kann man daran erkennen, dass Carl Schmitt seinen plebiszitären Führerstaat auf Rousseaus identitätstheoretisches Fundament stellt (→ vgl. Kap. 3. 2.3.2).

Zusammenfassung

Voraussetzung und Ergebnis der Freiheit

Rousseau sieht den Menschen als von Natur aus frei an. Im Laufe der Geschichte werden die Menschen aber zunehmend unfreier, da sich durch das Leben in der Gesellschaft und durch das Eigentum Selbstsucht, Egoismus und Neid entwickeln. Menschen werden in Herren und Untertanen aufgeteilt. Beide Seiten dieses Verhältnisses sind nicht frei, sondern von den Fesseln der bürgerlichen Gesellschaft (u. a. Klassenstruktur, Wirtschaftsweise, Partizipationsrechte etc.) gefangen. Insofern ist der Gesellschaftsvertrag eine Konstruktion, die eine Gesellschaft ohne Herr und Untertan ermöglicht. Alle sind zugleich Untertan und Souverän, d. h., sie sind zugleich Subjekt und Objekt der Gesetze in dieser Republik. Dies funktioniert nur, wenn die Menschen es schaffen, den Gemeinwillen sprechen zu lassen. Nur in ihm zeigt sich der echte und gerechte Wille des Volkes, der allein unter den Bedingungen der Freiheit des Individuums zutage tritt und normativ, also regelgebend, ist.

2.1.2.2 | John Stuart Mill

Leben und Werk

John Stuart Mill (1806–1873)

Als Sohn des Philosophen, Ökonomen und Historikers James Mill wurde John Stuart Mill 1806 in London geboren. Schon als Kind lernte er Altgriechisch und Latein. Ab 1823 arbeitete Mill in der Ostindischen Handelsgesellschaft (East India Company), die er von 1853 bis 1856 leitete. Von 1865 bis 1868 war er Abgeordneter im englischen Parlament und setzte sich dort für das allgemeine Wahlrecht und die Gleichstellung der Frauen ein. Einige wichtige Veröffentlichungen Mills sind »Über die Freiheit« (1859), »Utilitarismus« (1861), »Betrachtungen über die repräsentative Regierung« (1861) und, zusammen mit seiner Frau Harriet Taylor, »Über die Unterdrückung der Frauen« (1869).

Mills Leitfrage in »Über die Freiheit« (»On Liberty«) ist die nach der Grenze der rechtmäßigen Machtausübung der Gesellschaft über *Freiheit des Individuums* das Individuum. Mill sieht die soziale und politische Freiheit des Individuums durch die »Tyrannei der Mehrheit« bedroht. Daher sucht er gerade die Freiheit des Individuums zu schützen (Mill 1988, 9 f.). Die Freiheit des Individuums ist für ihn der Motor des Fortschritts der Gesellschaft und damit der ihrer allgemeinen Wohlfahrt. Mill geht es um die bürgerliche und soziale Freiheit, um das Wesen und die Grenzen der Macht, die die Gesellschaft über das Individuum ausübt. Der Staat besitzt lediglich eine Ordnungs- und Sicherheitsfunktion. Er darf die Freiheiten des Individuums nicht einschränken. Allerdings sieht Mill in seiner zeitgenössischen Umgebung die Tendenz, dass Staat und Gesellschaft die Freiheiten des Individuums immer mehr beschneiden (ebd., 84).

Mill geht es insbesondere um die folgenden Freiheiten des Individuums:
- Gewissens- und Diskussionsfreiheit,
- Persönliche Freiheit der Lebensführung,
- Vereinigungsfreiheit (ebd., 20).

Utilitarismus statt Statt den Liberalismus auf einer Naturrechtskonzeption zu begrün-
Naturrecht den, wie es z. B. Locke tut (→ Kap. 2.3.1.3), fußt Mills Theorie des Liberalismus auf seiner utilitaristischen Ethik (Utilitarismus) (ebd., 20, → vgl. a. Kap. 2.1.1.2). Die Freiheiten des Individuums, die gemäß des Uti-

litarismus von der Gesellschaft geschützt werden sollen, sind das Fundament der allgemeinen Wohlfahrt und des kollektiven Glücks. Die Anwendung von Mills Freiheitsprinzip führt daher zur Realisierung des kollektiven Glücks. Die Funktion dieses Prinzips besteht darin, die Freiheiten zu definieren, die keinesfalls von der Gesellschaft eingeschränkt werden dürfen (Schumacher 1994, 133 ff., 140).

Definition

Drei Freiheiten des Individuums

Die drei Freiheiten, die nach Mill dem Individuum zukommen müssen, sind:
1. Gewissens- und Diskussionsfreiheit,
2. Persönliche Freiheit der Lebensführung,
3. Vereinigungsfreiheit (Mill 1988, 20).

Sie ermöglichen es dem Individuum, der »Tyrannei der Mehrheit« zu entkommen, die in Demokratien nach Mills Auffassung die Regel ist.

Die Grenzen der Freiheit des Einzelnen

Mills Essay »Über die Freiheit« ist einer der wichtigsten Texte zur Verteidigung des politischen Liberalismus und der individuellen Gedanken- und Handlungsfreiheit. Mill ist der Auffassung, dass Eingriffe der Gesellschaft in die Freiheit des Einzelnen nur dann erlaubt sind, wenn der Einzelne durch seine Handlungen droht, Unheil für andere zu stiften. Er will somit die Tyrannei der Mehrheit verhindern. Diese umfasst nicht nur die Bevormundung durch die Regierung, sondern auch durch die herrschende Meinung und Gesinnung, durch erzwungene Verhaltensregeln und die Einebnung individueller Fähigkeiten und Neigungen. Kurz: Sie enthält neben einer politischen auch eine soziale Komponente der Unterdrückung (ebd., 9 f.). Gerade auch in repräsentativen Demokratien sieht Mill die Minderheiten in Gefahr. Zwar hält er die Demokratie für die einzig gerechte Regierungsform, jedoch fördert sie die Gleichheit oft auf Kosten der Freiheit.

Tyrannei der Mehrheit

Mill stellt dagegen die inneren und die äußeren Freiheiten des Individuums in den Vordergrund. Sie sind an folgende Bedingung geknüpft: Der Einzelne ist der Gesellschaft für seine Handlungen,

Definition

Tyrannei der Mehrheit

Die »Tyrannei der Mehrheit« ist nach Mill ein Phänomen, vor dem man die Menschen schützen muss, gerade auch in Demokratien, die Mill für die einzig legitime Regierungsform hält. In der Demokratie bestimmt die Mehrheit nicht nur über politische Angelegenheiten, sondern auch über Sitten, Gewohnheiten und gesellschaftliche Regeln. Dabei wird häufig die Freiheit des Individuums eingeschränkt. Diese Betonung der »Tyrannei der Mehrheit« muss vor dem Hintergrund der besonderen Sittenstrenge und Moralität des viktorianischen Englands zur Zeit Mills verstanden werden.

wenn sie nur ihn betreffen, keine Rechenschaft schuldig, aber sehr wohl, wenn er die Interessen anderer beschädigt (ebd., 16 f.).

Das Prinzip der Freiheit
Aus diesen Überlegungen folgt die grundlegende Frage, wo die Herrschaft des Individuums über sich selbst endet und wo die Autorität der Gesellschaft beginnt. Die Gesellschaft ist zwar – wiederum anders als bei Locke – nicht auf einem Vertrag gegründet und es wäre auch nicht zweckmäßig, soziale Verpflichtungen vertraglich zu regeln. Dennoch ist jeder, der den Schutz der Gesellschaft genießt, ihr dafür Dank schuldig (ebd., 103). Mill grenzt die Handlungs- und Einflusssphären der Gesellschaft und des Individuums mithilfe des »Prinzips der Freiheit« voneinander ab. Dieses Prinzip besagt, dass die Gesellschaft erst in die Freiheit eines Individuums eingreifen darf, wenn dieses die Freiheit bzw. die Interessen anderer Individuen gefährdet.

Vorteile der Freiheit
Worin bestehen die Vorteile der Freiheit des Individuums? Vor allem, was hat die Gesellschaft davon? Man kann sich dies am Beispiel der Gewissens- und Diskussionsfreiheit verdeutlichen. Mill führt aus, dass selbst wenn bis auf einen Menschen die ganze Menschheit der gleichen Meinung wäre, die Mehrheit dann dennoch nicht das Recht hätte, diesen einen Menschen zum Schweigen zu bringen (ebd., 25). Denn verbietet man eine falsche Meinung, so beraubt man sich des Vorteils, die richtige umso deutlicher wahrzunehmen, verbietet man eine richtige Meinung, so verhindert man die Gelegenheit, Irrtum gegen Wahrheit auszutauschen (ebd., 26; vgl. auch 63 f., 72 ff.). So oder so, man schadet immer sich selbst, demjenigen, dem man etwas verbietet und dem gro-

ßen Ganzen. Insofern ist die Freiheit der Meinungsäußerung der Garant dafür, dass auch von der Gesellschaft prinzipiell als wahr angenommene Sachverhalte immer wieder infrage gestellt werden können; somit verhindert sie letztlich den Stillstand der gesellschaftlichen Entwicklung.

Freiheit als Korrekturinstanz

Die persönliche Freiheit der Lebensführung ist ein rein privater Bereich, in dem die Gesellschaft dem Individuum nichts vorschreiben darf (vgl. ebd., 103–128). Das Individuum hat die Freiheit, genauso zu sein, wie es möchte, auch wenn es mit seinem Verhalten bei den anderen auf Ablehnung stößt (ebd., 104 ff.). Das Verhalten des Einzelnen ist erst dann zu sanktionieren, wenn dieses Verhalten anderen Schaden zufügt, wobei die reine Möglichkeit des Schadens alleine dafür nicht ausreicht (ebd., 112 f.). Erst wenn mit den Handlungen eines Individuums die berechtigten Interessen eines anderen berührt werden, ist dies zu sanktionieren. Berechtigte Interessen sind die, die gesetzlich geregelt sind. Nur diese dürfen nicht durch das Handeln eines Individuums beeinträchtigt werden (ebd., 103). Die Ruhezeiten sind hierzulande beispielsweise gesetzlich geregelt. Wenn nun ein Individuum meint, in dieser Zeit Krach machen zu müssen, so ist dies zu sanktionieren, da es dann berechtigte Interessen seiner Mitmenschen verletzt.

Sanktionierung der Freiheit

Das Kriterium zur Bestimmung des berechtigten Interesses findet man in Mills »Der Utilitarismus«: Es muss das des größtmöglichen Glücks für die größtmögliche Zahl sein. Das wird zusätzlich durch Mills Forderung nach einem allgemeinen Wahlrecht, d. h. auch für Arbeiter und für Frauen, unterstrichen. Mill fordert politische Freiheiten für alle Menschen in der Gesellschaft, sodass diese die Freiheit haben, die Politik, die sie betrifft, mitzubestimmen.

Zusammenfassung

Mills Verteidigung der individuellen Freiheit

Mill ist der Auffassung, dass die Freiheit des Individuums gegenüber der Gesellschaft vorrangig ist. Er will das Individuum so gegen die Tyrannei der Mehrheit und den herrschenden Konformitätsdruck schützen. Die Grenzen der Freiheit sind klar bestimmt: Da, wo die berechtigten Interessen anderer gestört werden, hört die Freiheit des Einzelnen auf. Das Kriterium, das bestimmt, was berechtigte Interessen sind, ist das Nützlichkeitsprinzip (ebd., 18).

Nur wenn dem Individuum gegenüber der Gesellschaft größtmögliche Freiheit gewährt ist, ist gesellschaftlicher Fortschritt möglich. Denn nur dann wird die größtmögliche Zahl an unterschiedlichen Meinungen und Gedanken in der Öffentlichkeit diskutiert, was bedeutet, dass der Status quo immer wieder hinterfragt wird und neu gerechtfertigt werden muss.

2.1.2.3 | Theodor W. Adorno

Leben und Werk

Theodor W. Adorno (1903–1969)

Adorno wurde 1903 in Frankfurt/Main geboren. Mit 21 Jahren schloss er sein Studium der Philosophie, Musikwissenschaft, Psychologie und Soziologie mit der Promotion in Philosophie ab. Adorno war zunächst Musikkritiker und Komponist. 1931 begann er seine Arbeit am Institut für Sozialforschung, das 1933 von den Nationalsozialisten geschlossen wurde. Adorno floh 1934 nach England und 1938 in die USA, wo er am Institut für Sozialforschung, das an der Columbia University in New York eine Bleibe gefunden hatte, zusammen mit Horkheimer arbeitete. Neben empirischen sozialpsychologischen Studien verfasste Adorno zusammen mit Horkheimer die »Dialektik der Aufklärung« (1944/47). 1949 kehrte er als Professor für Philosophie nach Frankfurt zurück. Dort wurde er zunehmend zu einem Vordenker der kritischen Studenten und Studentinnen der 68er-Protestbewegung. Adorno starb 1969. Seine Hauptwerke sind die »Dialektik der Aufklärung« (1944/47), die »Minima Moralia« (1951), die »Negative Dialektik« (1966) und, postum, die »Ästhetische Theorie« (1970).

Freiheit und Aufklärung

In der »Dialektik der Aufklärung« heißt es in der Vorrede, dass »die Freiheit in der Gesellschaft vom aufklärenden Denken unabtrennbar ist« (Adorno/Horkheimer 1944/47, 13). Aufklärendes Denken soll es jedem ermöglichen, die Entstehung und Entwicklung der Gesellschaft zu begreifen und nachzuvollziehen und sich an der weiteren Entwicklung der Gesellschaft zu beteiligen. Darüber hinaus folgt aus diesem Denken in letzter Konsequenz die Autonomie des Subjekts. Freiheit ist insofern die Freiheit uneingeschränkten Denkens.

Adorno macht jedoch darauf aufmerksam, wie schwierig es ist, über diese Definition hinaus eine positive Definition von Freiheit zu finden. Er verdeutlicht dies anhand der geopolitischen Situation der im Kalten Krieg konkurrierenden Machtblöcke USA und UdSSR, die sich beide darauf berufen haben, die Freiheit zu repräsentieren und zu verteidigen. Auch macht Adorno in diesem Zusammenhang darauf aufmerksam, dass die Nationalsozialisten ihren Reichspartei-tag 1935 in Nürnberg, auf dem die »Nürnberger Gesetze« verkündet wurden, den Namen »Reichsparteitag der Freiheit« gaben. Diese Beispiele verdeutlichen, dass man unter Freiheit viel verstehen kann bzw. dass der Begriff der Freiheit häufig missbraucht wird.

Schwierigkeit einer positiven Definition von Freiheit

Hintergrund

»Nürnberger Gesetze«

Die »Nürnberger Gesetze« sind auch unter dem Namen »Nürnber-ger Rassengesetze« bekannt. Auf dem »Reichsparteitag der Freiheit« der NSDAP in Nürnberg wurden am 15. September 1935 eine Reihe von Gesetzen verkündet, die die antisemitische Ideologie des Natio-nalsozialismus auf eine juristische Grundlage stellte. Das »Gesetz zum Schutze des deutschen Blutes und der deutschen Ehre« verbot die Ehe zwischen Juden und Nichtjuden sowie den außerehelichen Geschlechtsverkehr zwischen ihnen. Das »Reichsbürgergesetz« unter-schied »arische« Vollbürger als »Reichsbürger« mit politischen Rech-ten und »Nichtarier« als «Staatsangehörige« ohne politische Rechte. Juden wurden dadurch zu Einwohnern minderen Rechts degradiert.

Unmöglichkeit des freien Denkens

Adornos Überlegungen hinsichtlich der Freiheit sind, wie sein ganzes Theoriegebäude, geprägt von seinen zeitgeschichtlichen Erfahrungen. Besonders zu nennen sind hier die Machtergreifung und Schreckens-herrschaft der Nationalsozialisten, der New Deal in den USA und der Stalinismus in der UdSSR. Adorno empfand nicht nur das national-sozialistische Deutschland und die UdSSR unter Stalin, sondern auch das Amerika des »New Deal«, auf das er unter dem Begriff »verwaltete Welt« Bezug nahm, als eine totale Gesellschaft, in der das Individuum nicht die Möglichkeit hat, sich und seine Fähigkei-

Zeitgeschichtliche Erfahrungen

ten frei zu entfalten, sondern durch Schule, Massenmedien und gesellschaftlichen Konformitätsdruck gezwungen ist, sich anzupassen. Der Vergleich des »New Deal Amerikas« mit dem Nationalsozialismus und Stalinismus durch Adorno und Horkheimer ist sicherlich aus heutiger Perspektive nicht mehr nachvollziehbar.

Hintergrund

Das Amerika des New Deal

Um die Wirtschaftskrise in den 1930er-Jahren in den USA zu beenden, beschloss Theodor W. Roosevelt, mit einem staatlichen Investitionsprogramm die Binnenkonjunktur anzukurbeln. Dieses Maßnahmenpaket wurde unter dem Namen »New Deal« bekannt und veränderte das Gesicht der amerikanischen Gesellschaft. So wurden kürzere Wochenarbeitszeiten vereinbart, Gewerkschaften bekamen eine rechtliche Grundlage, das Streikrecht, eine staatliche Rente und die Arbeitslosenversicherung wurden eingeführt und ein neues Steuerrecht geschaffen, in dem die Armen wenig und die Reichen viel zahlen mussten. Die Folgen waren massive Eingriffe der Regierung in die freie Marktwirtschaft. Zudem fielen viele politische Kompetenzen der einzelnen Bundesstaaten nun unter die Hoheit Washingtons.

Freiheit des Denkens

Die Freiheit des Denkens und die Freiheit, das eigene Leben selbsttätig zu gestalten, sind Adorno zufolge in dieser bürgerlichen und kapitalistischen Welt nicht möglich (selbstverständlich auch nicht in der nationalsozialistischen und in der stalinistischen), ist in dieser doch die Freiheit der Menschen den Zwängen des Kapitalismus, d.h. den Zwängen des Profits und den Vorstellungen der bürgerlichen Machthaber, unterworfen.

Bürgerliches Denken

Gleichzeitig sind die Menschen von den bürgerlichen Denkstrukturen gefesselt, die zutiefst mit der kapitalistischen Struktur der bürgerlichen Gesellschaft verknüpft sind. Die Menschen stellen daher das Gegebene nicht infrage. Dieses Denken der kapitalistischen bürgerlichen Gesellschaft nennt Adorno im Anschluss an Horkheimer »instrumentelle Vernunft«. Es ist bestimmt durch die ausschließliche Fixierung auf die Realität als einer statischen und ahistorischen Gegebenheit und sieht die Zustände des Leidens und des Unrechts daher als unveränderlich an. Mit Leiden und Unrecht meint Adorno die Daseinsbedingungen großer Teile der Menschheit.

Leiden und Unrecht aber haben keine metaphysischen, sondern realhistorische Ursachen im menschlichen Handeln. Indem das bürgerliche Denken dies nicht erkennen will, kann es nicht zur Freiheit des Individuums führen. Deshalb konnte auch aus der bürgerlichen Aufklärung keine Freiheit resultieren, da sie, ganz instrumentelle Vernunft, die Dinge nur kennt, insofern sie sie manipulieren kann (ebd. 1944/47, 25), d.h. die Dinge zu ihrem Nutzen und für ihre Zwecke einspannt und dabei auch entstellt.

Dies ist nicht das aufklärende Denken, das Adorno sich vorstellt. *Aufklärendes Denken* Dieses muss immer berücksichtigen, welche realhistorischen Ursachen das menschliche Handeln hat, und die Menschen als freie Subjekte und nicht als Mittel zum Zweck denken. Adorno denkt Freiheit zunächst immer als Freiheit des Individuums. Nur die Freiheit des Individuums kann zur Freiheit der Gesellschaft führen. Die Freiheit des Individuums ist Ergebnis aufklärenden Denkens, das die Menschen befähigt, als autonome Subjekte über sich selbst zu entscheiden.

Definition

Bürgerliches Denken

Das bürgerliche Denken ist nach Adorno seit je dadurch geprägt, dass es immer nur Macht als Prinzip anerkennt. »Die bürgerliche Aufklärung verhält sich zu den Dingen wie der Diktator zu den Menschen. Er kennt sie, insofern er sie manipulieren kann.« (ebd., 25). Dieses Zitat zeigt, warum Adorno das bürgerliche Denken als »instrumentelle Vernunft« bezeichnet. Dieses Denken ist immer nur auf einen Zweck ausgerichtet und behandelt auch Menschen als Mittel zum Zweck. Das Zitat macht zudem deutlich, dass dieses Denken mit Freiheit nichts gemein hat.

Die Welt als Produkt menschlichen Handelns

Da die Welt Produkt menschlichen Handelns ist, kann sie nur frei *Handlungsfreiheit* sein, wenn das menschliche Handeln frei ist. Die Menschen sind also die Produzenten ihrer historischen Lebensform, also der Umstände, unter denen sie leben. Zu freien Individuen können die Menschen nur werden, wenn sie sich als solidarisch verbundene Individuen betrachten. Und das wiederum können sie nur, wenn sie sich kraft ihrer Subjektivität – also aufgrund ihrer Einsicht in ihr eigenes Ich, in sich selbst als selbständiges, autonomes Subjekt –

von gesellschaftlichen Zwängen befreien können (vgl. Weyand 2001, 9 f.).

Sprache und Freiheit

Adorno geht davon aus, dass die Sprache einen objektiven Wahrheitsanspruch hat. Dies bedingt die intersubjektive Anerkennung der Sprecher als freie Subjekte – was nichts weniger bedeutet, als dass jedes Subjekt alle anderen Subjekte als vollständige, freie und gleiche Menschen anerkennt. Horkheimer hat dies folgendermaßen ausgedrückt und Adorno stimmt ihm zu:

»Die Rede an einen zu richten, heißt im Grunde, ihn als mögliches Mitglied des zukünftigen Vereins freier Menschen anerkennen. Rede setzt eine gemeinsame Beziehung zur Wahrheit, daher die innerste Bejahung der fremden Existenz, die angeredet wird, ja eigentlich aller Existenzen ihren Möglichkeiten nach. Soweit die Rede die Möglichkeiten verneint, befindet sie sich notwendig im Widerstreit mit sich selbst. Die Rede der Aufseher im Konzentrationslager ist an sich ein furchtbarer Widersinn, ganz gleichgültig, was sie zum Inhalt hat; es sei denn, dass sie die Funktion des Sprechers selbst verurteile. Alle Rede der Gegenwart trägt etwas davon an sich.« (Horkheimer 1996, 172).

Sprechen als Utopie der Freiheit

Insofern kommt Adorno zu dem Schluss, dass alleine schon der Gebrauch der Sprache ein Vorgriff auf den »zukünftigen Verein freier Menschen« sei. Was darunter zu verstehen ist, lässt sich in aller Kürze darstellen: Dass jeder Einzelne frei ist von materieller Not und ideellem Zwang. Dass jeder denken, sagen und tun kann, was er für richtig hält, ohne dafür negative Sanktionen befürchten zu müssen. Freiheit in Adornos Sinn heißt, ohne Angst verschieden sein zu dürfen (Adorno 1951, 116).

Adorno ist zudem mit Horkheimer der Überzeugung, dass eine wahrhaft freie Gesellschaft nur jenseits des bürgerlichen Konzepts des Tausches errichtet werden kann, da der bürgerliche Tausch nur in der Ideologie Gleiches mit Gleichem tauscht, in der Realität aber immer der gesellschaftlich mächtigere Tauschpartner einen Vorteil hat (vgl. Adorno 1966, 149 f., 190; Adorno 1962, 636 ff.; Adorno 2001, 237 f.; Bevc 2005, 303–314).

Zusammenfassung

Freiheit als Freiheit von Zwang

Freiheit ist immer die Freiheit der Individuen. Diese erst ermöglicht die freie Gesellschaft. Aufklärendes Denken ist die Bedingung dieser Freiheit. Damit ist jedoch nicht das Denken der bürgerlichen Aufklärung gemeint, das die Subjekte immer nur als Mittel und nie als Zweck angesehen hat. Freiheit bedeutet also auch, dass die Subjekte immer Zweck an sich sind und somit als eigenständige Individuen betrachtet, akzeptiert und respektiert werden müssen. Menschen sind also nicht frei, wenn sie nur Manövrier- und Manipuliermasse zur besseren Kapitalverwertung – d.h. Kapitalmaximierung – sind. Frei sind sie, wenn sie nach eigenen Maßstäben denken, handeln und urteilen dürfen, ohne dabei instrumentellen Maßstäben genügen zu müssen. Instrumentelle Maßstäbe sind all jene, die die Menschen einem Ziel unterwerfen, das außerhalb des jeweiligen Menschen selbst liegt.

Lernkontrollfragen

1 Was haben die Freiheitskonzeptionen von Rousseau, Mill und Adorno gemeinsam? Worin unterscheiden sie sich?

2 Worauf legen die einzelnen Autoren besonders großen Wert in ihrer Konzeption der Freiheit?

3 Welchen Stellenwert hat das Individuum in den einzelnen Freiheitskonzeptionen?

4 Die Freiheit des Individuums und die der ganzen Gesellschaft sind zwei Gegensätze, die in einem Gemeinwesen aber harmonieren müssen. Erreichen die besprochenen Autoren dies und inwiefern unterscheiden sich ihre Lösungsansätze?

Literatur

Primärliteratur

Adorno, Theodor W. (1997), Gesammelte Schriften in 20 Bänden, hrsg. von Rolf Tiedemann, Frankfurt/Main = AGS.

Adorno, Theodor W., Horkheimer, Max (1944/47), Dialektik der Aufklärung, in: AGS 3, 7–234.

Adorno, Theodor W. (1951), Minima Moralia. Reflexionen aus dem beschädigten Leben, in: AGS 4.

Adorno, Theodor W. (1962), Fortschritt, in: AGS 10.2, 617–638.

Adorno, Theodor W. (1966), Negative Dialektik, in: AGS 6, 7–412.

Adorno, Theodor W. (2001), Zur Lehre von der Geschichte und der Freiheit [1964/65], in: Theodor W. Adorno, Nachgelassene Schriften, hrsg. vom Theodor W. Adorno Archiv, Frankfurt/Main.

Horkheimer, Max (1996), Brief an Theodor W. Adorno vom 14. September 1941, in: Horkheimer, Max, Gesammelte Schriften in 19. Bänden, hrsg. von Alfred Schmidt und Gunzelin Schmid Noerr, Frankfurt/Main, Bd. 17, 168–176.

Mill, John Stuart (1988), Über die Freiheit, Stuttgart.

Rousseau, Jean Jacques (1977), Der Gesellschaftsvertrag, Stuttgart.

Rousseau, Jean Jacques (1995), Schriften zur Kulturkritik, Hamburg.

Sekundärliteratur

Bevc, Tobias (2005), Kulturgenese als Dialektik von Mythos und Vernunft. Ernst Cassirer und die kritische Theorie, Würzburg.

Fetscher, Iring (1993), Rousseaus politische Philosophie. Zur Geschichte des demokratischen Freiheitsbegriffs, Frankfurt/Main.
Diese umfassende Darstellung der politischen Philosophie Rousseaus eignet sich sehr gut für den Studienanfänger, da Fetscher es versteht, auch komplexe Sachverhalte gut darzustellen. Er konzentriert sich dabei vor allem auf die Rousseausche Republik.

Schumacher, Ralph (1994), John Stuart Mill, Frankfurt/Main.
Schumacher stellt in seiner gut lesbaren Einführung alle wichtigen Punkte von Mills Philosophie in gut verständlicher Form dar.

Schweppenhäuser, Gerhard (1996), Theodor W. Adorno zur Einführung, Hamburg.
Diese Einführung bildet einen guten Einstieg für die Beschäftigung mit der Theorie Adornos. Schweppenhäuser beleuchtet die zentralen Aspekte des Werks von Adorno in verständlicher Form.

Weyand, Jan (2001), Adornos Kritische Theorie des Subjekts, Lüneburg.
Weyand stellt in seiner Monographie in sehr kompetenter und gleichzeitig gut nachvollziehbarer Art und Weise Adornos Subjektkonzeption vor. Eine sehr erhellende und empfehlenswerte Lektüre für jeden, der sich mit Adornos Theorie intensiver auseinandersetzen möchte.

Wiggershaus, Rolf (1988), Die Frankfurter Schule. Geschichte, Theoretische Entwicklung, Politische Bedeutung, Frankfurt/Main.
Wiggershaus' umfassendes Werk über die Frankfurter Schule sei jedem ans Herz gelegt, der sich mit der Kritischen Theorie oder auch nur mit einem ihrer Autoren beschäftigt. Wiggershaus stellt alle zentralen Aspekte der Geschichte, theoretischen Entwicklung und politischen Bedeutung der Kritischen Theorie dar.

Grundbegriffe der politikwissenschaftlichen Analyse | 2.2

In der Einleitung zu diesem Band heißt es, dass die Analyse dieser Grundbegriffe einen zentralen Einblick in das Theoriegebäude eines Autors und dessen Menschen- und Gesellschaftsbild verschafft. Diese Behauptung wird nun an den Begriffen »Herrschaft« und »Macht« zu überprüfen sein. Beide Begriffe werden häufig verwechselt bzw. in den gleichen Kontexten verwendet. Doch gibt es zentrale Bedeutungsunterschiede zwischen beiden, die man berücksichtigen sollte. Auch dieser Bedeutungsunterschied wird in den folgenden Kapiteln deutlich.

Herrschaft | 2.2.1

Herrschaft ist grundlegend für jede Art der politischen Gemeinschaft, ganz egal ob Familie oder Nation. Herrschaft ist eine der Grundkategorien der Gesellschaftstheorie, genau wie der Begriff »Macht«, der im Anschluss behandelt wird. Herrschaft kann sehr unterschiedlich ausgeprägt sein. Ein Blick in die Geschichte zeigt, dass es seit der Antike eine Vielzahl unterschiedlicher Auffassungen von Herrschaft gegeben hat.

Herrschaft als Grundkategorie der Gesellschaftstheorie

Ganz allgemein bedeutet Herrschaft, »eine asymmetrische soziale Wechselbeziehung von Befehlsgebung und Gehorsamsleistung, in der eine Person, Gruppe oder Organisation anderen (zeitweilig) Unterordnung aufzwingen und Folgebereitschaft erwarten kann« (Leggewie 1995, 180). Herrschaft verschafft den sozialen Beziehungen eine ordnende Struktur und kann somit als ordnende und tragende Säule einer Gesellschaft betrachtet werden. Dabei ist dieser Begriff theoretischer Natur, d.h. er beschreibt kein Faktum, das direkt beobachtbar ist, sondern eine Beziehung, die zwischen Personen(-gruppen) wirksam ist.

Herrschaft kann sowohl als vertikale als auch als horizontale Struktur gedacht werden. Dies ist sofort einsichtig, wenn man sich die gängigen Herrschaftsformen ins Gedächtnis ruft: Monarchie, Aristokratie und Demokratie. Wie man sich die räumliche Struktur dieser Herrschaftsformen vorstellen kann, zeigt Abbildung 3.

Struktur von Herrschaft

Während in der Abbildung klar erkennbar ist, dass es sich bei den ersten beiden Herrschaftsformen um vertikale Herrschaftsstrukturen handelt, muss man für die Demokratie eine horizontale Herrschaftsstruktur feststellen, da nur eine Hierarchieebene für

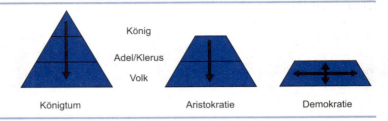

Abb. 3

Räumliche Struktur von Herrschaft

Herrscher und Beherrschte vorhanden ist. Dennoch muss auch hier die Herrschaft verteilt sein und es bedarf ebenfalls der Befehlsgebung und Gehorsamsleistung, d.h., es muss auch hier – neben der horizontalen – eine vertikale Herrschaftsbeziehung existieren.

Begriffsgeschichtlich verweist der Begriff »Herrschaft« im Deutschen auf den Aspekt der »Hausherrschaft über Familie und Gesinde sowie freie Gefolgsleute«. Es handelt sich um eine personale und gegenseitige Beziehung, die bei schlechter Erfüllung durch den Herrn dem Gefolge ein Recht auf Widerstand einräumte.« (ebd., 181). Alle traditionalen Herrschaftsformen lassen sich auf dieses Motiv des Familienvaters (*pater familias*) zurückführen. Die Folge von Herrschaft in größeren Einheiten als der Familie ist in der Regel eine Zentralisierung und Bürokratisierung, da die Herrschaft nicht mehr direkt durch den »Herrscher« ausgeübt werden kann, sondern eine bürokratische Struktur für die Ausübung der Herrschaft geschaffen werden muss. Dies führt schließlich zu einer Depersonalisierung der Herrschaft, wodurch ein beständiger Legitimationszwang entsteht. Dieser Prozess kann letztlich als ein Prozess der vollständigen Beseitigung der persönlichen Herrschaft durch eine anonyme Herrschaft des Gesetzes angesehen werden, der zu einer demokratischen Übereinstimmung von Herrschern und Beherrschten führen kann.

Schließlich ist zu bedenken, dass Herrschaft nur schlecht von anderen sozialen Unterordnungsverhältnissen – wie z.B. Macht oder Gehorsam – zu unterscheiden ist und dass Herrschaft in vielerlei Sozialgefügen vorkommt: in der Familie, Gemeinde, am Arbeitsplatz, in Verbänden, in der Armee etc., die wiederum von unterschiedlichsten Facetten kommunistischer, liberaler, patriarchalischer, autoritärer, egalitärer oder faschistischer Ordnung geprägt sein können.

Herrscher und Beherrschte

Begriffsgeschichte

Vorkommen und Prägung von Herrschaft

Carl Schmitts Definition, dass Herrschaft nur derjenige innehat, der über die »Letztentscheidung« verfügt (→ vgl. Kap. 3.2.1.2), erfasst die Komplexität des Phänomens nicht und wird schon den bisher gemachten Ausführungen nicht gerecht.

Im Folgenden soll anhand der unterschiedlichen Herrschaftskonzeptionen von Aristoteles, Hobbes und Weber die geistesgeschichtliche Ausdifferenzierung des Herrschaftsbegriffs dargestellt werden. Die Wahl fiel auf diese Autoren, da sie jeweils für ihre Zeit paradigmatische Herrschaftsbegriffe konstruierten. Gleichzeitig sind alle drei bis heute aus der Diskussion dessen, was Herrschaft eigentlich bedeutet, nicht wegzudenken. Vor allem Max Webers Definition von Herrschaft ist auch heute noch der Standard, von dem auszugehen ist, will man sich über Herrschaft unterhalten.

Aristoteles | 2.2.1.1

Leben und Werk

Aristoteles (384–323 v. Chr.)
Aristoteles wurde 384 in Stageira, Makedonien geboren. Mit 17 kam er nach Athen, wo er Schüler Platons wurde. 343 ging Aristoteles an den Hof König Philipps von Makedonien. Dort soll er der Erzieher von Alexander dem Großen gewesen sein, der 336 Philipp nachfolgte. Nach seiner Rückkehr nach Athen, das seit 338 unter makedonischer Herrschaft stand, gründete Aristoteles seine eigene Schule. Die Schüler dieser Schule wurden »Peripatetiker« genannt, nach der Halle, in der sie diskutierten und dabei umherwandelten. 323, nach dem Tode Alexander des Großen, gab es in Athen einen Aufstand gegen die Makedonier, in dessen Folge auch Aristoteles fliehen musste, da er als »Makedonierfreund« galt. Er ging nach Chalkis, wo er kurz darauf starb. Die Werke des Aristoteles sind allesamt erst nachträglich zusammengestellt worden. Die wichtigsten sind: »Metaphysik«, »Physik«, »Politik«, »Nikomachische Ethik« und »Rhetorik«.

Aristoteles unterscheidet zwischen praktischer und theoretischer Philosophie, wobei Letztere den Vorrang vor der Ersteren hat.

Praktische und theoretische Philosophie

- Die *theoretische Philosophie* behandelt unveränderliche Dinge. Ihr Zweck ist die Erkenntnis. Sie umfasst Mathematik, Physik und Theologie. Die Theologie hat das Göttliche als Sachverhalt und ist daher die wichtigste Disziplin innerhalb der theoretischen Philosophie.

• Die *praktische Philosophie* thematisiert das menschliche Handeln und dessen Ergebnisse, sie ist die Philosophie der menschlichen Angelegenheiten. Das Ziel der praktischen Philosophie ist das gute, sittliche Handeln (Aristoteles 1983, I, 1095a 5 f.).

Die praktische Philosophie des Aristoteles

In Bezug auf Herrschaft interessiert nur die praktische Philosophie des Aristoteles, d.h. die Bücher »Politik« und »Nikomachische Ethik«. Aristoteles untersucht in der »Politik« den Aufbau und die Struktur, die politische Gemeinschaften annehmen können. Dabei geht er zum einen empirisch vor, indem er die Verfassungen verschiedener Staaten vergleicht, zum anderen theoretisch, indem er die Verfassungsentwürfe anderer Philosophen untersucht (u. a. Platons »Der Staat«). Der von ihm verwendete Leitbegriff ist der der Verfassung (griech.: *politeia*). Aristoteles stellt eine Phänomenologie der verschiedenen Verfassungen seiner Zeit auf, die die unterschiedlichen Herrschaftsformen bezeichnet und zu erklären versucht, unter welchen Voraussetzungen die unterschiedlichen Verfassungen Bestand haben können.

Typologie der Verfassungen

Zusammenfassung

Die »Politik« des Aristoteles

In seinem Werk »Politik« stellt Aristoteles ein Verfassungsschema auf und beschreibt die Art und Weise des Zusammenlebens in einer griechischen Polis. Aristoteles war der Erste, der »empirische Forschung« betrieb: Er sammelte und untersuchte über 100 Verfassungen der verschiedenen Stadtstaaten seiner Zeit. Sie gingen jedoch verloren. Nichtsdestotrotz kann man seine Ausführungen in der »Politik« als Ergebnis seiner empirischen Studien betrachten. Im ersten und zweiten Buch betrachtet Aristoteles die real existierende Polis und ihre Glieder: Bürger, Sklaven, Ökonomie etc., um dann einen Überblick über verschiedene Verfassungen zu geben. Im dritten Buch gibt er einen systematischen Überblick über die Verfassungsformen und unterteilt sie in drei gute und drei entartete. Das vierte Buch stellt sich die Aufgabe, zu untersuchen, welche Verfassungsform unter welchen Bedingungen die beste ist, in den Büchern fünf und sechs sucht Aristoteles nach den Ursachen für die »Umwälzung« von Verfassungen und in den Büchern sieben und acht entwirft er den Idealstaat, dessen Ziel die Eudämonie, d.h. die Glückseligkeit ist.

Wie man in Abbildung 4 sehen kann, gibt es jeweils drei Verfassungen, die nach dem Kriterium »gut/entartet« paarweise in einem entgegengesetzten Verhältnis stehen. Die einzelnen Verfassungen unterscheiden sich nach der Zahl der Regierenden bzw. der Herrschenden. Während alle guten Verfassungen das Allgemeinwohl, Gerechtigkeit und das Glück aller zum Ziel haben, haben die entarteten Verfassungen immer nur den Vorteil der jeweils Herrschenden im Auge. Insofern kann man dieses Verfassungsschema auch als ein Schema der legitimen und guten Herrschaft sowie der illegitimen und schlechten Herrschaft betrachten.

Zwei mal drei Verfassungen

    Dieses Verfassungsschema kommt dadurch zustande, dass Aristoteles Ethik und Politik verbindet. Er stellt in der „Nikomachischen Ethik" Prinzipien des guten Lebens auf und erläutert, wie diese zu erreichen bzw. auszufüllen sind. Dabei wird deutlich, dass ein Handeln, dass nur auf den eigenen Vorteil oder den einer bestimmten Gruppe zielt, kein gutes Handeln darstellt, da sich auf diese Weise keine Gerechtigkeit erlangen lässt. Genau diese sollte aber Ziel jedes Handelns sein. Insofern kann gute oder gerechte Herrschaft immer nur eine Herrschaft sein, die den Beherrschten

Gerechtigkeit als Ziel des Handelns

Sechser-Schema der Verfassungen nach Aristoteles | **Abb. 4**

Gute Verfassungen	Zahl der Regierenden	Kriterium	Entartete Verfassungen	Zahl der Regierenden	Kriterium
Monarchie	Einer		Tyrannis	Einer	Vorteil nur des Tyrannen
		Das allgemeine			
Aristokratie	Einige	Wohl	Oligarchie	Einige	Vorteil nur der Reichen
		(*bonum*			
Politie	Alle	*commune*)	Demokratie	Alle	Vorteil nur der Armen

Quelle: Ottmann 2001, 196; vgl. Aristoteles 1994, Buch III–VI; vgl. Aristoteles 1983, Buch VIII

»Gutes« tut und die Glückseligkeit (griech.: *eudaimonia*) fördert. (Aristoteles 1983, VIII, 12, 1161a13, vgl. Aristoteles 1994, VII, 1).

Definition

Unterschied: Politie – Demokratie

Der entscheidende Unterschied zwischen Politie und Demokratie ist der, dass die Politie das Allgemeinwohl anstrebt, während in der Demokratie die Vorteile nur aufseiten der Armen liegen. Die Politie also versucht einen Zustand zu schaffen, in dem alle Bewohner der Polis Vorteile haben, die Reichen wie die Armen.

Exkurs: Selbstbeherrschung

Innere Ordnung

Herrschaft, vor allem gute Herrschaft, hat immer etwas mit der inneren Ordnung des Herrschers und der Beherrschten zu tun. In der »Nikomachischen Ethik« stellt Aristoteles dar, wie er sich die gute innere Ordnung eines Menschen vorstellt. Sie hängt bei denen, die herrschen sollen, und den Beherrschten ganz entscheidend damit zusammen, dass sie der Herrschaft über sich selbst fähig sind. Aristoteles nennt in Buch VII, Kapitel 1 drei Charaktereigenschaften, die zu meiden sind: Minderwertigkeit, Unbeherrschtheit und tierisches Wesen. Die positiven Gegensätze dazu sind Trefflichkeit, Beherrschtheit und göttliches Wesen (Aristoteles 1983, VII, 1145a). Der Beherrschte ist fähig zur sittlichen Einsicht und er ist sich bewusst, dass nur das gute Handeln zur Tüchtigkeit führt.

Tugend

Aristoteles' Beherrschtheitskonzept verweist direkt auf seine Lehre von der Mitte. Die Tugend definiert Aristoteles als ein Mittleres zwischen den Extremen von Zuviel und Zuwenig (ebd., II, 1106a–1107b). Die praktische Klugheit ist ein Feld, das sich mit den menschlichen Dingen, die stets veränderlich sind, befasst. Nur die Gesamtheit der Tugenden ermöglich die gute Herrschaft, in der der Bürger die Herrschaft nach beiden Seiten versteht: herrschen und beherrscht werden.

»Aber es gibt auch eine Herrschaft, in der man über Gleichartige und Freie regiert. Diese nennen wir die politische Herrschaft. Sie muss der Regent lernen dadurch, dass er regiert wird (...) der gute Bürger muss sich sowohl regieren lassen, wie auch regieren können, und dies ist die Tugend des Bürgers: die Regierung von Freien in beiden Richtungen zu verstehen.« (Aristoteles 1994, III, 4, 1277b 5).

Unterschiedliche Herrschaftsebenen

Zu beachten ist bei Aristoteles jedoch, dass die Verfassungsformen, von denen bisher die Rede war, immer nur die Athener Vollbürger betreffen, also solche, die wohlhabend sind, nicht zu arbeiten brauchen und zur Verteidigung der Stadt beitragen können. Sklaven, Metöken (quasi Gastarbeiter) und Frauen sind ausgeschlossen von jeder Teilhabe an der Politik. Aristoteles hat zudem zwei völlig verschiedene Herrschaftsbegriffe: er trennt die Politik scharf vom *Oikos*. *Oikos* meint das »Haus« des Hausherren und ist eine dem Staat vorgelagerte gesellschaftliche Institution, »eine Gemeinschaft des Wirtschaftens, aber auch der Erziehung, der Frömmigkeit, des gemeinsamen Lebens der Eheleute sowie der Eltern und der Kinder« (Ottmann 2001, 178 f.).

Politik und Oikos

Im *Oikos* ist die Herrschaft klar geregelt: Es gibt drei Stände: den Ehestand, den Elternstand und den Herrenstand. Dem entsprechen die drei Gruppen im »Haus«: Das Ehepaar, die Kinder und die Sklaven. Das Verhältnis des Hausherren zu seiner Frau ist demokratisch, sie sind innerhalb des Hauses gleichgestellt, sein Verhältnis zu seinen Kindern ist monarchisch, er sorgt für sie, und sein Verhältnis zu den Sklaven ist despotisch, d. h. er hat absolute Befehlsgewalt über sie (Aristoteles 1994, I, 5, 12; vgl. Ottmann 2001, 178 f.).

Klare Regeln im Oikos

Definition

Herrschaftsebenen

In der aristotelischen Polis gibt es zwei Herrschaftsebenen.

- die politische Ebene, an der nur die Vollbürger teilhaben können. Hier existiert zu einer bestimmten Zeit immer nur eine der sechs möglichen Herrschaftsformen und nur zwischen Gleichen, d. h. nur zwischen Vollbürgern mit vollen politischen Rechten.
- die Ebene des *Oikos*, d. h. des Privathaushalts. Hier existieren gleichzeitig mehrere Herrschaftsformen:
    - die zwischen dem Hausherrn und seiner Gattin – sie ist demokratisch,
    - die zwischen dem Hausherrn und seinen Kindern – sie ist monarchisch,
    - die zwischen dem Hausherrn und seinen Sklaven – sie ist despotisch.

Zwei Herrschaftsebenen

Es lässt sich also feststellen, dass es für Aristoteles zwei Herrschaftsebenen gibt, wobei die politische Ebene unterschiedliche Formen der Herrschaft umfasst, die jeweils gut oder entartet sein können. Die guten Herrschaftsformen unterscheiden sich in ihrem Ergebnis nur marginal und Aristoteles ist selbst unentschlossen, welche der Herrschaftsformen er für die beste hält. Während er in der »Nikomachischen Ethik« die Monarchie als die beste bezeichnet, ist es in der »Politik« die Politie, also die gute Demokratie. Bei den entarteten Herrschaftsformen ist er aber entschieden. Die Tyrannis ist die schlechteste und die beste der entarteten Verfassungen ist die Demokratie. Warum? Weil in der Demokratie immerhin die Mehrheit sich Vorteile verschafft, d.h. die Mehrheit profitiert. In der Tyrannis profitiert nur noch einer, was zu einer absoluten Willkürherrschaft führt.

Gute und entartete Formen der Herrschaft

Abschließend lässt sich festhalten, dass die Herrschaft in der politischen Sphäre nur dann wohlgeordnet und gerecht sein kann, wenn die Individuen, die in ihr agieren, eine solche innerliche Ordnung haben. Der einzelne Bürger ist innerhalb des *Oikos* in ein dreifaches Herrschaftsverhältnis eingebunden, in der politischen Sphäre kann jedoch immer nur eine der sechs Herrschaftsformen existieren.

Zusammenfassung

Herrschaft des Selbst, im Haus und in der Polis

Die politische Philosophie des Aristoteles setzt sich aus der praktischen Philosophie und der Ethik zusammen. In der »Politik« untersucht Aristoteles Aufbau und Struktur der Polis anhand theoretischer Überlegungen und praktischer Beispiele. Das Ergebnis dieser Untersuchung ist, dass die verschiedenen Herrschaftsformen in ein Sechserschema eingeordnet werden können. Es gibt drei Formen guter politischer Herrschaft: Monarchie, Aristokratie und Politie, in denen alle von der Herrschaft profitieren, und drei Formen, in denen immer nur ein bestimmter Teil der Bürger profitiert: Tyrannis, Oligarchie und Demokratie.

In der Polis gibt es zudem noch den privaten Bereich, den *Oikos*, in dem parallel drei verschiedene Herrschaftsformen vorzufinden sind, in die der Hausherr eingebunden ist: Demokratie, Monarchie und Despotie.

Wichtig ist darüber hinaus, dass Aristoteles das Moment der Selbstbeherrschung als notwendige Bedingung für das Gelingen aller anderen Formen der Herrschaft sieht.

Thomas Hobbes

| 2.2.1.2

Leben und Werk

Thomas Hobbes (1588–1679)

Thomas Hobbes wurde 1588 geboren. Sein Leben war geprägt von Kriegen und Bürgerkriegen. In England bekämpften sich Königtum und Bürgertum. Letzteres forderte bürgerliche Freiheiten und eine verfassungsmäßige politische Ordnung. Die 1642 begonnene Puritanische Revolution endete 1649 mit der Hinrichtung König Karls I. Danach herrschte Oliver Cromwell wie ein absoluter Herrscher über England, Schottland und Irland. 1660 bestieg der Sohn des hingerichteten Karls I. als Karl II. den Thron, jedoch war seine Macht nun eingeschränkt und das Parlament bekam etwas Mitspracherecht.

Hobbes arbeitete nach seinem Studium in Oxford als Erzieher in adeligem Hause und reiste in dieser Stellung oft nach Europa. Nach seinen pro-königlichen Veröffentlichungen im Jahr 1640 sah er sich gezwungen ins Exil nach Frankreich zu gehen. Dort schrieb er von 1649 bis 1651 sein Hauptwerk, den »Leviathan«. 1651 kehrte er nach England zurück. Weitere wichtige Schriften sind die drei Bände »Elemente der Philosophie«, »Vom Bürger« 1642, »Vom Körper« 1655 und »Vom Menschen« 1658 sowie die zwischen 1665 und 1668 geschriebene Geschichte des englischen Bürgerkriegs »Behemoth oder das Lange Parlament«, die erst nach Hobbes' Tod 1679 erschien.

Thomas Hobbes beschreibt in seinem Hauptwerk »Leviathan, oder Stoff, Form und Gewalt eines kirchlichen und bürgerlichen Staates« die Notwendigkeit eines geordneten Staates und wie dieser dauerhaft einzurichten ist. Hintergrund dieser Bemühungen sind die chaotischen politischen Verhältnisse zu Hobbes' Lebzeiten in Großbritannien. Die für Hobbes zentrale Frage ist: Wie ist es möglich, einen Herrscher einzusetzen, dem sich alle unterwerfen und dessen Herrschaft alle anerkennen, um somit eine stabile, friedliche und dauerhafte Herrschaft zu errichten.

Stabile, friedliche und dauerhafte Herrschaft

Hobbes' Vorstellung davon, wie diese aussehen sollte, veranschaulicht schön das Titelbild der Originalausgabe des »Leviathan« von 1651 (s. Abb. 5): Der Leib des Souveräns ist aus menschlichen Körpern gebildet. Er herrscht über das Land und die Städte und deren Bewohner. In seinen Händen hält er die Insignien weltlicher und geistlicher Macht: das Schwert und den Hirtenstab. Der Souverän ist »Vizekönig und Statthalter Gottes auf Erden unmittelbar unter Gott, wenngleich von Menschen erschaffen und legitimiert« (Weiss 1997, 208). Die herausragende Stellung des Souveräns wird auf dem Titelbild durch das Bibelzitat »keine Macht auf Erden ist der seinen vergleichbar« aus dem Buch Hiob (Altes Testament) unterstrichen.

Abb. 5

Titelblatt des »Leviathan«

Naturzustand – Kriegszustand

Für Hobbes kann nur eine absolute Herrschaft dauerhaft eine friedliche Koexistenz der Menschen gewährleisten. Er konstruiert eine ganz eigenwillige Form eines Unterwerfungsvertrags, den alle Bürger eines Staates untereinander abschließen, in den jedoch der zukünftige Souverän nicht involviert ist. Hobbes geht davon aus, dass sich die Menschen im Naturzustand immer im Krieg untereinander befinden; anders als die politische Theorie seit Aristoteles sieht er die Menschen also nicht als gesellig, d. h. nicht als Wesen, die von Natur aus zur Gesellschaft streben, an (Hobbes 1966, 133; vgl. Aristoteles 1994, 1253a).

Hobbes' Menschenbild

Die Menschen des Naturzustands sind prinzipiell in jeder Beziehung gleich, was nicht bedeutet, das alle gleich stark sind, was aber so viel bedeutet, dass jeder in der Lage ist, den anderen umzubringen. Daher ist Furcht eine der anthropologischen Konstanten im Naturzustand, d.h. die Furcht um das Eigentum und das eigene Leben (Hobbes 1966, 94–98). Um ihr zu entkommen, entledigen sich die Menschen des Naturzustands, indem sie die künstliche Konstruktion des Staates herbeiführen. Dies geschieht durch einen Vertrag.

Im Naturzustand, d.h. ohne Vertrag, hat jeder ein Recht auf alles. Das bedeutet, dass es keine Ungerechtigkeit geben kann. Sobald jedoch ein Vertrag existiert, ist es Unrecht, ihn zu brechen. Der Vertrag regelt das Zusammenleben der Menschen. Er kann aber nur dauerhafte Gültigkeit haben, wenn eine Zwangsgewalt existiert, die über seine Einhaltung wacht und die Vertragsparteien zur Erfüllung des Vertrages zwingen kann. Allerdings gibt es »eine solche Macht [...] vor der Errichtung eines Staates nicht. [...] Die Gültigkeit von Verträgen beginnt erst mit der Errichtung einer bürgerlichen Gewalt, die dazu ausreicht, die Menschen zu ihrer Einhaltung zu zwingen.« (ebd., 110 f., 131).

Funktion des Vertrags

Wie kann eine solche Gewalt aussehen? Hobbes ist der Auffassung, dass eine solche Gewalt nur errichtet werden kann, wenn alle ihre gesamte Macht und Stärke auf einen Menschen bzw. eine Gruppe von Menschen übertragen. Dieser Mensch oder diese Gruppe verkörpert nun alle Menschen:

»Eine Menge von Menschen wird zu *einer* Person gemacht, wenn sie von einem Menschen oder einer Person vertreten wird und sofern dies mit der besonderen Zustimmung jedes Einzelnen dieser Menge geschieht. Denn es ist die *Einheit* des Vertreters, nicht die *Einheit* der Vertretenen, die bewirkt, dass *eine* Person entsteht. Und es ist der Vertreter, der die Person, und zwar nur eine Person, verkörpert – anders kann Einheit bei einer Menge nicht verstanden werden.« (ebd., 125 f.).

Definition

Naturzustand

Hobbes sieht den Naturzustand als einen Kriegszustand an. Dies machen zwei seiner Aussagen deutlich:

- der Mensch ist des Menschen Wolf (*homo homini lupus est*) und
- es herrscht der Krieg aller gegen alle (*bellum omnium contra omnes*).

Der Mensch ist also von Natur aus böse. Er ist aber auch von Natur aus gleich stark. Insofern kann sich im Naturzustand niemand seiner Existenz und seines Besitzes sicher sein, da ein anderer ihm alles wegnehmen oder ihn umbringen kann. Dies ist der Grund, warum die Menschen dem Naturzustand entfliehen wollen.

Die Entstehung des Staates

Dies bedeutet, dass alle die Entscheidungen des Herrschers als eigene Entscheidungen anerkennen und somit das eigene Urteil dem Willen und Urteil des Herrschers unterwerfen müssen (ebd., 134). Die Folge eines solchen Unterwerfungsvertrags ist eine wirkliche Einheit aller in der Person des Herrschers. Zu beachten ist allerdings, dass der Vertrag nicht mit dem Herrscher abgeschlossen wird, sondern dass die sich Unterwerfenden untereinander einen Vertrag abschließen, als hätte jeder zu jedem gesagt: Ich autorisiere jenen Menschen mich zu regieren, wenn auch du ihm dieses Recht zugestehst und alle seine Handlungen autorisierst (ebd.).

Unterwerfungsvertrag

Definition

Unterwerfungsvertrag

Die Menschen im Naturzustand schließen miteinander einen Unterwerfungsvertrag, der besagt, dass sie sich völlig dem Souverän unterwerfen werden, wenn das die jeweils anderen auch machen. Der Souverän selbst schließt keinen Vertrag mit den Untertanen ab, er bleibt praktisch im Naturzustand. Insofern kann er auch nicht gegen den Vertrag verstoßen. Hinfällig wird der Vertrag dann, wenn der Grund des Vertragsschlusses entfällt, d.h. wenn der Souverän die innere und äußere Sicherheit seiner Untertanen nicht mehr gewährleisten kann. In diesem Moment fallen alle wieder in den Naturzustand zurück.

Diese zu einer Person vereinte Menge bezeichnet Hobbes als Staat. Den Akt, der dazu führt, nennt er die Erzeugung des Leviathans oder die Erzeugung »jenes *sterblichen Gottes*, dem wir unter dem *unsterblichen Gott* unseren Frieden und Schutz verdanken« (ebd.). Der Leviathan besitzt alle weltliche Herrschaft und kann frei über die Menschen gebieten. Er ist oberster Richter, Exekutive und Legislative zugleich. Außerdem kann aufgrund des Unterwerfungsvertrags keiner sich über Handlungen des Souveräns beklagen, da er

Leviathan

durch seine Zustimmung zum Vertrag selbst Autor aller (zukünftigen) Handlungen des Souveräns ist. Aus diesem Grund können die Untertanen auch nicht beschließen, wieder in den Naturzustand zurückzukehren. Der Souverän selbst kann den Vertrag nicht brechen, da er nicht Vertragspartner ist (ebd., 137–144).

Jedoch ist auch bei Hobbes die Macht des Souveräns nicht unbegrenzt. Sie wird dadurch begrenzt, dass jedes Individuum über natürliche Rechte verfügt (ebd., 14.–15. Kapitel). Die Aufgabe des Souveräns ist es, diese natürlichen Rechte des Individuums zu gewährleisten. Gelingt ihm das nicht, erlischt der Unterwerfungsvertrag. Mit anderen Worten: Der Souverän muss die körperliche Unversehrtheit sowie die Sicherheit seiner Untertanen garantieren. Kann der Souverän dies nicht, löst sich der Staat als Ganzes auf, die Menschen fallen wieder zurück in den Naturzustand, in den Krieg aller gegen alle, den Zustand der natürlichen Anarchie. Dies ist unvermeidlich, da die Menschen das Recht, sich selbst zu verteidigen, wenn niemand anderes dazu in der Lage ist, unter keinen Umständen aufgeben können.

Aufgaben des Souveräns

Hobbes favorisiert als Regierungsform eindeutig die Monarchie, aber wie oben bereits angeführt, kann auch »eine Gruppe von Menschen« der Souverän sein, d.h. auch die Aristokratie und Demokratie werden von Hobbes als Herrschaftsmodelle nicht ausgeschlossen. Zu beachten ist, dass diese Herrschaft auf keinen Fall gewaltenteilig sein darf (ebd. Kap. 18 ff., → vgl. a. Kap. 4.1.1), da Hobbes betont, dass nur ein Souverän, der absolut ist, auch die Sicherheit seiner Untertanen, d.h. den inneren und äußeren Frieden, gewährleisten kann.

Monarchie als beste Regierungsform

Zusammenfassung

Hobbes Herrschaftskonstruktion

Hobbes versucht eine Herrschaftskonstruktion zu schaffen, die den unruhigen politischen Zuständen zu seinen Lebzeiten endgültig ein Ende bereiten würde. Die Herrschaft des Leviathans beruht also nur darauf, dass er die Menschen vor der natürlichen Anarchie beschützt und dass sie sich ihm freiwillig unterwerfen. Haben sie sich ihm einmal unterworfen, hat er die absolute Herrschaft und ist prinzipiell unfehlbar. Nur das Versagen beim Schutz der natürlichen Freiheiten lässt seinen Herrschaftsanspruch erlöschen. Die absolute Herrschaft hat den Zweck des Schutzes der sich Unterwerfenden. Dabei ist es unerheblich wer der Träger der Souveränität ist.

2.2.1.3 | Max Weber

Leben und Werk

Max Weber (1864–1920)

Max Weber wurde 1864 in Erfurt geboren. Er studierte Jura, Geschichte, Nationalökonomie und Philosophie. Weber versuchte den Verfall von Werten und Überlieferungen mit Hilfe empirischer Beobachtungen zu verstehen und zu erklären. Sein Ziel war es, komplexe gesellschaftliche Veränderungen einem solchen Verständnis zuzuführen, dass sie Gegenstand angemessenen politischen Handelns werden können. Weber war Professor in Berlin, Freiburg, Heidelberg, Wien und München. Gemeinsam mit Werner Sombart und Edgar Jaffé gab er seit 1904 die Zeitschrift »Archiv für Sozial- und Wirtschaftsgeschichte« heraus, die damals sehr einflussreich war. 1904/05 erschien Webers erste große soziologische Schrift in eben jener Zeitschrift: »Die protestantische Ethik und der ›Geist‹ des Kapitalismus«. Seine zwei bekanntesten Vorlesungen hielt er 1919 in München: »Wissenschaft als Beruf« und »Politik als Beruf«. 1920 starb er während einer weltweiten Grippeepidemie. Seine Frau gab im Jahr 1921 sein Hauptwerk »Wirtschaft und Gesellschaft« postum heraus.

Drei Typen legitimer Herrschaft

Max Weber formuliert in seinem Hauptwerk »Wirtschaft und Gesellschaft« eine Typologie der Herrschaft, die wohl bis heute Grundlage für jede politikwissenschaftliche Beschäftigung mit Herrschaft ist. Die drei reinen Typen legitimer Herrschaft sind:
- Herrschaft rationalen Charakters,
- Herrschaft traditionalen Charakters,
- Herrschaft charismatischen Charakters (Weber 1972, 124).

Webers Definition von Herrschaft

Was aber heißt überhaupt Herrschaft? Max Weber schreibt:
»Herrschaft soll definitionsgemäß die Chance heißen, für spezifische (oder: für alle) Befehle bei einer angebbaren Gruppe von Menschen Gehorsam zu finden. Nicht also jede Art von Chance,

›Macht‹ und ›Einfluss‹ auf andere Menschen auszuüben. Herrschaft (›Autorität‹) in diesem Sinn kann im Einzelfall auf den verschiedensten Motiven der Fügsamkeit: von dumpfer Gewöhnung angefangen bis zu rein zweckrationalen Erwägungen, beruhen. Ein bestimmtes Minimum an Gehorchen *wollen*, also: *Interesse* (äußerem oder innerem) am Gehorchen, gehört zu jedem echten Herrschaftsverhältnis.« (ebd., 122).

In aller Kürze definiert Weber: »Herrschaft [...] kann nur die Chance bedeuten: für einen Befehl Fügsamkeit zu finden.« (ebd., 29).

Jede Form der Herrschaft benötigt Weber zufolge Glauben an ihre Legitimität. Die Form dieser Legitimität wiederum bestimmt den Typus des Gehorchens und somit den Charakter der Ausübung der Herrschaft.

1. Die rationale Herrschaft erhält ihre Legitimität durch den Glauben an »die Legalität gesatzter [niedergeschriebener und mit Autorität behafteter] Ordnungen und des Anweisungsrechts der durch sie zur Ausübung der Herrschaft Berufenen«.

2. Die Legitimität der traditionalen Herrschaft beruht auf »dem Alltagsglauben an die Heiligkeit von jeher geltender Traditionen und an die Legitimität der durch sie zur Autorität Berufenen«.

3. Die charismatische Herrschaft bekommt ihre Legitimität durch die »außeralltägliche Hingabe an die Heiligkeit oder Heldenkraft oder die Vorbildlichkeit einer Person und der durch sie offenbarten oder geschaffenen Ordnungen« (ebd., 124).

Formen der Legitimität

Die *rationale Herrschaft* ist als rein bürokratische die effektivste und rationalste Form der Herrschaftsausübung. Der Herrscher tritt hier in Form des Vorgesetzten auf (ebd., 125). Für diese Herrschaft ist ein modernes Beamtentum Voraussetzung (ebd. 127 f.). Die so entstehende Herrschaft der modernen Bürokratie hat nach Weber den Vorteil, dass der »ideale Beamte« aufgrund seines Pflichtbegriffs alle in gleicher faktischer Lage sich befindlichen Interessenten ohne Ansehen der Person gleich behandelt. Dies geht mit Webers Feststellung einher, dass die Bürokratie der zu seiner Zeit überall um sich greifenden »Massendemokratie« wie ein Schatten vorangeht (ebd., 129 f.).

Rationale Herrschaft: Herrschaft der modernen Bürokratie

Bei der *traditionalen Herrschaft* ist der Herrscher nicht Vorgesetzter, sondern »Herr«, sein Verwaltungsstab besteht nicht aus Beamten, sondern aus Dienern. Alleine hieran kann man schon gut erkennen, dass es sich um eine völlig andere Art der Herrschaft handelt. So gibt es auch keine Satzung, sondern nur eine Tradition,

Traditionale Herrschaft: Herrschaft durch überlieferte traditionale Regeln

der entsprochen werden muss, wobei der »Herr« bei der Auslegung einen gewissen Spielraum hat. Das führt dazu, dass in der traditionalen Herrschaft Befehle auf zweierlei Art legitimiert sind: einerseits kraft des Inhalts der Tradition und andererseits »kraft der freien Willkür des Herrn«, die er aus dem Spielraum bezieht, den die Tradition ihm lässt (ebd., 130 f.). Im Gegensatz zur bürokratischen Herrschaft fehlt der traditionalen Herrschaft auch der nach klaren Regeln funktionierende Verwaltungsstab, der alle Menschen als gleich betrachtet. Patronage und Willkür in der Herrschaftsausübung sind hier nicht auszuschließen, Behandlung nach gesellschaftlichem Stand ist die Regel.

Charismatische Herrschaft: Herrschaft eines Führers

Die *charismatische Herrschaft* zeichnet sich dadurch aus, dass es einen Führer und seine Anhänger gibt. Insofern gilt für die Qualität der Herrschaft nur die Bewertung durch die Anhänger, d.h. durch die Beherrschten. Das ist auch der Grund, weswegen die charismatische Herrschaft bei Erfolglosigkeit schwinden kann, aber nicht schwinden muss. Der charismatische Herrscher sucht sich seinen »Verwaltungsstab« ebenfalls nach »Charisma« aus: Seine Intuition leitet ihn bei der Berufung seine Verwalter und er beauftragt diese mit nicht fest umrissenen Aufgaben. Ist er mit ihnen unzufrieden, kann er sie ohne Begründung wieder absetzen. Insofern stellt Weber fest:

»Es gibt kein Reglement, keine abstrakten Rechtssätze, keine an ihnen orientierte rationale Rechtsfindung, keine an traditionalen Präzedenzen orientierten Weistümer und Rechtssprüche. Sondern formal sind aktuelle Recht*sschöpfungen* von Fall zu Fall, ursprünglich nur Gottesurteile und Offenbarungen maßgebend.« (ebd., 141).

Definition

Formen der legitimen Herrschaft

1. Rationale Herrschaft: sie setzt den Glauben an die Legalität gesatzter (niedergeschriebener und mit Autorität behafteter) Ordnung voraus, der Herrscher wird als »Vorgesetzter« verstanden und muss sich an gesatztes Recht halten;
2. Traditionale Herrschaft: sie gründet auf dem Glauben an die Legalität geltender Traditionen, der Herrscher wird als »Herr« gesehen, die Traditionen dienen ihm als Leitschnur des Handelns, er kann von diesen aber auch abweichen.

3. Charismatische Herrschaft: Sie ist gekennzeichnet durch den Glauben an die Heiligkeit, Heldenkraft bzw. Vorbildlichkeit einer Person, der Herrscher ist der »Führer«; er kann völlig willkürlich handeln, jedoch nur solange dabei seine Glaubhaftigkeit als charismatischer Herrscher erhalten bleibt.

Die charismatische Herrschaft ist den beiden anderen Formen der Herrschaft diametral entgegengesetzt. Während die rationale Herrschaft an diskursiv analysierbare Regeln gebunden ist, besticht die charismatische Herrschaft durch irrationale Regelfremdheit. Ähnliches gilt für die traditionale Herrschaft: Sie ist an Präzendenzien (frühere Beispiele/Fälle) gebunden und insofern ebenfalls regelorientiert, während die charismatische die Regeln der Vergangenheit missachtet. Die charismatische Herrschaft ist nur insofern legitim, als das persönliche Charisma des Führers Anerkennung findet (ebd.).

Diese drei Herrschaftstypen sind rein (»idealtypisch«) nur selten anzutreffen. Meist sind sie mit den anderen Herrschaftstypen vermischt. So ist es beispielsweise denkbar, dass der »Vorgesetzte« der rationalen Herrschaft durchaus auch charismatische Eigenschaften hat. Die drei Idealtypen der Herrschaft lassen sich mit (ehemals) real existierenden Regierungsformen identifizieren: rationale Herrschaft mit der parlamentarischen Massendemokratie, die traditionale Herrschaft mit dem Erbkönigtum und die charismatische Herrschaft mit Bismarcks Herrschaft als Reichskanzler.

Man kann insgesamt feststellen, dass Herrschaft bei Weber an die Existenz eines Befehlenden gebunden ist, nicht aber an die Existenz eines Verwaltungsstabs und/oder eines Verbands. Meist jedoch besteht wenigstens eines von beiden. Aber Herrschaft ist auch ohne beides zu denken. Weber führt hier das Beispiel des Hausvaters an.

Wenn alle Mitglieder eines Verbandes kraft geltender Ordnung Herrschaftsbeziehungen unterworfen sind, dann ist dies ein Herrschaftsverband, der zu einem politischen Verband wird:

»Politischer Verband soll ein Herrschaftsverband dann und insoweit heißen, als sein Bestand und die Geltung seiner Ordnung innerhalb eines angebbaren geographischen Gebiets kontinuierlich durch Anwendung und Androhung physischen Zwangs seitens des Verwaltungsstabes garantiert werden. Staat soll ein politischer An-

Unterschiede

Politische Herrschaft

staltsbetrieb heißen, wenn und so weit sein Verwaltungsstab erfolgreich das Monopol legitimen physischen Zwangs für die Durchführung der Ordnungen in Anspruch nimmt.« (ebd., 29).

Insofern kann man festhalten, dass die politische Herrschaft in einem Staat durch alle drei Formen der legitimen Herrschaft ausgeübt werden kann. Politisch wird sie erst dadurch, dass sie das Monopol zur Ausübung von physischen Zwang für die Aufrechterhaltung der Ordnung inne hat.

Zusammenfassung

Max Webers Idealtypen der Herrschaft

Max Weber bestimmt die verschiedenen Formen der Herrschaft nach der Art ihrer Anerkennung durch die Beherrschten bzw. der Art der Herrschaftsausübung. Dabei nennt er drei »Idealtypen« von Herrschaft: die rationale, die traditionale und die charismatische Herrschaft: Die erste ist durch gesatztes Recht gebunden, die zweite durch traditionales Recht und die dritte durch das vom Herrscher erlassene Recht. Man kann diese drei Herrschaftsformen mit der modernen Massendemokratie, der Erbmonarchie und einem Führerstaat beschreiben. Bei Letzterem hat Weber an Bismarck gedacht und nicht, wie wir heute, an den Nationalsozialismus. Insofern darf man nicht die uns sofort in den Sinn kommenden negativen Assoziationen haben, wenn man die Ausführungen Webers über die charismatische Herrschaft liest, sie sollten jedoch in die Bewertung dieser Herrschaftsform zumindest als Risikopotential einfließen. Die Herrschaft in einem Staat zeichnet sich dadurch aus, dass sie das Monopol der Gewaltausübung zur Durchsetzung der gesatzten Ordnung besitzt.

Lernkontrollfragen

1 Wie sehen die verschiedenen Typen der Herrschaft Webers aus? Worin unterscheiden sie sich grundsätzlich?

2 Was ist die grundlegende Gemeinsamkeit aller drei Herrschaftsformen?

3 Zu Beginn dieses Kapitels heißt es: »Herrschaft ist grundlegend für jede Art der politischen Gemeinschaft.« Inwiefern trifft dies auf die drei diskutierten Autoren zu, d.h. kann sich einer der

besprochenen Autoren eine politische Gemeinschaft ohne Herrschaft vorstellen?

4 Was zeichnet Hobbes Unterwerfungsvertrag aus?

5 Worin besteht der Unterschied zwischen häuslicher Herrschaft
(*Oikos*) und der politischen Herrschaft in der Polis?

6 Was versteht Aristoteles unter Selbstbeherrschung? Wozu ist
sie gut?

Literatur

Primärliteratur

Aristoteles (1994), Politik, Reinbek bei Ham-
burg.
Aristoteles (1983), Nikomachische Ethik,
Stuttgart.
Hobbes, Thomas (1966), Leviathan, oder Stoff,
Form und Gewalt eines kirchlichen und
bürgerlichen Staates, hrsg. von Iring Fet-
scher, Frankfurt/Main.

Weber, Max, Wirtschaft und Gesellschaft,
Tübingen 1972.
Weber, Max, Politik als Beruf, in: ders., Gesammelte Politische Schriften, Tübingen 1988,
505–560.

Sekundärliteratur

Fetscher, Iring (1966), Einleitung, in: Hobbes,
Thomas (1966), Leviathan, oder Stoff,
Form und Gewalt eines kirchlichen und
bürgerlichen Staates, hrsg. von Iring Fet-
scher, Frankfurt/Main.
*Fetschers Einleitung zu Hobbes' Leviathan
bietet einen sehr schönen Überblick über
die wichtigsten Aspekte von Hobbes' politischen Philosophie. Wie schon in seinem
Rousseau-Buch versteht Fetscher es, die
Materie auch für den Laien gut verständlich darzulegen.*
Fitzi, Gregor (2004), Max Webers politisches
Denken, Konstanz.
*Fitzi gibt einen schönen und nachvollzieh-
baren Einblick in das politische Denken
Max Webers. Er behandelt dabei die zentralen Elemente dieses Denkens inklusive
ihrer Voraussetzungen und Absichten.*
Kersting, Wolfgang (2005), Thomas Hobbes
zur Einführung, Hamburg.

*Kerstings Hobbes-Einführung ist eine
umfassende, hilfreiche und verständlich
geschriebene Darstellung der politischen
Theorie des englischen Denkers.
Besonders aufschlussreich ist darin die
Gegenüberstellung von Hobbes' neuzeitli-
chem Philosophieverständnis und den bis
dahin gültigen Wissenschaftsmethoden
der Antike und des Mittelalters.*
Leggewie, Klaus (1995), Herrschaft, in: Lexikon
der Politik, hrsg. von Dieter Nohlen, Bd. 1:
Politische Theorien, München, 180–190.
Ottmann, Henning (2001), Geschichte des
politischen Denkens. Bd. 1: Die Griechen,
Bd. 1/2: Von Platon bis zum Hellenismus,
Stuttgart.
*Diese Reihe bietet eine sehr ausführliche
und gut lesbare Einführung in die
Geschichte des politischen Denkens.
Durch Schaubilder werden komplexe
Sachverhalte gut visualisiert. Eine emp-*

fehlenswerte Lektüre für jeden, der sich eingehend mit dem politischen Denken des alten Griechenlands beschäftigen möchte.

Rapp, Christof (2001), Aristoteles zur Einführung, Hamburg.
Rapps Einführung gibt einen Überblick über die komplette Philosophie des Aristoteles. So werden hier die Logik, Ontologie, Metaphysik, Poetik, Rhetorik, Ethik

und auch die politische Philosophie behandelt. Für einen Gesamtüberblick sehr brauchbar, wer sich aber vor allem für die politische Philosophie des Aristoteles interessiert, der greife lieber zu Ottmanns Buch.

Weiss, Ulrich (1997), Leviathan, in: Hauptwerke der politischen Theorie, hrsg. von Wilhelm Hofmann u. a., Stuttgart, 205–211.

2.2.2 | Macht

Die Bedeutung des Begriffs »Macht« in der Politischen Theorie ist sehr unterschiedlich und vielschichtig, sodass sich in der Geschichte der Politischen Ideen bisher keine maßgebliche Theorie der Macht hat durchsetzen können. Im Folgenden soll diese Bandbreite anhand der Machtbegriffe von Machiavelli, Arendt und Foucault dargestellt werden. Die Wahl fiel auf diese Autoren, weil sie je einen spezifischen Machtbegriff haben: einen realistischen, einen handlungstheoretischen und einen diskursiven. Insofern bietet diese Auswahl einen tiefen Blick in die Vielfalt der unterschiedlichen Machtkonzeptionen.

Was bedeutet Macht?

Was aber bedeutet Macht? Im 20. Jahrhundert wurde angesichts der Gewaltphänomene, die dieses Jahrhundert geprägt haben, oft von der »Dämonie der Macht« gesprochen. Dies weist schon auf die Ambivalenz des Machtbegriffs hin: Einerseits ist menschliches Zusammenleben kaum ohne Machtbeziehungen zu denken, andererseits zeigen viele der bisherigen Erfahrungen, dass die Machtausübung einiger schnell zur Ohnmacht vieler führen kann.

Vermischung von Macht und Gewalt

Trotzdem ist es problematisch, davon auszugehen, dass Macht automatisch mit Gewalt verbunden ist. Macht kommt dem Menschen als freier Wille zu. Das heißt zunächst einmal nichts anderes, als dass die Menschen in der Lage sind, in der Weise auf die Welt zu wirken, wie sie es für sinnvoll halten. Das hat seine Grenzen dort, wo es Interessenskonflikte gibt. Dann setzt sich der »Mächtigere« durch.

Hobbes hat »Macht« definiert als die Möglichkeit eines Menschen, ein Gut mit seinen gegenwärtigen Mitteln zu erreichen (Hobbes 1966, Kapitel 10, zu Hobbes → vgl. auch Kap. 2.2.1.2). Dazu kann auch gehören, dass man nur im Ruf steht, Macht zu haben. Diese

GRUNDBEGRIFFE DER POLITIKWISSENSCHAFTLICHEN ANALYSE

fiktive Macht alleine kann schon ausreichen, um den eigenen Willen gegenüber anderen, vielleicht objektiv viel mächtigeren Menschen durchzusetzen (ebd.). Andererseits gelangt diese fiktive Macht recht bald an ihre Grenzen, wenn sie nicht ab und zu den Beweis antritt, auch tatsächlich vorhanden zu sein. Hier besteht dann doch ein Zusammenhang von Macht und Gewalt: Macht ist nur dann dauerhaft glaubwürdig, wenn sie von Zeit zu Zeit demonstriert wird.

Mit der Frühen Neuzeit – also von der Entdeckung Amerikas (1492) bis zur Französischen Revolution (1789) – und der weit verbreiteten Überzeugung, dass alle Menschen autonom sein sollten, geht die Erfahrung von grundlegender Ungleichheit einher: sei es die Ungleichheit von Gruppen, Klassen oder Nationen. In dem aus der Erfahrung der Ungleichheit entstehenden Kampf um Anerkennung ist der eigentliche Kampf um die Macht zu erkennen. Macht äußert sich daher meist auch in Interessensfeldern, in denen Konflikte bestehen, wie auch in Interessensfeldern, die miteinander in Konflikt stehen. Um die eigenen Interessen durchzusetzen, bedarf es der Macht. Max Weber hat die wohl bis heute gängigste Definition des Begriffs Macht geliefert:

Erfahrung der Ungleichheit

»Macht bedeutet die Chance, innerhalb einer sozialen Beziehung den eigenen Willen auch gegen Widerstreben durchzusetzen, gleichviel, worauf diese Chance beruht.« (Weber 1972, 28).

Diese Macht kann physischer, psychischer und wirtschaftlicher Natur sein. Die Erscheinungsformen der Macht lassen sich grob in einem Dreierschema zusammenfassen (s. a. Abb. 6):

1. Befehl und Gehorsam;
2. das autoritative Verhältnis und
3. das kooperative bzw. demokratische Verhältnis.

Dreierschema der Macht

Das »autoritative Machtverhältnis« kommt im Gegensatz zu dem »Befehl – Gehorsam-Verhältnis« ohne Zwang aus (vgl. Rousseau 1977, Buch 2, Kapitel 7), da die Menschen dem Autoritätsträger kraft seiner Autorität freiwillig folgen. Das »demokratische Machtverhältnis« besticht dadurch, dass die Machtträger periodisch gewählt und bei Fehlverhalten abgewählt werden können.

Man kann die zwei verschiedenen Machtbegriffe »Macht zu« und »Macht über« (*power to und power over*) unterscheiden, die in unterschiedlicher Weise und in verschiedenen Konstellationen in den hier vorgestellten Machtkonzeptionen auftreten (Allen 1999, 123–126; vgl. Göhler 2004, 245 ff.). Während der Begriff »Macht über« dem geläufigen Alltagsverständnis von Macht entspricht,

Abb. 6

Dreierschema der Macht

Befehl und Gehorsam	=	vertikale Machtstruktur (mit Zwang)
autoritatives Verhältnis	=	vertikale Machtstruktur (ohne Zwang)
kooperatives bzw. demokratisches Verhältnis	=	horizontale Machtstruktur

d. h. dass Macht bedeutet, etwas gegen den Willen eines anderen durchzusetzen (vgl. Weber 1972, 28), steht »Macht zu« für die Fähigkeit eines Subjektes (oder einer Gruppe oder eines Staates), etwas an sich durchzusetzen. Bei »Macht zu« geht es dementsprechend nicht um eine soziale Beziehung. »Gefragt wird nicht nach den Wirkungen der Macht auf andere, auf die Machtunterworfenen, sondern nach der Macht als Fähigkeit zum autonomen Handeln. In diesem Verständnis ist Macht für die Gesellschaft konstitutiv.« (Göhler 2004, 246). Das heißt, die Existenz von Macht ist lebensnotwendig für jede Gesellschaft. Mit Foucault wird später gezeigt werden, dass Macht durch ihre zwei Varianten einerseits repressiv (»Macht über«) und andererseits produktiv ist (»Macht zu«).

Amy Allen führt einen dritten Machtbegriff ein, »Macht mit« (*power with*), der an Hannah Arendts Machtkonzeption anschließt, aber darüber hinausgehen soll. »Macht mit« ist, so Allens Definition, »die kollektive Fähigkeit zusammen zu handeln, um ein gemeinsames oder geteiltes Ziel zu erreichen.« (Allen 1999, 127, Ü.d.V.) Nur zusammen mit den beiden anderen Machtbegriffen, also »Macht zu« und »Macht über«, ergibt sich dann ein umfassender Machtbegriff. Denn, so lautet ihr Argument, in vielen Situationen findet man bei näherer Analyse alle drei Varianten von Macht. Wenn man statt nur eines Machtbegriffs drei hat, so ist man im Besitz eines analytischen Werkzeugs, das dabei helfen kann, komplexe Machtbeziehungen sichtbar zu machen, die ohne diese dreifache Differenzierung nicht erkennbar wären (Allen 1999, 129).

»Macht zu« und »Macht über«

Umfassender Machtbegriff

2.2.2.1 | Niccolò Machiavelli

Leben und Werk

Machiavelli (1469–1527)

Machiavelli wurde im Mai 1469 in Florenz geboren und tauchte recht unvermittelt 1498 auf der politischen Bühne auf: Er wurde Sekretär der zweiten Kanzlei des »Rates der Zehn« der Republik Flo-

renz. Der Höhepunkt seiner politischen Laufbahn war die Eroberung Pisas im Jahre 1506 mit einer von ihm aufgestellten und
geleiteten Volksmiliz. Die Medici – das Herrschergeschlecht in Florenz –, die im Jahr 1494 gestürzt worden waren und an deren Stelle die Republik gesetzt wurde, kehrten im Jahr 1512 auf Druck der
»Heiligen Liga« (bestehend aus dem Papst, Spanien, Venedig und
England) zurück an die Macht. Daraufhin verlor Machiavelli seine
Ämter und er wurde auf sein Landgut, 15 km von Florenz entfernt,
verbannt. Hier verfasste er etliche Schriften, unter denen vor allem
»Der Fürst« von 1513 und die »Discorsi – Gedanken über Politik
und Staatsführung« (1513–1517) hervorstechen. »Der Fürst« machte eine beachtliche Karriere: einerseits stark bewundert, u. a. von
Oliver Cromwell und Napoleon, andererseits verachtet: Friedrich II.
von Preußen nannte Machiavelli einen Unhold, wie ihn kaum die
Hölle hervorbrächte. Beide Bücher kamen auf den 1557 geschaffenen »Index der verbotenen Bücher« der katholischen Kirche, auf
dem sich u. a. auch Luthers Schriften befanden.

Machiavelli unterscheidet zwischen Fürstenherrschaft und republikanischer Herrschaft. Mit der Ersteren beschäftigt er sich in seiner
Schrift »Der Fürst«, mit der zweiten in den »Discorsi«. Hier soll der
Schwerpunkt auf seinen Überlegungen zu Fürstenherrschaft liegen, weil diese entscheidend für seine Wirkung bis heute sind und
in ihrer Argumentation für den Machterwerb und -erhalt bahnbre- **Machterwerb und Erhalt**
chend waren. In »Der Fürst« versucht Machiavelli zu zeigen, wie
der Fürst an die Macht gelangt und wie er diese behält.

Er geht dabei von den real herrschenden Zuständen im damaligen »Italien« aus, das aus vielen kleinen Republiken und Fürstentü-
mer bestand, die untereinander ständig im Krieg lagen und häufig
die Koalitionen wechselten.

Machiavellis Menschenbild (s. u.) erklärt, warum er der Ansicht
ist, dass die Menschen einer strengen Führung bedürfen, und in
seiner Herrschaftskonzeption betont er, dass alle Mittel zur Erlangung und Sicherung der Macht legitim sind.

Die zentralen Begriffe in Machiavellis politischer Theorie

Machiavelli betont, dass das Wissen die Quelle der politischen **Die Quelle der**
Macht ist. Dies zeigt sich auch an den vier zentralen Begriffen sei- **politischen Macht**
ner politischen Theorie (s. Abb. 7): *virtù* (persönliche Tüchtigkeit,

Tapferkeit), *fortuna* (günstige Umstände, Glück), *occasione* (Gelegenheit) und die *necessità* (Notwendigkeit). Wenn der Herrscher es schafft, diese vier Eigenschaften von Macht richtig anzuwenden, dann ist ihm eine lange Herrschaft sicher.

Wenn sich einem die Gelegenheit bietet, muss man das Glück durch eigene Tüchtigkeit in die richtige Richtung lenken und diese Gelegenheit so nutzen, dass sie dabei hilft, die eigene Macht auszubauen. Machiavelli verdeutlicht dieses Muster anhand der Herrschaft Cesare Borgias, die er der Gunst der Umstände (*fortuna*) verdankte, aber durch eigene Tugend (*virtù*) zu sichern wusste (Machiavelli 1986, Kapitel VII).

Beispiel: Cesare Borgia

Von einem Handeln aus Notwendigkeit spräche man beispielsweise, wenn das Handeln dringend nötig ist, jedoch die Gelegenheit eigentlich nicht gegeben ist. Trotz allem kann es von Zeit zu

Abb. 7		
Die Schlüsselbegriffe von Machiavellis politischer Theorie	**Fortuna (günstige Umstände)**	Fortuna bedeutet zu einen gewissen Grad Glück oder Zufall, jedoch hat man mehr Glück oder es steht einem der Zufall mehr zur Seite, wenn man etwas dafür tut (→ Virtù). Herfried Münkler bezeichnet die Fortuna als die dunkle Willkür, der die politische Inkompetenz überantwortet ist. Wer also sich vom Schicksal in seinem Handeln leiten lässt, den verlassen Necessità und Virtù und wird Spielball der Fortuna.
	Necessità (Notwendigkeit)	Per Necessità bedeutet so viel wie Handeln aus Einsicht oder realpolitisches Handeln. Die Aufgabe eines Politikers ist es, mit der Zeit zu gehen, d. h. er muss Gegenwart und Vergangenheit analysieren, um daraus die notwendigen Schlüsse zu ziehen, da die Notwendigkeit der Zeitläufe sofortiges Reagieren erfordert.
	Occasione (Gelegenheit)	Der Fürst muss sich ihm bietende (historische) Gelegenheiten rechtzeitig erkennen und nutzen. Er muss zum rechten Zeitpunkt handeln. Beispiel: Der Fall der Mauer war die »Occasione«, um die Wiedervereinigung zu vollziehen.
	Virtù (persönliche Tüchtigkeit, Tapferkeit)	Fähigkeit eines Fürsten, die Notwendigkeit der Zeit zu begreifen, und daraus sein Handeln zu bestimmen. Dazu gehört die Fähigkeit, die Situation zu analysieren und die Folgen einer Handlung abzuschätzen. Darüber hinaus sind die Menschenkenntnis und das Geschichtswissen des Handelnden bestimmende Faktoren. Dies alles bestimmt das Maß der Fortuna, die ein Politiker hat.

Zeit wichtig sein, auch ohne die rechte Gelegenheit zu handeln, weil es die realpolitische Situation erfordert. Im Endeffekt besagt dies nur, dass man nicht immer auf einen günstigen Augenblick warten kann, sondern dass zum Zwecke des Machterhalts es auch erforderlich sein kann, dass der Fürst in einem ungünstigen Moment handelt, auch wenn dies dann beispielsweise mit mehr Kosten verbunden ist.

Theorie der Dezision

Machiavelli ist ein Theoretiker der Dezision, einen Mittelweg zu suchen, das »Sowohl als auch« ist für ihn in Bezug auf den Machterhalt immer schlecht, denn damit werden Entscheidungen hinausgeschoben, die ohnehin getroffen werden müssen (Münkler 1985, 35). Zu dieser Einstellung passt Machiavellis Entschluss, nicht, wie viele andere vor ihm, zu schreiben, wie es sein sollte. Er nimmt vielmehr für sich in Anspruch, sich an der Realität zu orientieren und für diese Realität Handlungsanweisungen zu geben (ebd., Kap. XV).

Handlungsanweisungen für die Realität

Diese Realität stellt sich für Machiavelli so dar, dass die Menschen schlecht sind und jeder jederzeit versucht, für sich den größten Vorteil aus einer Situation zu ziehen, ohne dabei Rücksicht auf andere zu nehmen (Machiavelli 1977, 13 ff.). Daher muss ein Fürst, will er an der Macht bleiben, lernen, auch »schlecht« zu handeln. Diese Fähigkeit muss er immer dann anwenden, wenn es ihm die Notwendigkeit (necessità) gebietet (ebd.). Weiterhin empfiehlt er zum Machterhalt Opportunismus, List, Betrug und die Wahrung des Scheins (vgl. Machiavelli 1986, Kap. XVIII; Machiavelli 1977, 393 f.).

Definition

Machiavellis Dezisionismus

Eine Entscheidung muss herbeigeführt werden, egal wie. Im Endeffekt ist Machiavelli der Meinung, dass eine eindeutig falsche Entscheidung besser ist, als eine halbherzige Kompromisslösung. Warum? Kompromisse und Mittelwege führen nur dazu, dass ein Problem verschleppt oder seine Brisanz verkannt wird. Insofern votiert er ganz klar dafür, dass der Fürst immer eine klare Entscheidung nach dem besten Wissen, das er gerade zur Verfügung hat, fällt.

Das oberste Ziel der Herrschaft ist der Machterhalt. Wie dieser erreicht wird, ist völlig egal. Machiavelli geht es schlicht um eine Technik der Politik, die sich als Technik des Machterhalts erweist. Alles wird der Politik untergeordnet: die Moral, ethische Werte und auch die Religion, wie er in den »Discorsi« eindringlich vorschlägt (Machiavelli 1977, 47–50).

Technik der Politik

Im »Fürsten« macht er besonders deutlich, dass er keinerlei moralischen Skrupel kennt, wenn es um den Erwerb und den Erhalt von Macht geht. Wenn es für den Machterhalt nötig ist, ist es auch gerechtfertigt Menschen, die einem vertrauen, in einen Hinterhalt zu locken und sie zu ermorden (Machiavelli 1986, Kap. VIII). Nur wenn man alle beseitigt, die einem gefährlich werden könnten, ist die eigene Macht relativ sicher.

Keine moralischen Skrupel

Er gibt noch weitere solche Ratschläge, die alle in die gleiche Richtung gehen:

»Man muss sich daher merken, dass man die Menschen entweder mit Freundlichkeit behandeln oder unschädlich machen muss.« (ebd., Kap. III). »Die Menschen vergessen eher den Tod ihres Vaters als die Wegnahme des väterlichen Erbes.« (ebd., Kap. XVII). »Ein Herrscher muss unliebsame Dinge auf andere abwälzen und die angenehmen sich selber vorbehalten.« (ebd., Kap. XIX).

Münkler macht darauf aufmerksam, dass Machiavelli mit solchen Aussagen eine bewusste Provokation gegenüber der ihm vorausgegangenen politischen Theorie begeht.

Der Zweck von Machiavellis politischer Theorie

Welchen Zweck aber dient nun diese, auf Machterwerb und Machterhalt ausgerichtete, politische Theorie Machiavellis? Sie zielt darauf, Machiavellis anthropologischer Grundthese entsprechend, den grundsätzlich korrupten Menschen in seine Schranken zu verweisen, um so eine gute staatliche Ordnung aufzubauen, die ein friedliches Zusammenleben der Menschen ermöglicht (Münkler 2004, 263–280). Diese gute staatliche Ordnung kann zwei Formen annehmen, doch hängt die Form der staatlichen Machtausübung von den *Ambizione* der Bürger ab. Mit diesem Begriff fasst Machiavelli »das Streben nach Befriedigung der verschiedenen menschlichen Triebe« zusammen. Sie werden von ihm »aufgrund ihrer prinzipiellen Grenzenlosigkeit und Unbefriedigbarkeit für das individuelle Unglück und für die politischen Wirren verantwortlich gemacht« (Münkler 2004, 274).

Die Bedeutung der Ambizione

Die Form, die die staatliche Machtausübung annehmen kann, ist entweder die der Fürstenherrschaft oder die der Republik. Schränken die Menschen freiwillig ihre *ambizione* auf ein gesellschaftlich verträgliches Maß ein, dann zeigt dies, dass sie mit *virtù* begabte Bürger einer demokratisch-republikanischen Gemeinschaft sind. Muss aber ihre *ambizione* durch staatliche Repressalien in die Schranken verwiesen werden, so »werden die Menschen zu Untertanen dessen, der ihre *ambizione* zu limitieren vermag: des *Principe an der Spitze eines Fürstentums*« (ebd., 275).

Die Machtausübung eines Einzelnen ist also notwendig, wenn der Masse die *virtù* fehlt, ihre eigenen *ambizione* im Zaum zu halten. In diesem Fall ist dem Fürsten jedes Mittel erlaubt, um seine Macht aufrechtzuerhalten. Sind die Bürger aber in der Lage, ihre *ambizione* freiwillig zu zügeln, so sind sie auch in der Lage, die Macht gemeinsam in den Händen zu halten und somit die Regierungsgewalt über sich selbst auszuüben. Dass Machiavelli dies für möglich hält, macht er in den »Discorsi« deutlich. Allerdings ist dazu eine Erziehung aller Bürger erforderlich, sodass diese über ein ausreichendes Maß an Tugend und Bürgersinn verfügen und so freiwillig ihre *ambizione* hintanstellen.

Fürstenherrschaft oder Republik

Zusammenfassung

Machiavellis realistischer Machtbegriff

Niccolò Machiavellis Machtbegriff orientiert sich an seinem pessimistischen Menschenbild und den realen politischen Bedingungen seiner Zeit. Daher entwirft er im »Fürsten« eine politische Theorie der Dezision: Eine Entscheidung muss gefällt werden, ein Sowohl-als-auch führt zu keinen Ergebnissen. Die vier zentralen Begriffe seiner Theorie, *Virtù*, *Necessità*, *Occasione* und *Fortuna*, sind als Eigenschaften von Herrschaft zu denken. Der Fürst bedarf dieser Eigenschaften in dem richtigen Verhältnis, um an die Macht zu kommen und sie zu bewahren. Dabei sind alle Formen der Machtanwendung legitim, solange sie dem Ziel des Machterwerbs und Machterhalts dienen. Eigentlich bevorzugt Machiavelli die Republik. Um diese jedoch verwirklichen zu können, bedarf es der Bürger, die in ausreichendem Maße über *virtù* verfügen und ihre *ambizione* auf ein gesellschaftlich verträgliches Maß reduzieren, d. h. darauf verzichten, selbst auf dem Weg an die Macht zu kommen, den Machiavelli im »Fürsten« beschreibt.

2.2.2.2 | Hannah Arendt

Leben und Werk

Hannah Arendt (1906–1975)

Hannah Arendt wurde 1906 als Tochter jüdischer Eltern in Hannover geboren. Sie studierte Philosophie in Marburg bei Martin Heidegger und promovierte in Heidelberg bei Karl Jaspers (1928). 1933 emigrierte sie nach Paris, 1941 nach New York. Dort arbeitete sie als Lektorin und Publizistin. 1951 veröffentlichte sie die Studie »Elemente und Ursprünge totaler Herrschaft« (dt. 1955), die sie auf einen Schlag bekannt machte und ihr die Tür zum akademischen Lehrbetrieb öffnete. 1958 legte sie mit »Vita activa oder vom tätigen Leben« (dt. 1960) eine Theorie politischen Handelns vor. Weitere wichtige Werke sind ihre Berichte über den Eichmann-Prozess in Jerusalem und »Über die Revolution« (beide 1963). Arendt war zunächst an der University of Chicago und dann an der New School for Social Research in New York Professorin. Dort starb sie 1975.

Hannah Arendt ist der Überzeugung, dass alle Definitionen Unterscheidungen sind. Wir sind nicht in der Lage zu sagen, was etwas ist, ohne es zugleich von etwas anderem zu unterscheiden (Arendt 1958, 176). So verhält es sich auch mit ihrem Machtbegriff. Arendt definiert Macht in der Unterscheidung von Gewalt (Arendt 2005). Für sie ist Macht die menschliche Fähigkeit, sich mit anderen zusammenzuschließen und im Einvernehmen mit ihnen zu handeln. Macht ist nicht etwas, über das ein Einzelner verfügen kann, sondern sie ist immer nur im Besitz einer Gruppe und bleibt nur so lange bestehen, wie diese Gruppe existiert.

Macht, Gewalt und Stärke

Ein »mächtiger Mann« ist in der Wirklichkeit von einer Gruppe von Personen ermächtigt, sie hat ihm also ihre Macht verliehen. Löst sich die Gruppe auf, löst sich mit ihr die Macht des Machthabers auf. Stärke andererseits kommt einer einzelnen Person zu, sie ist eine individuelle Eigenschaft, die sich zwar im Vergleich mit anderen Personen messen lässt, aber dennoch unabhängig von den anderen ist. Jedoch kann Stärke nie der Macht (der vielen) standhalten, da sie »durch die schiere Zahl überwältigt« wird. Gewalt ist »durch ihren instrumentalen Charakter gekennzeichnet« und steht »dem Phänomen der Stärke am nächsten«. Macht ist also im Gegensatz zu Gewalt und Stärke kein Gehorsamsverhältnis, sondern sie ist immer ein Kollektivphänomen (Arendt 2005, 44–58). Dementsprechend definiert Arendt auch, dass Macht der menschlichen Fähigkeit entspricht *gemeinsam* einvernehmlich zu handeln (ebd., 45).

Definition

Gewalt, Stärke, Macht

Definitionen funktionieren immer nur über Unterscheidungen. Insofern definiert Arendt »Macht« im Unterschied zu »Gewalt und Stärke«.

- Anders als Gewalt und Stärke kann Macht niemals nur von einer Person besessen werden, sondern immer nur von einer Gruppe von Menschen.
- Gewalt ist Mittel zum Zweck, wohingegen Macht Zweck an sich ist.
- Stärke ist eine individuelle Eigenschaft, die der Macht der vielen/einer Gruppe aber nichts entgegenzusetzen hat.
- Stärke und Gewalt sind Gehorsamsverhältnisse, Macht dagegen ist ein Kollektivphänomen und basiert auf der Fähigkeit der Menschen, gemeinsam zu handeln.

Macht als Selbstzweck

Arendt konzediert, dass Macht und Gewalt, aber auch Stärke, meist gemeinsam auftreten und selten alleine anzutreffen sind, sie wehrt sich aber gegen den sich aufdrängenden Eindruck, dass Gewalt die Vorbedingung für Macht sei und »Macht nichts anderes als die Fassade, hinter der die Gewalt sich verbirgt« (Arendt 2005, 48). Wie Friede ist auch Macht Selbstzweck und etwas Absolutes. Sie wohnt allen menschlichen Gemeinschaften inne. Das Einzige, was sie wirklich braucht, ist Legitimität. Die Legitimität beruht auf den Gründen, aus denen heraus sich Menschen zu einer Gemeinschaft zusammengeschlossen haben. Der Ursprung der Legitimität liegt also in den wechselseitigen, kollektiven Handlungen der Gemeinschaft, die zu ihrem Zusammenschluss führten. Machtansprüche legitimieren sich in der Regel durch die Berufung auf die Vergangenheit, während der Einsatz von Gewalt meist mit Zwecken legitimiert wird, die in der Zukunft liegen.

Macht ist ein Selbstzweck, daher kann sie nicht durch einen Zweck, der in der Zukunft liegt, gerechtfertigt werden, Gewalt hingegen sehr wohl. So rechtfertigen die USA und Großbritannien z.B. den Einsatz von Gewalt im Irak damit, dass er dem Land in der Zukunft die Demokratie bringen werde.

Macht und die anderen Schlüsselbegriffe der Theorie Arendts

Weitere Schlüsselbegriffe

Um Arendts Machtverständnis in seiner Breite zu verstehen, ist es wichtig, »Macht« in Bezug zu den anderen Schlüsselbegriffen ihrer Philosophie zu setzen, die sie in ihrem Buch »The Human Condition« entwickelt:

- Pluralität,
- Handeln,
- Öffentlichkeit,
- Versprechen (Allen 1999, 100).

Diese zentralen Begriffe stehen in Bezug zu den drei fundamentalen Aspekte des menschlichen Daseins, die Arendt nennt:

Drei Aspekte des menschlichen Daseins

1. das biologische Leben selbst, d. h. der Prozess des Geborenwerdens, Aufwachsens, Altwerdens und Sterbens, also der schlichte Lebenszyklus;
2. die Weltlichkeit: Sie stellt das Beziehungsgefüge dar, durch das die Menschen in ihre Gemeinschaft eingefügt sind und ist etwas rein Soziales und Politisches;
3. die Pluralität, aus der Macht als Kollektivphänomen resultiert. Pluralität als Grundbedingung des menschlichen Lebens rührt daher, »that men, not Man, live on the earth and inhabit the

Pluralität

world« (Arendt 1958, 7). Pluralität hat einen doppelten Charakter: Gleichheit und Unterscheidung. Wir sind alle gleich, d. h. Menschen. Allerdings unterscheiden wir uns darin, dass nie jemand so ist wie ein anderer, der gelebt hat, lebt oder leben wird. (ebd., 8).

Jeder dieser drei Aspekte korrespondiert mit einer menschlichen

vita activa

Aktivität, die zusammen die *vita activa* ausmachen. Das biologische Leben korrespondiert mit Arbeit, die Weltlichkeit mit Herstellen und die Pluralität mit Handeln. Handeln ist die einzige Aktivität, die direkt zwischen Menschen stattfindet. Insofern öffnet sich die politische Sphäre der Öffentlichkeit direkt aus dem Handeln der Menschen, die dort in der Pluralität zugleich gleich und verschieden sind.

Definition

Macht als Kollektivphänomen:

Macht als Kollektivphänomen hat vier Aspekte: Handeln, Pluralität, Öffentlichkeit und Versprechen. Macht entspricht der menschlichen Fähigkeit, gemeinsam einvernehmlich zu handeln. Pluralität und Öffentlichkeit sind die Grundkonstanten des menschlichen Miteinanders, die es den Menschen erst ermöglichen, dieses Handeln gemeinsam zu gestalten. Das Versprechen, zu kooperieren, stellt die nötige Verbindlichkeit her und kann zugleich an sich ändernde Umstände angepasst werden; so wird langfristiges gemeinsames Handeln möglich. Die Macht entsteht durch gemeinsames Handeln in der Öffentlichkeit, macht diese aber auch zugleich erst möglich. Legitime Macht baut auf Wechselseitigkeit auf.

Die zwei Existenzformen der Macht

Pluralität, Handeln und Öffentlichkeit sind in zwei Weisen mit Macht verbunden. Einerseits existiert Macht, sobald zwei Menschen miteinander »handeln«. Insofern ist Macht das Ergebnis der Handelnden. Andererseits ist Macht die Bedingung der Möglichkeit des Handelns: »Power preserves the public realm and the space of appearance.« (»Macht bewahrt die öffentliche Sphäre und den Ort des Erscheinens/Auftretens«) (ebd., 204). Macht entsteht also, scheinbar paradox, aus der kollektiven Handlung in der Öffentlichkeit und macht diese gleichzeitig erst möglich. Die Macht besteht nur so lange, wie die öffentliche Sphäre existiert.

Kollektives Handeln

Eine weitere Voraussetzung ist das Versprechen, das auf Gegenseitigkeit beruht. Politische Gemeinschaften existieren also nicht dadurch, dass sie eine gemeinsame Identität oder ein gemeinsames Wesen haben, sondern durch das Versprechen, zu kooperieren, um gemeinsame politische Ziele zu erreichen. Das Besondere an Arendts Konzeption des Versprechens ist, dass es nur einen provisorischen Charakter hat und immer den Umständen entsprechend angepasst werden kann. Kann es das nicht, dann verliert es seine bindende Kraft. Um Macht erfolgreich aufzubauen, müssen die Versprechen auf den gegenseitigen Beziehungen der Handelnden beruhen, wie Arendt am Beispiel der Amerikanischen Revolution verdeutlicht: Für deren Akteure kam Macht dort zustande, »wo Menschen zusammenkommen und sich selbst durch Versprechen, Verträge und gegenseitige Gelöbnisse binden. Nur solche Macht, die auf Wechselseitigkeit und Gegenseitigkeit aufbaut, ist echte legitime Macht.« (Arendt 1963, 181 (Ü.d.V.); vgl. Allen 1999, 101 f.).

Versprechen

Zusammenfassung

Arendts handlungstheoretischer Machtbegriff
Arendt definiert Macht in der Unterscheidung von Gewalt. Während Gewalt ein Gehorsamsverhältnis voraussetzt, benötigt Macht eine menschliche Gemeinschaft, denn Macht ist die menschliche Fähigkeit, sich mit anderen zusammenzuschließen und im Einvernehmen mit ihnen zu handeln. Macht ist also ein Kollektivphänomen, das der Eigenschaft des Menschen als geselliges Wesen (Aristoteles) entspricht. Macht ist ein Zweck an sich und existiert in jeder menschlichen Gemeinschaft. Daher bedarf sie der Legitimität. Diese wurzelt in den wechselseitigen, kollektiven Handlungen der Gemeinschaft. Pluralität, Handeln, Öffentlichkeit und Versprechen sind weitere Schlüsselbegriffe der Philosophie Arendts. Macht entsteht aus der kollektiven Handlung in der Öffentlichkeit und macht diese gleichzeitig erst möglich. Die Macht besteht nur so lange, wie die öffentliche Sphäre existiert. Politische Gemeinschaften existieren durch das Versprechen ihrer Mitglieder, zusammenzuarbeiten, um gemeinsame politische Ziele zu erreichen. Macht ist nur dann erfolgreich zu generieren, wenn die Versprechen auf gegenseitigen Beziehungen der Handelnden beruhen.

2.2.2.3 | Michel Foucault

Leben und Werk

Michel Foucault (1926–1984)
Michel Foucault wurde 1926 geboren. Er studierte an der École Normale Supérieure in Paris Philosophie und Psychologie. Nach einigen Jahren als Kulturvertreter Frankreichs im Ausland (1955–1960, Uppsala, Warschau, Hamburg) erhielt er 1961 noch vor seiner Disputation einen Ruf an die Universität von Clermont-Ferrand. Seine Promotion erhielt er 1961 für seine Monographie »Wahnsinn und Gesellschaft« (dt. 1973). 1966 bis 1968 arbeitete er in Tunis, danach bis 1970 als Philosophieprofessor in Vincennes. 1970 erhielt er einen Ruf auf eine Professur für die »Erforschung der Geschichte der Denksysteme« am Pariser Collège de France. Sein Lehrgebiet umfasste das Verhältnis von Wissen, Wahrheit, Macht und Diskurs. Foucault starb 1984. Einige seiner Veröffentlichungen sind, neben der

bereits genannten, »Die Ordnung der Dinge« (1966, dt., 1974), »Überwachen und Strafen« (1975, dt., 1976), »Sexualität und Wahrheit«, Bd. I bis III, (1976–1984, dt., 1977–1986). Für das Thema »Macht« sind noch die Interview- und Aufsatzsammlungen »Die Mikrophysik der Macht« (dt. 1976) und »Analytik der Macht« (dt. 2005) von Bedeutung.

Michel Foucault geht es in seinem ganzen Werk um Macht und Machtbeziehungen. Macht hat für ihn eine zentrale gesellschaftliche Bedeutung. Genauso verhält es sich mit dem Wissen. Insofern kann man mit Foucault formulieren, dass der Wille zum Wissen der Wille zur Macht ist (Foucault 1977). Foucault sieht die Ordnungen des Wissens und der Macht als zusammenhängend und veränderlich an. Vor allem sind sie immer in Bezug auf das Subjekt zu sehen: »Das umfassende Thema meiner Arbeit ist also nicht die Macht, sondern das Subjekt.« (Foucault 2005, 240).

Wille zur Macht

Macht und Subjekt

Foucault geht mit seinen Überlegungen zur Macht über die beiden oben vorgestellten Machtkonzeptionen hinaus: Einmal Macht als Kooperation und Konsens (Arendt) und einmal Macht als Herrschaft und Hierarchie (Machiavelli). Für Foucault kann Macht immer beides sein. Darüber hinaus sieht er Macht als ein dynamisches Kräfteverhältnis, das ohne Zentrum von überall her kommt.

Er versteht sie auch als etwas Positives, Produktives, als etwas, das die Subjekte, die sie kontrolliert, selbst erst »herstellt«. Gleichzeitig übersieht Foucault nicht, dass Macht immer auch eine repressive Seite hat, da Subjekte immer auch Zwängen unterliegen, die aus den sozialen Beziehungen herrühren, die im ganz alltäglichen Miteinander wirksam sind. Diese Position Foucaults ist dem »juridisch-diskursiven Machtkonzept« entgegengesetzt, das sich durch folgende drei Schlüsselpositionen auszeichnet: 1. Macht als Besitz, 2. Macht als lokalisierbare Hierarchie und 3. Macht als Repressionsmittel. Mit Lemke lässt sich festhalten, dass für Foucault die »juridisch-diskursive Machtkonzeption« von der »Idee der (souveränen) Freiheit der Subjekte auf der einen und der Instanz der politischen Souveränität auf der anderen Seite« beherrscht ist, und sich dabei auf »die Frage nach dem Verhältnis zwischen staatlicher Autorität und individueller Autonomie« konzentriert (Lemke

Macht als etwas
Positives

2002, 475). Die »juridisch-diskursive Machtkonzeption« ist die Position des westlichen politischen Denkens, so Foucault. Er will aber zeigen, dass die Machtverhältnisse weniger eindeutig und deutlich komplexer sind.

Definition

Macht als Machtverhältnisse

Im Gegensatz zu dem traditionellen Machtverständnis, nach dem eine Institution oder Person Macht hat und sie ausübt, stellt Foucault Macht als etwas Gestaltloses dar, die nur in Form einer komplexen strategischen Situation existiert. D. h. Macht ist überall und die Machtbeziehungen durchlaufen alle Ebenen der Gesellschaft.

Diskursive und nichtdiskursive Machtpraktiken

Disziplinartechniken

Mit Foucault kann man diskursive (»Der Wille zum Wissen«, Foucault 1977) und nichtdiskursive Machtpraktiken (»Überwachen und Strafen«, Foucault 1976) unterscheiden. Während die nichtdiskursiven Machtpraktiken von Foucault anhand von Disziplinartechnologien verdeutlicht werden, erhellt er die diskursiven Machtpraktiken in der Auseinandersetzung mit der »juridisch-diskursiven Machtkonzeption«.

Die nichtdiskursiven Machtpraktiken, also die Disziplinartechniken, wie sie in der modernen Gesellschaft existieren (z. B. Gefängnis, Schule, Irrenhaus, Fabrik), haben ihren Vorteil darin, dass sie weniger unterdrücken als vielmehr die Wahrnehmungsformen und Gewohnheiten der Subjekte konstituieren und strukturieren. Sie sind auf den Körper des Individuums gerichtet. Dabei gelingt es diesen Techniken »die Kräfte des Körpers zugleich zum Zwecke ihrer wirtschaftlichen Nutzung zu steigern und zum Zwecke ihrer politischen Unterwerfung zu schwächen« (Lemke 2005, 329; vgl. Foucault 1976, 176 f., 228 f.). Die Disziplin stellt also einen Kreislauf dar, in dem sich die ökonomische Nützlichkeit und die politische Unterwerfung gegenseitig verstärken.

Macht ist keine Substanz

Dieses Konzept der nichtdiskursiven Machtpraktiken zeigt, dass Macht keine Substanz ist. Vielmehr versucht Foucault Macht in Begriffen, die zueinander in Beziehung stehen, zu analysieren, da sie substanzlos und nichts Greifbares ist, wie aus folgendem Zitat hervorgeht:

»Die Möglichkeitsbedingung der Macht [...] liegt nicht in der ursprünglichen Existenz eines Mittelpunktes, nicht in einer Sonne der Souveränität, [...]; sondern in dem bebenden Sockel der Kraftverhältnisse, die durch ihre Ungleichheit unablässig Machtverhältnisse erzeugen, die immer lokal und instabil sind. Allgegenwart der Macht: nicht weil sie das Privileg hat, unter ihrer unerschütterlichen Einheit alles zu versammeln, sondern weil sie sich in jedem Augenblick und an jedem Punkt – oder vielmehr in jeder Beziehung zwischen Punkt und Punkt – erzeugt. Nicht weil sie alles umfasst, sondern weil sie von überall kommt, ist die Macht überall.« (Foucault 1977, 114; vgl. Foucault 2005, 218).

Definition

Diskursive und nichtdiskursive Machtpraktiken

Unter nichtdiskursiven Machtpraktiken muss man die Disziplinartechniken verstehen, wie sie in modernen Gesellschaften existieren: Schule, Gefängnis, Irrenhaus, Fabrik etc. Diese Machtpraktiken konstituieren und strukturieren die Wahrnehmungsformen und Gewohnheiten der Subjekte. Das hat den Vorteil, dass diese sich nicht unterdrückt wähnen. Für die Machthaber hat es zudem den Vorteil, dass sich hier ökonomische Nützlichkeit und politische Unterwerfung gegenseitig ergänzen.

Das diskursive Machtverständnis Foucaults bezeichnet Herrschaftstechnologien, die der Leitung und Steuerung der Menschen, ihres Verhaltens, ihrer Handlungen und Reaktionen dienen. Die diskursiven Machtpraktiken richten sich auf den »Körper einer Bevölkerung« und nicht nur auf ein Individuum, wie dies bei den nichtdiskursiven Machtpraktiken der Fall ist.

Gestaltlosigkeit von Macht

Da Macht sich nirgends als Gestalt verfestigt und sie immerzu nur in wechselnden Konstellationen als Beziehungsgeflecht zu verstehen ist, muss man immer von Machtverhältnissen sprechen, woraus folgt, dass Macht nicht als exklusiver Besitz von Personen, Gruppen oder Klassen anzusehen ist, während andere von ihr ausgeschlossen sind:

»Die Macht ist nicht eine Institution, ist nicht eine Struktur, ist nicht eine Mächtigkeit einiger Mächtiger. Die Macht ist der Name,

den man einer komplexen strategischen Situation in einer Gesellschaft gibt.« (Foucault 1977, 114).

Dies bestätigt die oben gemachte Beobachtung hinsichtlich Foucaults Ablehnung des »juridisch-diskursiven Machtkonzepts« und
seiner Bestimmung der Macht als etwas jeder sozialen Beziehung
inhärentes, das alle gesellschaftlichen Ebenen durchzieht.

Der Kritik an der »juridisch-diskursiven« Konzeption der Macht
entsprechend, unterläuft Foucault die übliche Gleichsetzung von
»Machtprozessen mit politischer Macht und die Konzentration der
Machtanalyse auf die Institutionen des Staates« (Lemke 2002, 476).
Statt einer makropolitischen Perspektive wählt Foucault eine mik-
ropolitische. Diesem Konzept entsprechend verlaufen die Machtbeziehungen quer durch die Gesellschaft, sie gehen nicht von einer
zentralen Instanz aus, sondern im Gegenteil sind die »Entstehung
und Funktionsweise des Staates auf die gesellschaftlichen Kräfte-
verhältnisse zurückzuführen.« (ebd.; vgl. Foucault 1977, 115 f.,
1978, 110).

Foucault unterscheidet drei Ebenen, auf denen die Macht analysiert werden muss:

- die Ebene der strategischen Beziehungen,
- die Ebene der Herrschaftszustände und
- die Ebene der Herrschaftstechnologien (Lemke 2002, 483 ff.;
  Lemke 2005, 338 f.).

Die strategische Ebene bzw. die der Machtbeziehungen ist die
grundlegende Ebene. Hiermit sind »strategische Spiele zwischen
Freiheiten« gemeint, d. h. der Versuch einer Gruppe das Verhalten
einer anderen Gruppe zu bestimmen und wiederum deren Bestreben, sich ihr Verhalten nicht vorschreiben zu lassen bzw. das Verhalten der anderen Gruppe ihrerseits zu bestimmen (Foucault
2005, 298). Aufgrund der Allgegenwart dieser Spiele gibt es kein
Feld der menschlichen Interaktion, das jenseits von Machtbeziehungen besteht. Insofern sind Machtbeziehungen die Bedingung
für die Existenz von Gesellschaft (Foucault 2005, 258).

Die Herrschaftszustände unterscheiden sich von diesen strategischen Beziehungen dadurch, dass sie nur für einen bestimmten
Zeithorizont existieren und dass sie »mit ökonomischen, politischen oder militärischen Mitteln institutionalisierte Ausübung von
Macht« sind. In ihnen sind Machtbeziehungen unveränderlich. Hier
zeigt sich, dass Foucault unter Herrschaft das versteht, »was man
üblicherweise Macht nennt.« (Foucault 2005, 298).

Die dritte Ebene, die der Herrschaftstechnologien, nimmt zwischen den beiden vorgenannten eine mittlere Position ein und Foucault bezeichnet sie als »diskursive Macht«. In seiner Vorlesung »Die Geburt der Biopolitik« im Wintersemester 1978/79 definiert er diese Technologien als die vielen unterschiedlichen Weisen, Modalitäten und Möglichkeiten der Leitung und Steuerung von Menschen und ihres Verhaltens sowie der Einschränkung ihrer Handlungen und Reaktionen etc. (Foucault 2004, 13). Diese Position lässt Foucault zu dem Schluss kommen, dass »Herrschaft weniger die Quelle von Ausbeutung und Unterwerfung ist, sondern im Gegenteil, der Effekt von Regierungspraktiken, die Machtbeziehungen in einer Weise systematisieren und tabuisieren, sodass sie schließlich die Form von Herrschaftszuständen annehmen.« (Lemke 2005, 339; Foucault 2005, 298).

Diskursive Macht

Definition

Drei Ebenen der Machtanalyse
- Strategische Beziehungen: Metaebene, umfassen alle Bereiche der Macht, hier versuchen verschiedene Gruppen Macht über andere Gruppen zu erlangen und umgekehrt.
- Herrschaftszustände: zeitlich begrenzte, statische Machtbeziehungen.
- Herrschaftstechnologien: die verschiedenen Arten der Leitung von Menschen.

Pastorale Macht

Mit dieser neuen Komponente der Regierungstechnologie begreift er den Staat nun als eine »Verbindung politischer und pastoraler Macht«, der bei der Subjektbildung eine zentrale Rolle zukommt.

Verbindung von politischer und pastoraler Macht

Die pastorale Macht definiert Foucault als eine sich aus dem Prinzip des »Hirten« im Christentum abgeleitete Macht des Staates, die die Sorge des Staates um das Individuum betont, wenn auch die religiöse Zielsetzung durch »eine Reihe irdischer Ziele« ersetzt wurde. Der Staat sorgt sich um seine Individuen in sozialen und medizinischen Bereichen und sorgt dafür, dass Recht und Ordnung aufrechterhalten werden (Foucault 2005, 247 ff.).

Schlussendlich kann man festhalten, dass die diskursiven Machtpraktiken nicht auf den Körper eines Individuums zielen, sondern richten sich als »Biopolitik« auf den Körper einer Bevölkerung. Hier sind Regulierung und Kontrolle die zentralen Instrumente. Bei den nichtdiskursiven Machtpraktiken hingegen stellen die Dressur und Disziplin diese Instrumente dar. Auch gibt es Unterschiede in der räumlichen Anordnung bzw. Lage beider Machtkonzeptionen, wie Foucault in der Vorlesung »In Verteidigung der Gesellschaft« ausführt:

»Wir haben also zwei Serien: die Serie Körper – Organismus – Disziplin – Institutionen [= Disziplinarmacht + ›Überwachen und Strafen‹]; und die Serie Bevölkerung – biologische Prozesse – Regulierungsmechanismen – Staat [= Biopolitik + ›Sexualität und Wahrheit‹].« (Foucault 1999, 289; vgl. Lemke 2005, 329 f.).

Während die erste Serie das Individuum in lokal vorhandenen Repressionsapparaten (Gefängnis, Irrenhaus etc.) umfasst, beinhaltet die zweite Serie die Bevölkerung und deren Verhalten als Ganzes durch die staatliche Politik. Ein Beispiel hierfür wäre die Rassenpolitik der Nationalsozialisten.

Zusammenfassung

Foucaults diskursiver Machtbegriff

Foucault betont die Allgegenwärtigkeit der Macht in allen sozialen und gesellschaftlichen Beziehungen. Macht ist in seinen Augen nicht nur ein repressives Moment der Herrschenden, sondern sie konstituiert erst die Subjekte. In einer mikroperspektivischen Analyse untersucht Foucault die verschiedensten Machtphänomene. Diese kann man in Disziplinarmacht und Biopolitik unterteilen. Erste zielt auf das Individuum, letztere auf die Bevölkerung. Die Macht ist als notwendige Konstitutionsbedingung gesellschaftlicher und sozialer Beziehungen in ihren repressiven wie auch in ihren positiv-produktiven Seiten anzusehen. Den modernen Staat sieht Foucault als eine Verbindung von politischer und pastoraler Macht (→ Sorge des Staates um das Individuum) an, die zentral für die Konstitution der Subjekte ist, d.h. der moderne Staat ist nach Foucault zentral für die Bildung und Steuerung der in ihm lebenden Subjekte.

Lernkontrollfragen

1 Die drei vorgestellten Machtkonzepte sind teilweise sehr unterschiedlich. Markieren Sie die zentralen Unterschiede. Woran könnte das liegen? Was ist die Absicht der einzelnen Autoren?

2 Foucaults Machtbegriff ist der differenzierteste und wahrscheinlich auch der komplizierteste der drei vorgestellten. Was zeichnet ihn aus?

3 Man könnte Machiavellis und Arendts Machtbegriff als die modellhaften Beispiele des klassischen Machtbegriffs (vgl. Einleitung zu Macht) auffassen. Inwiefern trifft diese Aussage zu?

Literatur

Primärliteratur

Arendt, Hannah (2005), Macht und Gewalt, München.

Arendt, Hannah (1958), The Human Condition, Chicago (dt. Vita Activa oder Vom tätigen Leben, München 1960)

Foucault, Michel (2005), Subjekt und Macht, in: Ders., Analytik der Macht, hrsg. von Daniel Defert und François Ewald, Frankfurt/Main, 240–263.

Foucault, Michel (2004), Geschichte der Gouvernementalität I. Sicherheit, Territorium, Bevölkerung, hrsg. von Michel Sennelart, Frankfurt/Main.

Foucault, Michel (1999), In Verteidigung der Gesellschaft, Frankfurt/Main.

Foucault, Michel (1977), Der Wille zum Wissen. Sexualität und Wahrheit I, Frankfurt/Main.

Foucault, Michel (1976), Überwachen und Strafen, Die Geburt des Gefängnisses, Frankfurt/Main.

Machiavelli, Niccolò (1986), Il Principe/Der Fürst. Italienisch/Deutsch, Stuttgart.

Machiavelli, Niccolò (1977), Discorsi. Gedanken über Politik und Staatsführung, Stuttgart.

Hobbes, Thomas (1966), Leviathan, oder Stoff, Form und Gewalt eines kirchlichen und bürgerlichen Staates, hrsg. von Iring Fetscher, Frankfurt/Main.

Rousseau, Jean-Jacques (1977), Der Gesellschaftsvertrag, Stuttgart.

Weber, Max (1972), Wirtschaft und Gesellschaft, Tübingen.

Sekundärliteratur

Allen, Amy (1999), The Power of Feminist Theory. Domination, Resistance, Solidarity, Boulder.

Breier, Karl-Heinz (2005), Hannah Arendt zur Einführung, Hamburg.
Breiers Einführung zu Hannah Arendt geht auf alle zentralen Aspekte ihres Werkes ein und führt an die zentralen Gedanken und Aussagen Arendts nachvollziehbar und unter Rekurs auf ihre geistige Wurzeln heran.

Fink-Eitel, Hinrich (1997), Michel Foucault zur Einführung, Hamburg.

Fink Eitels Einführung ist für den Studienanfänger nur bedingt geeignet, bleibt er doch dem hohen Abstraktionsniveau von Foucaults Werk treu.

Göhler, Gerhard (2004), Macht, in: Politische Theorie. 22 umkämpfte Begriffe zur Einführung, hrsg. von Gerhard Göhler u. a., Wiesbaden, 244–261.

Lemke, Thomas (2005), Geschichte und Erfahrung. Michel Foucault und die Spuren der Macht, in: Michel Foucault, Kritik der Macht, Frankfurt/Main, 319–347.

Lemke, Thomas (2002), Die politische Theorie der Gouvernementalität: Michel Foucault, in: Politische Theorien der Gegenwart I, hrsg. von André Brodocz und Gary S. Schaal, Opladen, 471–501.
Beide Aufsätze von Lemke sind sehr empfehlenswert, da sie eine gute Einführung in Foucaults Werk bieten. Sie sind verständlich geschrieben und insofern auch für den Studienanfänger nachvollziehbar. Der Aufsatz aus 2005 enthält eine Menge Literaturverweise auf die erst 2004 erschienenen Gesammelten Schriften,

sowie zu den Interviews und Aufsätzen Foucaults in dem Band, in dem der Aufsatz Lemkes selbst erschienen ist.

Münkler, Herfried (2004), Machiavelli. Die Begründung des politischen Denkens der Neuzeit aus der Krise der Republik Florenz, Frankfurt/Main.
Münklers kenntnisreiche, sehr gut geschriebene Machiavelli-Studie arbeitet Machiavellis Leben und Denken aus dem zeitgeschichtlichen Hintergrund der Florentiner Republik heraus. Sie ist sehr empfehlenswert für eine vertiefte Auseinandersetzung mit dem Leben und Werk Machiavellis.

Münkler, Herfried (1985), Staatsraison und politische Klugheitslehre, in: Pipers Handbuch der politischen Ideen in 5. Bde., hrsg. von Iring Fetscher und Herfried Münkler, Bd. 3.: Neuzeit: Von den Konfessionskriegen bis zur Aufklärung, München, 23–72.

Weiss, Ulrich (1995), Macht, in: Lexikon der Politik, hrsg. von Dieter Nohlen, Bd. 1: Politische Theorien, München, 305–315.

Politische Theorie im Handgemenge | 3

Inhalt

In diesem Kapitel werden verschiedene Möglichkeiten des Ineinander-verwoben-Seins von gesellschaftlicher Realität und politischer Theorie dargestellt und erläutert. Dies geschieht in zwei Teilen:

- Im ersten Teil wird gezeigt, dass auch solche Gebiete des menschlichen Handelns durchweg politisch sind, die oftmals als genuin unpolitische Felder betrachtet werden.
- Im zweiten Teil wird untersucht, in welchem Verhältnis Politik und Ideologie zueinander stehen. Dabei ist zunächst einmal von Interesse, was überhaupt »Ideologie« ist. Im Zuge dieser Überlegungen sollen drei der wirkungsmächtigsten »-ismen« – Konservatismus, Liberalismus und Sozialismus – in ihrer historischen Rolle betrachtet werden.

3.1   **Politik und Kontext**

3.2   **Politik und Ideologie**

Definition

Ideologie

Unter einer Ideologie (gr. »die Lehre von den Ideen«) wird heutzutage in meist abwertender Weise ein geschlossenes Weltbild verstanden, das versucht, die Welt in ihrer Komplexität und alle in ihr stattfindenden Interaktionen aus sich heraus zu erklären. Der Marxismus lehrt, dass alle Weltanschauungen, Religionen, Einrichtungen, Rechtsverhältnisse etc. nur die materiellen Verhältnisse widerspiegeln und von der herrschenden Klasse, also der Bourgeoisie, dazu verwendet werden, den Rest der Gesellschaft zu unterdrücken. Das geht nur, indem sie diese Weltanschauungen etc. zu unveränderbaren Ideen erhebt, während es in Wirklichkeit solche Ideen gar nicht gibt, es sich also um Ideologien handelt, d. h. um einen ideologischen Überbau über die materielle Basis. M.a.W. ist eine Ideologie meist eine Theorie oder eine Weltanschauung, die vorgibt »erwiesenermaßen« wahr und allgemeingültig zu sein. Dies hat im kritischen Denken des 20. Jahrhunderts die Ideologiekritik entstehen lassen.

3.1 | Politik und Kontext

Beispiel Wirtschaft und politische Kultur

Politische Theorie ist immer in Kontexte eingebunden, auf die sie reagiert. Dies soll an den zwei Beispielen politische Kultur und Wirtschaft verdeutlicht werden. Während bei der Wirtschaft und den ausgewählten Ökonomen, John Maynard Keynes und Milton Friedman, schnell zu erkennen ist, dass diese auf bestimmte politisch-gesellschaftliche Ereignisse oder Entwicklungen reagieren, ist dies bei der politischen Kultur nicht ganz so leicht nachvollziehbar, wahrscheinlich alleine aus dem Grund, dass der Begriff der politischen Kultur nicht so leicht fassbar ist. Mit ihm ist die gesamte Gesellschaft und das in ihr herrschende Klima gedacht. Unter Klima sind hier verschiedene Einstellungen einer Bevölkerung und der Eliten zu verstehen, wie beispielsweise Fragen des Demokratieverständnisses, der Bewertung des Verhältnisses von Individuum und Gesellschaft, der Frage nach Freiheit oder Repression im Tausch gegen Unsicherheit oder Sicherheit, die Frage nach dem Umgang mit nonkonformem Verhalten und auch die nach dem Umgang mit Fremden, also die Frage nach Inklusion und Exklusion.

Definitionsprobleme

Es wird in diesem Abschnitt also deutlich werden, dass die Politik immer in übergreifende Kontexte eingebunden ist. Beide beeinflussen sich wechselseitig, sodass man festhalten kann, dass die Politik nie von den Einflüssen ihrer Zeit losgelöst betrachtet werden kann.

3.1.1 | Kultur und Politik

Hier soll nun der Einfluss der politischen Kultur auf die Gesellschaft untersucht werden. Wichtig ist in diesem Zusammenhang, dass die übliche positive Konnotation des Begriffs »Kultur« hier nicht gilt. Politische Kultur ist zunächst einmal im wissenschaftlichen und wertfreien Sinne zu verstehen, d.h. es gibt genauso eine politische Kultur des Nationalsozialismus wie eine des demokratischen Rechtsstaats (Greiffenhagen 1997, 170). Politische Kulturforschung wird vor allem in Zeiten raschen sozialen Wandels betrieben, man kann sie als Begleiterscheinung gesellschaftlich-politischer Krisen bezeichnen.

Beide hier dargestellten Theorien, die Ernst Cassirers und die der Kritischen Theorie, setzen sich mit dem Aufstieg des Nationalsozialismus auseinander, ein nach wie vor singuläres Ereignis der Vermischung von Kultur und Politik und der Umdefinition beider Bereiche innerhalb kürzester Zeit. Die enge Auswahl erklärt sich dadurch, dass politische Kulturforschung meist ein Krisenphänomen ist, wie Greiffenhagen ausführt (Greiffenhagen 1997, 170), und eine katastrophalere Krise als der Nationalsozialismus schlicht nicht vorstellbar ist. Sie war Mitauslöser der Disziplin der »Politischen Kulturforschung«. Ein weiterer Grund für die Auswahl zweier Theorien, die dieselbe »Krise« untersuchen ist der, dass so Unterschiede und Gemeinsamkeiten beider Ansätze deutlicher zutage treten.

Was will die politische Kulturforschung untersuchen? Ihr Interesse liegt in der Klärung der Frage, wann ein politisches System stabil bzw. instabil ist und welche Faktoren dafür verantwortlich sind. In Bezug auf den Entkolonialisierungsprozess beispielsweise lautete die Frage: Welche institutionellen und politisch-kulturellen Voraussetzungen müssen erfüllt sein, damit die Bürger demokratische Regime unterstützen. Es ist jedoch immer zu beachten, dass die Ergebnisse der politischen Kulturforschung nicht verallgemeinert werden können: Die gleichen Symptome in unterschiedlichen Ländern können ganz unterschiedliche Bedeutung haben. So wird in den USA eine Wahlbeteiligung von mehr als 70 Prozent als ein Warnzeichen dafür gesehen, dass im politisch-gesellschaftlichen Gleichgewicht etwas durcheinander geraten ist und viele Bürger sich daher genötigt sehen, wählen zu gehen. In Deutschland ist das genaue Gegenteil der Fall: Sinkt hier die Wahlbeteiligung unter 75 Prozent, wird dies oft als Krisenphänomen gedeutet (vgl. Greiffenhagen 1997, 171).

Politische Kulturforschung

Die Phänomene, die die politische Kulturforschung untersucht, lassen sich jedoch nicht mehr mit den traditionellen Methoden der vergleichenden Politikwissenschaft oder der Politischen Theorie beantworten. Das Erkenntnisinteresse muss sich nun auf Glaubensinhalte, Symbole und Werte richten, also auf empirisch überprüfbare Einstellungen, die das Verhalten der Menschen innerhalb politischer Institutionen bestimmen (Fenner 1992, 359 f.).

Erkenntnisinteresse

Die politische Kultur bezieht sich also auf verschiedene Bewusstseinslagen, Mentalitäten und Verhaltensweisen, die Gruppen oder gar ganze Nationen zugeschrieben bekommen, wie es beispielsweise Heinrich Mann tut, wenn er von der deutschen Untertanenmentalität spricht. Politische Kultur umfasst alle Varianten möglichen Handelns, die in Persönlichkeitsmerkmalen, Einstellungen und Werten angelegt sind. Diese können als Meinungen, Einstellungen und Werte betrachtet werden, wobei die Werte bleibender und intensiver sind als Meinungen.

Definition

Politische Kultur

Unter politischer Kultur versteht man generell alle Einstellungen emotionaler und rationaler Art zu dem politischen System und der politischen Ordnung, in und unter dem/der die Menschen leben. Sie umfasst neben den unterschiedlichsten Bewusstseinslagen die durchaus auch Klassenstrukturen widerspiegeln können, Befindlichkeiten, die sich aus der Geschichte und politischen Tradition eines Landes speisen, und die Bedingungen, die durch den Aufbau des politischen Systems vorgegeben sind. Darüber hinaus spielen sozialpsychologische Faktoren wie u. a. Autoritätsgläubigkeit und Untertanenmentalität oder aber Freiheitsliebe und Individualismus eine wichtige Rolle.

»Civic Culture«

Paradigmatisch für die Politische Kulturforschung ist die »Civic Culture«-Studie von Gabriel Almond und Sidney Verba aus dem Jahr 1963. Sie waren folgender Ansicht: Wenn man die Grundwerte, die Kenntnisse und gefühlsmäßigen Bindungen, die Loyalität der Bürger gegenüber ihrem System als Ganzem bestimmt, dann ist es möglich, »die Defizite an Werten der Bürgerkultur (*civic culture*), die demokratische Stabilität verbürgen sollen, festzustellen« (Fenner 1992, 360 f.). Die politische Kulturforschung wird also von zwei Absichten der politischen Kulturforschung Absichten getragen: sie will
- analytisch-erkennend sein und
- normativ-praktisch wirken,

d. h. sie will aufgrund ihrer analytischen Erkenntnisse normative Vorschläge geben bzw. Regeln erstellen, deren Anwendung eine

Demokratisierung der politischen Kultur des analysierten Landes möglich machen soll.

Es wird im Folgenden schnell deutlich werden, dass die beiden vorgestellten Theorien, also die Cassirers und die der Kritischen Theorie, die beide unter dem Eindruck der nationalsozialistischen Machtergreifung und Diktatur stehen, nicht bei der wertfreien Analyse stehen bleiben. Dies macht beide Theorien aus der heutigen Sicht besonders interessant, denn sie veranschaulichen, was verloren geht, wenn politische Kultur instrumentalisiert wird. Deutlich wird aber auch, dass beide Theorien von den genannten zwei Absichten der politischen Kulturforschung getragen sind, wobei Cassirers normativ-praktische Hinweise sehr im Ansatz stehen bleiben und kaum über moralische Aufforderungen hinausgehen.

Wertfreie Analyse?

Ernst Cassirer

| 3.1.1.1

Leben und Werk

Ernst Cassirer (1874–1945)

Ernst Cassirer wurde 1874 in Breslau geboren. Ab 1892 studierte er in Berlin, ab 1896 in Marburg, wo er auch promovierte. Nach seiner Promotion kehrte er nach Berlin zurück. Dort habilitierte er sich gegen den Widerstand antisemitischer Professoren an der Berliner Universität. Während des Krieges erschien sein Buch »Freiheit und Form« (1916), in dem sein politisches Denken zum Vorschein kommt. Dies war dem damaligen autoritären und militaristischen Denken in Deutschland diametral entgegengesetzt. 1919 erhielt er einen Ruf an die Hamburger Universität. In den 1920er-Jahren trat er als Verteidiger der Weimarer Republik auf und er wurde 1929 der erste jüdische Rektor einer deutschen Universität. Auch veröffentlichte er in dieser Zeit sein dreibändiges philosophisches Hauptwerk, die »Philosophie der symbolischen Formen« (1923, 1925, 1929). Bereits am 2. Mai 1933 floh Cassirer mit seiner Familie aus Deutschland. Am 13. April 1945 starb er in New York. 1946 wurde postum seine Studie »Der Mythos des Staates« (dt. 1949) veröffentlicht. Neben den genannten Veröffentlichungen sind u.a. noch »Versuch über den Menschen« (1944, dt. 1990), »Philosophie der Aufklärung« (1932) und »Zur Logik der Kulturwissenschaften« (1942) zu nennen.

Ernst Cassirer, der bis in die 1920er-Jahre hauptsächlich als Erkenntniskritiker und Geschichtsphilosoph bekannt war, wandte sich im Laufe des Ersten Weltkriegs einer Anschauungsweise von Politik und Kultur zu, die beides als Ausdruck des menschlichen Handelns versteht, also als aktiv zu beeinflussende Faktoren des menschlichen Lebens.

Freiheit ist aufgegeben

Das Schlagwort oder besser, der Merksatz Cassirers lautet dementsprechend: Freiheit ist *auf*gegeben und nicht *gegeben*. Dieser Satz ist der Schlüssel zu seinem Verständnis von Politik und Kultur und überhaupt zu seinem Verständnis menschlichen Handelns. Gleichzeitig ist er der Schlüssel zum Verständnis von politischer Freiheit in Cassirers Sinne. (Politische) Kultur, zumindest dort wo sie sich ungehindert entfalten kann, versteht Cassirer als ein »System menschlicher Aktivitäten« (Cassirer 1990, 110). Von daher ist es auch nur logisch, dass Cassirer – ganz im Gegensatz zu der zu seiner Zeit vorherrschenden Auffassung – der Ansicht ist, dass das, was den Menschen wirklich auszeichnet, »nicht seine metaphysische [griech. »nach bzw. hinter dem Physischen«; hier also »übernatürliche« oder »gottgegebene«] oder physische Natur [ist], sondern sein Wirken« (ebd.).

Das Handeln bestimmt das Menschsein

Dieses Wirken bestimmt die »Sphäre des Menschseins« und die verschiedenen symbolischen Formen, wie Sprache, Mythos, Kunst, Technik, Wissenschaft, Geschichte, Religion, sind die Bestandteile dieser Sphäre (ebd.). »Das ›Sein‹ ist nirgends anders als im ›Tun‹ erfassbar« stellt Cassirer im ersten Band der »Philosophie der symbolischen Formen« fest (Cassirer 1923, 11). Dies hat zur Folge, dass es das Tun ist, also das menschliche Handeln, »das den Mittelpunkt bildet, von dem die geistige Organisation der Wirklichkeit für den Menschen seinen Ausgang nimmt« (Bevc 2005a, 51). Hier trennen sich objektive und subjektive Welt, die Welt der Dinge von der des Ich (Cassirer 1925, 187). Der Mensch, d.h. jeder einzelne Mensch, baut sich seine eigene Symbolwelt auf. Das Entscheidende hierbei ist, dass es immer möglich sein muss, unter einer Pluralität von symbolischen Formen zu wählen.

Cassirer postuliert nicht weniger als eine Interdependenz (Wechselwirkung, gegenseitige Beeinflussung) der Geschichte, der Kultur und der je aktuell sich formenden Politik. Diese Politik ist immer Ausdruck des Handelns der Menschen. Dieser Punkt ist von

> **Definition**

Symbolische Formen

Die symbolischen Formen Ernst Cassirers sind Kategorien des Weltverstehens. Cassirer legt nicht genau fest, wie viele es davon gibt, er nennt aber immer wieder die Kunst, Sprache, Wissenschaft, Ökonomie, Mythos und Technik. Diese unvollständige Aufzählung zeigt schon, dass die symbolischen Formen in ihrer Verschiedenheit unterschiedliche Richtungen des Weltverstehens anzeigen. Dieses Verstehen ist nach Cassirer Formung des zu Verstehenden durch den Betrachter. Also ist Verstehen Bearbeitung der existierenden Realität. Cassirer ist der Auffassung, dass das »Wirken« der Menschen, das System menschlicher Tätigkeiten, die Sphäre des Menschseins definiert und bestimmt. Sprache, Mythos, Religion, Kunst, Wissenschaft, Geschichte u. a. sind die Bestandteile, die verschiedenen Sektoren dieser Sphäre.

großer Bedeutung. Für das eigene Handeln ist man immer auch selbst verantwortlich! Der Ariadnefaden der Kulturphilosophie Cassirers sind die symbolischen Formen (Bevc 2005b, 39 f.), da diese die Kategorien des Weltverstehens sind, die in ihrer Verschiedenheit unterschiedliche Richtungen des Weltverstehens anzeigen. Dieses Verstehen ist nach Cassirer immer schon Formung des zu Verstehenden durch den Betrachter. Also ist Verstehen Bearbeitung der existierenden Realität (Cassirer 1929, 16). Nicht umsonst beharrt Cassirer darauf, dass das Handeln der Menschen das konstituierende Merkmal aller symbolischen Formen ist.

Ariadnefaden der Kulturphilosophie

> **Definition**

Ariadnefaden

In der griechischen Mythologie schenkt Prinzessin Ariadne dem Theseus einen Faden, mit dessen Hilfe er wieder aus dem Labyrinth findet, nachdem er den dort hausenden Minotauros getötet hat. Den Tipp, einen Faden zu verwenden, um wieder aus dem Labyrinth herauszufinden, bekam Ariadne von Daidalos, der das Labyrinth entworfen hatte.

Pluralität als Voraussetzung von Freiheit

Politische Kultur als Ausdruck der Gesellschaft?

Die (politische) Kultur ist also immer ein Ergebnis des Handelns der Menschen. Das Handeln der Menschen ist immer auch dadurch bestimmt, wie frei und autonom bzw. wie unfrei und fremdbestimmt dieses Handeln ist. Nur die freie Weltaneignung und Weltwahrnehmung durch die symbolischen Formen kann zur einer gesellschaftlichen Pluralität führen. Erst in dieser gesellschaftlichen Pluralität kann sich eine politische Kultur entwickeln, die tatsächlich Ausdruck der Gesellschaft und nicht der herrschenden Elite ist.

Die politische Kultur eines Landes bemisst sich demnach insbesondere an dem Umgang mit Andersdenkenden. Aber auch Politik und Kultur im engeren Sinne hängen zusammen: Nur wenn die politische Kultur intakt ist, kann sich Kultur überhaupt in ihrer Vielfalt entfalten und zur Erkenntnis der Menschen beitragen, das gilt auch dann, wenn man »Kultur« im weitesten Sinne versteht – nämlich als die Gesamtheit der Lebensbekundungen, der Leistungen und Werke eines Volkes. Nur also wenn die politische Kultur so frei ist, dass man sich in seinem Kulturschaffen in alle Richtungen bewegen kann, kann sich die Kultur frei entfalten.

Kunst als besondere Form der Wahrnehmung

Kunst ist für Cassirer die symbolische Form, die sich in besonderer Weise eignet, die Ausdrucksfähigkeit der Menschen und somit die Weltgestaltung zu erweitern. Denn gerade die Kunst ermöglicht es, Neues zu entdecken und zu artikulieren, sie ist Entdeckung von Wirklichkeit. Wie für alle symbolischen Formen gilt auch für die Kunst, dass ihre Erkenntnismöglichkeiten nur gegeben sind, wenn sie sich in einer freien und pluralen Umgebung befindet und sich nicht – wie im Nationalsozialismus – einer einzigen richtigen Auffassung von Kunst beugen muss.

Zusammenfassung

Kunst als besondere Form der Erkenntnis

Sprache und Wissenschaft sind Abkürzungen der Wirklichkeit, Kunst ist Intensivierung von Wirklichkeit. Sprache und Wissenschaft beruhen auf ein und demselben Abstraktionsvorgang; die Kunst hingegen könnte man als kontinuierlichen Prozess der Konkretisierung beschreiben.

Insofern kann man bei der Kunst mit Cassirer von einer speziellen Form der Wahrnehmung sprechen, da sie das ganze Spektrum der menschlichen Erfahrung in einem einzigen Akt der Wahrnehmung ermöglicht: Freude und Leid, Hoffnung und Angst, Verzweiflung und Begeisterung werden so konzentriert wahrnehmbar. Dies ermöglicht der Kunst, Dinge auszudrücken, die in den anderen symbolischen Formen nicht ausdrückbar sind. Kunstwerke sind daher immer eine »wahrhafte Welt-Entdeckung«. Dies befähigt die Kunst auch unter autoritären bzw. totalitären Systemen Widerstand zu leisten (Bevc 2005a).

Folgen des Fehlens der Pluralität

Was aber passiert, wenn die Pluralität der symbolischen Formen nicht gegeben ist? Für Cassirer war genau das der Fall im nationalsozialistischen Deutschland. Hier wurde ein »politischer Mythos« erzeugt, der alle anderen symbolischen Formen verdrängte. Insofern war eine freie und individuelle Weltwahrnehmung und -gestaltung nicht mehr möglich. Die Kultur war ausschließlich von den Nationalsozialisten bestimmt, die politische Kultur war eine von Befehl und Gehorsam, von Gewalt und Angst. Auf keiner Ebene des gesellschaftlichen Lebens war ein freier und individueller Ausdruck der persönlichen Weltwahrnehmung und Weltgestaltung der Menschen gestattet. Alle symbolischen Formen waren unterdrückt, d.h., sie waren dominiert von politischen Mythen.

Nationalsozialismus

Cassirer nennt diesen Zustand die »Pathologie des Symbolbewusstseins«. Ziel und Ertrag der symbolischen Formen ist im Normalfall, die Welt als Produkt der eigenen Vorstellung zu gewinnen. Dies ist unter den Bedingungen der Pathologie des Symbolbewusstseins nicht mehr möglich. Alles Wahrnehmen ist nun vorgegeben durch die alles durchsetzenden politischen Mythen. Diese infizieren alle anderen symbolischen Formen, sodass auch diese sich den »politischen Mythen« angleichen. Nun kann keine individuelle Weltaneignung mehr stattfinden. Alle repräsentieren nur noch die politischen Mythen, d.h., sie unterstützen die nationalsozialistische Weltwahrnehmung und Weltgestaltung. Die symbolischen Formen mit ihren je eigenen Ausdrucks- und Bedeutungsmöglichkeiten sind nun leere Hüllen (Bevc 2005b, 175–210).

»Pathologie des Symbolbewusstseins«

> ### Zusammenfassung
>
> **Politische Kultur im Dritten Reich**
> Im Dritten Reich gab es keine Pressefreiheit, keine Meinungsfreiheit, keine Redefreiheit, keine Religionsfreiheit, keine Freiheit der Kunst, keine Freiheit der Wissenschaft, kurz: es gab keine Freiheit. Es gab keine Wahlen, es gab einen riesigen gewaltsamen Unterdrückungsapparat etc. Kurz: Aus der pluralistischen Gesellschaft der Weimarer Republik war eine Gesellschaft geworden, in der es immer nur eine Sicht der Dinge gab: die nationalsozialistische. Insofern ist die Politische Kultur im Dritten Reich gleichzusetzen mit der nationalsozialistischen: undemokratisch, zwanghaft, unfrei, unterdrückend, ausbeutend, niederträchtig, gewaltsam und skrupellos.

Was geschieht nun oder besser, was ist die Folge dieser Pathologie des Symbolbewusstseins? Die Folge ist, dass es den Individuen nicht mehr möglich ist, sich kraft ihrer Fähigkeit des Symbolbildens eine eigene Welt zu schaffen, d.h., sie sind nicht mehr in der *Fremdbestimmtes* Lage, die gesellschaftliche Realität zu erkennen. Die bildende Kraft, *Handeln* d.h. die Kraft, zu handeln, ist zerstört, die Menschen sind nur noch passive Empfänger einer Welt, Gesellschaft und politischen Realität, die sie nicht mehr mitgestalten. Dies ist eine Form von politischer Kultur, die den Missbrauch von Macht und die Unterdrückung der Menschen zwangsläufig zur Folge hat. Die politische Kultur muss also immer pluralistisch gestaltet sein, sodass jedes Individuum die Möglichkeit hat, sich seine eigene Welt selbst zu gestalten. Eine Einschränkung dieser Pluralität der Weltgestaltung beinhaltet immer eine Reduktion der Fähigkeit, andere mögliche Welten wahrzunehmen. Sie beinhaltet somit immer auch einen Utopieverlust, neben den anderen Verlusten in der alltäglichen »Lebenswelt«.

Zusammenhang von Die Form der politischen Kultur hängt bei Ernst Cassirer ganz *politischer Kultur* eng mit der Freiheit und damit mit den persönlichen Lebensum- *und Freiheit* ständen der Individuen zusammen. Je mehr die politische Kultur sich autoritären oder monistischen (einheitlichen, alles auf eine Grundsubstanz oder Idee zurückführenden) Strukturen annähert, umso weniger frei sind die Menschen, ihr eigenes Leben, ihre eigene Welt zu gestalten und Veränderungen in dieser Welt wahrzunehmen und zu planen. Der damit verbundene Utopieverlust bringt unweigerlich auch einen Verlust an Lebensqualität mit sich, denn der Mensch ist ein Lebewesen, das nicht nur im Hier und Jetzt, im unmittelbaren Sein lebt, sondern auch auf das Mittelbare zusteuert, sein Leben also voraus denkt und plant und versucht diese Planung durch sein Handeln zu erreichen. Dies ist jedoch nur unter freien gesellschaftlichen Bedingungen möglich. Letztlich kann man sagen, dass im Zustand einer Pathologie des Symbolbewusstseins den Menschen die Bedingungen des Menschseins geraubt sind.

Zusammenfassung

Cassirers Kulturphilosophie

Ernst Cassirers Kulturphilosophie spricht den Menschen die Fähigkeit zu, sich kraft der symbolischen Formen eine je eigene Realität zu gestalten, d. h., er schreibt den Menschen die Fähigkeit zu einer eigenen Weltwahrnehmung und -gestaltung zu. Dies hat zur Folge, dass die Welt als Ganzes ein »Pluriversum« ist, in ihr somit nebeneinander ganz unterschiedliche Konzeptionen der Welt und des Lebens in dieser Welt existieren. Die Welt wird also von jedem aktiv mitgestaltet und geprägt. Wird jedoch die Pluralität der symbolischen Formen durch die politische Kultur unterdrückt, wie das im Nationalsozialismus der Fall war, so zerstört dies die Möglichkeit der Weltgestaltung für jeden Einzelnen. Die Welt wird zu einer vorgegeben Instanz, in der keinerlei Freiräume bei der Gestaltung oder Interpretationen der Realität mehr vorhanden sind. Das Individuum hat keinen Anteil mehr an der Gestaltung dieser Welt, sondern muss nur eine vorgegebene Rolle in ihr ausfüllen. Die Form der politischen Kultur ist also äußerst wichtig für die Lebensqualität und die Entscheidungsfreiheit eines jeden Einzelnen.

3.1.1.2 | Kritische Theorie

Definition

Kritische Theorie

Der Begriff »Kritische Theorie« bezeichnet eine Denkschule bzw. Denkrichtung, die auch unter dem Namen »Frankfurter Schule« bekannt ist. Ihre Hauptträger sind Max Horkheimer (1895–1972) und Theodor W. Adorno (1903–1969). Weitere Vertreter sind u.a. Herbert Marcuse (1898–1979), Erich Fromm (1900–1980) und Walter Benjamin (1892–1940). Sie alle waren am bzw. für das Institut für Sozialforschung in Frankfurt/Main unter der Leitung von Horkheimer tätig, dessen Ziel es war, den Zusammenhang zwischen dem wirtschaftlichen Leben der Gesellschaft, der psychischen Entwicklung der Individuen und den Veränderungen auf allen Kulturgebieten zu untersuchen. Die maßgeblichen Schriften sind die Aufsätze dieses Kreises in der »Zeitschrift für Sozialforschung« (1932–1941), die »Dialektik der Aufklärung« (1944/47) von Horkheimer und Adorno, die Studie »Autorität und Familie« (1936), herausgegeben von Horkheimer, und von Erich Fromm die Untersuchung »Arbeiter und Angestellte am Vorabend des Dritten Reiches« (1929/30, 1980). Das Institut wurde 1933 direkt nach der Machtergreifung der Nationalsozialisten geschlossen, konnte aber an der Columbia University in New York neu gegründet werden. Nur Walter Benjamin erreichte New York nie. Er starb auf der Flucht vor den Nationalsozialisten in dem spanischen Grenzort Port-Bou in den Pyrenäen am 26. September 1940.

Verblendungs-
zusammenhang
und Ausbeutung

Das Themenfeld »Politik und Kultur« steht auch für die Kritische Theorie, wie schon für Cassirer, in direktem Zusammenhang mit dem Handeln der Menschen. Die Kritische Theorie begreift die gesamtgesellschaftliche Konstellation und den sie bedingenden »Verblendungszusammenhang« von gegebener Arbeitsteilung und Klassenunterschieden als eine Funktion, die nur auf dem Handeln der Menschen beruht. »Verblendungszusammenhang« bedeutet, dass in der existierenden Welt die gegebenen Verhältnisse von den gesellschaftlichen Machthabern als die einzig mögliche Form des gesellschaftlichen Zusammenlebens dargestellt werden. Diese Verhältnisse dienen jedoch einzig der herrschenden Klasse und machen die Beherrschten gleichzeitig dafür blind, dass diese Ver-

hältnisse nicht in ihrem Interesse sind. Kurz: Der Verblendungszusammenhang besteht darin, dass die Beherrschten nicht merken,
dass die gesellschaftlichen Verhältnisse, in denen sie leben, ihrem
Interesse zuwiderlaufen, und dass sie sich daher in diesen Verhältnissen einzurichten versuchen.

Da die Kritische Theorie der Auffassung ist, dass die Welt veränderbar ist, ist es nur logisch, dass die gegebene Konstellation des
menschlichen Zusammenlebens verändert werden kann und somit
auch »planmäßiger Entscheidung [und] vernünftiger Zielsetzung
unterstehen kann« (Horkheimer 1937, 181).

Die Welt ist veränderbar

Die Welt als Produkt menschlicher Handlungen

Die Welt ist also Produkt menschlichen Handelns. Das menschliche
Handeln aber ist abhängig von den politischen Bedingungen, unter
denen es stattfinden muss. Nur wenn diese Bedingungen so sind,
dass dieses Handeln frei und von keinerlei Restriktionen beeinträchtigt ist, kann aus dem Handeln eine Welt entstehen, die den
Menschen genügt. Vorrangig stellt sich dabei die Frage nach der
Autonomie des Subjekts. Die Kritische Theorie ist der Auffassung,
dass die Postulierung der Existenz eines autonomen Subjekts in
der damaligen wie auch in der heutigen Gesellschaft weitgehend
Ideologie ist – d.h. eine von den Profiteuren der bestehenden gesellschaftlichen Ordnung verbreitete und aufrechterhaltene »Lüge« –,
hinter der die Funktionszusammenhänge der Gesellschaft versteckt werden. Die Kritische Theorie stellt für die bürgerliche
Gesellschaft eine Art ehernes Gesetz fest, das maßgeblich für alles
Handeln in ihr ist, also auch für die politische Kultur.

Autonomie des Subjekts

Dieses Gesetz der bürgerlichen Gesellschaft, nach dem alles
Handeln bemessen wird, ist das der instrumentellen Vernunft. Die
bürgerliche Vernunft beschränkt sich immer auf das Bestehende,
sie soll sich immer in den gegebenen Ordnungen der gesellschaftlichen Realität wieder erkennen und nicht nach anderen Möglichkeiten fragen. Die Bestimmung dieser Art der Vernunft ist Horkheimer zufolge »die optimale Anpassung der Mittel an den Zweck«.
Folgendes Beispiel demonstriert dies:

Instrumentelle Vernunft

»Wenn zuweilen auch der Diktator der Vernunft gut zuredet, so
meint er, dass er die meisten Tanks [Panzer] besitzt. Er war vernünftig
genug, sie zu bauen; die anderen sollen vernünftig genug sein, nach-
zugeben. Gegen solche Vernunft zu verstoßen, ist der Frevel schlechthin. Auch sein Gott ist die Vernunft.« (Horkheimer 1942, 320).

Dieser Nutzen, der sich aus dieser Vernunft ergibt ist, immer ein Nutzen für die herrschende Klasse. Dies ist die bürgerliche Klasse.

Zusammenfassung

Unterwerfung als politische Kultur

In der »Dialektik der Aufklärung« beschreiben Adorno und Horkheimer die menschliche Geschichte als Unterwerfungsgeschichte. Haben sich die Menschen im mythischen Zeitalter den Göttern bedingungslos unterworfen – d.h. sie sind ihren Befehlen widerstandslos gefolgt und haben sie nicht infrage gestellt – so tun sie das später gegenüber den Mächtigen: »Die Herrschaft über Natur reproduziert sich innerhalb der Menschheit.« (Horkheimer/Adorno 1947, 133). War die Menschheit also im mythischen Zeitalter von der Natur beherrscht, so unterwirft sie sich im nachmythischen Zeitalter menschlichen Herren (ebd., 31). Solange diese Unterwerfungspraxis nicht geändert wird, wird sich auch die politische Kultur nicht ändern.

Diese Unterwerfungspraxis hat sich bis in die Gegenwart erhalten. Die Kritische Theorie sieht auch in den westlichen kapitalistischen Demokratien eine solche Unterwerfungspraxis am Werk. Dies rührt daher, dass die bürgerlichen Aufklärer versäumt haben, sich über ihre eigene gesellschaftliche Position und über die Ausgangsposition ihrer Gesellschaftskritik Rechenschaft zu geben. Dies führte dazu, dass große Teile der Gesellschaft von der Freiheitsverheißung – die die bürgerliche Aufklärung anfänglich war – ausgeschlossen waren, ohne es zu bemerken.

Die politische Kultur der bürgerlichen Welt zeichnet sich also durch instrumentelle Vernunft aus. Alles Handeln muss ihren Maßstäben genügen. Diese Maßgabe prägt auch die politische Kultur. Die logische Konsequenz davon ist die totalitäre Ordnung des Nationalsozialismus, in der die instrumentelle Vernunft zur Perfektion gelangt ist:

Nationalsozialismus als Konsequenz

»Die totalitäre Ordnung hat damit ganz Ernst gemacht. Von der Kontrolle durch die eigene Klasse befreit, die dem Geschäftsmann des neunzehnten Jahrhunderts bei der kantischen Achtung und Wechselliebe hielt, braucht der Faschismus, der seinen Völkern die moralischen Gefühle durch eiserne Disziplin erspart, keine Disziplin mehr zu wahren. Entgegen dem kategorischen Imperativ und in desto tieferem Einklang mit der reinen Vernunft behandelt er die Menschen als Dinge, Zentren von Verhaltensweisen. Gegen den Ozean der offenen Gewalt, der in Europa wirklich hereingebrochen ist, hatten die Herrschenden die bürgerliche Welt nur solange abdämmen wollen, als die ökonomische Konzentration noch nicht genügend fortgeschritten war. [...] Die totalitäre Ordnung aber setzt kalkulierendes Denken ganz in seine Rechte ein und hält sich an die Wissenschaft als solche.« (Horkheimer/Adorno 1944/47, 109).

Faschismus und Nationalsozialismus sind nur die letzten Konsequenzen des voll entwickelten bürgerlichen Subjekts und Denkens. Wie schon Odysseus die Mythen hinterging, indem er sich gerade an ihre Satzung (Regeln) hielt, aber Lücken in ihr aufspürte, so machten sich die Nationalsozialisten die Lücken der bürgerlichen Satzung zunutze: Wer aus »Achtung vor der bloßen Form des Gesetzes allein einen Gewinn sich entgehen ließ, wäre nicht aufgeklärt, sondern abergläubisch – ein Narr« (ebd. 107). Mit anderen Worten behauptet die Kritische Theorie, dass die Entwicklung zum Nationalsozialismus nicht mehr und nicht weniger ist, als die Perfektionierung der instrumentellen Vernunft bei gleichzeitiger Achtung der bürgerlichen Satzung. In diesem Sinne stehen die Nationalsozialisten in einer Traditionslinie mit Odysseus: durch die Perfektionierung des Einsatzes der instrumentellen Vernunft gelingt es ihnen die herrschende Satzung zu überwinden ohne gegen sie zu verstoßen.

Odysseus und Nationalsozialisten

Das Beispiel der Vorbeifahrt an den Sirenen, in dem Odysseus das Gesetz des Mythos überwindet, nicht aber die Rechtssatzung verletzt, zeigt schön die Funktionsweise der bürgerlichen Vernunft. Odysseus weiß sehr wohl, dass niemand je dem Lied der Sirenen wird widerstehen können. Er räumt den mythischen Gesetzen also ihre Macht ein, überwindet sie aber durch List. Anstatt die Sirenen, vor deren Gefährlichkeit er von Kirke gewarnt wurde, im großen Bogen zu umfahren, fährt er direkt an ihnen vorbei, wohl wissend um die Gefahr. Er vertraut aber seinem Wissen nicht restlos, er hat Respekt vor der Kraft der Mythen. Deswegen versucht er nicht, einfach kraft seines Wissens und Verstandes den Sirenen zu trotzen, sondern er lässt sich von seiner Schiffsmannschaft an den Mast binden. Der Mannschaft selbst befiehlt er, sich Wachs in die Ohren zu stopfen, sodass diese nicht die Gesänge der Sirenen hören können. Odysseus erkennt also die archaische Übermacht des Liedes

Odysseus – das erste bürgerliche Subjekt

an, überwindet diese aber dennoch durch sein Wissen und seine List (ebd., 82 f.; vgl. ebd., 56 ff.).

Die politische Kultur der bürgerlichen Gesellschaft und ihre Überwindung

Die politische Kultur der bürgerlichen Gesellschaft führt also dazu, dass diese sich immer stärker in der Logik der instrumentellen Vernunft verfängt. Das aufklärerische Denken, das einmal gegen den gesellschaftlichen Stillstand und gegen die gesellschaftlichen Missstände antrat, das also einen Wandel in der politischen Kultur herbeiführen wollte, hat versagt. Die Aufklärung hat sich, in den Worten der Kritischen Theorie, selbst zerstört, da sie immer schon mit der Herrschaft im Bunde stand.

Das Ziel der Kritischen Theorie jedoch ist es, einen positiven Begriff von Aufklärung vorzubereiten, der sie aus ihrer Verstrickung in blinder Herrschaft löst (Horkheimer/Adorno 1947, 21). Dieser würde es dann ermöglichen, eine andere Form der Gesellschaft und damit der politischen Kultur einzuführen, bei dem nicht der eine, kleinere, Teil der Gesellschaft alle Vorzüge genießt, während der Rest unfrei und fremdbestimmt ist. Gleichzeitig soll dieser positive Begriff von Aufklärung das Problem aller bisherigen Aufklärung meiden, indem er das tut, was die bisherige bürgerliche Aufklärung nicht getan hat: sich selbst beständig einer kritischen Selbstreflektion zu unterwerfen und sich somit immerfort selbst infrage zu stellen.

Die bürgerliche Aufklärung und damit auch die bürgerliche politische Kultur haben den Fehler begangen, dass sie die instrumentelle Vernunft zu weit trieben und dabei nicht bemerkten, dass Vernunft ab einem gewissen Punkt in Unvernunft umschlug. Die freie Selbsterhaltung des Bürgers wurde zu einer destruktiven Naturgewalt, führte also letzten Endes in den Nationalsozialismus. Anstatt also »einen Verein freier Menschen« zu etablieren, wurden die Menschen in ein Korsett der instrumentellen Vernunft gesteckt, das ihnen kaum Luft zum Atmen ließ.

Um die Rahmenbedingungen einer politischen Kultur zu schaffen, die diesen Namen verdient, muss zunächst mit allen bürgerlichen Gewohnheiten aufgeräumt werden. Adorno formuliert prägnant: »In dem falschen Gesamtzustand schlichtet nichts den Widerspruch« (Adorno 1965, 391), d.h., der positive Aufklärungsbegriff der Kritischen Theorie ist jenseits des bürgerlichen Aufklärungsbegriffs anzusiedeln. Genauso verhält es sich mit der politischen Kultur. Erst wenn die bürgerliche Gesellschaft mit all ihren Vorstellungen (z. B. über Tauschverhältnisse, Fortschritt, Freiheit und Technik) überwunden ist, lässt sich ein gesellschaftlicher Zustand vorstellen, in dem Aufklärung in dem Sinne, wie die Kritische Theorie sie versteht, verwirklicht ist: Einsicht, die mitteilbar ist, die jeder Denkende versteht. Und dies ist eben erst dann möglich, wenn Herrschaftsfreiheit besteht, weil dann niemand mehr ein Interesse daran hat, anderen – in der Regel der Mehrheit der Gesellschaft – eine Einsicht vorzuenthalten oder vorzuschreiben (Bevc 2005b, 381 f.). Bestes Beispiel dafür ist der bürgerliche Tausch, bei dem so getan wird, als würde Gleiches getauscht. In Wirklichkeit erhält aber immer der gesellschaftlich mächtigere Tauschpartner mehr, sodass also faktisch Ungleiches getauscht wird (ebd., 303–314).

Herrschaftsfreiheit

> ## Zusammenfassung
>
> ### Politische Kultur nach den Vorstellungen der Kritischen Theorie
>
> Eine politische Kultur, die mit der bisherigen bricht, müsste folgende Punkte berücksichtigen:
> - der bürgerliche Begriff von Aufklärung muss überwunden werden,
> - die bürgerlichen Tauschverhältnisse und das bürgerliche Fortschritts-, Freiheits- und Technikverständnis müssen überwunden werden,
> - Aufklärung als Einsicht, die mitteilbar ist, die jeder Denkende versteht.
>
> Nun erst sind die Bedingungen geschaffen, in denen die Form von Herrschaftsfreiheit existiert, die die Kritische Theorie als notwendige Voraussetzung für eine freie Gesellschaft erachtet. Eine Gesellschaft, in der man ohne Angst verschieden sein kann, ist Ausdruck dieser politischen Kultur.

Die politische Kultur bemisst sich für die Kritische Theorie an der Stellung der Freiheit des Subjekts in einem politischen System. In allen bisherigen Gesellschaften, ob sie nun Monarchien, totalitäre Systeme oder Demokratien waren, hat diese Freiheit des Subjekts nicht oder doch nur unvollkommen existiert. Dem mit der Kritischen Theorie nicht vertrauten Leser mag es vielleicht merkwürdig

Freiheit des Subjekts

erscheinen, doch auch die USA, in die die Vertreter der Kritischen Theorie auf der Flucht vor den Nationalsozialisten geflohen waren, wurde von ihnen als unfrei geschildert. Die kapitalistische Ordnung der USA und die damit einhergehenden Folgen für die Gesellschaft, angefangen bei der Werbung über die Fließbandproduktion hin zu der Unterhaltungsindustrie, wie Kino, Fernsehen und Radio, stuften sie als hochgradig instrumentalisierte Maschinerie zur Unterdrückung der Menschen durch einige wenige ein.

Kapitalismus

Dieses Unterdrückungssystem ist natürlich auch hier wieder als Teil der politischen Kultur zu betrachten. Diese kann sich nur verändern, wenn diese Ausbeutungs- und Unterdrückungsmaschinerie durch eine andere Weise der Produktion und Reproduktion ersetzt ist, die Adorno nicht näher ausführt. Erst dann ist eine freie politische Kultur möglich.

Zusammenfassung

Politische Kultur als Unterdrückungssystem

Die politische Kultur steht in direktem Zusammenhang mit der gesellschaftlichen Freiheit. In keiner bisherigen Gesellschaft jedoch existierte ein Grad der Freiheit, der der Beherrschung von Menschen durch Menschen ein Ende setzte. Dies jedoch ist die Bedingung für eine politische Kultur, in der ein freies Subjekt überhaupt erst entstehen kann. Sobald nämlich diese Herrschaftsfreiheit nicht mehr gewährleistet ist, setzt das gesellschaftlich mächtigere Subjekt alles daran, seine Machtposition zu festigen und auszubauen. Die gelingt nur dadurch, dass die politische Kultur Formen annimmt, in der die Unterdrückung der Menschen gelingt, sei es durch offene Unterdrückung wie im Nationalsozialismus, sei es durch subtile Massenbeeinflussung im Kapitalismus. Wirklich verändern kann man den existierenden gesellschaftlichen Zustand und damit auch die herrschende politische Kultur aber nur, wenn man die grundlegenden Spielregeln der Gesellschaft verändert: den bürgerlichen Tausch, den bürgerlichen Fortschrittsbegriff und das bürgerliche Technikverständnis sowie die grundlegende Anerkennung der Gleichheit und Freiheit aller.

Lernkontrollfragen

1 Beschreiben Sie den Bedeutungshorizont von Politischer Kultur. Was umfasst dieser Begriff und wie wird in der Forschung versucht, die Politische Kultur zu ermitteln.

2 Die Kritische Theorie wie auch Ernst Cassirer stellen zeitbedingt der Politischen Kultur in Deutschland ein sehr schlechtes Zeugnis aus. Worin gleichen sich die Analysen und wo unterscheiden sie sich?

3 Was sind die Voraussetzungen für eine gute politische Kultur? Versuchen Sie diese Frage in Bezug auf Cassirer und die Kritische Theorie zu beantworten.

Literatur

Primärliteratur

Adorno, Theodor W. (1997), Gesammelte Schriften, hrsg. von Rolf Tiedemann, Frankfurt/Main.

Adorno, Theodor W. (1966), Negative Dialektik, in: Gesammelte Schriften 6, 7–412.

Adorno, Theodor W., Fortschritt (1962), in: Gesammelte Schriften 10.2, 617–638.

Cassirer, Ernst (1996), Versuch über den Menschen. Einführung in eine Philosophie der Kultur, Hamburg.

Cassirer, Ernst (1994), Freiheit und Form. Studien zur Deutschen Geistesgeschichte, Darmstadt.

Cassirer, Ernst (1994), Philosophie der symbolischen Formen, 3 Bde., Darmstadt.

Horkheimer, Max (1988), Gesammelte Schriften, hrsg. von Alfred Schmidt und Gunzelin Schmid Noerr, Frankfurt/Main = HGS.

Horkheimer, Max, Adorno, Theodor W. (1944/47), Dialektik der Aufklärung, Philosophische Fragmente, in: HGS 5, 11–290.

Horkheimer, Max (1942), Vernunft und Selbsterhaltung, in: HGS 5, 320–350.

Horkheimer, Max (1937), Traditionelle und Kritische Theorie, in: HGS 4, 162–216.

Sekundärliteratur

Almond, Gabriel A., Verba, Sidney (1963), The Civic Culture. Political Attitudes and Democracy in Five Nations, Princeton.

Berg-Schlosser, Dirk (1998), Politische Kultur, in: Lexikon der Politik, hrsg. von Dieter Nohlen, Bd. 7: Politische Begriffe, München, 499–500.

Bevc, Tobias (2005a), Zur Interdependenz von Kunst und Politik. Ernst Cassirer und die Kunst als symbolische Form, in: Kunst und Macht. Politik und Herrschaft im Medium der bildenden Kunst, hrsg. von Wilhelm Hofmann und Hans-Otto Mühleisen, Köln, 21–48.

Bevc, Tobias (2005b), Kulturgenese als Dialektik von Mythos und Vernunft. Ernst Cassirer und die Kritische Theorie, Würzburg.

Fenner, Christian (1992), Politische Kultur, in: Lexikon der Politik, hrsg. von Dieter Nohlen, Bd. 3, Die westlichen Länder, München, 359–366.

Greiffenhagen, Sylvia, Greiffenhagen, Martin (1997), Politische Kultur, in: Grundwissen Politik, Bonn, 167–238.

Paetzold, Heinz (1994), Die Realität der symbolischen Formen. Die Kulturphilosophie Ernst Cassirers im Kontext, Darmstadt. *Obwohl nicht mehr das neueste Buch zu Cassirer, ist Paetzolds Werk m. E. nach wie vor sehr wertvoll für eine erste Orientierung über Cassirers Philosophie. Es umfasst die wichtigen Aspekte von Cassirers Kulturphilosophie und ist verständlich geschrieben.*

Wiggershaus, Rolf (1988), Die Frankfurter Schule. Geschichte, Theoretische Entwicklung, Politische Bedeutung, München.

Wer eine informative und gut geschriebene grundlegende Einführung in die Kritische Theorie lesen möchte, der wird um Wiggershaus' »Standardwerk« zur Frankfurter Schule nicht herumkommen. Alles Wichtige ist hier auf knapp 800 Seiten nachzulesen. Das Buch ist zwar umfangreich, aber durch seine gute Gliederung und sein umfangreiches Inhaltsverzeichnis findet man schnell die Informationen, die man sucht.

3.1.2 | Wirtschaft und Politik

Wirtschaft und Politik stehen in einem engen Verhältnis zueinander, auch wenn man häufig den Eindruck bekommt, dass beide entgegengesetzte Interessen verfolgen. Während die Wirtschaft nämlich versucht ihre Interessen durchzusetzen, die nicht zwangsläufig die Interessen aller darstellen, versucht die Politik – zumindest in Ländern mit demokratisch gewählten Regierungen – die Interessen so vieler Menschen wie möglich zu befriedigen. Die Frage, die sich bei diesem Thema vom Standpunkt der Politischen *Soll der Staat in die* Theorie aus stellt, ist, ob und, wenn ja, wie weit, die Politik in die *Wirtschaft eingreifen?* Wirtschaft eingreifen sollte (oder vice versa?) und welche Auswirkungen ein solcher Eingriff haben kann?

Die Standpunkte, die zu dieser Frage eingenommen werden, sind sehr unterschiedlich. Um diese unterschiedlichen Standpunkte in ihren Extremen darzustellen, werden im Folgenden die Theorien der *Entgegengesetzte Pole:* zwei einflussreichsten Ökonomen des 20. Jahrhunderts – John May-*Keynes und Friedman* nard Keynes und Milton Friedman – dargestellt. Während Keynes für eine Wirtschaftspolitik steht, die in die wirtschaftlichen Abläufe eingreift, und er dem Staat bzw. der Politik damit eine wichtige Position in Bezug auf das Wohl der Wirtschaft und damit der Menschen einräumt, sieht Friedman das ganz anders: der Staat bzw. die Politik hat sich völlig aus der Wirtschaft und allen damit zusammenhängenden Bereichen zurückzuziehen, um so das Wohl der Menschen zu befördern. Nota bene: Auch Milton Friedman geht es ausdrücklich um das Wohl der Menschen! Für ihn regelt aber der Markt alles. Einzig für die Stabilität des Geldes, für einen ausgeglichenen Staatshaushalt und niedrige Steuern hat die Politik zu sorgen.

POLITIK UND KONTEXT   113

John Maynard Keynes | 3.1.2.1

Leben und Werk

John Maynard Keynes (1883–1946)

John Maynard Keynes wurde 1883 in Cambridge/England geboren.
Er studierte zunächst Philosophie, Geschichte und Mathematik,
konzentrierte sich nach seinem Mathematik-Examen 1905 aber auf
die Ökonomie. 1908 wurde er Privatdozent und ein Jahr darauf *Fellow*
(bezahlter Dozent) am King's College in Cambridge. 1913 wurde er
Mitglied der Royal Commission on Indian Finance and Currency
und anschließend auch Berater des Finanzministeriums (Treasury).
1936 erschien Keynes' Hauptwerk »Allgemeine Theorie der Beschäftigung, des Zinses und des Geldes«, das sich mit der makroökonomischen Nachfragesteuerung auseinandersetzt. Die keynesianische
Theorie der makroökonomischen Nachfragesteuerung erlangte in
Westeuropa und den USA nach dem Zweiten Weltkrieg großen Einfluss, der erst in den 1970er-Jahren zu schwinden begann. So wird
das großangelegte Steuersenkungsprogramm des US-amerikani-
schen Präsidenten John Kennedy 1964 von vielen als Gipfel der
Umsetzung keynesianischer Prinzipien angesehen und in der BRD
markierte das Stabilitäts- und Wachstumsgesetz aus dem Jahr 1967
eine langfristige Festschreibung keynesianischer Wirtschaftspolitik. Keynes starb 1946.

Kern der keynesianischen Theorie ist die Annahme, dass die
gesamtwirtschaftliche Nachfrage die Wirtschaft steuert. Lässt die
Nachfrage nach, so führt das zu einer Zunahme der Arbeitslosigkeit. Um das zu vermeiden, soll der Staat bei nachlassender   Staatliche
gesamtwirtschaftlicher Nachfrage gegensteuern. Dies tut er, indem Nachfragesteuerung
er die Nachfrage stimuliert.

Der Staat als wirtschaftspolitischer »Steuermann«

Der Staat soll also nicht nur die Rahmenbedingungen für die Wirtschaft setzen, so wie das die Liberalen vom Staat fordern, sondern
der Staat soll im Fall der »Krise« – damit ist jeder Zustand außerhalb des wirtschaftlichen Gleichgewichts gemeint und das kann ein
wirtschaftlicher Abschwung genauso wie ein Aufschwung sein –
als selbständiges Wirtschaftsobjekt eingreifen, um der vorherrschenden Situation gegenzusteuern. Im Falle eines konjunkturel-

len Abschwungs muss nach Keynes also der Staat die gesamtwirtschaftliche Nachfrage beleben, um so den Abschwung aufzuhalten bzw. ihn umzukehren.

Deficit Spending

Da der Staat meist selbst kein überflüssiges Geld zur Verfügung hat, mit dem er die gesamtwirtschaftliche Nachfrage stimulieren kann, muss er Kredite aufnehmen und dann mit diesem Geld die Wirtschaft stimulieren. Diesen Prozess bezeichnet Keynes als *deficit spending*. Dies bedeutet prinzipiell nichts anderes als mehr Geld auszugeben, als man hat. Der Staat soll damit die gesamtwirtschaftliche Nachfrage im Fall der Krise ankurbeln, um die ausbleibende private Nachfrage auszugleichen. Die Schulden, die der Staat dabei macht, sind Keynes jedoch nicht egal. Er macht die Vorgabe, dass diese beglichen werden, sobald die Konjunktur wieder anspringt. Keynes ist also kein Befürworter einer stetig wachsenden Staatsverschuldung.

Zusammenfassung

Deficit Spending/Nachfragesteuerung

Deficit Spending bedeutet, dass der Staat im Falle eines wirtschaftlichen Abschwungs in den wirtschaftlichen Kreislauf eingreift, um auf diese Weise den Abschwung aufzuhalten und umzukehren. Dieser Eingriff erfolgt, indem der Staat Ausgaben tätigt, um die Wirtschaft zu stimulieren. Als *deficit spending* wird dieser Vorgang deswegen bezeichnet, weil der Staat dafür Schulden machen muss. Ein anderer Weg wäre, die Steuern zu senken, und so die gesamtwirtschaftliche Nachfrage anzukurbeln, da die Menschen dadurch mehr Geld zum Konsumieren haben. Aber auch dies ist im Prinzip nichts anderes als *deficit spending*, da der Staat die Steuersenkung durch eine erhöhte Staatsverschuldung finanzieren muss. In beiden Fällen betont Keynes, dass der Staat nach der wirtschaftlichen Erholung die gemachten Schulden wieder begleichen muss, da ansonsten die Schuldenlast von Mal zu Mal größer wird.

Keynes – ein Liberaler?

Wie kommt Keynes nun zu einer solchen Sichtweise, sah er sich doch selbst als einen Liberalen. Dies verwundert angesichts seiner Befürwortung eines Staatsinterventionismus. Keynes war anders als viele Liberale nicht überzeugt, dass der Markt schon alle Probleme regeln werde. Für ihn sind diverse fundamentale Gebote der klassischen wirtschaftsliberalen Theorie falsch, wie beispielsweise die Annahme, dass jedes Angebot seine Nachfrage schaffe, weshalb in einem Markt, der frei von staatlicher Einmischung ist, keine Arbeitslosigkeit entstehen könne, wie es das Saysche Theorem (s. u.) postuliert.

Ungleichgewicht als Normalzustand der Märkte

Keynes war vielmehr der Ansicht, dass auf den Arbeits-, Waren- und Finanzmärkten ein Ungleichgewicht der Regelfall ist. Der Annahme, dass ein Gleichgewicht auf diesen Märkten auf lange Sicht zumindest denkbar wäre und daher keine Staatsintervention notwendig ist, entgegnete Keynes lapidar: »Auf lange Sicht sind wir alle tot.« (»This long run is a misleading guide to current affairs. In the long run we are all dead.«, Keynes 1971 ff, Bd. IV, 83). Das bedeutet, dass die Auffassung, dass der Markt schon alles regeln werde, vielleicht richtig ist, dass dies aber auch noch eine unbestimmte Zeit dauern kann. Wenn man dann bedenkt, dass die Menschen, die arbeitslos sind, täglich mit den Folgen dieser Arbeitslosigkeit konfrontiert sind, so scheint es recht zynisch, darauf zu hoffen, dass der Markt irgendwann einmal schon alles regeln werde. Konsequenterweise plädierte Keynes also dafür, dass der Staat die Verantwortung für die Gesamtnachfrage und Beschäftigung übernehmen soll. Damit wies er einen Weg aus der Depression, also aus starken und anhaltenden Wirtschaftsabschwüngen, wie Willke richtig feststellt (Willke 2002, 20 f.).

Der Staat trägt die Verantwortung

Hintergrund

Saysches Theorem

In einer geschlossenen Volkswirtschaft müssen das geplante Angebot und die geplante Nachfrage übereinstimmen. Jeder, der am Markt ein Gut anbietet (inkl. seiner Arbeitskraft) tut dies, um wiederum Güter kaufen zu können. Durch sein Angebot an Gütern schafft er eine Nachfrage nach Gütern. Insofern kann es auch kein erhöhtes Güterangebot geben, da dieses Angebot sofort auch die Nachfrage nach ihm schaffen würde. Aufgrund dieses Phänomens kann, nach Jean-Baptiste Say (1767–1832), in einem Markt ohne Interventionen seitens des Staates keine Arbeitslosigkeit entstehen.

Das makroökonomische Ungleichgewicht – die Makroökonomie betrachtet das wirtschaftliche Verhalten aller Haushalte bzw. aller Unternehmen als zusammengefasste Einheiten, während die Mikroökonomie nur das Verhalten einzelner ausgewählter Wirtschaftssubjekte untersucht (vgl. Willke 2002, 39 ff.) – stellt sich nach Keynes in der Regel wie folgt dar:

Makroökonomisches Ungleichgewicht

1. Die Gesamtnachfrage (bestehend aus Konsum und Investitionen) ist kleiner als das Gesamtangebot
   + hier liegt eine deflationäre Situation vor, Krise und Arbeitslosigkeit sind die Folge. Deflation bezeichnet den anhaltenden Zustand eines sinkenden Preisniveaus und ist Kennzeichen eines wirtschaftlichen Abschwungs.
2. Die Nachfrage ist größer als das Angebot
   + die Wirtschaft boomt, es droht Inflation.

Beide Situationen sind vom Idealzustand gleich weit entfernt und müssen durch eine Intervention des Staates entschärft werden, so Keynes, der im Gegensatz zu Adam Smith (1723–1790), dem Begründer der klassischen Wirtschaftstheorie, nicht an die »unsichtbare Hand« (*invisible hand*) des Marktes glaubt, die Angebot und Nachfrage in Einklang bringt, also alles von alleine regelt.

Hintergrund

Invisible Hand

Adam Smith gilt als der Begründer der »klassischen Wirtschaftstheorie«. In seinem Buch »Der Reichtum der Nationen« von 1776 spricht er von der *invisible hand*, die geradezu Sprichwörtlichkeit erreicht hat in Bezug auf die »Selbststeuerungskräfte des Marktes«. Diese »Selbststeuerungskräfte« resultieren aus dem wohlverstandenem Eigeninteresse der Bürger:

Das Konzept der »invisible hand« besagt: Wenn jeder Bürger versucht, den größten Ertrag aus seinem Kapital zu erwirtschaften, kommt dies automatisch auch der gesamten Volkswirtschaft und damit wieder jedem Einzelnen zugute. Dabei werde jeder »von einer unsichtbaren Hand geleitet, um einen Zweck zu fördern, den zu erfüllen er in keiner Weise beabsichtigt hat. [...] ja gerade dadurch, dass er das eigene Interesse verfolgt, fördert er häufig das der Gesellschaft nachhaltiger, als wenn er wirklich beabsichtigt, es zu tun.« (Smith 1990, 371).

Da es eine solche *invisible hand* nach Keynes nicht gibt, muss eine reale Macht in das Marktgeschehen eingreifen: der Staat. Durch Nachfragesteuerung in Form höherer oder niedrigerer öffentlicher Ausgaben, je nachdem, ob gerade eine deflationäre oder inflationäre Situation vorherrscht, soll diese sichtbare Hand eingreifen, um das Marktungleichgewicht auszugleichen und die wirtschaftliche Gesamtsituation zu verbessern.

Nachfragesteuerung

Wie ist Arbeitslosigkeit zu bekämpfen?

Keynes Überlegungen waren motiviert von den Erfahrungen der Weltwirtschaftkrise, die 1929 die großen Industrienationen erfasste und viele Millionen Menschen arbeitslos machte, sowie von dem Wissen, dass Massenarbeitslosigkeit in politischen Extremismus umschlagen kann. Insofern hielt Keynes es für fatalistisch – um nicht zu sagen dumm – einfach nur die Hände in den Schoß zu legen und mit Thomas Jefferson, dem dritten Präsidenten der USA, zu sagen: »Die beste Regierung ist jene, die am wenigsten regiert.«

Hintergrund

Weltwirtschaftskrise

Der Begriff »Weltwirtschaftskrise« bezeichnet den 1929 einsetzenden volkswirtschaftlichen Einbruch in den führenden Industrienationen. Die Folgen dieses Einbruchs waren Massenarbeitslosigkeit, reihenweise Konzernpleiten und eine lang anhaltende deflationäre Phase, die die Wirtschaftskrise noch verschärfte. Politische Konsequenzen dieser Krise waren in vielen Ländern der Übergang zu einer wohlfahrtstaatlichen Politik und die Abkehr von den Konzepten der klassischen Wirtschaftstheorie hin zu Keynes' Theorie der makroökonomischen Nachfragesteuerung.

Viele der Ökonomen, die der klassischen Wirtschaftstheorie anhingen, waren der Überzeugung, dass es keine unfreiwillige Arbeitslosigkeit geben könne. Insofern wären die weltweit vielen Millionen Arbeitslosen während der Weltwirtschaftskrise alle nur freiwillig arbeitslos gewesen, da nach der Lehre der klassischen Theorie des Arbeitsmarktes die Arbeitsnachfrage und das Arbeitsangebot durch flexible Löhne immer in ein Gleichgewicht gebracht werden können (das behaupten einige liberale Politiker noch heute).

Unmöglichkeit der unfreiwilligen Arbeitslosigkeit

Arbeitslos ist nach dieser Lehre nur der, der für den herrschenden Lohn nicht arbeiten will. Anders herum formuliert: Nur wenn die Gewerkschaften hohe Löhne durchsetzen, kann Arbeitslosigkeit entstehen, da dies die Kräfte des Arbeitsmarkts behindert.

Keynes war dagegen der Überzeugung, dass in Situationen, in denen die Gesamtnachfrage gering ist, die Kräfte des freien Arbeitsmarkts nicht mehr ausreichen. Dann müssen die Regierungen die Verantwortung für einen hohen Beschäftigungsstand übernehmen und aktiv eingreifen. Drei Faktoren bestimmen das Beschäftigungsvolumen (a, b, c), von denen eine Regierung zwei beeinflussen kann (b und c):

a) die gesamtwirtschaftliche Angebotsfunktion, d.h. das Verhältnis zwischen Preis, Produktionsmenge und Nachfrage,
b) die Konsumneigung und
c) das Investitionsvolumen (Keynes 1936, 23 ff.).

Der in Abbildung 8 wiedergegebene »keynesianische Zirkel« ist gegen die klassische Annahme gerichtet, dass sinkende Löhne zu mehr Arbeitsplätzen führen. Keynes ist der gegenteiligen Auffassung: Wenn die Löhne sinken, entstehen keine Arbeitsplätze, sondern es entwickelt sich eine deflationäre Situation. Löhne, Preise und Einkommen fallen, was einen weiteren Rückgang der Nachfrage nach sich zieht. Ohne eine Intervention von außen ist dieser »Teufelskreis« nicht zu durchbrechen, was in der Abbildung durch den Begriff der Persistenz, also des dauerhaften Zustands dieser Situation, gekennzeichnet wird. Diese Intervention muss vom Staat kommen, dem dafür zwei Mittel zur Verfügung stehen:

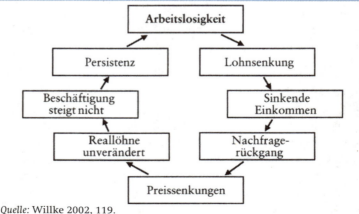

Abb. 8

Der keynesianische Zirkel

Quelle: Willke 2002, 119.

1. die Beeinflussung der effektiven gesamtwirtschaftlichen Nachfrage und
2. die Beeinflussung der Liquiditätspräferenz.

Erstere bestimmt Produktion und Beschäftigung, Letztere den Zinssatz. »Die Liquiditätspräferenz prägt die Geldnachfrage, und die
Geldnachfrage bestimmt zusammen mit dem Geldangebot (der
Geldmenge) den Zinssatz. Dessen Bedeutung liegt darin, dass er die
Investitionsneigung beeinflusst.« Beides kann von der Regierung
gesteuert werden: Die Gesamtnachfrage durch die Haushaltspoli-
tik, das Zinsniveau durch die Geldpolitik der Zentralbank. (Willke
2002, 31).

Einflussmöglichkeiten des Staates

Wirtschaftspolitische Grundsätze des Keynesianismus

Wirtschaftspolitische Grundsätze lassen sich nach Keynes einige
aufstellen: So ist er beispielsweise gegen Lohnsenkungen, um die
Arbeitslosigkeit zu bekämpfen. Das daraus folgende Gebot könnte
also lauten:»In Depressionen dürfen Löhne nicht gesenkt werden.«
Weitere Gebote Keynes' sind, dass die Zinsen niedrig sein sollen,
die öffentlichen Ausgaben die Gesamtnachfrage unterstützen sollen und die Konsumneigung durch Umverteilung erhöht werden
soll. Alle diese Gebote zielen darauf ab, aus einer Depression her-
auszukommen. Die niedrigen Zinsen erlauben es dem Staat, billige
Kredite aufzunehmen, um mit diesem Geld Aufträge an die Wirtschaft zu vergeben. Die durch diese Maßnahmen erhöhte Nachfrage sichert oder steigert das Arbeitsplatzangebot. Die Umverteilung
schafft dort eine erhöhte Konsumneigung, wo sie als erste ein-
bricht: bei den Armen.

Vorgaben für Zeiten der Depression

Im Falle eines Booms, der ja in Keynes' Verständnis durchaus
auch eine krisenhafte Erscheinung ist, sind gegenteilige Maßnahmen zu ergreifen: hohe Zinsen durch Verknappung der Geldmenge, Zurückhaltung des Staates bei den Ausgaben und eine Verlang-
samung der Konsumneigung durch Steuererhöhungen.

Zusammenfassung

Keynes' wirtschaftspolitische Gebote

In Zeiten der Depression empfiehlt Keynes:
- keine Lohnsenkung zur Bekämpfung von Arbeitslosigkeit,
- niedrige Zinsen,

- Unterstützung der Gesamtnachfrage, indem der Staat seine Ausgaben erhöht,
- Erhöhung der Konsumneigung durch Umverteilung.

In Zeiten des Booms lauten seine Empfehlungen:

- hohe Zinsen,
- Verringerung der öffentlichen Ausgaben,
- Verminderung der Konsumneigung durch Steuererhöhung.

Ziel von Keynes' Wirtschaftspolitik

Ziel von Keynes' Empfehlungen für die Wirtschaftspolitik war es, den Aufschwung so lange wie möglich am Leben zu halten und eine Rezession zu vermeiden. Dieses Ziel ist nur durch eine antizyklische Ausgabenpolitik des Staates zu erreichen: hohe Ausgaben, wenn die Konjunktur schlecht ist, niedrige Ausgaben bei guter Konjunktur. Während der guten Konjunktur soll der Staat das Geld wieder hereinbekommen, dass er während der Krise in die gesamtwirtschaftliche Nachfrage hineingesteckt hat. Nur so lässt sich dauerhaft ein hohes Haushaltsdefizit vermeiden.

Hauptproblem der Theorie Keynes'

Genau hier ist auch eines der Hauptprobleme von Keynes' Wirtschaftspolitik und seiner Theorie festzumachen: die optimistische Annahme, dass in wirtschaftlich guten Zeiten die Staatsausgaben reduziert und die Schulden zurückgezahlt werden, die in Zeiten der Depression gemacht wurden. Ein weiteres Problem ist, dass eine antizyklische Politik voraussetzt, dass eine Regierung sehr schnell handelt. Weil der politische Meinungsfindungsprozess und der Gesetzgebungsprozess aber sehr lange dauern, wurde in der Realität oft nicht antizyklisch, sondern prozyklisch gehandelt, d.h. der Trend eines jeweiligen Zyklus, ob Boom oder Rezension, wurde verstärkt. Dies hatte dann häufig den Intentionen entgegengesetzte Wirkungen.

Zusammenfassung

Keynes' makroökonomische Nachfragesteuerung

Keynes wollte mit seiner Theorie vor allem die massenhaft verbreitete Arbeitslosigkeit seiner Zeit in den Griff bekommen. Er wandte sich sehr scharf gegen die liberale Auffassung, dass der Markt sich schon von selbst regele und dass alle äußeren Eingriffe schlecht seien. Vielmehr entwarf er eine Theorie, nach der der Staat dafür Sorge tragen muss, dass das gesamtwirtschaftliche Gleichgewicht nicht aus dem Lot gerät. Die Werkzeuge hierfür sind einerseits die Zins- bzw. Geldpolitik und andererseits die Ankurbelung der gesamtwirtschaftlichen Nachfrage durch das sogenannte *deficit spending*. Denn nur wenn von »außen« zusätzliches Geld in die Volkswirtschaft hineinkommt, kann die Nachfrage stimuliert werden und können als Folge daraus neue Arbeitsplätze entstehen. Wichtig bei diesen Maßnahmen ist, dass sie antizyklisch geschehen und dass der Staat in Zeiten des Booms die Schulden, die er beim *deficit spending* gemacht hat, wieder zurückzahlt.

Milton Friedman | 3.1.2.2

Leben und Werk

Milton Friedman (1912–2006)

Milton Friedman wurde 1912 in Brooklyn, New York City geboren. Er studierte Mathematik und Ökonomie an der Rutgers University in New Jersey (BA) und an der University of Chicago (MA). Anschließend promovierte er an der Columbia University in New York. Friedman lehrte von 1946 bis 1977 an der University of Chicago. 1976 erhielt er den Nobelpreis für Wirtschaftswissenschaften für seine Erkenntnisse in den Bereichen Konsumtheorie, Geldtheorie sowie für den Nachweis der Komplexität der Stabilisierungspolitik. Friedman gelang es in den 1980er-Jahren, US-Präsident Reagan und die britische Ministerpräsidentin Margaret Thatcher für seine Theorien zu gewinnen. Beide führten eine Wirtschaftspolitik in Anlehnung an seine Theorie ein.

Die wichtigste Veröffentlichungen Friedmans, die auch aus gesellschaftspolitischer Perspektive interessant ist, ist die, die im Rahmen seiner Nobelpreiswürdigung nicht erwähnt wurde: Sein Buch »Kapitalismus und Freiheit« von 1962 (dt. 1971). Friedman starb im Jahr 2006.

Wie hängen Wirtschaft und Politik zusammen? Friedman sieht eine ganz einfache Verbindung mit weitreichenden Folgen. Im Gegensatz zu Keynes ist er der Auffassung, dass nur die Geldpolitik als wirtschaftspolitisches Steuerungsmittel wirksam ist. Diese Zentrierung auf die Geldpolitik brachte der Theorie Friedmanns den Namen »Monetarismus« ein (Willke 2003, 130). Seine entscheidende These ist, dass die zentrale Aufgabe der Gesellschaft die Bewahrung der individuellen Freiheit ist. Die Vorbedingungen dafür sind »freie Märkte für Güter und Ideen« (Friedman 1971, 13). Als Leitmotiv seines Buches nennt er die Rolle des wettbewerblich organisierten Kapitalismus als ein System von wirtschaftlicher Freiheit, als die notwendige Bedingung für politische Freiheit (Friedman 1971, 22).

Monetarismus

Zusammenfassung

Die Empfehlungen des Monetarismus
Friedman ist der Auffassung, dass einzig Geldpolitik als wirtschaftspolitisches Steuerungsmittel wirksam ist. Anstatt kurzfristiger Interventionen empfiehlt der Monetarismus der Politik, langfristig stabile Voraussetzungen für gleichmäßige ökonomische Rahmenbedingungen zu schaffen. Das zentrale Instrument ist hier die Stabilität des Preisniveaus. Sie soll durch eine regelgebundene Geldpolitik, die auf eine kontinuierliche Ausweitung der Geldmenge abzielt, erreicht werden. Vor allem die Inflation wird als wachstumshemmend angesehen und soll so verhindert werden.

Freiheit als zentraler gesellschaftlicher Wert
Friedman stellt – wie viele andere – »Freiheit« als den zentralen gesellschaftlichen Wert dar, den es zu verteidigen bzw. überhaupt erst herzustellen gilt. Dies ist zum einem vor dem Hintergrund der Erfahrungen des 20. Jahrhunderts zu sehen: Nationalsozialismus, Stalinismus und auch, zumindest in den Augen Friedmans, die Politik des »New Deal« (→ vgl. Kap. 2.1.2.3) unter Präsident Roosevelt (1933-1945) in den USA. Zum anderen ist das Menschenbild der Liberalen der Grund für die Betonung der Freiheit: Mit »Misanthropie plus Hoffnung« hat Ralf Dahrendorf dieses Menschenbild einmal prägnant definiert. Friedman ist der Auffassung, dass die Freiheit vor allem durch Machtkonzentration gefährdet ist und zwar von politischer wie auch ökonomischer Macht (Friedman 1971, 20).

Gefährdung der Freiheit

Deswegen muss dem Machtmissbrauch vorgebeugt werden. Ganz entscheidend aber ist die Einsicht Friedmans, dass politische und wirtschaftliche Macht immer nur gemeinsam auftreten, also interdependent sind. Allerdings zielt nur seine Ablehnung des Monopols (s. u.) auf eine Beschränkung der ökonomischen Macht.

Freiheit ist kein Wert an sich, sondern sie ist Voraussetzung für die Realisierung von Zielen, die die Menschen sich in je unterschiedlicher Weise setzen. Die Freiheit des Einzelnen endet dort, wo sie die Freiheit eines anderen einschränken würde bzw. wo die Freiheit eines anderen beginnt. Das Menschenbild, von dem hier ausgegangen wird, besagt, dass der Mensch nicht (immer) altruistisch und gut ist. Der Vorteil einer Gesellschaftstheorie, die von einem solchen Menschenbild ausgeht, ist der, dass sie nicht vom »schlechten« Handeln der Menschen überrascht wird, sondern dieses in ihrer Konstruktion schon mit einkalkuliert hat. Insofern hat Friedman in seiner Theorie menschliches Fehlverhalten berücksichtigt. Auch Niklas Luhmann hat betont, dass das Leitbild des »guten Menschen« nur für gesellschaftliche Subsysteme taugt, wie beispielsweise die Familie oder Glaubensgemeinschaften, keinesfalls aber für Wirtschaft oder Politik (Luhmann 1987).

Menschenbild

Aber auch die Gesellschaft, die diesem Menschenbild und diesem Freiheitsideal nachstrebt, ist an einer möglichst krisenfreien Wirtschaft interessiert. Friedman ist der Auffassung, dass er ein Instrument für diesen Zweck gefunden hat, das gleichzeitig gewährleistet, dass so wenig wie möglich in die Freiheit der Menschen eingegriffen wird: die Geldpolitik.

Geldpolitik vs. Keynesianismus

Das, was Milton Friedman unter Geldpolitik versteht, ist eigentlich Geldmengenpolitik. Friedman ist – im diametralen Gegensatz zu Keynes – der Auffassung, dass Wirtschaftsschwankungen nur durch monetäre Impulse entstehen. Diese monetären Impulse sind nur durch eine konsequente Geldmengenpolitik in den Griff zu bekommen. Friedman stellt der keynesianischen Theorie sein Konzept der »längerfristig stabilen Konsumfunktion« entgegen (Friedman 1957). Dieses Konzept basiert auf der Hypothese des »permanenten Einkommens«. Dieses permanente Einkommen stellt die längerfristigen Durchschnittseinkommen dar, die als dauerhaft angesehen werden können. Aufgrund dieses stabilen permanenten Einkommens, so Friedman, ist eine Ausweitung der Staatsausgaben im

Längerfristig stabile Konsumfunktion

keynesianischen Sinne keine sinnvolle Maßnahme, sie bewirkt also keine Konsum- und Konjunkturbelebung, da das permanente Einkommen davon unberührt bleibt (Willke 2003,130).

Für ebenso wirkungslos und fatal hält Friedman das Konzept des *deficit spending*, da er der Auffassung ist, dass mögliche positive Konjunktureffekte gleich wieder von den steigenden Staatsschulden aufgefressen werden. Darüber hinaus sieht Friedman im *deficit spending* auch eine freiheitszerstörende Ausweitung der Staatsintervention (Friedman 1971, 105), da der Staat durch seine überproportionale Macht die Freiheit des Einzelnen und dessen Möglichkeiten, zu handeln, beeinträchtigt bzw. zerstört. Die ideale Wirtschaftspolitik eines Staates besteht darin, bestehende Schulden abzubauen, Steuern für Unternehmen und Privatleute zu senken, alles, was sich möglicherweise in Staatsbesitz befindet, zu privatisieren und Staatsausgaben wo immer möglich, vor allem im sozialen Bereich, zu senken.

Ideale Wirtschaftspolitik eines Staates

Organisation und Aufbau des Staates

Friedman hat einen konföderalen Staatsaufbau (→ vgl. Kap. 4.1.2) mit weitgehender Eigenständigkeit und Vielfalt der jeweiligen Einheiten im Sinn. Er hält einen solchen Staatsaufbau für den besten, da dann die jeweiligen Einheiten miteinander um ihre Bewohner konkurrieren müssen – also im Wettbewerb stehen. Das Individuum hat somit immer die Wahlmöglichkeit; wenn ihm etwas nicht passt, kann es notfalls umziehen (Friedman 1971, 20 f.). Es ist für Friedman die »weit verbreitete Wirksamkeit des Marktes«, die die soziale Struktur entlastet. Diese Marktwirksamkeit erreicht, dass nur wenige Probleme einer politischen Entscheidung bedürfen. Die Folge davon ist, dass für weniger Streitfragen eine politische Zustimmung notwendig ist, ganz einfach, weil die meisten Probleme durch den Markt gelöst werden.

Tausch auf dem freien Markt

Friedman geht davon aus, dass der Tausch auf dem freien Markt immer eine freiwillige und produktive Kooperation unter den Marktteilnehmern herbeiführt. Der entscheidende Punkt ist hier, dass diese Kooperation deswegen stattfindet, weil beide sich einen Vorteil von diesem Tausch versprechen, d. h., es ist für beide Seiten günstiger zu tauschen, als nicht zu tauschen. Diese Erwartung kann natürlich enttäuscht werden bzw. die Vorteile des Tausches können ungleich verteilt sein. Langfristig erhält sich dieses System also nur, wenn es ein Positiv-Summen-Spiel ist und den Beteiligten den erwarteten Nutzen bringt. Hieraus ergibt sich eine Koordination ohne Zwang, wie Friedman es nennt (Friedmann 1971, 34 f.; vgl. Willke 2003, 140). Eine Regierungsintervention in dieses freie Spiel der Kräfte lehnt er ab.

Die Aufgaben einer Regierung und die Grenzen ihres Handelns

Die Aufgabe der Regierung ist nach Friedman nur die, Regeln aufzustellen und als Schiedsrichter zu fungieren. Zuallererst muss in einer nach Marktbedingungen organisierten Gesellschaft die Regel gelten, dass kein Monopol existieren darf. Denn das Monopol würde die Wahlmöglichkeit der Menschen einschränken bzw. verhindern und somit auch die Freiwilligkeit des Tausches, letztlich also die Freiheit der Menschen. Die Aufgaben einer Regierung liegen weiterhin darin, für Ruhe und Ordnung zu sorgen, die Eigentumsrechte zu definieren, Rechtssicherheit herzustellen, ein funktionierendes monetäres System zu schaffen, das die Ziele, die Friedman anstrebt, erreicht, und die Unterstützung der Unzurechnungsfähigen, seien es »Geisteskranke« oder Kinder, sicherzustellen.

Regierung darf nur Regeln aufstellen

Zusammenfassung

Aufgaben einer Regierung

Friedman weist der Regierung folgende Aufgaben zu:
- Organisation der Gesellschaft nach Marktgesetzen,
- Verhinderung von Monopolen, Garantie der Freiwilligkeit des Tausches,
- Aufrechterhaltung von Ruhe und Ordnung,
- Herstellung von Eigentumsrechten und Rechtssicherheit,
- Schaffung eines stabilen monetären Systems.

Im Jahr 1994 schreibt Friedman, dass in Amerika und in Großbritannien zwar der Individualismus und der kapitalistische Wettbewerb gepredigt, aber eigentlich der Sozialismus praktiziert werde (Friedman, zitiert nach Willke 2003, 141 f.). Hieran kann man sehen, wie fundamental Friedmans Kritik an einer aktiven Wirtschafts- und Sozialpolitik ist: Jede staatliche Aktivität – außer den oben genannten – ist schlecht und hat negative, d.h. die Freiheit einschränkende Wirkungen. Zu behaupten, dass in den USA oder

Friedmans Kritik ist fundamental

in Großbritannien Sozialismus praktiziert wird, ist natürlich grandiose Übertreibung und nur mit Friedmans tiefsitzendem Misstrauen gegen den Staat als sozialpolitischen Akteur zu erklären.

Grandiose Übertreibung

Die Frage nach dem »Sozialen«

Die Forderung nach »sozialer Verantwortung« lehnt Friedman mit der Begründung ab, dass jeder immer nur für sich und seine Aufgaben verantwortlich sei. So sei beispielsweise die Forderung nach sozialer Verantwortung von Unternehmen Unsinn. Unternehmen seien nur ihren Aktionären gegenüber verantwortlich bzw. haben nur das Ziel, so viel Gewinn wie möglich zu machen (Friedman 1971, 175f.). Gleichzeitig betont er, dass es ihn misstrauisch stimmt, wenn vom »sozialen Interesse« die Rede ist. Denn das »soziale Interesse« kann nicht bestimmt werden und damit auch nicht, was eigentlich genau soziale Verantwortung ist. Ihre »soziale Verantwortung« übernehmen Unternehmen dadurch, dass sie Steuern bezahlen. Wie hoch diese sind und wofür sie verwendet werden, das ist eine Frage, die die Politik zu entscheiden hat.

Soziale Verantwortung

Da Friedman der Auffassung ist, dass der Markt alle Bereiche des Lebens am besten regelt, ist er für eine Privatisierung von Bildung und Ausbildung, medizinischer Versorgung, Versorgung mit Grundgütern des Lebens wie Wasser, Strom etc. Er ist zudem für eine drastische Senkung des Spitzensteuersatzes (bei Streichung aller Abschreibungsmöglichkeiten). Gleichzeitig plädiert er für ein Grundeinkommen für alle. Dieses soll alle Subventionen ersetzen. Jemand soll Unterstützung bekommen, nicht weil er einer bestimmten Berufsgruppe angehört, sondern weil er arm ist (Friedman 1971, Kapitel 12). Er nennt dies negative Steuern. Wenn jemand negative Steuern »zahlen« muss, heißt das, dass er vom Staat Geld bekommt, da sein Einkommen unter einer bestimmten Grenze liegt. Durch die negativen Steuern wird er über diese Grenze, die etwa auf dem Niveau des Existenzminimums liegen könnte, gehoben. Der Vorteil dieses Systems liegt, so Friedman, darin, dass die Menschen, die negative Steuern »zahlen«, nicht völlig den Antrieb verlieren, sich anzustrengen und selbst Geld zu verdienen, da sie dieses Geld zusätzlich zur Verfügung hätten (Friedman 1971, 246).

Negative Steuern

Friedmans Lehre in der Realität

In den 1970er-Jahren übernahmen einige Schüler Friedmans (die »Chicago Boys«) in Chile wichtige Positionen in der Regierung

Augusto Pinochets. Dieser hatte seinen Vorgänger Salvador Allen-
de, einen demokratisch gewählten Sozialisten, gewaltsam gestürzt,
nachdem er Schlüsselindustrien verstaatlicht, eine Landreform
zugunsten der Kleinbauern durchgeführt und Banken und Unternehmen enteignet hatte. Die Unrechtmäßigkeit der neuen Regierung missachtend versuchten die »Chicago Boys« nun die reine
Lehre Friedmans in der Realität umzusetzen. Dies hatte katastro-   Reine Lehre
phale Folgen für die Armen in Chile. Zwar wuchs die Wirtschaft
sehr stark, jedoch stieg in gleichem Maße die soziale Ungleichheit.
Die Menschen in Chile konnten in ihrer Mehrheit nichts von dem
Positiv-Summen-Spiel der freien Marktkräfte bemerken, vielmehr
verarmten sie zusehends.

Auch die Länder, die heute auf Geheiß des Internationalen Wäh-
rungsfonds (IWF) die Grundpfeiler von Friedmans Lehre durchzusetzen versuchen (d. h. Privatisierung, niedrige Steuern und Markt-
öffnung), sind als Folge dieser Maßnahmen mit extremen sozialen
Ungleichheiten konfrontiert (vgl. dazu DGVN 2004; UNDP 2005,
Stieglitz 2002).

Zusammenfassung

Freiheit als Folge wirtschaftlicher Freiheit

Die Theorie Milton Friedmans lässt sich ganz leicht zusammenfassen: Der Markt regelt alles am besten und der Staat sollte so wenig
wie möglich tun. Die Freiheit des Individuums kann sich dann am
besten entwickeln, wenn dieses so wenig wie möglich vom Staat
gegängelt wird. Alle denkbaren Aufgaben, die der Staat bei uns
übernimmt bzw. organisiert, sind nach Friedman besser in den
Händen des Marktes aufgehoben; ob das nun Bildung und Ausbildung, Rente, Gesundheitssystem oder aber die Versorgung mit
Grundgütern wie Wasser und Elektrizität sind. Die Staaten nehmen umso stärker den Charakter von totalitären Systemen an, je
mehr sie von den genannten Aufgaben übernehmen, je mehr sie
also versuchen, das gesellschaftliche Miteinander zu gestalten. Eine
freie Gesellschaft – und um diese geht es Friedman nach eigenem
Bekunden – kann es nur in einem Laissez-faire-Kapitalismus geben,
da nur hier jeder die Freiheit hat, zu tun und zu lassen, was er
möchte, und dabei nicht vom Staat behindert wird.

Lernkontrollfragen

1 Beide hier untersuchten Autoren geben vor, dass ihre Theorie die beste Möglichkeit darstellt, Probleme der wirtschaftlichen Prosperität und Kontinuität zu beheben. Was sind die zentralen Unterschiede der beiden Ansätze?

2 Beide Theorien behaupten, die Fehler der Vergangenheit vermeiden zu wollen, um keine totalitären Gesellschaftssysteme mehr hervorzubringen. Wie kommt es zu den diametral entgegengesetzten Theorien bei gleichem Ziel?

3 Milton Friedman beschreibt die USA und Großbritannien als »sozialistisch«. Diskutieren sie diese Aussage kritisch. Was meinen Sie, hätte Keynes zu dieser Einschätzung gesagt?

Literatur

Primärliteratur

Friedman, Milton (1971), Kapitalismus und Freiheit, Stuttgart.

Friedman, Milton (1957), A Theory of the Consumption Function, Princeton.

Keynes, John Maynard (1936), Allgemeine Theorie der Beschäftigung, des Zinses und des Geldes, Berlin.

Keynes, John Maynard (1922), Tract on Monetary Reform, in: ders., Collected Writings, 30 Bände, Bd. IV, London 1971 ff.

Sekundärliteratur

Deutsche Gesellschaft für die Vereinten Nationen (Hg.) (2004), Bericht über die menschliche Entwicklung. Kulturelle Freiheit in unserer Welt der Vielfalt, Bonn.

Luhmann, Niklas (1987), Soziale Systeme. Grundriß einer allgemeinen Theorie, Frankfurt/Main.

Smith, Adam (1990), Der Wohlstand der Nationen, München.

Stieglitz, Joseph (2002), Die Schatten der Globalisierung, Berlin.

UNDP (Hrsg.) (2005), UN Millennium Project 2005. Investing in Development: A Practical Plan to Achieve the Millennium Development Goals, New York.

Willke, Gerhard (2002), John Maynard Keynes, Frankfurt/Main.

Eine schöne Einführung in die Theorie von Keynes. Auch für den Nicht-Ökonomen gut verständlich und nachvollziehbar. Alle zentralen Aspekte von Keynes' Theorie werden hier erläutert und mit Kurven und Graphiken anschaulich dargestellt.

Willke, Gerhard (2003), Neoliberalismus, Frankfurt/Main.

Auch diese Einführung Willkes ist gut verständlich geschrieben und benennt die zentralen Punkte des Neoliberalismus. Daneben bietet sie einen kurzen Einblick in die Theorien Friedrich August von Hayeks und Milton Friedmans. Ärgerlich ist, dass Willke sehr affirmativ ist und gelegentlich arg spöttisch mit Kritikern des Neoliberalismus umgeht.

Politik und Ideologie | 3.2

Der Zusammenhang von Politik und Ideologie ist heute manchmal nicht mehr ganz leicht zu erkennen, da auch innerhalb der Parteien zu vielen Fragen unterschiedliche Meinungen zu finden sind und ihre Positionen dadurch merkwürdig diffus wirken. Links und Rechts bzw. »Rinks und Lechts« sind in vielen Politikfeldern kaum noch zu unterscheiden und nun hat sich auch noch eine »Große Koalition« in der Bundesrepublik jenseits ideologischer Grabenkämpfe zusammengerauft, um gemeinsam für eine »bessere« Politik für Deutschland zu arbeiten.

Im 19. Jahrhundert bildeten sich drei miteinander konkurrierende Ideologien heraus, die sehr wirkmächtig waren, d. h. theoretisch wie praktisch das Handeln und Denken der Menschen beeinflussten:

Drei Ideologien

- Liberalismus,
- Sozialismus,
- Konservatismus.

Alle drei Ideologien sind im Prinzip auch heute noch aktuell, wenn auch in anderen Ausformungen und Konstellationen, vor allem aber bestehen zwischen ihnen nicht mehr so unversöhnliche Gegensätze wie zur Zeit ihrer Entstehung.

Die drei Ideologien haben in ihrer Grundausrichtung jeweils diametral entgegengesetzte Positionen. Während der Liberalismus auf die Freiheit des Individuums setzt und der Staat ausschließlich dazu da ist, die Individuen in ihren körperlichen und wirtschaftlichen Rechten zu schützen, ist der Staat in der Endphase des Sozialismus, der dann in den Kommunismus übergeht, nicht mehr existent und die Menschen verwalten sich selbst. Dies gilt zumindest für den Kommunismus, den Marx andeutungsweise entworfen hat. Bei manchen späteren Vertretern des Sozialismus und auch allen umgesetzten »Sozialismen« ist von dieser Idealvorstellung natürlich nichts mehr zu erkennen.

Konträre Positionen zum Staat

Der Liberalismus setzt also auf den freien Menschen, der sich rational und nach freien Marktgesetzen verhält und mit seinen Mitmenschen friedlich interagiert. Die Funktion des Staates beschränkt sich auf die Gesetzgebung, die Rechtsprechung und die Aufrechterhaltung der inneren und äußeren Ordnung. Grundsätzlich gilt im Liberalismus, dass der Staat nichts regeln soll, was das Individuum selbst regeln kann.

Liberalismus

> **Definition**
>
> ## Konservatismus – Liberalismus – Sozialismus
>
> Im 19. Jahrhundert entstanden drei miteinander konkurrierende Ideologien:
>
> - Der *Konservatismus* wollte die bestehende Ordnung bewahren (Monarchie, Gottesgnadentum, starke Stellung der Kirche/Religion, feudale Gesellschaftsordnung). Er entstand als Gegenreaktion auf die Französische Revolution und den Liberalismus, die genau diese Ordnung angriffen.
> - Der *Liberalismus* entstand als Gegenbewegung zu Feudalismus und Absolutismus. Das selbstbewusster werdende Bürgertum versuchte nun seine wirtschaftliche Macht auch in politische Macht umzusetzen. Der Liberalismus wollte die Freiheit des (besitzenden) Individuums stärken sowie das Eigentum vor dem Zugriff durch den Staat schützen.
> - Der *Sozialismus* entstand als Reaktion auf die katastrophalen Lebens- und Arbeitsbedingungen während der Industriellen Revolution. Er wollte die arbeitende Klasse als die zahlenmäßig stärkste Klasse an die politische Macht bringen.

Sozialismus Vertreter des Sozialismus gehen davon aus, dass der Staat nach der Phase der Diktatur des Proletariats abstirbt und an die Stelle einer Verwaltung der Menschen eine Verwaltung der Dinge tritt. In einer sozialistischen Gesellschaftsordnung ist jedes Individuum frei und gleich. Liberalismus wie Sozialismus gehen von rationalen autonomen Individuen aus, die nach Vernunftprinzipien ein gesellschaftliches Zusammenleben organisieren. Der Sozialismus hebt dabei die Gleichheit und Solidarität der Menschen hervor und will für eine gerechte – keine egalitäre – Verteilung der Güter Sorge tragen.

Konservatismus Der Konservatismus hat da ganz andere Vorstellungen und vor allem andere Wurzeln. Liberalismus wie auch Sozialismus sind politische Ideologien, die sich aus der Ablehnung der bestehenden gesellschaftlichen Ordnung heraus konstituierten. Sie sind also immer schon als Reaktion auf das Bestehende zu verstehen. Der Konservatismus hingegen verteidigt das Bestehende und will es bewahren. Insofern kann man den Konservatismus, den es nicht zu geben brauchte, solange keiner an der bestehenden Ordnung zweifelte, auch als Reaktion auf die Französische Revolution, die das Bestehende massiv angriff, verstehen.

Konservatismus

| **3.2.1**

Der Konservatismus ist wie schon erwähnt eine Gegenbewegung zu den radikalen Ideen und Vorstellungen, wie sie in der Französischen Revolution zutage traten. Diese war eine zutiefst bürgerliche Revolution. Die Französische Revolution stand für Individualismus und Aufklärung und sie machte die menschliche Vernunft zum Maßstab der gesellschaftlichen Ordnung. Dies impliziert direkt Säkularisierung, da nun kein Gott mehr vonnöten war, um die gesellschaftliche Ordnung herzustellen bzw. zu legitimieren. Letztendlich bedeutet all dies die radikale Abwendung von der bisherigen Gesellschaftsordnung. Dies führte bei ihren Anhängern natürlich zu einer Gegenreaktion. Somit kann man Edmund Burkes »Betrachtungen über die Revolution in Frankreich« von 1790 als die Geburtsstunde des modernen Konservatismus sehen.

Geburtsstunde des modernen Konservatismus

Burke wird daher im Folgenden – neben Carl Schmitt – als Vertreter des Konservatismus des 20. Jahrhunderts vorgestellt. Die Wahl Carl Schmitts ist sicherlich nicht unumstritten. Der Grund, der ausschlaggebend dafür war, ihn hier zu präsentieren, ist, dass sich anhand seines Denkens sehr gut die Extreme aufzeigen lassen, zu denen konservatives Denken führen kann.

Damit die Grundlinien des konservativen Denkens in dieser Darstellung nicht verloren gehen, werden zunächst – Bernd Heidenreich folgend – sieben Grundsätze des Konservativismus benannt, die in der gegenwärtigen politischen Diskussion noch eine Rolle spielen, und die man als Kennzeichen bzw. Erkennungsmerkmale konservativen Denkens bezeichnen kann (s. a. Abb. 9):

1. Die göttliche Absicht lenkt die Gesellschaft und das menschliche Gewissen, der einzelne Mensch wie auch die Politik haben sich vor ihr zu verantworten;
2. Respekt vor der Würde des Menschen, ob ungeboren, lebend oder im Sterben liegend;
3. Achtung der Natur als Gottes Schöpfung; daraus resultiert die Pflicht, sie zu bewahren und zu schützen – nicht, sie ausschließlich auszubeuten;
4. die feste Überzeugung, dass Eigentum und Freiheit untrennbar miteinander verbunden sind und ökonomische Angleichung Unsinn ist;
5. die Rolle der Familie als die Keimzelle der Gesellschaft;

6. das Vertrauen in die überlieferten Werte und Ansichten, die Hochachtung und der Respekt gegenüber den Vorfahren;

7. Skepsis gegenüber dem Zeitgeist und die Überzeugung, dass Reformen zwar notwendig sein können, diese jedoch immer mit Augenmaß und langsam erfolgen müssen (Heidenreich 1999, 8 f.).

Viele dieser Punkte sind bei den heutigen konservativen Parteien noch vorhanden. Auch und gerade der Grundsatz, die Schöpfung zu bewahren, findet sich seit Kurzem vermehrt in den konservativen Parteiprogrammen wieder.

Konservatismus in Deutschland

Wendet man sich der historischen Entwicklung des Konservatismus in Deutschland zu, so lassen sich drei Etappen unterscheiden: In der ersten Hälfte des 19. Jahrhunderts ist der Konservatismus vor allem als eine »Anti-Haltung«, insbesondere des Adels, zu bezeichnen. Diese richtet sich einerseits gegen den fürstlichen Absolutismus und andererseits gegen den Liberalismus. Somit steht der Konservatismus hier in einer merkwürdigen Zwickmühle: mit dem Liberalismus kämpft er gegen die absolutistischen Ansprüche des Königs, mit dem Absolutismus gegen das liberale Bürgertum und dessen Streben nach Demokratie.

1. Hälfte 20. Jahrhundert

Nachdem das liberale Bürgertum sich am Ende des 19. und zu Beginn des 20. Jahrhunderts durchgesetzt hat, wird es selbst konservativ. Nach dem Ersten Weltkrieg jedoch wird das konservative Lager wieder in die Defensive gedrängt. Sozialistische und sozialdemokratische Vorstellungen haben die Macht errungen. Insofern muss der Konservatismus nun nichts mehr bewahren, sondern er muss »auf die bewährten Prinzipien einer staatlichen und völkischen Gemeinschaft« zurückgreifen und diese Prinzipien »sind gegen das Bestehende durchzusetzen und überhaupt erst wieder zu realisieren« (Göhler 1999, 15).

Nach 1945

Nach 1945 ist die Situation für den Konservatismus besonders schwierig: Was gibt es zu bewahren? Hier gibt es unterschiedliche Richtungen. Die eine betont den starken Staat und will das Gegebene durch staatsfördernde Tugenden bewahren. Die zweite, der »technische Konservatismus«, baut auf die »Sachgesetzlichkeit« der technischen Entwicklung und möchte das Gegebene durch die stabilisierende Macht der Technik bewahren. Die dritte Richtung des Konservatismus reagiert auf die Bedrohungen, die Natur und Gesellschaft in ihrem Bestand gefährden, und ist ein Versuch, die Menschen vor ihrer Selbstzerstörung zu bewahren. Dieser trägt die Bezeichnung »Wertkonservatismus«. (Göhler 1999, 15 f.).

		Abb. 9
hierarchisch	Im Konservatismus entscheidet nicht die breite Masse, es existiert keine Volkssouveränität. Herrschaft ist hier personale Herrschaft; die staatliche Souveränität wird durch eine Erbmonarchie ausgeübt.	*Fünf Bestimmungsmerkmale konservativen Denkens*
historisch	Der gesellschaftliche Aufbau und der Platz der Menschen darin sind nicht rational konstruiert, sondern historisch gewachsen. Dieses Gebilde mit seinen Hierarchien und Strukturen ist so lange als sinnvoll zu betrachten, bis ein besseres gefunden ist; es muss sich also nicht beständig neu beweisen.	
modernisierungs-skeptisch	Der Behauptung, dass Neues Verbesserungen mit sich bringt, begegnet der Konservatismus mit einer gehörigen Portion Skepsis. So hat er die negativen Begleiterscheinungen der Industrialisierung im 19. Jahrhundert nicht als notwendiges Übel gesellschaftlicher Modernisierung angesehen, sondern kritisch als Symptome einer Krise, die den Bestand der sittlichen Ordnung gefährdet.	
konkret	Konkret ist konservatives Denken in dem Sinne, dass es dem Individuum bestimmte Plätze in der Gesellschaft zuordnet. Die Freiheit des Einzelnen beschränkt sich darauf, die zugewiesene Rolle auszufüllen. Dies spiegelt sich beispielsweise in der ständischen Ordnung wieder.	
religiös	Die menschliche Herrschaft ist durch Gott legitimiert und von Gott gegeben. Er ist Urgrund der gesellschaftlichen Ordnung und die Religion gibt alle gesellschaftlichen Ordnungsmuster vor.	*Quelle:* Göhler 1999, 21 f.

Edmund Burke | 3.2.1.1

Leben und Werk

Edmund Burke (1729–1797)

Edmund Burke wurde 1729 in Dublin geboren. Er studierte von 1743 bis 1748 am Trinity College in Dublin klassische Literatur und Geschichte. 1750 begann er in London eine Ausbildung zum Rechtsanwalt, die er aber bald abbrach. Statt dessen entschloss er sich freier Schriftsteller zu werden. Seine 1757 erschienene Schrift »Philosophische Untersuchung über den Ursprung unserer Ideen vom Erhabenen und Schönen« brachte ihm die allgemeine Anerkennung der geistigen Elite seiner Zeit. Von 1759 an arbeitete er als Privatsekretär bei verschiedenen Politikern, 1765 wurde er Privatsekretär des Marquis of Rockingham, der vom König zum Premierminister ernannt wurde. Gegen Ende des Jahres erhielt er einen Sitz im Unterhaus, womit seine politische Karriere begann. Burke war von 1766 bis 1794 Abgeordneter im House of Commons (Unterhaus) und verfasste in dieser Zeit viele Schriften, u. a. die »Betrachtungen über die Revolution in Frankreich« von 1790.

Reaktion auf die Französische Revolution

Burkes »Betrachtungen über die Revolution in Frankreich« von 1790 sind als Reaktion auf die Französische Revolution und vor allem auf deren begeisterte Rezeption in den oppositionellen, antimonarchischen Bevölkerungsteilen Englands gedacht. So betont Burke in seinen »Betrachtungen«, dass eine Verfassung, die auf abstrakten naturrechtlichen Prinzipien basiert, keine geeignete Grundlage für die Schaffung eines funktionierenden Staates ist. Vielmehr muss eine Verfassung – wie eben die englische Verfassung – auf eine lange Tradition zurückblicken können und durch diese Tradition sanktioniert sein, d. h. durch die Zustimmung vieler Generationen. Veränderungen an einer Verfassung bzw. an der Organisation eines Staatswesens können dementsprechend niemals durch eine Revolution erreicht werden, da diese viele neue Prinzipien etablieren möchte. Bestenfalls kann man eine Verfassung nur langsam und behutsam unter Berücksichtigung der allgemeinen Ansichten verbessern, also: evolutionär.

Eine Verfassung braucht Tradition

Gleichzeitig wendet sich Burke gegen den bei den Aufklärern weit verbreiteten absoluten Vernunftglauben. Er betont gegen diesen die Prinzipien einer menschlichen Herrschaft, die auf Erfahrung aufbaut, sozusagen auf eine gewachsene historische Vernunft. Hier wird Burkes konservatives Denken gut sichtbar, doch noch deutlicher tritt es zutage, wenn man sich seinen Natur- und Vertragsbegriff näher anschaut.

Burkes konservatives Denken

Burke lehnt die Vertragskonzeptionen von Locke, Hobbes und Rousseau ab, da diese von der apolitischen Natur der Menschen ausgehen und damit einhergehend eine voluntaristische Staatsgründungskonzeption entwickelt haben, d. h. eine Staatsgründungskonzeption, die davon ausgeht, dass die Menschen sich willentlich zusammentun, um einen Staat zu gründen. Burke bezieht sich dagegen auf die *Bill of Rights* und auf Montesquieus Institutionentheorie. Man kann Burkes

Hintergrund

Bill of Rights

Die Bill of Rights (dt. Gesetz der Rechte) wurde von Wilhelm von Oranien (s.u., Glorious Revolution) am 26.Oktober 1689 anerkannt, nachdem Ober- und Unterhaus das Gesetz am 13.Februar 1689 beschlossen hatten. Sie gilt als eines der grundlegenden Dokumente des Parlamentarismus und beendete den langen Streit zwischen Parlament und Königtum über die Rechte des Parlaments.

Die Bill of Rights regelt das Verhältnis zwischen beiden. Sie bestimmt, dass das Parlament regelmäßig einberufen werden muss und der König die Zustimmung des Parlaments für die Erhöhung von Steuern und Abgaben benötigt. Ein weiterer wichtiger Punkt ist, dass die Abgeordneten nun Immunität genossen und im Unterhaus völlige Redefreiheit garantiert war.

Betrachtungen als den Versuch sehen, Aufklärung und Standesgesellschaft zu verbinden (Müllenbrock 2002, 74 f.).

Der Mensch ist für Burke ein Wesen, das seiner Natur nach auf ein soziales Gemeinwesen angelegt ist. Insofern kann man sagen, dass der Naturzustand selbst schon von einem sozialen Zusammenleben der Menschen gekennzeichnet ist. Hier beweist sich Burke als guter Aristoteliker. Somit ist für ihn auch der Ursprung des Vertrags nebensächlich. Wichtig ist nur der Vertrag selbst, auf dessen Grundlage das Gemeinwesen dauerhaft Bestand hat. So stellt er in den »Betrachtungen« fest, dass die Gesellschaft zwar in der Tat einen Vertrag darstellt, dieser jedoch nur eine Klausel ist im ursprünglichen Vertrag der ewigen Gesellschaft, d.h. im Vertrag der Menschen mit Gott. Hier tritt Burkes politische Weltanschauung deutlich zutage. Der Mensch ist als Gesellschaftswesen in größere, gleichsam kosmische Zusammenhänge eingebettet. Weiterhin will er ihn auf die »von Gott geschaffene Seinsordnung verpflichten, die durch Hierarchie und Interdependenz gekennzeichnet ist« (ebd.).

Der Mensch als soziales Wesen

Glorious Revolution – Französische Revolution

Während der Geistliche Richard Price in seiner 1789 veröffentlichten Schrift »A Discourse on the Love of our Country« die Französische Revolution in eine Linie mit der *Glorious Revolution* der Engländer stellt, lehnt Burke diese Gleichstellung in den »Betrachtungen« ab. Burke empfand Prices Schrift als einen Angriff auf die innenpolitische Ruhe Englands. Die Französische Revolution mit der *Glorious Revolution* (s. u.) in eine Linie zu stellen, hieße, so Burke, die *Glorious Revolution* als ein unerfülltes Programm anzusehen, da sie in England keine radikaldemokratischen Folgen hatte, sondern hier noch immer das englische System mit Unterhaus, Oberhaus und König Bestand hat. Burke war vor allem von einer Forderung Prices aufgeschreckt, die dieser mit der *Bill of Rights* aus dem Jahr 1689 begründete. Price war u. a. der Ansicht, dass die Regierung frei wählbar und auch wieder absetzbar sein müsse. Burke sah sich hier herausgefordert, da er sich selbst immer wieder auf die *Glorious Revolution* bezog und seine politischen Grundüberzeugungen aus ihrem Ergebnis zog.

Burkes
Grundüberzeugung

Diese Grundüberzeugung beinhaltete die »gemischte Verfassung« aus König, Oberhaus und Unterhaus, in der sich die gesellschaftliche Machtbalance von Hof, Aristokratie und Bürgertum widerspiegelte. Diese politische Konstellation bildete für Burke die Grundannahme seiner politischen Arbeit (Zimmer 1995, 100). Insofern wird deutlich, dass Burke die Gleichsetzung der Französischen Revolution mit der *Glorious Revolution* als Angriff auf die Grundfesten seines politischen Selbstverständnisses ansehen musste. Burkes Konservatismus möchte das bestehende englische System – politisch wie gesellschaftlich – bewahren.

Hintergrund

Glorious Revolution (1688/1689)

Der Begriff »Glorious Revolution« bezeichnet den ohne Blutvergießen herbeigeführten Sturz des englischen Königs Jakob II., durch dessen Politik die eigentlich miteinander konkurrierenden parlamentarischen Gruppen *Tories* und *Whigs* die Grundlagen der englischen Verfassung bedroht sahen. Jakob II. änderte Rechte des Parlaments, unterstützte offen den Katholizismus, begann ein stehendes Herr aufzubauen und schloss sich außenpolitisch eng an Frankreich an. Seinen Sturz führten *Tories* und *Whigs* herbei, indem sie Wilhelm von Oranien, den Schwiegersohn Jakobs II., aufforderten, die Herrschaft in England zu übernehmen. Er war überzeugter Protestant

POLITIK UND IDEOLOGIE   137

und entschiedener Gegner Frankreichs. Wilhelm landete 1688 in England, Jakob II. floh nach Frankreich, Wilhelm wurde König. Das Unterhaus hatte sich zuvor von Wilhelm seine Rechte anerkennen lassen, diese wurden 1689 in der Bill of Rights (s. o.) festgehalten.

Kontinuitätswahrung

Da auch viele englische Sympathisanten der Französischen Revolution dieselben Begriffe – z. B. Revolution, Vertrag, Freiheit, Gerechtigkeit – wie Burke verwenden, diese aber im radikaldemokratischen Sinn verstehen, musste Burke sein Verständnis der Revolution von 1688/89 und seine Begrifflichkeiten verteidigen. Zunächst spielt er die Bedeutung der *Glorious Revolution* herunter, um so die Kontinuität der englischen Verfassungen darzustellen. Diese Traditionslinie beginne mit der *Magna Charta* aus dem Jahr 1215. Auch wenn schon dies ein wenig weit hergeholt ist, so muss er sich noch größere Mühe geben, die Ungebrochenheit der dynastischen Thronfolge in der englischen Geschichte darzustellen. Diese war tatsächlich alles andere als ungebrochen und insofern musste Burke hier einen kreativen Umgang mit den historischen Fakten üben, um seine These einer durch Tradition gut gefügten Gesellschaft aufrechtzuerhalten.

Konstruktion einer Traditionslinie

Hintergrund

Magna Charta (1215)

In der *Magna Charta Libertatum* (dt. »große Urkunde der Freiheit«) vom 15. Juni 1215 bestätigt der englische König Johann I. ohne Land dem Adel und der Kirche ihre Vorrechte. Sie verbrieft auch einige grundlegende Rechte, wie das, dass ein Freier nicht willkürlich verfolgt, sondern nur durch seine Standesgenossen und nach dem Gesetz des Landes abgeurteilt werden darf.

Burkes Ziel war es, die Bedeutung der Monarchie und ihrer Einbettung in das Verfassungsgefüge des englischen Staates hervorzuheben. Diese Verfassungskontinuität ermöglichte für ihn erst die Entwicklung der Bürgerrechte und er führt sie gegen die Neuerungen, die die Französischen Revolution eingeführt hatte, an. Einige dieser

Neuerungen waren beispielsweise die Veränderung der Eigentumsverhältnisse, die Ausweitung des Wahlrechts, die Abschaffung der
Monarchie etc. Nur diese Kontinuität garantiert eine gute und stabile Verfassung:

Kontinuität gegen Revolution

»Zur Zeit der Revolution [gemeint ist hier die *Glorious Revolution*]
wünschten wir, was wir jetzt wünschen, alles, was wir besitzen,
als eine Erbschaft von unseren Vätern ansehen zu können. Wir
haben uns wohl vorgesehen, auf diesen Erbstamm [nichts] Fremd-
artiges [...] zu impfen, das sich mit dem ursprünglichen Gewächs
nicht verwebt haben würde. Alle Reformen, die wir bisher vorgenommen haben, sind von dem Grundsatz der Achtung für das Alte
ausgegangen, und ich hoffe, [...] alle, die noch jemals stattfinden
mögen, werden sorgfältig auf Analogien der Vergangenheit, auf
Autorität und Beispiel gegründet werden.« (Burke 1967, 66).

Kirche und Eigentum

Darüber hinaus betont Burke die Bedeutung der Religion für eine
funktionierende Gesellschaft. Die Religion ist nämlich die Grundlage der bürgerlichen Gesellschaft sowie die Quelle allen Segens und
Trostes (ebd., 150). Auch diese Betonung der Religion ist gegen die

Betonung der Religion

Französische Revolution gerichtet, in deren Verlauf die Geistlichen
einen Eid auf die Französische Verfassung leisten mussten. Wer,
wie vom Papst gefordert, diesen Eid verweigerte, wurde verfolgt.
1793 folgte dann die Entchristianisierung Frankreichs, die sich von
einer Säkularisierung darin unterschied, dass die alten katholischen Bekenntnisse durch neue, zivilreligiöse Feste und Kulte ersetzt wurden. Gleichzeitig wurde das Kircheneigentum verstaatlicht, was wiederum den Effekt einer Säkularisierung hatte (vgl.
Schulin 1990, 220–234). Burke betont sein konservatives Denken
gerade gegen die Ereignisse in Frankreich, wenn er immer wieder
bekräftigt, dass er und die Engländer fest entschlossen seien »die
Verfassung unserer Kirche, die Verfassung unserer Monarchie, die
Verfassung unserer Aristokratie, die Verfassung unserer Demokratie
gerade in dem Verhältnis, in welchem sie in diesem Augenblick existieren, und in keinem anderen beizubehalten.« (Burke 1967, 152).

Beibehaltung der bestehenden Ordnung

Dass es Burke darum ging, die bestehende Ordnung zu bewahren, zeigen zwei weitere Punkte, die er gegen die Französische
Revolution anführt. So kritisiert er vor allem auch die Änderung
der Eigentumsverhältnisse und die Beteilung von »Nicht-Eigentü-
mern« an der politischen Macht:

»In Frankreich ist die Regierung nicht in den Händen der Eigentümer. Mithin ist die Vernichtung des Eigentums unvermeidlich und vernünftige Freiheit verschwunden.« (ebd., 94).

Die vernünftige Freiheit kennzeichnet nach Burke also, dass König, Adel und Besitzbürgertum alles haben und über alles entscheiden und der Rest der Bevölkerung wenig hat und über nichts entscheidet.

Daher darf sich auch an der Eigentumsordnung nichts ändern. Denn nur die festgezurrte Eigentumsordnung garantiert, dass auch die Gesellschaftsordnung unverändert bleibt. Dies macht Burke deutlich, wenn er ausführt, dass die Sicherheit, dass das Eigentum in den besitzenden Familien verewigt ist, einer der »schätzbarsten und anziehendsten Umstände« ist, der »mehr als alles andere zur Verewigung der Gesellschaft selbst beiträgt«. Daher kann es weder unnatürlich noch ungerecht noch unpolitisch genannt werden, »hoher Abkunft anständigen und sicheren Vorrang und gewisse Vorzüge beizulegen« (ebd., 94 f.).

Eigentumsordnung

Zusammenfassung

Burkes Verteidigung der konstitutionellen Monarchie

Von den sieben Punkten, die den Konservatismus ausmachen (s. o.), sind bei Burke mindestens fünf sehr ausgeprägt anzutreffen: Er ist modernisierungsskeptisch in dem Sinne, dass er der Auffassung ist, dass sich Politik und Gesellschaft niemals von althergebrachten Traditionen und Gewohnheiten lösen und von einem Tag auf den anderen verändern lassen. Dass Burkes Konservatismus zutiefst religiös ist, zeigt sich in der Auffassung, dass die Religion die Grundlage der bürgerlichen Gesellschaft ist. Hierarchisch und konkret ist er, weil er an der feudalen Ständegesellschaft und am Königtum festhält und die Masse der Bürger weiterhin von der Beteiligung an der Souveränität ausgeschlossen sehen will. Burke begründet all dies mit den gewachsenen Strukturen und Traditionen, also dadurch, dass es immer schon so war. In diesem Sinne ist sein Konservatismus historisch.

3.2.1.2 | Carl Schmitt

Leben und Werk

Carl Schmitt (1888–1985)

Carl Schmitt wurde 1888 im Sauerland geboren. Er studierte in München, Wien und Straßburg Rechtswissenschaft. 1910 promovierte er und sechs Jahre später habilitierte er sich in Straßburg. Schmitt wurde 1921 Professor in Greifswald, 1922 in Bonn. 1923 begann er seinen Kampf gegen die Weimarer Republik (Veröffentlichung: »Die geistesgeschichtliche Lage des heutigen Parlamentarismus«), sowie gegen Genf (Völkerbund) und Versailles (Friedensvertrag, der offiziell den Ersten Weltkrieg beendete). Carl Schmitt trat am 1. Mai 1933 der NSDAP bei. Mit seiner Schrift »Staat, Bewegung, Volk« legte er eine rechtfertigende Sinndeutung des Nationalsozialismus vor. Schmitt machte im Nationalsozialismus eine steile Karriere und wurde Mitglied in zahlreichen nationalsozialistischen Gruppierungen. Ab Mitte der 1930er-Jahre fiel er jedoch in Ungnade und verlor alle Partei- und Ehrenämter. Seinen Lehrstuhl in Berlin, den er 1933 erhalten hatte, musste er allerdings erst im Dezember 1945 aufgeben. Auch ohne Lehrstuhl verfügte Schmitt in der Bundesrepublik über beträchtlichen Einfluss auf die Staatsrechtslehre, die Politikwissenschaft und den Journalismus. Er starb 1985.

Carl Schmitts bleibendstes Vermächtnis ist sein Kampf gegen die Weimarer Republik und damit gegen den liberalen Parlamentarismus. Der Souverän, der nach den liberalen Vorstellungen das Volk ist, ist nach Carl Schmitt derjenige, der »über den Ausnahmezustand entscheidet« (Schmitt 1922, 9). Dies kann aber nur ein Einzelner sein, folglich redet er einer Diktatur das Wort. Er bringt es sogar fertig, die Diktatur als die eigentliche Demokratie zu definieren und umgekehrt. In seiner Schrift »Über den Begriff des Politischen« (1932) lehnt er entschieden jeden Pluralismus ab und führt die Freund-Feind-Dichotomie ein, nach der jeder, der nicht ein Freund ist, automatisch als Feind zu betrachten ist. Doch der Reihe nach ...

Definition: Souverän

Carl Schmitts Trauma

Die Weimarer Reichsverfassung von 1919, mit der Deutschland ein parlamentarisch-demokratisches Regierungssystem erhielt, wurde von den meisten Konservativen der Zwischenkriegszeit einzig als

Ergebnis der Niederlage im Ersten Weltkrieg aufgefasst, d.h. sie war Folge »des Sturzes der preußisch-wilhelminischen Monarchie in der Novemberrevolution sowie eines Kompromisses zwischen der Mehrheitssozialdemokratie unter Friedrich Ebert und Philipp Scheidemann und jenen Teilen des liberalen Bürgertums, die den Sturz der Monarchie begrüßt oder als unvermeidlich akzeptiert hatten« (Deppe 2003, 167 f.).

Schmitt, der sich selbst zu den traditionellen Eliten zählte, lehnte das Weimarer System inbrünstig ab. Das Kriegsende und die Novemberrevolution empfanden diese Eliten als eine bittere Niederlage. Die Dolchstoßlegende erlaubte es ihnen, die Kriegsniederlage den Sozialdemokraten und der Rätebewegung, also der radikaldemokratischen Linken, in die Schuhe zu schieben. Darüber hinaus lehnte die traditionelle Elite das allgemeine Wahlrecht sowie die meisten Errungenschaften der Arbeiterbewegung (Sozialisierungsmaßnahmen, soziale Grundrechte etc.) ab. Insofern ist es nicht weiter verwunderlich, dass diese traditionellen konservativen Eliten nach den Krisen von 1929 und 1932 mit nur wenigen Ausnahmen die Machtergreifung durch Adolf Hitler und die NSDAP begrüßten.

Ablehnung der Weimarer Republik

Hintergrund

Die Dolchstoßlegende

Die Dolchstoßlegende ist die konservative Mär von dem »im Felde unbesiegten Heer« des Deutschen Reiches im Ersten Weltkrieg. Sie besagt, dass durch die revolutionären Tätigkeiten der Sozialisten und Sozialdemokratie in der Heimat das »Heer von hinten erdolcht« wurde. Dies habe zum Zusammenbruch des Deutschen Reiches geführt.

Carl Schmitt war auch Gegner des 1920 gegründeten Völkerbunds, der für ihn ein Instrument der Siegermächte war, mit dem Deutschland diskriminiert und beherrscht werden sollte. Zudem hielt er als Nationalist und außenpolitischer Realist die Idee des – nach den Vorstellungen des amerikanischen Präsidenten Woodrow Wilson gegründeten – Völkerbundes für zu idealistisch.

Ablehnung des Völkerbundes

Hintergrund

Völkerbund

1918 forderte US-Präsident Thomas Woodrow Wilson die Schaffung eines »Völkerbundes«, dessen Aufgabe es sein sollte, zukünftig den Frieden zu sichern. Am 10. Januar 1920 nahm der Völkerbund seine Arbeit in Genf auf. Deutschland trat 1926 bei und erhielt einen Sitz als ständiges Mitglied. Im Minderheitenschutz und auch bei der Schlichtung von Streitigkeiten und Kriegen zwischen kleineren Staaten leistete der Völkerbund gute Arbeit. Den Konflikten von Großmächten stand er jedoch ohnmächtig gegenüber. Geschwächt wurde er durch den Austritt Nazi-Deutschlands (1933) und vier Jahre später Italiens, die verhindern wollten, dass ihre aggressive Politik vor dem Forum des Völkerbundes verhandelt wurde. Nach der Gründung der Vereinten Nationen 1945 beschloss der Völkerbund seine Auflösung.

Schmitts Kritik am Liberalismus

Die Kritik, die Carl Schmitt am Liberalismus äußert, findet ihre beste Zusammenfassung in einem Zitat aus der Schrift »Der Begriff des Politischen«. Dort stellt er zunächst fest, dass der Liberalismus den Staat und das Politische negiert und dass diese Negation und Entpolitisierung einen immens politischen Sinn haben: Sie richten sich gegen eine bestimmte Form des Staates und der politischen Macht, nämlich gegen den Absolutismus. Dann fährt Schmitt fort:

Der Liberalismus ist keine Staatstheorie

»Der Liberalismus hat den Staat zwar nicht radikal verneint, andererseits aber auch keine positive Staatstheorie und keine eigene Staatsreform gefunden, sondern nur das Politische vom Ethischen her zu binden und dem Ökonomischen zu unterwerfen gesucht; er hat eine Lehre von der Teilung und Balancierung der ›Gewalten‹ geschaffen, d. h. ein System von Hemmungen und Kontrollen des Staates, das man nicht als Staatstheorie oder als politisches Konstruktionsprinzip bezeichnen kann.« (Schmitt 1963, 61).

Liberale Politik ist nach Schmitt nur Kritik an der bestehenden Politik, weswegen sie lediglich als polemischer Gegensatz daherkommt. In ihrem Kern besteht sie nur aus einem innenpolitischen Kampf gegen die Staatsgewalt. Dies ist die logische Folge der Überbetonung des Individuums im Liberalismus. Darin sieht Schmitt auch den Hauptgrund dafür, warum der Liberalismus den Staat ablehnen muss: Eine politische Einheit wie der Staat muss gelegentlich den Tod einiger seiner Individuen beanspruchen – und damit das Individuum negieren.

Carl Schmitt, ein Freund von Eindeutigkeiten, kritisiert am Liberalismus vor allem dessen Laissez-faire-Haltung: Jeder kann tun, was er will, und im Zweifel muss darüber diskutiert werden. Es gibt kein klares Richtig und Falsch mehr, statt einer klaren Unterscheidung kommt in allen Bereichen eine »Dynamik ewiger Konkurrenz und ewiger Diskussion« zum Vorschein. So wird der Staat zur Gesellschaft, Herrschaft und Macht werden »an dem geistigen Pol zur Propaganda und Massensuggestion, an dem wirtschaftlichen Pol zur Kontrolle« (ebd., 70 ff.). Schmitt wirft den Liberalen zudem vor, das Ökonomische zu sehr zu betonen und ihm alles Politische unterzuordnen.

Kein klares Richtig und Falsch

Schmitts Kritik am Parlamentarismus

Den Parlamentarismus trifft der Bannstrahl Schmitts, weil er zum einen ein Kind des Liberalismus ist und weil zum anderen schon alleine die Institution Parlament und die in ihr betriebene Weise der Entscheidungsfindung durch Diskussion seinem Dezisionismus diametral entgegengesetzt ist. In seiner Schrift »Die geistesgeschichtliche Lage des heutigen Parlamentarismus« von 1923 führt Schmitt seine entscheidenden Argumente gegen ihn an:

1. Die moderne Massendemokratie hat die argumentierende öffentliche Diskussion zu einer leeren Formalität gemacht.
2. Die Parteien sind nur noch soziale oder wirtschaftliche Machtgruppen. Die Kompromisse und Koalitionen, die sie schließen, beruhen nur noch auf dieser Grundlage.
3. Die Massen werden durch einen Propaganda-Apparat gewonnen. Dieser appelliert nur noch an die nächstliegenden Interessen und Leidenschaften.
4. Es werden keine eigentlichen Argumente mehr ausgetauscht. An ihrer Stelle treten Verhandlungen der Parteien, Berechnung der Interessen, Suggestionen und Symbole etc. Das Parlament verkommt zur überflüssigen Dekoration (Schmitt 1996, 10 f.).
5. Das Parlament ist von einer Institution von evidenter Wahrheit zu einem bloß noch technischen Mittel verkommen (Schmitt 1996, 11 ff.).

Punkte gegen den Parlamentarismus

> **Definition**
>
> ### Dezisionismus
>
> Schmitts Theorie des Dezisionismus besagt, dass nicht das Ergebnis einer Entscheidung eine Rolle spielt, sondern dass überhaupt entschieden wird. Die Entscheidung und damit auch der Entscheider rücken in den Mittelpunkt der Betrachtung sowie des öffentlichen Interesses. Der Dezisionismus Carl Schmitts ist der Auffassung, dass Entscheidungen nicht durch Normen und positives Wissen alleine herbeizuführen seien, sondern dass allein die Willensakte des Entscheiders von Bedeutung sind. Schmitts Dezisionismus verfällt letztlich seinem Freund-Feind-Schematismus. Hiermit öffnet Schmitt sich einem bedenkenlosen Subjektivismus.

Identitäre Demokratie

Schmitt trennt Demokratie und Liberalismus scharf, um so zu zeigen, dass der Parlamentarismus nicht zur Demokratie gehört. Er geht hier von einem Konzept der identitären Demokratie athenischen bzw. rousseauschen Typs aus, in dem Regierende und Regierte identisch sind. Insofern kann sein berühmtes Zitat »Souverän ist, wer über den Ausnahmezustand entscheidet« (Schmitt 1922, 9) als Bekenntnis zu einer solchen Demokratie angesehen werden. Diese Interpretation trügt aber. Für Schmitt bedeutet diese Demokratiekonzeption, dass auch eine Diktatur eine Demokratie sein kann, denn nicht die künstliche Maschinerie des Parlamentarismus mit seinen arithmetisch ermittelten Mehrheiten spiegelt den Willen des Volkes wieder, sondern – so Schmitt – der Wille des Volkes kann »durch Zuruf, durch *acclamatio*, durch selbstverständliches, unwidersprochenes Dasein ebenso gut und noch besser demokratisch geäußert werden als durch den statistischen Apparat« (Schmitt 1996, 22).

Schmitt schließt diesen Absatz mit der Feststellung, dass sich die Krise des Parlamentarismus und die Lösung dieser Krise unversöhnlich gegenüberstehen: die Krise ist die Folge des »liberalen Einzelmensch-Bewusstseins« und die Überwindung der Krise liegt in der »demokratischen Homogenität« einer identitären Demokratie.

Die Freund-Feind-Unterscheidung

Demokratische Homogenität ist das Stichwort, das zu der berühmt-berüchtigten Freund-Feind-Unterscheidung Carl Schmitts

> ## Definition
>
> ### Identitäre Demokratie
>
> Jean-Jacques Rousseau ist der Erfinder und Wegbereiter der identitären Demokratie (→ vgl. Kap. 2.1.2.1). »Identitär« bedeutet nicht mehr und nicht weniger, als dass die Beherrschten und die Herrschenden identisch sind.
>
> Bei Schmitt konstituiert sich die politische Einheit in der alltäglich erlebten Feindschaft gegenüber dem Gegen-Subjekt. Zur identitären Gemeinschaft gehören dann nur alle »Freunde«. Diese können bei Schmitt durchaus alle von einem Herrscher bzw. »Führer« vertreten werden. Identischer geht's kaum mehr – demokratisch findet das wohl nur Carl Schmitt.

führt. Er ist der Auffassung, dass die Unterscheidung, auf die sich »politische Handlungen und Motive zurückführen lassen«, die »Unterscheidung von *Freund* und *Feind*« ist (Schmitt 1963, 26). Der Feind ist »eben der andere, der Fremde«, sein Wesen hat etwas existenziell anderes und Fremdes. So muss also der Feind weder moralisch böse oder ästhetisch hässlich, noch der Freund moralisch gut und ästhetisch schön sein (ebd., 27 f.).

Feind und Kampf beinhalten immer die reale Möglichkeit der physischen Tötung. Die Politik hat den Krieg nicht zum Inhalt, er bleibt wohl aber immer die reale Möglichkeit. Krieg ist für Schmitt die Voraussetzung, die das menschliche Handeln bestimmt und dadurch sein politisches Verhalten bewirkt (ebd. 34 f.). Insofern ist er der Auffassung, dass eine völlig pazifizierte Welt eine Welt ohne Unterscheidung von Freund und Feind wäre und damit eine unpolitische Welt (ebd. 35). Der Staat setzt den Begriff des Politischen voraus, das Politische die Unterscheidung zwischen Freund und Feind.

Politik und Krieg

Ohne Freund-Feind-Verhältnisse existiert also kein Staat. Ist ein Staat jedoch einmal so weit entwickelt, dass er das Gewaltmonopol besitzt, hat er die Definitionsgewalt über das, was unter dem Volk zu verstehen ist sowie über die Freund-Feind-Verhältnisse (Deppe 2003, 177). Der Staat hat somit die Definitionsgewalt darüber, wer für und gegen ihn ist, und die Möglichkeit, gegen diese Gegner Krieg zu führen. Diese Freund-Feind-Definition ist wiederum als Kampf gegen den Parlamentarismus und das allgemeine Wahl-

Der Staat und das Politische

recht, also gegen die Weimarer Republik im Besonderen und die Massendemokratie im Allgemeinen zu betrachten.

Schmitt zielt innerhalb eines Staates auf politische Einheit und diese ist nur zu erreichen »durch seine unmittelbare Identität mit sich selbst« bzw. durch »Repräsentation«. Sie ist aber nicht Ergebnis eines demokratischen Prozesses, sondern alle Begriffe, die Schmitt hier verwendet – u.a. Homogenität, kollektive Identität, Ausscheidung des Artfremden etc. – schließen das Fremde und andere aus. Insofern konstituiert sich für Schmitt die politische Einheit in der alltäglich erlebten Feindschaft gegenüber dem Gegen-Subjekt (Deppe 2003, 185).

Exklusion des Fremden

Hintergrund

Freund-Feind-Denken und dessen Implikationen

Schmitts Freund-Feind-Denken ist grundlegend für sein Verständnis des Politischen. Politik ohne Gegner ist für ihn nicht denkbar, eine Welt, die durch und durch friedlich ist, wäre also eine unpolitische Welt. Die Einheit einer Nation kann sich Schmitt zufolge auch nur durch das Ausschließen von Anderen, Fremden konstituieren. Die Konsequenz davon ist letzten Endes in der nationalsozialistischen Rassenpolitik und der Vernichtung der Juden zu sehen.

War die Kritik an Weimar auch die, dass Staat und Gesellschaft dort nur den wirtschaftlichen und soziale Interessen folgten, so beruht seine »Apotheose [=Verherrlichung] des totalen Staates der Faschisten« darauf, dass dort »die potentielle Intervention des Staates in alle gesellschaftlichen Bereiche sichergestellt [ist], aber umgekehrt die institutionelle Einschaltung gesellschaftlicher Interessen in politische Kommunikationsprozesse überhaupt« aufgehoben ist (Deppe 2003, 188). Das heißt nicht weniger, als dass der »Führer« Entscheidungen treffen kann, ohne Rücksichten nehmen zu müssen. Nicht zuletzt lautet Schmitts Befund zur Weimarer Republik: »Tod durch Entscheidungsschwäche« (zitiert nach Deppe 2003, 175), ein Manko, das er in seiner Staatskonzeption auf jeden Fall und um jeden Preis vermeiden will.

Tod durch Entscheidungsschwäche

Politik und Ideologie

Zusammenfassung

Carl Schmitts politischer Dezisionismus

Carl Schmitts Konservatismus versteckt sich ein wenig hinter seinen radikalen Ansichten und Formulierungen. Wenn man aber
genau hinsieht, so findet man ihn zumindest als Wurzel seines
Denkens. So vertritt Schmitt die Idee einer extrem hierarchischen
Gesellschaft und er traut dem Volk, also dem kleinen Angestellten
und Arbeiter, nicht zu, sinnvolle politische Entscheidungen zu treffen. Auch dies erklärt seine Ablehnung des Parlamentarismus.
Schmitt sieht in allen Errungenschaften der Weimarer Republik
nichts weiter als einen säkularen Niedergang und Verfallsprozess.
Er denkt weiterhin vom homogenen Volk her, welches es allenfalls
in konservativen Gedankenwelten jemals gab. Das Volk kann
immer nur Durchschnitt sein, weswegen es zum Souverän nicht
taugt. Er ist modernisierungsskeptisch, was man an seiner kritischen Bewertung Weimars sehen kann, er denkt konkret, was an
seinem Modell des Führerstaats zum Ausdruck kommt. Traditional ist er in der Hinsicht, dass er natürlich den früheren Eliten
auch in einem Führerstaat zentrale Bedeutung zukommen lässt.

Lernkontrollfragen

1 Der Konservatismus ist als Reaktion auf den Liberalismus zu
  sehen. Wie beantworten Burke und Schmitt die Herausforderungen durch den Liberalismus? Vergleichen Sie beide.
2 Edmund Burke verteidigt das englische System gegen die Herausforderungen der Französischen Revolution und der Aufklärung. Wie argumentiert er?
3 Carl Schmitt ist kein unumstrittener Konservativer. Wo verletzt
  Schmitt nach ihrer Ansicht das gängige konservative Denken?
  Begründen Sie Ihre Entscheidung.

Literatur

Primärliteratur

Burke, Edmund (1967), Betrachtungen über die Französische Revolution, Frankfurt/Main.

Schmitt, Carl (1996), Die geistesgeschichtliche Lage des heutigen Parlamentarismus, Berlin.

Schmitt, Carl (1963), Der Begriff des Politischen, Berlin.

Schmitt, Carl (1922), Politische Theologie, München.

Sekundärliteratur

Deppe, Frank (2003), Politisches Denken zwischen den Weltkriegen, Hamburg.
Deppes Monographie über das politische Denken der Zwischenkriegsperiode behandelt Denker der politischen Theorie, die oftmals in Einführungen nicht erwähnt werden oder viel zu kurz kommen. Die Darstellung gewährt einen sehr interessanten und gut verständlichen Blick in die jeweiligen Theorien, sodass der Leser – ob Neuling oder Fortgeschrittener – von der Lektüre profitieren wird. Das Kapitel zu Carl Schmitt ist sehr lesenswert und beleuchtet diesen kritisch, vor allem seine Rolle im »Dritten Reich« und in der Bundesrepublik.

Göhler, Gerhard (1999), Konservatismus im 19. Jahrhundert – ein Überblick, in: Politische Theorien des 19. Jahrhunderts. I. Konservatismus, hrsg. von Bernd Heidenreich, Wiesbaden, 11–26.
Dieser knappe Überblick Göhlers bietet alles, was man sich von einem solchen erwartet. Der Autor nennt die Merkmale, anhand derer man den Konservatismus erkennen kann, und informiert den Leser über die wichtigsten Punkte der Entstehung und Entwicklung des Konservatismus.

Heidenreich, Bernd (1999), Vorwort, in: Politische Theorien des 19. Jahrhunderts. I. Konservatismus, hrsg. von Bernd Heidenreich, Wiesbaden, 7–10.

Heidenreich, Bernd (Hg.) (1999), Politische Theorien des 19. Jahrhunderts. I. Konservatismus, Wiesbaden.
Genau wie der komplementäre Band zum Liberalismus bietet diese Aufsatzsammlung einen knappen und reichen Überblick über den Konservatismus und seine verschiedenen Protagonisten im 19. Jahrhundert.

Mehring, Reinhard (2001), Carl Schmitt zur Einführung, Hamburg.
Diese Einführung behandelt das umfangreiche Werk Schmitts, das Mehring detail- und kenntnisreich erklärt und kommentiert.

Müllenbrock, Heinz-Joachim (1999), Edmund Burke (1729–1797), in: Politische Theorien des 19. Jahrhunderts. I. Konservatismus, hrsg. von Bernd Heidenreich, Wiesbaden, 67–78.

Zimmer, Robert, Edmund Burke zur Einführung, Hamburg 1995.
Zimmer führt kompetent und ausführlich in das politische Denken Burkes ein. Dabei weist er u. a. darauf hin, dass Burke stärker als oft angenommen in der Tradition der britischen Aufklärung und des Liberalismus stand. Auch hebt er Burkes Einfluss auf den europäischen Konservatismus hervor.

Sozialismus | 3.2.2

Die sozialen Probleme im 19. Jahrhundert, die sowohl Folge der
Industrialisierung wie auch des dadurch bedingten Zerfalls der her-
gebrachten Gesellschaftsstrukturen waren, werden in diesem Jahrhundert erstmals als Ordnungsprobleme wahrgenommen, die die
Gemeinschaft als Ganzes betreffen (Göhler 2002, 417). Der Sozialismus kann als Ergebnis dieser Wahrnehmung gesehen werden.
Er ist sozusagen Ausdruck eines neu entstandenen oder erwachten   Die gesellschaftlichen
gesellschaftlichen Bewusstseins darüber, dass die Bedingungen,   Umstände sind
unter denen die Menschen leben müssen, nicht naturgegeben sind,   veränderbar
sondern dass sie sich durchaus verändern lassen.

Dieses Bewusstsein ist nicht aus dem Nichts entstanden, sondern
aus den sich verschärfenden sozialen Umständen, unter denen die
Menschen im Laufe des 19. Jahrhunderts in Europa leben mussten.
Umstände, die durch die voranschreitende Industrialisierung aller-
orts um sich griffen und durch die Bevölkerungsexplosion seit Mitte
des 18. Jahrhunderts, die zunehmende Verstädterung und die damit verbundene Ballung der Proletarier verschärft wurden. In Friedrich Engels Buch »Die Lage der arbeitenden Klasse in England« aus
dem Jahr 1845 wird die soziale Lage der englischen Proletarier, die
die aller anderen vorwegnahm, in eindringlichen Worten geschildert. So hatten die damals förmlich explodierenden Städte in den
Vierteln, in denen die Proletarier wohnten, keine Kanalisation und
meist auch kein fließendes Wasser. Es gab keine Müllabfuhr und
auch die Industrie kannte noch keine Abgasreinigung und Abwas-
serklärung. Die Folge war, dass die Menschen unter erbärmlichen
hygienischen Verhältnissen in einem Riesengestank lebten. Hinzu
kamen eine hohe Arbeitslosigkeit und extrem niedrige Löhne, sodass selbst Familien, in denen beide Elterteile und die Kinder arbei-
teten, kaum genug zu essen hatten (MEW 2).

Unter diesen Umständen der absoluten Armut und der erbärm-
lichen Lebensbedingungen formte sich die Einsicht unter den   Kollektive Solidarität
Arbeitern, dass man in diesem neuartigen System der Ausbeutung
und Unterdrückung zur Gegenwehr auf ein kollektives solidari-
sches Handeln setzen musste, um überhaupt etwas gegen die herrschenden gesellschaftlich-politischen Verhältnisse ausrichten zu
können. Dies führte in Deutschland in den 1840er-Jahren zur
regionalen Bildung von Arbeiterbewegungen, wie beispielsweise
dem Kölner Arbeiterverein.

> **Definition**
>
> ### Sozialdemokratie/Sozialismus
>
> Alle frühen sozialdemokratischen Parteien verband zunächst das gemeinsame programmatische Ziel des Sozialismus. Deswegen werden teilweise sogar noch zu Beginn des 20. Jahrhunderts die Begriffe »Sozialdemokratie« und »Sozialismus« (z.B. in den Schriften von Luxemburg und Lenin; → vgl. Kap. 4.1.3.1) synonym verwendet. Aber schon die Auseinandersetzungen in den 70er-Jahren des 19. Jahrhunderts um die geeigneten Wege zur Erreichung dieses Ziels (Reform oder Revolution) führten zur Spaltung der Sozialdemokratie, auf die die Genese der Begriffe hin zum heutigen Verständnis zurückzuführen ist. Moderne sozialdemokratische Parteien haben sich vom Ziel des Sozialismus gelöst, das nur noch explizit sozialistische und kommunistische Parteien für sich reklamieren.

Der historische Gegenspieler des Sozialismus mit dem prinzipiell gleichen Ziel (die Verbesserung der Lage der arbeitenden Klasse) war die Sozialdemokratie. Wilhelm Liebknecht (1826–1900), einer der Gründer der Sozialdemokratischen Partei Deutschlands, erklärte, Demokratie und Sozialismus seien zwei Seiten derselben Medaille und insofern untrennbar miteinander verbunden. Beide seien zwar nicht dasselbe, »aber sie sind der Ausdruck desselben Grundgedankens; [...] Der demokratische Staat ist die einzige mögliche Form der sozialistisch-organisierten Gesellschaft« (Liebknecht 1869, zitiert nach Huster 1996, 114). Gegenspieler waren beide deswegen, weil die Sozialdemokraten der Ansicht waren, durch Reformen die bestehende Gesellschaft zugunsten der Proletarier verändern zu können. Die Sozialisten waren da in ihrer überwältigenden Mehrheit ganz anderer Ansicht: nur ein revolutionärer Umschlag, der die Abschaffung der Klassengesellschaft erreicht, kann das Los der abhängig Beschäftigten verbessern (→ vgl. auch Kap. 4.1.3.1).

Ursprung des Begriffs

Der Ursprung des Begriffs »Sozialismus« liegt in der Mitte des 18. Jahrhunderts. Zuerst bedeutete er die Entzauberung der Religion durch die Theoretiker des Gesellschaftsvertrags. Während die Gegner des Sozialismus diesem vorwarfen, atheistisch, absurd, unmoralisch, ein Raub an der Arbeiterklasse sowie gegen Gott und eine gute Ordnung zu sein, bedeutet Sozialismus für seine Anhänger, dass das gesellschaftliche Leben im Interesse der Arbeiterklasse zu gestalten ist, was auf eine Aufhebung der Klassenstruktur und somit der bürgerlich-kapitalistischen Gesellschaft hinauslaufen muss. Insofern beinhaltet Sozialismus sowohl die Kritik am Bestehenden als auch den Versuch, einen Weg aus diesem Zustand heraus aufzuzeigen. Er bietet dementsprechend eine Zukunftsperspektive in Verbund mit einer Art diesseitiger Heilserwartung (Fritzsche 1996, 2 f.).

Diesseitige Heilserwartung

Sozialismus als gesellschaftlich-politische Kraft kann auf folgende Weisen gedeutet werden (ebd., 3 f.):

- als völlige Abschaffung der bestehenden Verhältnisse der bürgerlichen Gesellschaft, also als radikaler Bruch mit allem Alten. Dies umfasst die Abschaffung des Privateigentums an den Produktionsmitteln und die Gestaltung der Gesellschaft nach Plan. Hierbei sollen Freiheit und Gleichheit der Menschen verwirklicht werden;
- als die Verwandlung der Gesellschaft durch Reform. Eine soziale Reform der Gesellschaft sowie eine Planung der Wirtschaft sollen automatisch zu einer neuen sozialen Gesellschaft führen;
- als die automatische Verwandlung der Gesellschaft kraft eines geschichtsimmanenten Prozesses, also durch einen Prozess, der dem Fortschreiten der Geschichte automatisch innewohnt, den die Menschen durch ihr Handeln nur erfüllen müssen;
- als der stetige Prozess der Verbesserung der Lage der abhängig Beschäftigten, ohne dass dadurch Staat, Gesellschaft oder Wirtschaft sich nachhaltig verändern würden, also als immerwährende Aufgabe;
- als der Versuch der Durchsetzung sozialer Gerechtigkeit, »also [als] eine politische Ethik zugunsten der sozial Schwachen, ohne die Perspektive gesamtgesellschaftlicher Veränderung«;
- als die Umsetzung eines Gesellschaftsmodells, in dem alle sozial integriert sind und die (politische) Teilhabe gewährleistet ist;
- und nicht zuletzt die Deutung, die den real existierenden Sozialismen des 20. Jahrhunderts am nächsten kommt: »Eine repressive Herrschaftsordnung, in deren Mittelpunkt die Machterhaltung steht und in der die emanzipatorische Perspektive des Sozialismus in die Zukunft verschoben ist.« (Fritzsche 1996, 4).

An diesen unterschiedlichen Deutungsvarianten lässt sich erkennen, dass der Sozialismus kein geschlossenes Deutungssystem ist, sondern vielmehr eine sehr ausdifferenzierte politische Denkrichtung, die mannigfaltige Auslegungen erlebt hat. Welche Fragen

Kein geschlossenes Deutungssystem

eignen sich, um den Sozialismus »beurteilen« zu können? Was sind seine »Leitsterne«? Zentral für dieses »Beurteilen« sind die Begriffe »Gerechtigkeit« und »Freiheit«. Auch wenn aus heutiger Perspektive, die vor allem durch die realpolitischen »Sozialismen« der ehemaligen Sowjetunion und Osteuropas geprägt ist, diese Begriffe im Zusammenhang mit dem Sozialismus lächerlich erscheinen, so sind sie doch die Leitbegriffe des sozialistischen Denkens. Weitere zentrale Grundfragen, die der Sozialismus stellt und unterschiedlich beantwortet sind:

Grundfragen des Sozialismus

- Ist der bürgerliche Staat Produkt und Agent der bürgerlichen Klasse?
- Muss der Kapitalismus abgeschafft werden oder muss er in ein Korsett aus sozialen Maßnahmen gehüllt werden oder aber zu seiner vollen Entfaltung gebracht werden?
- Muss die Freiheit oder die Ordnung im Sozialismus den Vorrang haben?
- Ist Demokratie nur eine verhüllte Form der bürgerlichen, kapitalistischen Ordnung oder notwendige Form des Politischen?
- Soll das Proletariat sich in die bestehende Gesellschaft integrieren oder sich von ihr emanzipieren?
- Entwickelt sich die Geschichte von selbst, hat sie also ein intrinsisches Ziel, oder ist ein aktives Eingreifen in die Vorgänge notwendig? (vgl. Fritzsche 1996, 15 f.).

3.2.2.1 | Die Frühsozialisten

In Deutschland begann die Phase der frühsozialistischen Theorien später als in England und Frankreich. Dies ist vor allem auf die sehr resistenten feudalen Strukturen in Deutschland zurückzuführen, die erst einen späteren und langsameren Umbruch zur industrie-kapitalistischen Epoche hin zuließen.

Französische Frühsozialisten

Die ersten Theoretiker, die man zum Frühsozialismus zählen kann, sind die Franzosen François-Noel (oftmals auch Gracchus) Babeuf (1760–1797), Sylvain Maréchal (1750–1803) und Henri de Saint-Simon (1760–1825). Auch Auguste Blanqui (1805–1881) und Pierre-Joseph Proudhon (1809–1865) gehörten noch in diesen Kreis hinein. Zur selben Zeit wie diese Theoretiker des Frühsozialismus lebte auch Charles Fourier (1772–1832), der den ökonomischen, sozialen und politischen Krisen seiner Zeit die Utopie entgegenhielt, dass aus dem Chaos plötzlich die universelle Harmonie emporsteigen werde. Aufgrund seiner merkwürdig anmutenden Zahlenmystik und Kosmologie wurde der Utopieentwurf Fouriers erst spät bekannt.

Herausragender Vertreter des englischen Frühsozialismus ist Robert Owen, der selbst ein Industrieller war und eine nach seinen Theorien entworfene Modellstadt in den USA gründete.

Englische Frühsozialisten

Der bekannteste deutsche Frühsozialist ist Wilhelm Weitling (1808–1871), der sich 1846 mit Marx und Engels zerstritt. Der Streit betraf die politische Taktik, die anzuwenden sei, um den Kommunismus herbeizuführen. Weitlings Bedeutung liegt darin, dass er einer der ersten Sozialisten Deutschlands war, der die Arbeiterschaft dazu aufrief, selbst aktiv zu werden und für eine gerechtere Gesellschaftsordnung zu kämpfen. Auch trug seine Ablehnung jeglicher reformistischer Pläne, die darauf zielten, durch Sozialreformen die Lage der Arbeiter ein wenig zu verbessern, sowie seine Forderung nach einer kommunistischen Güter- und Arbeitsgemeinschaft zu einer Abspaltung der Arbeiterbewegung von der Reformbewegung der demokratischen bürgerlichen Opposition bei. Außerdem war er es, der in der arbeitenden Klasse ein Bewusstsein über ihren unterprivilegierten Status weckte (Haefelin 1991, 95 f.).

Deutsche Frühsozialisten

Definition

Kommunismus

Der Kommunismus ist das Ziel vieler Sozialisten. Er ist der Endzustand der Gesellschaft, in dem der Staat aufgelöst ist. An Stelle der Herrschaft über Menschen tritt eine Verwaltung der Sachen. »Dieser Kommunismus ist als vollendeter Naturalismus = Humanismus, als vollendeter Humanismus = Naturalismus, er ist die *wahrhafte* Auflösung des Widerstreites zwischen dem Menschen mit der Natur und mit dem Menschen.« (MEW EB 1)

Auch wenn das etwas kryptisch ist, genauer wird es nicht. Kommunismus bezeichnet also die anzustrebende gesellschaftliche Organisationsform, in der die Freiheit des Individuums, die Freiheit aller bedingt (Marx 1844a, 482). Erst in einem solchen Gesellschaftszustand, in dem es weder Herrscher noch Beherrschte gibt, ist menschliche Freiheit möglich und erst diese wiederum macht es möglich, dass die Menschen sich von ihrer Selbstentfremdung (d. h.

von ihrer menschlichen Natur) und von ihrer Entfremdung von ihren Mitmenschen (d.h. von ihrer Gattung) befreien. Insofern kann Marx auch sagen, dass der Kommunismus die Auflösung des Widerstreits »zwischen Freiheit und Notwendigkeit, zwischen Individuum und Gattung [ist]. Er ist das aufgelöste Rätsel der Geschichte und weiß sich als diese Lösung.« (Marx 1844b, 536).

Der Frühsozialismus ist insgesamt eine nur schwer unter einen Begriff zu bringende Ansammlung von verschiedenen Ideen und Theorieströmungen, die jedoch eine Gemeinsamkeit haben: es geht um die Gesamtordnung des staatlichen Zusammenlebens der Menschen. Misst man sie an den Schlagworten der Französischen Revolution (Freiheit, Gleichheit, Brüderlichkeit), so fordern die Vertreter des Frühsozialismus eine Konkretisierung der Brüderlichkeit und fragen nicht nach der »Freiheit wovon«, sondern nach der »Freiheit wozu«. Die auf individuellen Egoismus gegründete Wettbewerbswirtschaft lehnen sie ab, sie erstreben ein harmonisches Zusammenleben der Menschen und nehmen dabei die Gegenposition zum Individualismus ein. Sie sehen in der Gruppe, in regionalen Einheiten bzw. in der Nation den Träger der Gesellschaftsordnung (Ramm 2002, 430).

Harmonisches Zusammenleben

Im Gegensatz zu den Liberalen setzen die Frühsozialisten nicht auf eine Trennung zwischen Gesellschaft und Staat. Die Haltung der Frühsozialisten zum Staat ist uneinheitlich. Man findet Herrschaftssysteme und solche der Herrschaftslosigkeit (ebd.). Beispiele für ihr Verhältnis zum Staat sind weiter unten bei den einzelnen Autoren zu finden.

Bevor die Beschreibung der verschiedenen Frühsozialisten beginnt, soll noch in aller Kürze einem häufig anzutreffenden Vorurteil widersprochen werden: Die große Mehrheit der Frühsozialisten suchte ihr Heil nicht in einer konter-industriellen Romantik, also nicht in der Absage an industrielle Entwicklung. Auch die Frühsozialisten hatten erkannt, dass nicht der technische Fortschritt und die Maschinen verantwortlich für das Elend der Massen waren, sondern deren Anwendung nach kapitalistischen Maßstäben (Sandkühler 1984, 11 f.).

Keine Romantiker

Charles Fourier

Leben und Werk

Charles Fourier (1772–1837)

Fourier wird 1772 in Besançon als Sohn wohlhabender Eltern geboren.
Auf den Wunsch seiner Mutter hin machte er eine kaufmännische
Lehre. Während der Französischen Revolution verlor er sein ganzes
Vermögen und war für den Rest seines Lebens darauf angewiesen,
in seinem gelernten Beruf zu arbeiten. 1808 erschien sein
Hauptwerk, in dem er seine Theorie einer harmonischen Gesellschaft
zeichnet, die »Theorie der vier Bewegungen«. Am Ende seines Lebens
streitet er sich noch mit Robert Owen und den Saint-Simonisten,
bevor er am 10. Oktober 1837 in seiner Wohnung in Paris, in der er
täglich um 12 Uhr auf einen Mäzen wartete, der seine Ideen verwirklicht, starb. Sein Hauptwerk ist die »Theorie der vier Bewegungen und der allgemeinen Bestimmungen« aus dem Jahr 1808.

Charles Fouriers Lehre besteht aus zwei Teilen: der erste ist eine **Konstruktive Kritik**
Kritik der bestehenden sozialen Ordnung der Gesellschaft seiner
Zeit. Im zweiten Teil beschreibt er die aufzubauende Sozialordnung bis in das letzte Detail hinein. Dabei sind beide Teile miteinander verschränkt, die Kritik wird aus der Perspektive der erst noch
aufzubauenden Sozialordnung geübt. Fouriers Weltbild geht von
Newtons Entdeckung der Erdanziehungskraft aus, die für ihn das
bewegende Prinzip alles Seienden ist. Insgesamt unterscheidet Fourier vier Bewegungsformen: die materielle, also die von Newton
entdeckte gegenseitige Anziehung der Materie, und drei weitere,
von Fourier selbst »entdeckte« Formen: die Lebewesen sind der
»organischen« Form unterworfen, die Wirkungsweise des Psychischen sind der »instinktiven« und der »sozialen Form« unterworfen.
Letztere beschreibt und bezeichnet die Daseinsweise der Gesellschaft, ihre Ordnung und Entwicklung.

Fourier ist der Auffassung, dass die menschliche Natur sich
nicht ändern lässt, aber doch entfalten kann. Man müsse nur die
gesellschaftlichen Verhältnisse der menschlichen Natur anpassen.
Daraus folgt für Fourier eine radikale Gesellschaftskritik, da sich **Gesellschaftskritik**
augenscheinlich die derzeitige Gesellschaft zu wenig um das Wohl-
ergehen der Menschen kümmert. Er glaubt zwar – dabei ganz dem
liberalen Paradigma folgend –, dass die soziale Harmonie sich

zwanglos aus der ungehinderten Entfaltung der individuellen Kräfte ergibt, jedoch bestätige die Realität, dass die gesellschaftlichen Verhältnisse im Kapitalismus dies verhindern.

Zivilisation als Krieg zwischen Arm und Reich

Fourier führt aus, dass die Welt seiner Zeit eine Welt der Gewalt ist, die das Individuum isoliert und jedem zum Feind eines jeden anderen macht. In dieser Gesellschaft gibt es zwei Gruppen: Zwangsarbeiter und parasitäre Müßiggänger bzw. »soziale Parasiten«. Von der Letzteren kennt er zwölf Varianten bzw. Grundtypen. Fourier betont, dass die Armut der Zivilisation aus dem Reichtum entsteht und dass die Zivilisation, die als Krieg zwischen Armen und Reichen zu verstehen ist, auch als ein Krieg zwischen Alt und Jung, Mann und Frau begriffen werden kann. Insofern liegt hier eine Gesellschaftsbeschreibung vor, die den Klassenkampf, den Geschlechterkampf und den Generationenkampf konstatiert. Diese drei bestimmen also die Zivilisation. Hauptquell dieses Übels sind der Handel und die monogame Ehe: der Handel, weil er die menschlichen Beziehungen in Warenbeziehungen verkehrt, Ehe und Familie, weil sie die Urzelle der sozialen Mechanismen des Generationen- und Geschlechterkampfes, kurz: der Unterdrückung, bilden.

Die bestehende Gesellschaftsordnung unterdrückt also die menschlichen Triebe (Sotelo 1986, 380 f.) und verhindert die freie Entfaltung der Menschen. Insofern ist es Fouriers Ziel, die gesellschaftlichen Verhältnisse umzuwerfen.

Zusammenfassung

Fouriers Gesellschaftskritik und -utopie

Fourier sieht die Welt als eine Welt der Gewalt, die das Individuum isoliert und jedem zum Feind eines jeden anderen macht. In der Gesellschaft gibt es zwei Gruppen: Zwangsarbeiter und parasitäre Müßiggänger bzw. »soziale Parasiten«. Zivilisationskritisch konstatiert er, dass die Armut der Zivilisation aus dem Reichtum entsteht. Die Zivilisation kann auch als Gleichzeitigkeit von Klassenkampf, Geschlechterkampf und Generationenkampf gedacht werden. Auch unterdrückt die bestehende Gesellschaftsordnung die menschlichen Triebe und verhindert die freie Entfaltung der Menschen. Zwar stellt Fourier in seiner Utopie die Ungleichheit und das Privateigentum sowie die Standesunterschiede nicht infrage. Er will jedoch die bisherigen Nachteile dieser Unterschiede und der Ungleichheit beseitigen. Das soll dadurch geschehen, dass alle Triebe und Fähigkeiten als gleichwertig betrachtet werden und für ihre Befriedigung gesorgt wird. Der Arbeitsertrag soll nach Leistung, Talent und Kapital verteilt und somit eine breite Verteilung des Eigentums erreicht werden.

Fourier will eine Gesellschaftsordnung konstruieren, die es jedem erlaubt, seine Triebe auszuleben. Dies soll allerdings auf eine für die Gesellschaft nützliche Art und Weise geschehen. Fourier stellt Ungleichheit und das Privateigentum sowie die Standesunterschiede nicht infrage. Er will jedoch die bisherigen Nachteile dieser Unterschiede und der Ungleichheit beseitigen. Das soll dadurch geschehen, dass alle Triebe und Fähigkeiten als gleichwertig betrachtet werden und für ihre Befriedigung gesorgt wird. Der Arbeitsertrag soll nach Leistung, Talent und Kapital verteilt werden, was – nach Fouriers Überzeugung – gemeinsam mit einer Neugestaltung des Erbrechts eine breite Verteilung des Eigentums bewirken wird. Zur Befriedigung der menschlichen Triebe entwickelt Fourier eine spezielle Art der Arbeitsorganisation, das System der Phalangen, durch das zugleich die gesellschaftliche Harmonie, also gegenseitige Achtung und Anerkennung sowie Zufriedenheit bei allen Bewohnern, geschaffen werden soll. (Ramm 2002, 436 f.).

Fouriers Gesellschaftsordnung

Bedeutung der Triebe

Sein System der Phalangen muss man sich als große Lebens- und Produktionseinheiten vorstellen. Nach Fourier gibt es zwölf Leidenschaften, die zusammengenommen eine dreizehnte ergeben, die er Einheit bzw. Harmonie nennt. Diese Harmonie kann es aber erst jenseits der bestehenden Gesellschaft geben, da in dieser die zwölf Leidenschaften nie zusammen auftreten. Hier fängt nun Fouriers Zahlenmystik an. Aus den zwölf Leidenschaften ergeben sich 810 Hauptcharaktere. Für ein harmonisches Zusammenleben ist nun eine Assoziation nötig, in der – von beiden Geschlechtern – alle Charaktere vereint sind; sie hat also idealerweise 1620 Mitglieder. Diese Assoziation ist das, was Fourier »Phalange« nennt. Um Harmonie zu erreichen, ist nämlich die Familie zu klein und die Gesellschaft zu groß.

Die Phalangen schaffen Harmonie

Innerhalb der Phalange wird die Arbeit in Gruppen organisiert. Der Unterschied zur bestehenden Gesellschaft ist der, dass der Einzelne frei entscheiden kann, in welcher Gruppe er arbeiten will,

Organisation der Phalange

und dass die Gruppe daher jeweils seiner Leidenschaft entspricht. Diese sieben bis 32 Mitglieder umfassende Gruppe bildet mit anderen, ähnlichen Tätigkeiten nachgehenden Gruppen, eine Serie. Diese umfasst mindestens drei und maximal 404 Gruppen. Das Ziel einer so organisierten Phalange, in der die Menschen ihren Leidenschaften nachgehen, und zwar immer mit Menschen, die diese Leidenschaften teilen, ist die freie Entfaltung der Individuen, d.h. ihrer Leidenschaften in Harmonie. Arbeit und Genuss sollen hier eine so fruchtbare Verbindung eingehen, dass dabei die ökonomische Produktivität enorm gesteigert wird. Dies ist die Voraussetzung dafür, dass sich die Träume der Freiheit dauerhaft realisieren lassen (Sotelo 1986, 381 ff).

Zusammenfassung

Fouriers Utopie der gesellschaftlichen Harmonie

Die bestehende Gesellschaftsordnung unterdrückt die Menschen und hindert sie an der freien Entfaltung ihrer Leidenschaften. Eigentlich streben die zwölf Leidenschaften der Menschen unter freien Bedingungen zu einer dreizehnten Leidenschaft, der Harmonie. Um diese zu erreichen, ist eine völlige Neuordnung der Gesellschaft vonnöten. Die Menschen müssen in Phalangen zusammengefasst werden, in denen sie alle ihren Leidenschaften gemäß leben und arbeiten können. Die Menschen in diesen Phalangen sind frei und leben in Harmonie. Dennoch bleiben Eigentum und Klassengegensätze bestehen, jeder aber tut das, was seinem Charakter entspricht. Das stützt die Harmonie.

Robert Owen

Leben und Werk

Robert Owen (1771–1858)

Owen wurde 1771 in Newton, Nordwales, geboren. Schon mit zehn Jahren fing er an, als Lehrling zu arbeiten. 1799 erwarb er mit anderen Anteile an einer Spinnerei in New Lanark bei Glasgow, die damals eine der größten Schottlands war und die unter Owens Leitung zur größten Spinnerei Englands im Jahr 1816 aufstieg. Nicht nur dass Owen mit dieser Spinnerei großen geschäftlichen Erfolg hatte, er führte in ihr für damalige Verhältnisse revolutionäre Sozialmaßnahmen ein. So beschäftigte er keine Kinder unter zehn Jahren, senkte die Tagesarbeitszeit auf $10\,^1/_2$ Stunden, baute eine Schule und errichtete für seine Beschäftigten Läden, in denen sie zum Selbstkostenpreis einkaufen konnten. Er setzte sich für eine Armengesetzgebung und eine Neugestaltung des Fabrik-wesens ein. 1825 zog er sich aus dem Geschäftsleben zurück und versuchte, in den USA eine Modellstadt nach seinen Vorstellungen aufzubauen. Dieses Projekt »New Harmony« scheiterte nach zwei Jahren. 1832 beteiligte er sich maßgeblich am Aufbau einer Arbeits-tauschbörse und er unterstützte die Gewerkschaftsbewegung. Owen starb 1858. Zwei wichtige Schriften Owens sind »Eine neue Gesellschaftsauffassung« (1812–1814) und sein Hauptwerk »Das Buch der neuen moralischen Welt« (1836–1844).

Robert Owen ist als frühsozialistischer Aufklärer zu beschreiben, der der Auffassung war, dass die Menschen nur Produkte ihrer Umwelt sind. Er glaubte an die Wandelbarkeit der Menschen und hatte die Hoffnung, dass man die Gesellschaft durch Bildung, Erzie-hung und Veränderung der Umwelt gerechter gestalten könne. In diesem Sinne kann man seine Gesellschaftskritik nach folgenden Gesichtspunkten gliedern, die gleichzeitig Vorschläge dafür sind, wie die Gesellschaft besser organisiert sein kann:

- Die Produktion und der Handel sollen durch Produktivgenos-senschaften und Konsumgenossenschaften organisiert und abgewickelt werden.
- An die Stelle des utilitaristisch geprägten Menschen- und Gesell-schaftsbildes (→ vgl. Kap. 2.1.1.2) des damaligen Englands setzt Owen ein Bild vom Menschen, das von Kooperation und Solidarität ausgeht.

Zusammenfassung

Owens Gesellschaftskritik
- Produktion und Handel sind ungerecht
  + Neuorganisation durch Produktivgenossenschaften und Kon-sumgenossenschaften.
- Die gegenwärtige Auffassung von Mensch und Gesellschaft als egoistisch und konkurrenzorientiert ist falsch
  + Die Menschen sind eigentlich kooperativ und solidarisch.

Ablehnung des Utilitarismus

Anstatt den Utilitarismus, der die vorherrschende ideelle Strömung im England zur Zeit Owens war, als Grundlage des menschlichen Zusammenlebens anzusehen und somit dem individuellen Egoismus das Wort zu reden, befürwortet Owen die Kooperation der Menschen. Er wollte die Gesellschaft auf genossenschaftlicher Basis organisieren, um auf diese Weise die sozialen Missstände, wie absolute Armut, Hunger, Kinderarbeit und Analphabetismus, abzuschaffen. Seine Blickweise ist der des Utilitarismus also diametral entgegengesetzt (s. Abb. 10).

Produktionsgenossenschaften

Owen plädiert daher für die Einrichtung von Produktions- und Konsumgenossenschaften sowie von Arbeitsbörsen, wobei sein Schwerpunkt auf den Produktionsgenossenschaften liegt. Die Produktionsgenossenschaften lassen sich als Unternehmen charakterisieren, in denen jeder Beschäftigte Teilhaber und jeder Teilhaber beschäftigt ist. Das Ziel dieser Produktionsgenossenschaften ist es, den Teilhabern wirtschaftliche Selbständigkeit zu verschaffen. M.a.W.: Produktionsgenossenschaften sind »solche freiwillig gebildeten Gruppenunternehmen [...], an denen die Genossenschaftsmitglieder durch Aufbringung von Kapitalbeträgen und durch demokratisch geordnete Mitwirkung an den Dispositionen [d.h. unternehmerischen Entscheidungen] beteiligt sind, in deren Betrieben sie aber auch alle ausführende Arbeit verrichten, deren Resultate die wirtschaftlichen Fundamente für ihre gemeinsame Selbständigkeit und zum Teil auch für gemeinschaftliches Gruppenleben in zugehörigen Haushaltungen schaffen« (Elsässer 1991, 51).

Siedlungsgemeinschaften

Unter dem im Zitat erwähnten gemeinsamen Gruppenleben in zugehörigen Behausungen muss man sich die von Owen erdachten Siedlungsgemeinschaften vorstellen. Die Siedlungsgenossenschaften können auch die Produktionsgenossenschaften umfassen. Dann ist nicht nur der wirtschaftliche Betrieb zur Herstellung eines Produktes genossenschaftlich organisiert, sondern auch das

---

Abb. 10

Gesellschaft und Wirtschaft bei Owen und dem Utilitarismus

	Robert Owen	Utilitarismus
Organisationsform der Menschen	Kooperation und Altruismus;	Konkurrenz, Egoismus (→ Kooperation);
Organisation der Wirtschaft	Produktiv- und Konsumgenossenschaften, Vergemeinschaftung des Eigentums	Freier Markt und staatliche Unterstützung der Armen (Mill), Privateigentum

gemeinsame Zusammenleben der Arbeiter der Produktionsgenossenschaften und ihrer Familien.

Eine Siedlung soll wie die Fabrik selbstverwaltet sein, unter Mitwirkung aller Bewohner. Owen arbeitete einen sehr detaillierten Plan aus, wie eine solche auszusehen hat: 1200 Bewohner, die in einem ausgeklügelten Arrangement von Freizeit-, Lebens-, Konsum- und Arbeitsstätte leben sollen. Auf diese Weise soll die Gesellschaft auf der Grundlage genossenschaftlicher Selbstverwaltung friedlich umgestaltet werden. Einen hohen Stellwert hat hier die Bildung. Alle Genossenschaftsmitglieder sollen eine dreizehnjährige schulische Betreuung erhalten und das in einer Zeit, in der oft schon neunjährige Kinder arbeiten mussten (vgl. ebd., 51 ff.).

Zusammenfassung

Produktions-, Konsum-, Siedlungsgenossenschaften
- In den *Produktionsgenossenschaften* wird der Besitz, die Verwaltung und die Arbeit in einem Produktionsbetrieb demokratisch von allen Mitbesitzern, d.h. von den Arbeitern selbst, geregelt. Ziel ist es, den Arbeitern ein selbstbestimmtes Leben zu ermöglichen.
- Die *Konsumgenossenschaften* sind eigentlich nicht Bestandteil von Owens gesellschaftspolitischen Vorstellungen. Er hat sie unterstützt, da die Arbeiter mit ihrer Hilfe Waren des täglichen Gebrauchs jenseits des normalen Marktes zu besseren Bedingungen beziehen konnten. An sich war ihm aber ihr Ziel des Warenaustausches zu trivial, er bevorzugte sein Modell der Produktionsgenossenschaften.
- Die *Siedlungsgenossenschaften* regeln das gemeinschaftliche Zusammenleben der Menschen unter demokratischer Beteiligung aller Siedlungsangehörigen. In diesen Siedlungen sollten die Familien der Produktionsgenossenschaften leben. Gemeinschaftlich sollen hier alle Problem und Angelegenheiten des täglichen Lebens gelöst werden.

Eine solche Siedlungsgenossenschaft gründete Owen mit einem großen Teil seines Vermögens 1825 in den USA. Die Modellstadt *New Harmony* entsprach seiner Vorstellung davon, wie eine solche Genossenschaft idealerweise aussehen und funktionieren könnte. In dieser Modellsiedlung bekam jeder seinem Alter entsprechend

Modellstadt
New Harmony

Kleidung, Nahrung und Erziehung. Das Eigentum blieb in den Händen der Gemeinschaft und die Produktion sollte von einer Vollversammlung der volljährigen Mitglieder gelenkt werden. Owen gab nicht nur genau vor, wie die Erholungs-, Freizeit-, Wohn-, Spiel- und Fabrikbereiche aussehen sollten, sondern er entwarf auch pädagogische Modelle, mit denen alle Mitglieder von *New Harmony* einer angemessenen Erziehung unterworfen werden sollten, wobei der Schwerpunkt auf der Erziehung der Kinder und Jugendlichen lag und auch schon an eine vorschulische Erziehung gedacht war.

Das Scheitern der Modellstadt

Das Experiment scheiterte jedoch innerhalb weniger Jahre aufgrund finanzieller Schwierigkeiten. Ein weiterer Grund könnte gewesen sein, dass Owen nicht häufig genug vor Ort gewesen sei, so Ramm. Als Gründe für das Scheitern von New Harmony lassen sich zudem benennen: die Menschen hatten noch nicht genügend den Altruismus verinnerlicht, den Owen als Voraussetzung für das Funktionieren von Siedlungsgemeinschaften betrachtete, sie waren noch nicht genügend in die Prinzipien und Probleme der Selbstverwaltung eingeweiht und hatten in ihr auch zu wenig Übung. Zudem lebten letztlich zu wenige Handarbeiter in dieser Gemeinschaft (Ramm 2002, 440).

Zurück in England versuchte Owen einen Weg zu finden, wie die Arbeiter den vollen Ertrag ihrer Arbeit erhalten können. Dies sollte durch die Ausschaltung des Zwischenhandels und die Abschaffung des Unternehmerprofits geschehen. Owen gründete

Arbeiterbörse

dafür eine Arbeitsbörse, an der die Arbeiter ihre Arbeit selbst feilbieten konnten. Aber auch dieser Versuch scheiterte, weil der Börse zwei falsche Annahmen zugrunde lagen: Zum einen nahm Owen an, dass die reine Arbeitszeit, die für die Erstellung eines Produkts aufgewendet wird, dessen Wert bestimmt, was aber die anderen Faktoren, wie die Produktionsmittel (Fabrik, Rohstoffe) und die Konkurrenz vernachlässigt. Zum anderen ging er davon aus, dass »kapitalistische Ausbeutung auf betrügerischem Tausch beruhe« (Bambach/Sotelo 1986, 387), eine Annahme, die je nach Perspektive gar nicht so falsch ist (→ vgl. Kap. 2.1.2.3), sich aber unter den damaligen Verhältnissen als nicht entscheidend herausstellte.

Bei seinem Versuch, die bestehenden gesellschaftlichen Begebenheiten zu verändern, wies Owen den Arbeitern nur die Rolle zu, seine Ideen auszuführen; er sah sie nicht als schöpferische Subjekte. Er wollte sie erziehen, damit sie nach seinen Vorgaben eine Gemeinschaft gründeten und in dieser nach seinen Vorstellungen lebten. Nach Owens Vorstellung ist die Gesellschaft also nicht durch Reformen und auch nicht durch gewaltsame Umstürze zu verändern; letztlich erkannte er nur zwei Wege der gesellschaftlichen Veränderung an: den der theoretischen und praktischen Aufklärung der politisch und ökonomisch Mächtigen und den der Erziehung (Bambach/Sotelo 1986, 388). Die Aufklärung der Mächtigen wollte er mit der Einrichtung von Musterfabriken erreichen. Ihr Erfolg sollte zeigen, dass die Verbesserung der sozialen Lage der Arbeiter langfristig zu einer besseren Gesellschaft führt. Gleichzeitig versuchte er den Arbeitern eine bessere Bildung und Ausbildung zu geben, denn nur so können sie in der neuen Gesellschaft – wie sie Owen vorschwebt – vollständige Mitglieder sein.

Aufklärung und Erziehung

Zusammenfassung

Owens pädagogischer Aufklärungssozialismus

Robert Owens Sozialismus beruht auf seiner Auffassung, dass die Menschen kooperativ und solidarisch sind, oder besser: »auf seiner Utopie des Individuums als eines sozialen Menschen sowie einer daran anknüpfenden kooperativen Utopie« (Elsässer 1991, 54 ff.), die auf die Erziehung eines selbstlosen Menschen sowie auf die Veränderung der Produktions- und Verteilungsmechanismen zielt. Anstatt nach kapitalistischen Prinzipien sollen Produktion und Konsumtion genossenschaftlich geregelt werden. Insgesamt geht es Owen um die Versittlichung der Menschen, die mit einer Versittlichung von Wirtschaft und Gesellschaft einhergeht. Versittlichung bedeutet hier schlicht, die Menschen auf ein »höheres« Niveau der Bildung, Arbeit und des täglichen Lebens sowie des Umgangs miteinander zu heben. Owens Versuch, seine Theorie mit der Modellstadt *New Harmony* zu belegen, scheiterte.

Karl Marx und Friedrich Engels | 3.2.2.2

Leben und Werk

Karl Marx (1818–1883), Friedrich Engels (1820–1895)

Karl Marx wurde 1818 in Trier geboren. Er studierte Jura und Philosophie und promovierte 1841 an der Universität Jena. 1842 wurde Marx erst Mitarbeiter, später dann Chefredakteur der Rheinischen Zeitung in Bonn, die am 1. April 1843 von der preußischen Regierung verboten wurde. Im selben Jahr ging er nach Paris, wo seine Freundschaft mit Friedrich Engels begann. Aus Frankreich ausgewiesen emigrierte Marx über Brüssel und Köln 1849 schließlich nach London.

Friedrich Engels wurde 1820 in Barmen (heute Wuppertal) geboren. Er machte eine kaufmännische Lehre und arbeitete Anfang der 1840er-Jahre im väterlichen Betrieb in England. Dort lernte er das soziale Elend in den Städten kennen, das durch die Industrialisierung verursacht wurde. Aus diesen Erfahrungen resultierte sein Buch »Die Lage der arbeitenden Klassen in England« (1845). Auch Engels ließ sich 1850 endgültig in England nieder.

Marx und Engels hatten 1848 gemeinsam das »Manifest der Kommunistischen Partei« verfasst. 1867 erschien dann der erste Band von Marx' Hauptwerk »Das Kapital. Kritik der politischen Ökonomie«. Marx starb jedoch 1883, ohne den zweiten und dritten Band abgeschlossen zu haben. Dies wurde von Engels übernommen, der die Bände 1894 und 1895 herausgab. Engels starb noch im selben Jahr.

Verhältnis zu den Frühsozialisten

Marx und Engels haben manche Anregung aus dem Denken der Frühsozialisten erhalten und sie erkennen deren Leistung auch ausdrücklich an. So betonen sie im »Kommunistischen Manifest« (1848), dass die Frühsozialisten scharfsinnig frühzeitig die gesellschaftlichen Ungerechtigkeiten und die Klassengegensätze erkannt und so Material zur Aufklärung der Arbeiter geliefert hätten. Jedoch blieben die Frühsozialisten nach ihrer Ansicht auf dieser Stufe stehen und erkannten nicht die Herausforderungen, die die geschichtliche Entwicklung an sie stellte. Insofern verwandelt sich der kritische Frühsozialismus mit der Zeit in einen reaktionären oder konservativen Sozialismus, der de facto auf eine Beibehaltung der bestehenden Unterdrückungsverhältnisse mit leichten Veränderungen in den sozialen Verhältnissen zugunsten der unterdrückten Klassen hinauslief (MEW 4, 482–492).

Sozialismus als Ergebnis des Geschichtsprozesses

Das »Kommunistische Manifest« beginnt mit der Feststellung, dass die bisherige Geschichte eine »Geschichte von Klassenkämpfen« gewesen ist. Immer haben sich Unterdrücker und Unterdrückte gegenübergestanden und immer haben die Kämpfe der verfeindeten Klassen (Freier und Sklave, Patrizier und Plebejer, Baron und Leibeigner etc.) zu einer revolutionären Umgestaltung der Gesellschaft geführt oder zu einem Untergang der kämpfenden Klassen. Auch in der Epoche von Marx und Engels, also der Epoche der Bourgeoisie, stehen sich zwei miteinander verfeindete Klassen direkt gegenüber: die Proletarier und die Bourgeoisie, nur dass es nun im Klassensystem keine Zwischenstufen mehr gibt, sondern dass tatsächlich die komplette Gesellschaft nur noch aus diesen beiden antagonistischen Klassen besteht (ebd., 462 f.).

Marx und Engels prognostizieren für den Fall des Sieges der Proletarier über die Bourgeoisie die klassenlose Gesellschaft. Dies bedeutet gleichzeitig, dass es keine verfeindeten Klassen mehr geben kann und damit das Ende der bisherigen Geschichte naht.

Klassenlose Gesellschaft

Definition

Proletarier und Bourgeoisie

In der bürgerlichen Gesellschaft stehen sich zwei verfeindete Klassen gegenüber: Proletarier und Bourgeoisie. Die Bourgeoisie besteht aus den Kapital-, Boden- und Fabrikbesitzern. Anfänglich gehören zu ihr auch der kleine Krämer, der Hauseigentümer etc., doch steigen diese im Laufe der Entwicklung alle ins Proletariat ab, da sie von den Großgrundbesitzern und den Besitzern großer Warengeschäfte verdrängt werden.

Die Proletarier besitzen nichts als ihre nackte Existenz und damit verbunden ihre Arbeitskraft. Nur diese können sie zu Markte tragen und damit ihr Überleben sichern. Ihr Leben ist jedoch, außer in Zeiten des wirtschaftlichen Booms, sehr kärglich, da die Konkurrenz – fast jeder kann nur seine Arbeitskraft anbieten – die Löhne niedrig hält.

Insofern sind auch die Interessen von Bourgeoisie und Proletarier diametral entgegengesetzt. Während die Bourgeoisie an der bestehenden kapitalistischen Gesellschaftsordnung festhält, weil sie von ihr über die Maßen profitiert, will das Proletariat sie verändern, d.h. genauer, abschaffen. Denn erst in einer neuen Gesellschaftsordnung, mit einer völlig anderen Produktions- und Verteilungslogik, können die Interessen aller Menschen und nicht nur die einiger weniger berücksichtigt werden.

Kapitalismus als Voraussetzung für den Sozialismus

Zunächst einmal aber preisen Marx und Engels die Fortschritte und Errungenschaften des Kapitalismus in den höchsten Tönen. Denn: Die fortgeschrittene kapitalistische Entwicklung und die damit einhergehende extreme Klassengesellschaft mit nur noch zwei Klassen ist die Voraussetzung dafür, dass die Revolution des Proletariats gelingen kann. Der Kapitalismus hat – so Marx' und Engels' enthusiastisches Urteil im »Manifest« – weltweit erst die Bedingungen geschaffen, die für die proletarische Revolution unabdingbar sind.

»Die Bourgeoisie reißt durch die rasche Verbesserung aller Produktionsinstrumente, durch die unendlich erleichterten Kommunikationen alle, auch die barbarischsten Nationen in die Zivilisation. Die wohlfeilen Preise ihrer Waren sind die schwere Artillerie, mit der sie alle chinesischen Mauern in den Grund schießt, mit der sie den hartnäckigsten Fremdenhass der Barbaren zur Kapitulation bringt. Sie zwingt alle Nationen, die Produktionsweise der Bourgeoisie sich anzueignen, wenn sie nicht zugrunde gehen wollen; sie zwingt sie, die sogenannte Zivilisation bei sich einzuführen, d.h. Bourgeois zu werden. Mit einem Wort, sie schafft sich die Welt nach ihrem Bilde.« (MEW 4, 466).

Totengräber der Bourgeoisie

Insofern können Marx und Engels auch formulieren, dass sich die Bourgeoisie ihre eigenen Totengräber in Form des Proletariats selbst schafft. Denn erst der durch die Bourgeoisie zur höchsten Vollendung gebrachte Kapitalismus hat es dem Proletariat ermöglicht, sich

1. seiner Lage bewusst zu werden,
2. sich aufgrund dieses Bewusstseins zu organisieren, um sodann
3. zu einer Revolution auszuholen.

Was wollen Marx und Engels aber erreichen? Wie soll ihr Sozialismus aussehen?

Ziele des Sozialismus und Übergang zum Sozialismus

Es lassen sich folgende Hauptziele unterscheiden:

1. Abschaffung der Klassengesellschaft,
2. Abschaffung des Eigentums (im Sinne von Eigentum an Produktionsmitteln, das nur zur Ausbeutung fremder Arbeit führt),
3. Herstellung der Gleichheit in dem Sinne, dass für alle gleiches Recht und gleiche Möglichkeiten bestehen und nicht, dass alle tatsächlich gleich sind.

Das Ergebnis ist der Sozialismus. Er wird nach einer Zwischenphase entstehen, die dadurch gekennzeichnet ist, dass all die Ungleich-

POLITIK UND IDEOLOGIE

heiten der bürgerlichen Gesellschaft sich nicht von heute auf morgen beseitigen lassen. Diese Zeit des Übergangs bezeichnen Marx und Engels als »Diktatur des Proletariats«. Die zentralen Schritte, die nötig sind, um von der bürgerlichen zur sozialistischen Gesellschaft zu gelangen, sind:

Diktatur des Proletariats

1. Das Proletariat erkämpft die Demokratie und wird zur herrschenden Klasse (vgl. MEW 17, 313–365).
2. Das Proletariat nutzt dann seine politische Herrschaft dazu aus, der Bourgeoisie das Eigentum und Kapital wegzunehmen, die Produktionsinstrumente in die eigenen Händen zu geben und dort zu bündeln und die Produktionskräfte zu vermehren. Dafür sind u. a. folgende Maßnahmen nötig: Expropriation (Enteignung) des Grundeigentums und Verwendung der Grundrente (Einkommen aus der Verpachtung von Grund und Boden) für Staatsausgaben, eine starke Progressivsteuer, die Abschaffung des Erbrechts, Verstaatlichung des Bankenwesens (MEW 4, 481 f.).
3. Öffentliche und unentgeltliche Erziehung aller Kinder, Beseitigung der Kinderarbeit etc. werden eingeführt (ebd.).

Definition

Diktatur des Proletariats

Die Zeit des Übergangs zwischen bürgerlicher Gesellschaft und der klassenlosen sozialistischen Gesellschaft bezeichnen Marx und Engels als die Diktatur des Proletariats. Darf man Marx' Ausführungen in den »Klassenkämpfen in Frankreich« glauben, dann ist der Sozialismus die dauerhafte Revolution und die Klassendiktatur des Proletariats damit notwendiger Durchgangspunkt zur Abschaffung der bürgerlichen Gesellschaft sowie zur Abschaffung der Klassenunterschiede überhaupt (vgl. MEW 7, 89).

Es ist sofort ersichtlich, dass diese Maßnahmen direkt gegen den Kapitalismus und gegen die bürgerliche Gesellschaft gerichtet sind. Durch diese Maßnahmen sollen die Klassenunterschiede abgeschafft werden, die öffentliche Gewalt soll ihren politischen Charakter verlieren und die Produktionsverhältnisse sollen aufgehoben werden, d. h. die ungerechten Bedingungen in der Warenherstellung, Verteilung und beim Besitz (vgl. Lotter u. a. 1984, 285). Damit soll letzten Endes die Klassenherrschaft, d. h. die Unterdrückung

Umwälzung der Gesellschaft

Verschwinden der bürgerlichen Gesellschaft

einer Klasse durch eine andere, also die bürgerliche Gesellschaft, verschwinden. Im Kommunistischen Manifest formuliert Marx das folgendermaßen:

»Sind im Laufe der Entwicklung die Klassenunterschiede verschwunden und ist alle Produktion in den Händen der assoziierten Individuen konzentriert, so verliert die öffentliche Gewalt den politischen Charakter. Die politische Gewalt im eigentlichen Sinne ist die organisierte Gewalt einer Klasse zur Unterdrückung einer andern. Wenn das Proletariat im Kampfe gegen die Bourgeoisie sich notwendig zur Klasse vereint, durch eine Revolution sich zur herrschenden Klasse macht und als herrschende Klasse gewaltsam die alten Produktionsverhältnisse aufhebt, so hebt es mit diesen Produktionsverhältnissen die Existenzbedingungen des Klassengegensatzes, der Klassen überhaupt, und damit seine eigene Herrschaft als Klasse auf. An die Stelle der alten bürgerlichen Gesellschaft mit ihren Klassen und Klassengegensätzen tritt eine Assoziation, worin die freie Entwicklung eines jeden die Bedingung für die freie Entwicklung aller ist.« (MEW 4, 482).

Die theoretischen Grundlagen: Der historische Materialismus

Der historische Materialismus ist die Geschichtsphilosophie von Marx und Engels. Am Anfang dieses Kapitels wurde schon Marx Ansicht zitiert, dass die Geschichte aus Klassenkämpfen besteht, die immer zwischen Unterdrückern und Unterdrückten sich abspielen. Friedrich Engels spezifiziert diese Betrachtung nochmals. Er ist der Auffassung, dass die Produktion sowie der Austausch ihrer Produkte die Grundlage aller Gesellschaftsordnung ist und dass in jeder geschichtlich auftretenden Gesellschaft die Verteilung der Produkte der Produktion die soziale Gliederung in Klassen oder Stände bestimmt (MEW 19, 210).

Klassen als Subjekte der Geschichte

Die Klassen sind für Marx und Engels die Subjekte des fortschreitenden Geschichtsprozesses. Sie sind »das Material für die Verwirklichung« des gesellschaftlichen Zieles, die klassenlose Weltgesellschaft (Fetscher 1975, 24). Der Träger dieses Prozesses ist bei Marx die gesellschaftliche Arbeit. Für Marx ist die Arbeit die Gattungseigenschaft des Menschen überhaupt. Der Mensch wird erst in der Arbeit er selbst (vgl. MEW EB 1).

Exkurs: Die Schaffung des Menschen in der Arbeit und die Entfremdung von ihr

Für Marx stellt die Arbeit die vermenschlichende, Kultur schaffende Tätigkeit dar. Sie ist »vermenschlichend« in dem Sinne, dass Arbeit für Marx der zentrale Aspekt ist, der den Menschen erst Mensch werden lässt (s.u.). Inwiefern Arbeit Kultur schafft, zeigt folgendes Zitat:

Zentraler Wert der Arbeit

»Die Arbeit ist zunächst ein Prozess zwischen Mensch und Natur, ein Prozess, worin der Mensch seinen Stoffwechsel mit der Natur durch seine eigne Tat vermittelt, regelt und kontrolliert. Er tritt dem Naturstoff selbst als eine Naturmacht gegenüber. Die seiner Leiblichkeit angehörigen Naturkräfte, Arme und Beine, Kopf und Hand, setzt er in Bewegung, um sich den Naturstoff in einer für sein eignes Leben brauchbaren Form anzueignen. Indem er durch diese Bewegung auf die Natur außer ihm wirkt und sie verändert, verändert er zugleich seine eigne Natur. Er entwickelt die in ihr schlummernden Potenzen und unterwirft das Spiel ihrer Kräfte seiner eignen Botmäßigkeit.« (MEW 23, 192)

Der Mensch verändert durch seine Tätigkeit die Natur und schafft somit seine Kultur im weitesten Sinne. Die Arbeit erst ermöglicht es den Menschen, sich zu verwirklichen. Unter den Bedingungen des Kapitalismus ist jedoch für Marx jede positive Wirkung der Arbeit unmöglich geworden.

Dadurch, dass der Mensch die gegenständliche Welt bearbeitet, wird er erst zum Menschen. Nur durch seine Produktion erscheint dem Gattungswesen Mensch die Natur als sein Werk und seine Wirklichkeit. Insofern kann Marx davon sprechen, dass der Mensch sich erst in der Arbeit als Mensch schafft, »indem er sich nicht nur wie im Bewußtsein intellektuell, sondern werktätig, wirklich verdoppelt und sich selbst daher in einer von ihm geschaffnen Welt anschaut« (MEW EB 1, 517). Was die Menschen sind, fällt mit ihrer Produktion zusammen.

Arbeit als Selbsterschaffung des Menschen

Definition

Gattungswesen Mensch

Der Begriff der Gattung bezeichnet, dass der Mensch ein Gesellschaftswesen ist, d.h. dass der Mensch von Natur aus zur Gesellschaft strebt. Mit diesem Begriff des Menschen als Gattungswesen verneint Marx alle Theorien, die das Wesen eines Menschen in seiner Rasse, seiner Nation, seinem sozialen Stand oder seiner Klasse suchen.

Insofern verhält sich der Mensch als Gattungswesen zu sich selbst als einem universellen und darum freien Wesen, d.h. er ist durch nichts bestimmt, also nicht durch seine Herkunft, seine Klasse, seine Nation oder Rasse. (vgl. MEW EB 1, 515).

Entfremdung der Menschen

Die Menschen im Kapitalismus jedoch sind von den Gegenständen ihrer Arbeit entfremdet. Die Entfremdung entsteht dadurch, dass den Menschen im Kapitalismus das Resultat ihrer eigenen Arbeitstätigkeit verselbständigt gegenübertritt und sie beherrscht. M.a.W. hat das Produkt der Arbeit keinen Zusammenhang mehr mit dem »Menschen Arbeiter«. Der Arbeiter weiß unter Umständen gar nicht, was er produziert. Insofern kann ihm das Produkt seiner Arbeit als etwas Fremdes Vergegenständlichtes entgegentreten. Die Entfremdung als verkehrtes, versachlichtes menschliches Produktionsverhältnis ist gleichbedeutend damit, dass aufgrund des Privateigentums an Produktionsmitteln die Arbeitsprodukte die Form der Ware, des Geldes und des Kapitals annehmen (vgl. Treptow 1984, 93 f.).

Durch die entfremdete Arbeit erzeugt der Arbeiter die Herrschaft desjenigen, der nicht produziert, d.h. des Kapitalisten. »Wie er seine eigne Tätigkeit sich entfremdet, so eignet er dem Fremden die ihm nicht eigne Tätigkeit an.« (MEW EB 1, 519 f.). Somit ist das Privateigentum des Kapitalisten das Produkt der entfremdeten Arbeit der Proletarier.

Fortsetzung: Die theoretischen Grundlagen: Der historische Materialismus

Im historischen Materialismus ist immer die gesellschaftlich fortschrittlichste Klasse der Motor für den gesellschaftlichen Umbruch. Das kann man sich so vorstellen: Die Produktion ist das »Urfaktum« der Geschichte. Sie besteht aus Produktivkräften und den Produktionsverhältnissen:

- Die Produktivkräfte umfassen Maschinen und Werkzeuge sowie Menschen, die mit ihnen umgehen können.

Produktionsverhältnisse

- Die Produktionsverhältnisse bezeichnen die gesamten gesellschaftlichen Verhältnisse, die die Produzierenden entsprechend dem Stand der Produktivkräfte eingehen. Die Produktionsverhältnisse umfassen also die Eigentumsverhältnisse, die Gesellschaftsstruktur sowie die Konsumtions- (also Verhältnisse des Verbrauchs täglicher Güter) und Distributionsverhältnisse (die werden bestimmt durch den gesellschaftlichen Charakter der Produktion und die Verteilung der Produktionsmittel, also Rohstoffe und Maschinen), oder mit anderen Worten: »Die Produktionsverhältnisse umfassen die gesamten gesellschaftlichen Verhältnisse, die die Produzenten entsprechend dem Entwicklungsstand der Produktivkraft eingehen.« (Lotter u. a. 1984, 285).

Meist stimmen die Produktivkräfte aufgrund ihres beständigen Fortschritts nicht mit den Produktionsverhältnissen überein, die einen relativ stabilen Charakter haben, da sie von der Rechtsordnung und der Eigentumsordnung, also von sehr statischen Elementen bestimmt sind. Dadurch kommt es zwischen beiden zu Spannungen, die sich durch Revolutionen lösen müssen.

Ausgelöst wird eine Revolution immer von der fortschrittlichsten Klasse, die anschließend zur herrschenden Klasse wird. Dies zeigt das Beispiel des Feudalismus und dessen Ablösung durch die Bourgeoisie: Im industriellen Zeitalter entstanden neue Produktionsweisen, also z.B. die industrielle Massenproduktion durch die Dampfmaschine und andere neue Erfindungen, mit denen sich das soziale und gesellschaftliche Leben der Menschen veränderten. Die neuen Produktionsweisen, denen der bislang politisch wie gesellschaftlich dominierende Feudaladel nicht mehr gewachsen war, führten dazu, dass der mit diesen neuen Produktionsweisen organisch verbundenen Klasse, den Kapitalisten (Bourgeoisie), die Produktionsverhältnisse des Feudalismus schließlich zu eng wurden und so musste sie diese aufheben. Die notwendige Revolution wurde also von der fortschrittlichsten Klasse durchgeführt: den Kapitalisten. Das Ergebnis dieser Revolution war die bürgerliche, kapitalistische Gesellschaft.

Die fortschrittlichste Klasse macht die Revolution

Die fortschrittlichste Klasse vertritt im Augenblick der Revolution die Interessen aller Klassen, außer die der gestürzten, da sie am besten der Entwicklung der Produktivkräfte entspricht, die im Interesse aller ist. Jedoch schafft auch die fortschrittlichste Klasse sich nach der Revolution die ihr entsprechenden Produktionsverhältnisse und Herrschaftsapparate. Diese werden dann wiederum nach einiger Zeit zu eng, da auch unter der neuen herrschenden Klasse die Produktivkräfte weiterentwickelt werden, wodurch neue

Klassen mit neuen Forderungen entstehen, wie beispielsweise das Proletariat, die dann wiederum eine Revolution machen müssen. Dieser Prozess existiert laut Marx schon immer und die Geschichte bewegt sich auch immer in solchen Schritten. Also ist die revolutionäre und fortschrittlichste Klasse, die eine andere verdrängt, im nächsten Schritt immer die Klasse, die von der nächsten fortschrittlichsten Klasse verdrängt wird.

Endloser Kreislauf?
Nun könnte man denken, dass dies ein endloser Kreislauf von Entwicklung, Revolution und neuen Produktionsverhältnissen ist. Laut Marx kann dieser Entwicklungskreislauf aber unterbrochen werden. Denn die kapitalistische Gesellschaft hat die Klassengegensätze so sehr vereinfacht, dass am Ende der Entwicklung nur noch einige Kapitalisten einem Riesenheer, nämlich dem Rest der Gesellschaft als Proletariat, gegenüberstehen. Denn auch die Bauern, die mittelständischen und kleinen Unternehmer etc. sinken nach und nach in das Proletariat hinab, da sie der Konkurrenz der großen Industrieunternehmen und Monopolisten nicht standhalten können und alle in den Ruin getrieben werden.

Zusammenfassung

Historischer Materialismus

Die Geschichtsauffassung von Marx und Engels wird als historischer Materialismus bezeichnet. Beide gehen davon aus, dass die Geschichte immer eine Geschichte von Klassenkämpfen war. Immer wenn die Produktionsverhältnisse einer Gesellschaft hinter ihren Produktivkräften, also den Arbeitern und den Produktionsmitteln, herhinken, ist die Zeit reif für eine Revolution der fortschrittlichsten Klasse. So wurde der Feudalismus von der Bourgeoisie abgelöst. Sobald die von der Bourgeoisie geschaffenen Produktionsverhältnisse den Produktivkräften nicht mehr entsprechen, werden die Proletarier in einer Revolution die Bourgeoisie stürzen und damit den kapitalistischen Gesellschaftsaufbau.

Der historische Materialismus ist eine zielgerichtete (teleologische) Geschichtsauffassung, die davon ausgeht, dass die Menschheit mit der proletarischen Revolution und der Errichtung des Kommunismus am Ende der Vorgeschichte angelangt ist. Alle bisherige Geschichte war Vorgeschichte, was heißen soll, dass die Geschichte eigentlich erst anfängt, wenn Unterdrückung und Ausbeutung ein Ende haben. Sollte dies aber nicht klappen, so gehen alle Klassen gemeinsam unter. Daher kann auch nur im beschränktem Sinne von Teleologie die Rede sein.

Anders als die vorangegangenen fortschrittlichsten Klassen vertreten die Proletarier nicht nur vorübergehend, sondern für immer die Interessen der Gesamtgesellschaft, weil sie diese ja repräsentieren. Durch die proletarische Revolution werden die kapitalistischen Eigentumsverhältnisse für immer zerstört, der Ausbeuter- und Klassenstaat verschwindet, da das Proletariat alle Zweige der Produktion beherrscht und alle Klassen in ihm aufgegangen sind. Deswegen können keine neuen unterdrückten Klassen entstehen, die Geschichte der Klassenherrschaft ist somit beendet. Iring Fetscher beschreibt die Folgen davon: »Diese Revolution stellt die erste geschichtliche Tat dar, deren bewusst intendierter Sinn mit ihrer objektiven historischen Bedeutung zusammenfällt [...]. Mit ihr endet – nach Marx – die ›Vorgeschichte‹, d. h. die schicksalhaft erlittene Geschichte der Menschheit, und ihre eigentliche Geschichte kann beginnen. Die Menschheit hat sich von der ökonomischen Vorsehung emanzipiert.« (Fetscher 1975, 26).

Ende der Klassenherrschaft

Dies ist jedoch kein zwangsläufiger Mechanismus. Die Klassenkämpfe enden entweder mit einer »revolutionären Umgestaltung der ganzen Gesellschaft oder mit dem gemeinsamen Untergang der kämpfenden Klassen« (MEW 4, 462). Insofern entwerfen Marx und Engels keine rein teleologische Geschichtskonzeption, an deren Ende die Freiheit aller steht. Fetscher nennt dieses Modell eine »begründete Hypothese« einer in die Zukunft verlängerten Theorie (ebd., 28). Mit den Worten Rosa Luxemburgs kann man diese Optionen bündiger formulieren: Sozialismus oder Barbarei.

Die zukünftige Gesellschaft – der Sozialismus

Marx und Engels haben nur an wenigen Stellen beschrieben, wie sie sich eine klassenlose Gesellschaft vorstellen. Am berühmtesten sind zweifellos die Ausführungen in »Die Deutsche Ideologie« aus dem Jahr 1845/46. Hier entwerfen sie ihre Vision einer zukünftigen Gesellschaft, in der sowohl die Ausbeutung der Menschen durch Menschen als auch die Entfremdung und die Arbeitsteilung aufgehoben ist:

Utopie der zukünftigen Gesellschaft

»Sowie nämlich die Arbeit verteilt zu werden anfängt, hat jeder einen bestimmten ausschließlichen Kreis der Tätigkeit, der ihm aufgedrängt wird, aus dem er nicht heraus kann; er ist Jäger, Fischer oder Hirt oder kritischer Kritiker und muss es bleiben, wenn er nicht die Mittel zum Leben verlieren will – während in der kommunistischen Gesellschaft, wo jeder nicht einen ausschließlichen Kreis der Tätigkeit hat, sondern sich in jedem beliebigen Zweige ausbilden kann, die Gesellschaft die allgemeine Produktion regelt und mir eben dadurch möglich macht, heute dies, morgen jenes zu tun, morgens zu jagen, nachmittags zu fischen, abends Viehzucht zu treiben, nach dem Essen zu kritisieren, wie ich gerade Lust habe, ohne je Jäger, Fischer, Hirt oder Kritiker zu werden.« (MEW 3, 32 f.).

Wenn man sich die oben genannten Maßnahmen vergegenwärtigt, die während der Diktatur des Proletariats zu treffen sind, so fragt man sich, wo dies hinführen soll. Darauf hat Engels eine Antwort:

»In dem Maße wie die Anarchie der gesellschaftlichen Produktion schwindet, schläft auch die politische Autorität des Staats ein. Die Menschen, endlich Herren ihrer eignen Art, Herren der Vergesellschaftung, werden damit zugleich Herren der Natur, Herren ihrer selbst – frei.« (MEW 19, 228).

Und im dritten Bande des Kapitals schreibt Marx, dass natürlich auch in einer kommunistischen Gesellschaft die Dinge zum Leben hergestellt werden müssen, Freiheit also nicht Müßiggang bedeutet:

Reich der Freiheit

»Das Reich der Freiheit beginnt in der Tat erst da, wo das Arbeiten, das durch Not und äußere Zweckmäßigkeit bestimmt ist, aufhört; es liegt also der Natur der Sache nach jenseits der Sphäre der eigentlichen materiellen Produktion. Wie der Wilde mit der Natur ringen muß, um seine Bedürfnisse zu befriedigen, um sein Leben zu erhalten und zu reproduzieren, so muß es der Zivilisierte, und er muß es in allen Gesellschaftsformen und unter allen möglichen Produktionsweisen. Mit seiner Entwicklung erweitert sich dies Reich der Naturnotwendigkeit, weil die Bedürfnisse *sich erweitern*; aber zugleich erweitern sich die Produktivkräfte, die diese befriedigen. Die Freiheit in diesem Gebiet kann nur darin bestehen, dass der vergesellschaftete Mensch, die assoziierten Produzenten, diesen ihren Stoffwechsel mit der Natur rationell regeln, unter ihre gemeinschaftliche Kontrolle bringen, statt von ihm als von einer blinden Macht beherrscht zu werden; ihn mit dem geringsten Kraftaufwand und unter den ihrer menschlichen Natur würdigsten und adäquatesten Bedingungen vollziehen. Aber es bleibt dies immer im Reich der Notwendigkeit. Jenseits desselben beginnt die menschliche Kraftentwicklung, die sich als Selbstzweck gilt, das wahre Reich der Freiheit, das aber nur auf jenem Reich der Notwendigkeit als seiner Basis aufblühen kann.« (MEW 25, 828).

Zusammenfassung

Die politische Theorie von Marx und Engels

Ganz zu Beginn dieses Kapitels wurde ausgeführt, dass Freiheit und Gerechtigkeit zentrale Motive des Sozialismus seien. Marx und Engels geben sich mit nichts weniger als dem Reich der Freiheit zufrieden. Es versteht sich von selbst, dass im Reich der Freiheit auch Gerechtigkeit herrschen soll: »Jeder nach seinen Fähigkeiten, jedem nach seinen Bedürfnissen!« (MEW 19, 21). Was aber ist Gerechtigkeit? (→ vgl. Kap. 2.1.1). Marx und Engels stehen eindeutig für eine Verteilungsgerechtigkeit, nach der jeder das bekommt, was er benötigt. Allerdings soll auch jeder so gut, wie es ihm möglich ist, arbeiten. Denn auch im Reich der Freiheit ist Arbeit notwendig, um die Bedürfnisse des täglichen Lebens zu stillen. Die Freiheit des Sozialismus unterscheidet sich in mancher Hinsicht von der, wie sie im »Freiheitskapitel« (→ vgl. Kap. 2.1.2) bei einigen Autoren zutage tritt. Freiheit ist bei Marx und Engels zuallererst die politische Freiheit, keinen Herren zu haben und selbstbestimmt sein Leben zu leben. Also ganz ähnlich der Konzeption, wie sie bei Adorno zu finden ist. Diesen beiden Theorien ist gemeinsam, dass sie zur Freiheit notwendigerweise auch die Freiheit vom materiellen Zwang verstehen, da sie der Ansicht sind, dass die Erde genügend für alle zu bieten hat.

Lernkontrollfragen

1 Nennen Sie die vier wichtigsten Gründe, warum Robert Owen zu den frühsozialistischen Autoren gehört.

2 Wie unterscheiden sich die verschiedenen Frühsozialismen von dem Sozialismus, den Marx und Engels beschreiben?

3 Welche Bedeutung hat die Arbeit für Marx und Engels? Inwiefern ist das für den Unterschied Kapitalismus – Sozialismus entscheidend?

4 Wieso existiert nach der proletarischen Revolution keine unterdrückte Klasse mehr?

Literatur

Primärliteratur

Marx, Karl, Engels, Friedrich, Werke in 44 Bänden, hrsg. vom Institut für Marxismus-Leninismus beim ZK der SED, Berlin 1959 ff. = MEW.

Engels, Friedrich (1845), Die Lage der arbeitenden Klasse in England. Nach eigener Anschauung und authentischen Quellen, in: MEW 2, 225–650.

Engels, Friedrich (1880), Die Entwicklung des Sozialismus von der Utopie zur Wissenschaft, in: MEW 19, 177–228.

Marx, Karl, Engels, Friedrich (1844a), Das Manifest der kommunistischen Partei, in: MEW 4, 459–493.

Marx, Karl (1844b), Ökonomisch-philosophische Manuskripte, in: MEW Ergänzungsband 1, 465–588.

Marx, Karl, Engels, Friedrich (1845/46), Die deutsche Ideologie. Kritik der neuesten deutschen Philosophie in ihren Repräsentanten Feuerbach, B. Bauer und Stirner, und des deutschen Sozialismus in seinen

verschiedenen Propheten, in: MEW 3, 9–530.

Marx, Karl (1850), Die Klassenkämpfe in Frankreich 1848 bis 1850, in: MEW 7, 9–107.

Marx, Karl (1867), Das Kapital. Kritik der politischen Ökonomie. Erster Band, Buch I: Der Produktionsprozeß des Kapitals, in: MEW 23.

Marx, Karl (1871), Der Bürgerkrieg in Frankreich, in: MEW 17, 313–365.

Marx, Karl (1894), Das Kapital. Kritik der politischen Ökonomie. Dritter Band, Buch III: Der Gesamtprozeß der kapitalistischen Produktion, hrsg. von Friedrich Engels, in: MEW 25.

Ramm, Thilo (1968), Der Frühsozialismus, Quellentexte. Sozialisten vor Marx: Babeuf, Saint-Simon, Saint-Simonisten, Fourier, Owen, Cabet, Weitling, Blanc, Stuttgart.

Sekundärliteratur

Bambach, Ralf, Sotelo, Ignacio (1986), Utopie, Frühsozialismus und Sozialreform, in: Pipers Handbuch der politischen Ideen, Bd. 4. ,hrsg. von Iring Fetscher und Herfried Münkler, München, 369–413.
Die beiden Autoren geben einen informativen Überblick über die verschiedenen Autoren des französischen, deutschen und englischen Frühsozialismus. Neben den grundlegenden politischen Ideen werden hier auch historischen Hintergründe des Frühsozialismus erhellt.

Elsässer, Markus (1991), Robert Owen, in: Klassiker des Sozialismus, 2. Bde., Bd. 1: Von Babeuf bis Plechanow, hrsg. von Walter Euchner, München, 50–57.

Fetscher, Iring (2004), Marx, Freiburg
Diese knappe Einführung in die zentralen Elemente der Marxschen Ideen zu Politik, Ökonomie und Gesellschaft eignet sich hervorragend als Einstieg in das Theoriegebäude, das Karl Marx errichtet hat. Im Mittelpunkt der Darstellung steht »Das Kapital« (Bd. 1); Einblicke in Marx' Leben und Wirken machen die Lektüre zusätzlich interessant.

Fetscher, Iring (1975), Von Marx zur Sowjetideologie. Darstellung, Kritik und Dokumentation des sowjetischen, jugoslawischen und chinesischen Marxismus, Frankfurt/Main.

Flechtheim, Ossip K., Lohmann, Hans-Martin (2000), Marx zur Einführung, Hamburg.
Eine gute Einführung, die verständlich die zentralen Gedanken von Marx erläutert. Die Schwerpunkte des Buches sind der Klassenkampf und die Revolution sowie Marx' Kritik der Politischen Ökonomie.

Fritzsche, Klaus (1996), Sozialismus, in: Handbuch politische Theorien und Ideologien 2, hrsg. von Franz Neumann, Opladen, 1–74.
Klaus Fritzsche liefert hier auf 74 Seiten eine übersichtliche und lesenswerte Darstellung über den Sozialismus. Für jeden Studienanfänger ist dieser Text eine hilfreiche Einführung; er leistet bei der grundlegenden Orientierung in diesem umfassenden Themengebiet eine gute Hilfestellung.

Göhler, Gerhard (2002), Antworten auf die soziale Frage – eine Einführung, in: Politische Theorien des 19. Jahrhunderts. Konservatismus, Liberalismus, Sozialismus, hrsg. von Bernd Heidenreich, Berlin, 417–428.

Haefelin, Jürgen (1991), Wilhelm Weitling (1808–1871), in: Klassiker des Sozialismus, 2. Bde., Bd. 1: Von Babeuf bis Plechanow, hrsg. von Walter Euchner, München, 87–96.

Hahn, Manfred, Sandkühler, Hans Jörg (1984), Vormarxistischer Sozialismus als theoretische Leistung und als Forschungsgegenstand – zur Einführung, in: dies. (Hrsg.), Sozialismus vor Marx, Köln.

Huster, Ernst-Ulrich (1996), Demokratischer Sozialismus – Theorie und Praxis sozialdemokratischer Politik, in: Franz Neumann (Hrsg.), Handbuch politische Theorien und Ideologien 2, Opladen, 111–160.

Kraiker, Gerhard (1996), Theorie von Karl Marx/Friedrich Engels. Gegen Dogmatisierung und Marginalisierung, in: Franz Neumann (Hrsg.), Handbuch politische Theorien und Ideologien 2, Opladen, 75–110.

Lotter, K., Meiners, R., Treptow, E. (Hg.) (1984), Marx-Engels Begriffslexikon, München.

Ramm, Thilo (2002), Die Frühsozialisten, in: Politische Theorien des 19. Jahrhunderts. Konservatismus, Liberalismus, Sozialismus, hrsg. von Bernd Heidenreich, Berlin, 429–445.
Ramm gibt hier einen schönen Überblick über Gemeinsamkeiten und Unterschiede der verschiedenen frühsozialistischen Denker. Auch geht er in aller Kürze auf die historischen Bedingungen ein, die als Auslöser des frühsozialistischen Denkens in Betracht kommen.

Liberalismus

| 3.2.3

Die unterschiedlichsten Ausprägungen des Liberalismus auf einen Nenner zu bringen ist sehr kompliziert, da der Liberalismus sich im Laufe seiner Entwicklung in zwei Hauptströmungen ausdifferenziert hat. Die Vertreter der einen Strömung streichen vor allem die Rechte und die Freiheiten des Individuums in allen Belangen heraus. Hier ist jeder auf sich selbst gestellt. Die Anhänger der anderen Strömung unterstützen auch die weitgehenden Freiheiten der Menschen, jedoch sind sie der Auffassung, dass gewisse Ungleichheiten unter den Menschen durch staatliche Unterstützung ausgeglichen werden müssen. Es ist allerdings zu beachten, dass beide Strömungen in ihrer Reinform kaum anzutreffen sind, man muss sie sich eher als »Idealtypen« vorstellen.

Zwei Hauptströmungen

Zwei Freiheiten

Diese ideologische Schwankungsbreite wird schnell deutlich, wenn man sich das Grundproblem des Liberalismus und seine unterschiedlichen Lösungsstrategien ansieht: Das Thema der Freiheit des Individuums bzw. der Entfaltung des Individuums. Die zwei grundsätzlichen Fragen, die sich hier stellen, sind:

1. Wo hört die Freiheit des Individuums auf bzw. wo beginnt die Freiheit des nächsten Individuums?
2. Wie ist das Verhältnis zwischen der Freiheit des Individuums und den Rechten des Staates gegenüber dem Individuum?

Aufgabe des Staates

Der Staat hat in der liberalen Konzeption ausschließlich die Aufgabe, die Freiheit des Individuums zu schützen. Nur deshalb gibt es ihn. Der Staat soll seine Bürger (und vor allem ihr Eigentum) vor Angriffen von außen und von innen bewahren. Doch damit steht der Liberalismus schon vor seinem ersten grundsätzlichen Problem: Um diese Schutzfunktion wahrnehmen zu können, muss der Staat gleichzeitig in die Freiheitsrechte der zu Beschützenden eingreifen.

Zusammenfassung

Die zwei Hauptströmungen des Liberalismus

- *Wirtschaftsliberalismus:* Dieser Strömung des Liberalismus geht es ausschließlich um die Entfaltung des freien Individuums auf dem freien Markt. Der Staat hat eine reine »Nachtwächterfunktion«. Er hat für die innere und äußere Sicherheit seiner Bürger zu sorgen und so die Unversehrtheit der Person und ihres Eigentums sicherzustellen. Der Wirtschaftsliberalismus betrachtet Steuern für alles andere als die Sicherheit als Diebstahl, konsequent betrachtet also als Verletzung der eigentlichen Aufgabe des Staates: der Wahrung der Sicherheit.
- *Sozialliberalismus:* Diese Strömung verlangt ein wenig mehr vom Staat, ein bisschen weniger vom Individuum und glaubt nicht ganz so intensiv daran, dass der freie Markt jedes Problem lösen wird. Die Konsequenz dieser Form des Liberalismus ist die, dass der Staat versucht, zumindest ein wenig Chancengleichheit herzustellen (z. B. ein funktionierendes öffentliches Bildungssystem, sodass alle Kinder und nicht nur die Kinder von reichen Eltern in den Genuss einer Schulausbildung kommen).

Seinen Ursprung hat der Liberalismus im Kampf des Bürgertums gegen den absolutistischen Staat und gegen den Feudalismus. Beide versuchten, das immer selbstbewusster werdende Bürgertum in seiner ökonomischen Entfaltung zu behindern. Hier liegt also eine Situation vor, in der, mit Marx gesprochen, die Produktionsverhältnisse den Produktivkräften nicht mehr angemessen sind (→ vgl. Kap. 3.2.2.2). Das Bürgertum kämpft für Rechtssicherheit und politischen Einfluss, für eine verlässliche und bekannte (d.h. gesatzte) staatliche Ordnung der Freiheit. Diese Entwicklung nimmt ihren Lauf im England des 17. Jahrhunderts mit der *Glorious Revolution* von 1688/89 (→ vgl. Kap. 3.2.1.1) und der Einführung eines Parlaments und setzt sich mit der Französischen Revolution ein Jahrhundert später fort. In Deutschland haben es die Liberalen schwerer und die Entwicklung bleibt äußerst ambivalent: Nachdem eine parlamentarische Grundordnung 1848 mit der Paulskirchenversammlung schon einmal zum Greifen nah war, wird diese Entwicklung durch die konservative Grundhaltung in Deutschland bis zum Ende des Kaiserreichs verhindert bzw. herausgezögert.

Ursprung des Liberalismus

Jedoch ist bei all der Betonung von Freiheit immer zu bedenken, wer im Liberalismus für Freiheit und Mitsprache gekämpft hat. Es war das Besitz- und Bildungsbürgertum, das für sich Rechte und Freiheiten erkämpfen wollte, um so selbst eine politisch bessere Basis zu haben. Keiner der Liberalen, mit Ausnahme von John Stuart Mill (→ vgl. Kap. 2.1.2.2), hat bei seinem Kampf um Mitsprache und gleiche Teilhabe an die Proletarier und ungebildeten Menschen gedacht. Diese machten damals immerhin ca. 90 % der Gesamtbevölkerung aus. So stand beispielsweise das allgemeine und gleiche Wahlrecht bei den Liberalen des 19. Jahrhunderts nie zur Debatte. Sie knüpften die Mitwirkung in Politik und Gesellschaft immer an Besitz und Bildung.

Eine bürgerliche Bewegung

Insofern ist es auch logisch, dass der Liberalismus sich nie näher mit der sozialen Frage auseinandergesetzt hat. Die, die von ihr betroffen waren, durften sowieso weder wählen noch sich wählen lassen. Die soziale Frage wurde – wiederum mit der Ausnahme John Stuart Mills – nur als ein karitatives Problem angesehen. Die Armenunterstützung war eine freiwillige Angelegenheit, aber keinesfalls eine Aufgabe des Staates, da dieser, um sie wahrzunehmen, ja in die Freiheit der wohlhabenden Bürger hätte eingreifen müssen – beispielsweise in Form von Steuererhöhungen.

Soziale Frage

POLITISCHE THEORIE IM HANDGEMENGE

Aufspaltung der Liberalen

Aus dieser grundsätzlichen Problemlage entstand auch die Aufspaltung der Liberalen in Sozialliberale und Wirtschaftsliberale, die bis heute in der FDP zu erkennen ist. Die Grundsatzfrage, die sich hierbei stellt ist, ob man Erfolg und Misserfolg, Armut und Reichtum als natürlich bedingt und als Folge von Fleiß bzw. Faulheit ansieht oder ob man der Auffassung ist, dass auch gesellschaftliche Strukturen Schuld an Erfolg und Misserfolg von Menschen sind. Die Chancengleichheit, die sich der Liberalismus für das Bürgertum im 17., 18. und 19. Jahrhundert erst erkämpfen musste, ist in der Industriegesellschaft des 20. Jahrhunderts bei weitem nicht für

Wie soll die Gleichheit hergestellt werden?

alle Menschen gegeben. Insofern sind die Sozialliberalen der Auffassung, dass diese Chancengleichheit durch staatliche Fürsorgemaßnahmen hergestellt werden muss, während die Wirtschaftsliberalen alles dem freien Markt und somit jedem einzelnen Individuum überlassen wollen. Das Problem, das hierbei besteht, dass nämlich die Ausgangsvoraussetzungen – um auf dem freien Markt überhaupt (erfolgreich) aufzutreten – höchst unterschiedlich sind, wird von den Wirtschaftsliberalen freilich nicht gelöst (→ vgl. Kap. 2.1.1) bzw. sie weisen es wieder dem freien Markt zu (→ vgl. Kap. 3.1.2.2), erheben also eine *petitio principii* zum Fundament ihrer Theorie, d.h. sie verwenden einen unbewiesenen, erst noch zu beweisenden Satz als Beweis für einen anderen Satz.

Liberalismus, Aufklärung und Bürgertum

Man kann also dreierlei festhalten:

1. Der Liberalismus ist mit der Aufklärung insofern verbunden, als die Aufklärung die Emanzipation der Individuen von aller Bevormundung fordert. Strukturen, Institutionen und Traditionen, die eine solche Emanzipation verhindern, müssen im Zweifelsfall auch revolutionär geändert werden.

2. Der Liberalismus steht in enger Verbindung mit dem Bürgertum, da er sich nur für die Rechte der gebildeten und wohlhabenden Bürger einsetzt. Insofern ist er historisch mit dem Feudalismus und Absolutismus verbunden in dem Sinne, dass er beide überwinden möchte. Gleichzeitig richtet sich der Liberalismus aber auch gegen den Sozialismus, da er am Privateigentum und an den Vorrechten für die Besitzbürger festhält.

3. Der Liberalismus ist nicht, wie die gegenwärtige Kritik manchmal suggeriert, die einseitige Rechtfertigung einer egoistischen Leistungsgesellschaft. Vielmehr zielt die liberale Forderung nach Freiheit auf eine autonome Lebensführung in allen Bereichen. Freiheit heißt hier besonders Freiheit von der Gängelung durch

die aktuellen Machthaber. Zur Gründungszeit des Liberalismus richtete sich die Kritik der Liberalen also gegen Monarchie und Feudalismus, später gegen den Obrigkeitsstaat und heute ist es der Sozial- und Fürsorgestaat, gegen den der Liberalismus sich mit seiner Forderung nach mehr Freiheit richtet, da dieser – nach Ansicht der Liberalen – die Freiheit der Individuen über Gebühr einschränkt.

Schließlich – so gilt es zu betonen – ist eine der zentralen Forderungen des Liberalismus die nach staatlich garantierten Grundrechten, die Vorrang selbst vor Mehrheitsentscheidungen haben.

Zusammenfassung

Die charakteristischen Ideen des Liberalismus

Die charakteristischen Ideen des Liberalismus lassen sich in aller Kürze wie folgt zusammenfassen:

- Der Liberalismus geht von der Selbstbestimmungsfähigkeit der Individuen aus, weswegen der Staat auch nur die untergeordnete Rolle eines »Nachtwächters« zu spielen hat, d. h., er soll nur dort eingreifen, wo es nötig ist. Insofern betont er die Bürger- und Menschenrechte des Individuums gegenüber dem Staat und die Bändigung der politischen Herrschaft durch eine Verfassung.
- Die Liberalen sind der Auffassung, dass die Ökonomie so weit wie möglich frei von staatlichen Regulierungen sein sollte. Sie vertrauen ganz auf die freien Kräfte des Marktes und des Wettbewerbes, die im Zusammenspiel alles optimal regeln, solange sie nur frei sind. Einschränkend muss man hier gerechterweise hinzufügen, dass die Sozialliberalen durchaus gewisse Beschränkungen des freien Marktes befürworten, um beispielsweise ungleiche Ausgangsvoraussetzungen auszugleichen.
- Der Liberalismus ist augenscheinlich die erste politische Ideologie, die ihre Ordnungsvorstellungen gänzlich ohne metaphysische oder transzendentale Hilfe aufbaut (wenn man den Glauben an den Markt nicht auch als Religion bezeichnen will).

John Locke (1632–1704) ist der erste exponierte Vertreter des Liberalismus, weswegen er hier auch an erster Stelle behandelt wird. Er wandte sich mit der ersten seiner »Zwei Abhandlungen über die

John Locke: erster bedeutender Vertreter des Liberalismus

Regierung« (1690) gegen die zu seiner Zeit herrschende Auffassung, dass der Monarch von Gott beauftragt oder legitimiert sei. In der zweiten Abhandlung legt er dar, dass Herrschaft auf eine theoretische Grundlage gestellt werden muss. Dafür benutzt Locke die Vertragstheorie, die – vom Naturrecht ausgehend – die politische Herrschaft auf einen Vertrag gründet, den die Menschen untereinander schließen.

Alexis de Tocqueville

Alexis de Tocqueville (1805–1859), der zweite hier dargestellte Vertreter des Liberalismus, war der erste Liberale, der die Freiheit und Gleichheit gleichermaßen wichtig fand und beides allen gesellschaftlichen Schichten zusprach. Schließen Freiheit und Gleichheit sich in der liberalen Tradition normalerweise aus, so werden sie bei Tocqueville versöhnt und zwar so, dass sie sich gegenseitig stützen.

3.2.3.1 | John Locke

Leben und Werk

John Locke (1632–1704)

John Locke wurde 1632 in Wrington in der Grafschaft Somerset als Sohn einer wohlhabenden puritanischen Familie geboren. Er besuchte zunächst die Londoner Westminster School und studierte anschließend in Oxford am Christ Church College. Der Earl of Shaftesbury war es, der Locke zu seinen politischen Reflexionen anregte. Die »Zwei Abhandlungen über die Regierung«, die 1690 erschienen, befanden sich seit 1679 in der Ausarbeitung. Shaftesbury stand damals im Kampf gegen das mit dem Katholizismus sympathisierende Königshaus. In dieser Auseinandersetzung mit dem Könighaus unterlag Shaftesbury und er wurde in den Tower of London geworfen. 1681 floh er nach Holland, wohin ihm Locke 1683 folgte, da auch er sich einer ständigen Überwachung ausgesetzt sah. Dort schrieb er einige seiner wichtigsten Veröffentlichungen: Die »Betrachtungen über den menschlichen Verstand« (1690), »Einige Gedanken über die Erziehung« (1693) sowie »Ein Brief über die Toleranz« (1689). Nach der Glorious Revolution von 1688/89 konnte er nach England zurückkehren. Er starb 1704.

In der zweiten seiner »Abhandlungen über die Regierung« stellt Locke seine Vorstellungen von Aufbau und Funktionen der Regierung dar. Um zu seinen vertragstheoretischen Überlegungen zu kommen, geht er von der Überlegung eines Naturzustandes aus. Er ist der Auffassung, dass es sinnvoll ist, die politische Gewalt und ihre Befugnisse von ihrem Ursprung abzuleiten (Locke 1977, II, § 4). Im Naturzustand sind alle Menschen gleich und frei. Freiheit bedeutet hier, dass es jedem offen steht, innerhalb der Grenzen des Naturgesetzes alle seine Angelegenheiten so zu regeln, wie man es für richtig hält, ohne dafür bei irgendjemandem um Erlaubnis bitten zu müssen. Mit »gleich« ist gemeint, dass jeder die Macht hat, andere zu töten, und dass jeder Richter in eigener Sache ist. Schon alleine durch diese Charakterisierungen von »gleich« und »frei« wird deutlich, dass der Naturzustand, obzwar von Locke anders als von Hobbes nicht als Kriegszustand beschrieben, kein Zustand des friedlichen Zusammenlebens ist. Er ist vielmehr definiert als Zustand der Rechtsunsicherheit.

Naturzustandstheorem

Naturzustand ist kein Kriegszustand

Der Kriegszustand tritt dann ein, wenn jemand das Eigentum oder das Leben bzw. die körperliche Unversehrtheit eines anderen bedroht. Dem Angegriffenen steht es dann offen, den Angreifer nach eigenem Ermessen zu behandeln, also auch zu töten (ebd., II, § 19). Dies verdeutlicht dann aber auch, dass der Naturzustand und die Freiheit im Naturzustand kein Zustand der Zügellosigkeit ist. Es herrscht ein »natürliches Gesetz« in ihm, das für alle verpflichtend ist. Dieses Gesetz besagt, »dass niemand einem anderen, da alle gleich und unabhängig sind, an seinem Leben und Besitz, seiner Gesundheit und Freiheit Schaden zufügen soll« (ebd., II, § 6).

Locke beschreibt den Unterschied zwischen Kriegs- und Naturzustand und was aus dem Naturzustand einen Kriegszustand macht in folgenden Worten:

»Menschen, die nach der Vernunft zusammenleben, ohne auf Erden einen gemeinsamen Oberherren mit der Macht, zwischen ihnen zu richten, über sich haben, befinden sich im *eigentlichen Naturzustand*. Gewalt aber, oder die erklärte Absicht, gegen die Person eines anderen Gewalt anzuwenden, *bedeutet*, wo es auf Erden keinen gemeinsamen Oberherrn gibt, den man um Hilfe anrufen könnte, *den Kriegszustand*. [...] *Das Fehlen eines gemeinsamen, mit Autorität ausgestatteten Richters versetzt alle Menschen in einen Naturzustand: Gewalt ohne Recht gegen die Person eines anderen gerichtet erzeugt einen*

Zusammenfassung

Naturzustand – Kriegszustand

Der Naturzustand ist der Zustand des Zusammenlebens der Menschen auf der Erde ohne eine gemeinsam anerkannte Macht, die nach festgesetzten Regeln Streitfälle schlichtet. Hier gilt nur das Naturgesetz, nach dem jeder Richter in eigener Sache ist. Locke bezeichnet diesen Zustand auch als Zustand der Rechtsunsicherheit.

Der Kriegszustand tritt dann ein, wenn einer einem anderen etwas wegnehmen möchte, sei dies materielles Eigentum oder aber die körperliche Unversehrtheit. Im Kriegszustand hat der Angegriffene das Recht, den Angreifer umzubringen.

Kriegszustand, wobei es keine Rolle spielt, ob es einen gemeinsamen Richter gibt, oder nicht.« (ebd., II, § 20).

Der Kriegszustand   Der Kriegszustand ist ein Zustand, den man möglichst schnell verlassen und möglichst vermeiden möchte. Daher bezeichnet Locke den Kriegszustand als den eigentlichen Grund für den Wunsch der Menschen, den Naturzustand zu verlassen, also sich zu einer Gesellschaft zusammenzuschließen.

In einer Gesellschaft zu leben bedeutet nun aber, dass man nicht mehr die Freiheit genießt, die man noch im Naturzustand hatte. Anstatt also nur noch dem Gesetz der Natur unterworfen zu sein, besteht die Freiheit der Menschen nun darin, nur der gesetzgebenden Gewalt zu unterstehen, die sie selbst durch Übereinstimmung eingesetzt haben, und nur den Gesetzen unterworfen zu sein, die die rechtmäßige Legislative beschlossen hat (ebd., II, § 22).

Die Entstehung einer politischen Gemeinschaft

Locke ist der Auffassung, dass es ohne eine Gewalt, die das Eigentum ihrer Mitglieder schützt, keine politische Gemeinschaft geben kann. Insofern kann es nur dort eine Gesellschaft geben, wo alle, die ihr angehören, ihre natürlichen Rechte aufgegeben haben und damit auch das Recht, Richter in eigener Sache zu sein. Durch diesen Verzicht wird die Gesellschaft bzw. ihre Legislative dazu ermächtigt, Gesetze zu erlassen. Die Mitglieder dieser Gesellschaft müssen sich an die Gesetze halten (ebd., II, §§ 87 ff.). Die Legislative ist die Gewalt, die das Recht hat zu bestimmen, wie die Macht des Staates zur Erhaltung der Gemeinschaft und ihrer Glieder ge-

Aufgabe der natürlichen Rechte

braucht werden soll (ebd., II, § 149). Im achten Kapitel beschreibt Locke, wie die Gesellschaftsgründung vonstatten geht:

»Die einzige Möglichkeit, mit der jemand diese natürliche Freiheit [des Naturzustandes] aufgibt und *die Fesseln bürgerlicher Gesellschaft anlegt*, liegt in der Übereinkunft mit anderen, sich zusammenzuschließen und in eine Gemeinschaft zu vereinigen, mit dem Ziel, eines behaglichen, sicheren und friedlichen Miteinanderlebens, in dem sicheren Genuss ihres Eigentums und in größerer Sicherheit gegenüber allen, die nicht zu dieser Gemeinschaft gehören.« (ebd., II, § 95).

Hier wird sehr deutlich, worauf Locke Wert legt: Sicherheit vor Gewalt und Sicherheit des Eigentums. Dies sind die Dinge, die ein Staat zu gewährleisten hat, wie er in Kapitel 9 formuliert: »Das große und hauptsächliche Ziel, weshalb die Menschen sich zu einem Staatswesen zusammenschließen und sich unter eine Regierung stellen, ist also die Erhaltung ihres Eigentums.« (ebd., II, § 124). Hier wird sehr deutlich, dass die Menschen, von denen Locke spricht, zum Besitzbürgertum gehören und nicht etwa alle Menschen gemeint sind, auch wenn Lockes Eigentumsbegriff ein umfassender ist und prinzipiell auch die physische Unversehrtheit der Menschen einschließt.

Sicherheit als Motiv der Gesellschaftsgründung

Eigentum

Grundlegend für Lockes Charakterisierung als liberaler bürgerlicher Denker ist die zentrale Position, die das Eigentum bei ihm einnimmt. Der Grund für diese zentrale Stellung des Eigentums ist das wichtigste Grundrecht der Menschen, die Selbsterhaltung. Locke leitet das Eigentumsrecht direkt aus dem Selbsterhaltungstrieb ab (ebd., I, § 86). Es ist nicht gestattet, mehr Eigentum anzuhäufen, als man verbrauchen kann. Sobald aber die Menschen eine Form gefunden haben, Besitz in Form von Geld oder anderen unverderblichen Waren zu tauschen und gegenseitig anzuerkennen, ist es jedem gestattet, so viel Eigentum anzuhäufen, wie er nur kann. Die Logik dabei ist, dass bei den verderblichen Waren eine Verschwendung vorliegt, wenn man sie als Eigentum betrachtet und dann verderben lässt (ebd., II, §§ 46 f.).

Wie kommt man zu Eigentum? Indem man Arbeit auf einen Gegenstand der Natur (Boden, Früchte, Mineralien) verwendet, eignet man ihn sich an. Die Erde und ihre Früchte gehören zunächst einmal allen, durch das Zufügen von Arbeit wird aus dem Allgemeingut Privateigentum.

Entstehung von Eigentum

Locke hat hier en passant die bürgerliche Idee der Individuen als Produzenten, die sich nur durch Fleiß und Ehrgeiz unterscheiden, begründet. Erst mit der Einführung des Geldes ermöglichten unterschiedlicher Fleiß und Geschick die Anhäufung von Besitz. Daher ist Locke der Auffassung, dass die Einführung des Geldes die stillschweigende Übereinkunft der Menschen beinhaltete, dass unterschiedlicher Besitz zulässig ist.

Definition

Das Eigentum bei Locke

Eigentum hat bei Locke einen zentralen Stellenwert. Der Mensch hat von Natur aus »die Macht, sein Eigentum, d.h. sein Leben, seine Freiheit und seinen Besitz gegen die Schädigung und Angriffe anderer zu schützen« (Locke 1977, II, § 87). Erst mit der Einführung des Geldes konnte man mehr Eigentum anhäufen, als man verwerten kann. Die Unterschiede im Besitz sind durch den Fleiß und die Geschicklichkeit des Einzelnen bedingt. Viel Eigentum ist nach Locke kein Quell der politischen Macht, er bestreitet daher auch die Verbindung beider. Lockes politische Philosophie liefert die Rechtfertigung für ungleichen Besitz und somit auch die der bürgerlichen Gesellschaft.

Die Prinzipen dieser politischen Gemeinschaft

In der politischen Gemeinschaft hat nur noch die Mehrheit zu entscheiden. Der Mehrheitsbeschluss verpflichtet die Minderheit diesem gemäß zu handeln, da die Gemeinschaft einen Körper darstellt und dieser sich immer nur in eine Richtung bewegen kann (ebd., II, § 87 f.). Außerdem stellt für Locke der Mehrheitsbeschluss auch aus ganz praktischen Erwägungen heraus die einzige Möglichkeit dar, eine politische Gemeinschaft zu führen. Einstimmigkeit würde die Entscheidungsfindung blockieren, sie ist utopisch und liefe auf eine kurze Lebensdauer der Gesellschaft hinaus.

Vorteile einer politischen Gemeinschaft

Die Vorteile, die eine politische Gemeinschaft bietet, sind folgende:
1. ein bekanntes und verkündetes Gesetz,
2. unparteiische Richter,
3. eine vollziehende Gewalt der Gesamtgesellschaft.

Sie beseitigen alle Unwägbarkeiten und Konflikte des Naturzustands.

Zusammenfassung

Vorteile für das Individuum in der politischen Gemeinschaft

Die Menschen verfügen im Naturzustand über zwei Rechte:

1. das Recht der Selbsterhaltung und
2. das Recht, Richter in eigener Sache zu sein.

Diese Rechte treten sie nach Abschluss eines Vertrages an den Staat ab. Für die Individuen, die in der auf diese Weise gegründeten politischen Gemeinschaft leben, ergeben sich daraus drei Vorteile:

1. ein bekanntes und verkündetes Gesetz,
2. unparteiische Richter,
3. eine vollziehende Gewalt.

Die Verfassung der politischen Gemeinschaft

Locke nimmt schon Teile der Gewaltenteilungslehre von Montesquieu (→ vgl. Kap. 4.1.1.2) vorweg, wenngleich er prinzipiell nur zwei Gewalten kennt: Die Exekutive und die Legislative. Die Legislative kann als der Bestimmungsfaktor der Regierungsform angesehen werden, wobei er die folgenden drei Regierungsformen als legitim bezeichnet:

1. »Bei der ersten Vereinigung der Menschen zu einer Gesellschaft besitzt die Mehrheit naturgemäß die gesamte Gewalt der Gemeinschaft.«

    Mit dieser Gewalt kann sie Gesetze erlassen und durch Beamte vollstrecken lassen. Die Regierung ist dann eine »vollkommene Demokratie«.
2. »Oder sie kann die Gewalt der Gesetzgebung in die Hände einiger auserwählter Männer und ihrer Erben oder Nachfolger legen, dann ist sie eine Oligarchie«.
3. »... oder aber in die Hände eines einzigen Mannes, und dann ist sie eine Monarchie.« (Locke 1977, II, § 132).

Hierbei gilt es festzuhalten, dass die Legislative die höchste Gewalt des Staates ist und sich unabänderlich in den Händen befindet, in die sie die Gemeinschaft einmal gelegt hat. Jedes Gesetz und jede Vorschrift können nur die verpflichtende Kraft eines Gesetzes haben, wenn sie ihre Sanktion von derjenigen Legislative erhält, die das Volk gewählt und ernannt hat. Mit anderen Worten heißt das, dass nur die Legislative dem Gesetz die Zustimmung der Gesellschaft geben kann.

Die Legislative Locke betont weiterhin, dass die Legislative keine natürliche Gewalt darstellt, sondern eine künstliche, von Menschen erschaffene, was zur Folge hat, dass sie nach öffentlich bekannten und festen Gesetzen regieren muss, die für Arm und Reich dieselben sind – wobei bedacht werden muss, dass die Reichen sie machen. Die Gesetze, die die Legislative erlässt, müssen zum Wohle des Volkes sein und vor allem dürfen sie nicht das Eigentum der Menschen besteuern, ohne zuvor deren Zustimmung eingeholt zu haben (ebd., II, §§ 134–142). Neben der legislativen Gewalt zählt Locke noch die Exekutive und föderative Gewalt auf sowie die Prärogative. Die Exekutive ist in Besitz der Prärogative und der Föderative (zur Gewaltenteilungslehre von Locke → vgl. Kap. 4.1.1.1).

Zusammenfassung

Lockes Liberalismus

Die Menschen schließen sich zu einer Gesellschaft zusammen, weil ihnen die Rechtsunsicherheit des Naturzustands zu gefährlich war. Die politische Gemeinschaft beruht auf Mehrheitsbeschlüssen, die die Exekutive nach Maßgabe der Legislative auszuführen hat. Dabei kann die Exekutive die Form der Demokratie, Oligarchie oder Monarchie annehmen. Von zentraler Bedeutung für Locke ist das Eigentum, das bei ihm direkt mit dem Recht auf Selbsterhaltung zusammengeht. Eigentum entsteht durch Arbeit. Erst die Erfindung des Geldes hat es ermöglicht, mehr Eigentum anzuhäufen, als man benötigt. Es machte den Handel und den Warenmarkt möglich. Lockes Stellung als liberaler Denker zeigt sich deutlich in der zentralen Bedeutung des Eigentums und den limitierten Aufgaben des Staates. Der Staat hat die Individuen und ihr Eigentum zu schützen. Steuern darf er nur mit Erlaubnis der Bürger erheben. Als Bürger gelten nur Besitzbürger. Nur diese haben das aktive und passive Wahlrecht. Womit klar sein dürfte, zu wessen Wohl die Gesetze erlassen werden.

Alexis de Tocqueville

| 3.2.3.2

Leben und Werk

Alexis de Tocqueville (1805–1859)

Tocqueville wurde 1805 geboren. Er stammte aus altem normanni-
schen Adel, studierte Jurisprudenz und wurde anschließend Richter in Versailles. 1831/32 unternahm er im Auftrag des französischen Justizministeriums eine Reise durch die USA, um dort eine
Reform des Gefängniswesens zu studieren. Im Jahr 1835 erschien
der erste Band von »Über die Demokratie in Amerika«, der in Europa wie in den USA für Aufsehen sorgte. 1839 wurde Tocqueville als
Abgeordneter in die Nationalversammlung gewählt, bis er 1851
aus der Politik ausschied. Der zweite Band von »Über die Demokratie in Amerika« erschien 1840. Er erhielt aber nicht mehr die Reso-
nanz wie der erste Band. 1848 wurde Tocqueville in die verfas-
sungsgebende Versammlung gewählt, in der er am Entwurf der
neuen Verfassung mitarbeitete. 1849 wurde er für einige Monate
Außenminister. Neben »Über die Demokratie von Amerika« ist
noch seine Werk »Das alte Regime und die Revolution« von Bedeutung, in dem er die französische Revolution als Ausdruck einer
umfassenden gesellschaftlichen Strukturkrise interpretierte (Bermbach 1986, 346). Diese Buch blieb unvollendet, da Tocqueville 1859
starb, bevor er es beenden konnte.

Tocqueville wird von vielen als einer der größten Analytiker der
politischen Welt seit Aristoteles und Machiavelli gesehen (Dilthey
1927, 104 f.). Um was also geht es Tocqueville in seinem zwei Bände
umfassenden Werk »Über die Demokratie in Amerika«? Vorrangig
beschäftigen ihn die Ordnungsprobleme, mit denen große junge
Demokratien wie die Vereinigten Staaten zu kämpfen haben.
Modern formuliert kann man sagen, dass Tocqueville begeistert ist
von dem Geist der Subsidiarität, wie er in den USA bewusst gelebt
wurde und dabei zur beständigen Erneuerung des politischen Geis-
tes der Freiheit, den Tocqueville nach seinem Bekunden in den USA
erleben durfte, beitrug. Subsidiarität meint hier, dass übergeord-
nete gesellschaftliche Einheiten nur solche Aufgaben übernehmen,
die von unteren Einheiten nicht wahrgenommen werden können.
Probleme sollen also wenn möglich dort gelöst werden, wo sie entstehen.

Ordnungsprobleme der
Demokratien

Erfahrung der Gleichheit

Die »Erfahrung der Gleichheit« hat ihn besonders beeindruckt, und diese Erfahrung kam eben durch die gelebte Subsidiarität zum Ausdruck. Denn in den USA erlebte er eine echte Bürgerbeteiligung, die alle Bürger – ob mit oder ohne Besitz – einschloss. Er sieht die Volkssouveränität darin ausgedrückt, dass kurze Wahlperioden, eine freie Presse, bürgerliche Aktivität in den Gemeinden und Vereinen nicht nur in der Verfassung verankert sind, sondern tatsächlich auch angewandt werden und rege Beteiligung finden.

Gelebte Politik

Allen voran untersucht Tocqueville die Gemeinden, die er als teilsouveräne Republiken sieht und als den Ort des Geschehens gelebter Politik versteht. Diese gelebte Politik sieht er als Praxis und ständige Erneuerung der Freiheit. Er sieht hier eine Art der Volksouveränität, die beispielhaft für eine freiheitliche Gesellschaft ist. Allerdings ist er auch der Auffassung, dass diese durch die Verfassung abgesicherte Volkssouveränität Gefahren birgt, die er im zweiten Teil des Buches schildert. Hier warnt er vor der Tyrannei der Mehrheit. So schreibt er: Sollte die Freiheit in Amerika jemals untergehen, »so wird man dafür die Mehrheit verantwortlich machen müssen, die die Minderheit zur Verzweiflung trieb« (Tocqueville 1984, Teil 2, Kap. 7).

Definition

Die Demokratie in Amerika

Tocqueville erlebte auf seiner Amerikareise 1831/32 offenbar eine sehr aktive und mit der Basis verbundene Demokratie, die er in seinem zweibändigen Werk, »Über die Demokratie in Amerika« schildert. Die Momente, die ihn am meisten beeindruckt haben, sind offensichtlich die Erfahrung der Gleichheit und Freiheit, der echten Volkssouveränität, die sich in kurzen Wahlperioden, einer freien Presse und echter bürgerlicher Aktivität ausdrückt. Mit am besten gefiel im aber, dass die Probleme auf der Ebene angegangen wurden, wo sie ent- und bestanden und dass sie nicht erst einer zentralen Instanz vorgetragen und dann von der dieser gelöst wurden. Diese gelebte Politik sieht er als Praxis und ständige Erneuerung der Freiheit.

Freiheit und Gleichheit

Tocqueville sah sich selbst als einen Liberalen neuer Art (Mayer 1954, 37), der sich zum Ziel gesetzt hat, die gegensätzlichen Pole von Freiheit und Gleichheit zu versöhnen. In Amerika sah er dazu ein gelungenes Experiment, von dem die Europäer lernen können, um auf ihrem Weg der »Nivellierung der überkommenen ständischen und sozialen Unterschiede mit der Folge der Ausformung eines demokratischen Regierungssystem« erfolgreich zu sein (Bermbach 1986, 346).

Dieses Ziel zeigt schon an, was Tocqueville unter Gleichheit versteht: Gleichheit der gesellschaftlichen Bedingungen, d.h. Gleichheit im Zugang zu gesellschaftlichen, sozialen und wirtschaftlichen Chancen – nicht natürliche Gleichheit im Sinne einer abstrakten Gleichheit. Hier wird der Unterschied zu den europäischen vorrevolutionären Gesellschaften deutlich. Dort war die Position eines jeden Menschen von Geburt an festgelegt, die Reichen waren ihres Reichtums sicher und die Armen fügten sich in ihr Schicksal. Die demokratische Gesellschaft Amerikas dagegen war durchlässig und flexibel, die Herkunft nicht entscheidend für das eigene Leben und daher war sie egalitär (Tocqueville 1984, 735).

Gleichheit

Definition

Freiheit und Gleichheit

Freiheit und Gleichheit sind zwei zentrale Werte in Tocquevilles Liberalismus und er betont gar, dass beide einander bedingen. Das ist das Besondere an seiner Liberalismuskonzeption: Normalerweise sind im Liberalismus Freiheit und Gleichheit einander entgegengesetzt. Zum einen behandeln die meisten die Gleichheit nur als Gleichheit der besitzenden Bürger, die anderen kommen beispielsweise nicht in den Genuss des Wahlrechts. Zum anderen wird Gleichheit normalerweise als Konkurrenz zur Freiheit gesehen. Sollen alle gleiche Bedingungen bekommen, so setzt dies die Tätigkeit des Staates voraus, welche die Freiheit des Einzelnen einschränkt.

Die Gleichheit, die Tocqueville in Amerika vorfindet und die er hervorhebt, hat allerdings mit den besonderen amerikanischen Bedingungen zu tun: den Sitten und Gewohnheiten, die in den USA damals ganz andere waren als in Europa. In den USA gab es keine Standesschranken und auch keine anerkannten Autoritäten und Hierarchien. Dies begeisterte Tocqueville. Eine solche Gleichheit sähe er auch gerne in zukünftigen europäischen Demokratien.

Aktive Bürger als Voraussetzung der Demokratie

Tocqueville fordert dementsprechend aktive Bürger, die erst in ihrer Gesamtheit und in einer aktiven Form der »Selbstregierung« den Staat ausmachen. Er fordert daher für Frankreich, dass die Gesetze für die französische Republik zwar andere sein können und teilweise auch sein müssen als die für Amerika, »[...] aber die Grundsätze, auf denen die amerikanischen Verfassungen [neben der der USA meint Tocqueville hier die Verfassungen der US-Bundesstaaten] fußen, die Grundsätze der Ordnung, der Mäßigung der Gewalten, der wahren Freiheit, der aufrichtigen und tiefen Achtung vor dem Recht sind allen Republiken unentbehrlich, sie gelten für alle, und man kann von vornherein sagen, dass da, wo sie fehlen, die Republik bald verschwunden sein wird.« (Tocqueville 1984, 4).

Tocqueville fordert für Frankreich also die gleichen Verfassungsgrundsätze, wie sie in Amerika gelten.

Seine Beobachtungen in Amerika ließen in ihm die Überzeugung entstehen, dass nur eine aktive Bürgerschaft in einem föderal organisierten Staat ihre politische Freiheit dauerhaft aufrechterhalten kann. Wie schon eingangs mit der Verwendung des Subsidiaritätsbegriffs angedeutet, legt Tocqueville großen Wert auf die Beteiligung der Menschen an der politischen Entscheidungsfindung und der Entscheidung selbst. Nur diese Teilhabe ist es, die auf lange Sicht die politische Freiheit aber auch die Gleichheit aufrechterhält.

Politische Freiheit

Föderaler Aufbau

Der föderale Aufbau Amerikas kommt dieser Feststellung entgegen (zum Prinzip des Föderalismus → vgl. Kap. 4.1.2). Je lokaler die politische Handlung verankert ist, sie also von lokalen Amtsträgern getragen und vorgetragen wird, umso sichtbarer und greifbarer ist die Republik bis hinunter in die Gemeinden. Gleichzeitig ermöglicht diese Ordnung den Bürgern, an den Entscheidungen vor Ort teilzuhaben. Dies schärft ihr politisches Bewusstsein und ebenso das Bewusstsein, Bürger dieser Republik zu sein und somit Mitverantwortung dafür zu tragen, dass ein Zusammenleben in Freiheit und Gleichheit gelingt.

Definition

Politische Freiheit

Die politische Freiheit umfasst für Tocqueville das aktive und passive Wahlrecht, eine freie Presse, direkte politische Beteiligungsmöglichkeiten und somit eine aktive Teilhabe an der politischen Situation in ihrer eigenen Lebenswelt. Damit diese politische Freiheit, die ganz grundlegend auf die Gleichheit der Menschen angewiesen ist, auch langfristig sichergestellt ist, plädiert Tocqueville für eine tägliche Einübung dieser Freiheit, sodass sie zur Sitte wird. Sitten sind nämlich langlebiger als Gesetze und können auch nicht so schnell von Machthabern, die gegen die politische Freiheit sind, geändert werden.

Tägliche Übung der Freiheit

Wichtig ist für Tocqueville, dass diese politische Freiheit und Beteiligung täglich eingeübt wird, sodass sie bald zu Sitte werden. Denn Sitten sind beständig, Gesetze können aber geändert werden. Die Sitten bilden die einzige dauerhafte und widerstandsfähige Macht eines Volkes. In diesem Sinne lobt er das amerikanische Geschworenenwesen in der Rechtsprechung (ebd., 361 ff.) und das freie und vielfältige Pressewesen, das es ermöglicht, täglich im Diskurs miteinander zu stehen (ohne sich zugleich zu sehen) und gemeinschaftlich vorzugehen (ohne sich versammelt zu haben) (ebd., 601).

Jeder Bürger hat nach Tocqueville also den Anspruch auf gleiche Mitwirkung an der Regierung. Daher wird niemals einer die Möglichkeit haben, eine tyrannische Macht aufzubauen und auszuüben. Er ist der Auffassung, dass es einen Punkt gibt, wo Freiheit und Gleichheit sich berühren und verschmelzen:

Anspruch auf gleiche Mitwirkung

»Die Menschen werden vollkommen frei sein, weil sie alle völlig gleich sind; und sie werden alle vollkommen gleich sein, weil sie völlig frei sind. Das ist das Ideal, dem die demokratischen Völker nachstreben.« (Tocqueville, zitiert nach Bermbach 1986, 347).

Dass Tocqueville so häufig die Möglichkeit des Zusammenlebens der Menschen in Freiheit und Gleichheit betont, hat seinen Grund zum einen darin, dass die Gegner der Demokratie genau dies ausschließen. Zudem erwächst daraus ein Maßstab, der es erlaubt, über die Entwicklung der amerikanischen Gesellschaft zu urteilen, und sich gleichzeitig dazu eignet, als allgemeiner »Demokratiemesser« zu fungieren, geht doch Tocqueville in seinen Ausgangsüberlegungen zu »Über die Demokratie in Amerika« davon aus, dass Freiheit und Gleichheit in einem Spannungsverhältnis zueinander stehen (Bermbach 1986, 347).

Freiheit und Gleichheit

Die Gefahren, die die Freiheit bedrohen

Die Gefahren, die nach Tocqueville die Freiheit bedrohen, sind alle mit der eigentlich positiv beurteilten Gleichheit verbunden. Die Gleichheit macht es allen möglich Eigeninitiative zu ergreifen, unternehmerisch tätig zu sein und sich frei im Land nach neuen Möglichkeiten umzusehen. Strukturell bewirkt dies also eine Mobilität aller Bürger vom Arbeiter bis zum Unternehmer, die sich alle aufgrund ihrer heterogenen sozialen Herkunft und der ständig vorhandenen Veränderungschancen zur Mittelklasse zählen können, die gemeinsam die Trägerschicht der Demokratie bildet. Gleichheit der Bedingungen als Voraussetzung für materiellen Wohlstand und sozialen Aufstieg sind ausschlaggebend für weitreichende gesellschaftliche Veränderungen ohne Revolution (ebd., 348).

Gefahr der Gleichheit

Die Gefahr, die Tocqueville in dieser Gleichheit sah, die allen das Streben nach Reichtum und Ansehen ermöglichte, war nicht dieses Streben selbst. Vielmehr befürchtete er, dass die Menschen sich nur noch diesem Streben hingeben und dass dadurch die Beteiligung an der Demokratie vernachlässigt wird, die Menschen somit ihre politische Freiheit fahrlässig aufgeben (Tocqueville 1984, 622). Er sieht die Gefahr eines übertriebenen Individualismus, der in den alten europäischen Gesellschaften nicht möglich und auch nicht einträglich war (ebd., 585), er warnt also davor, sich aus den Angelegenheiten der Gesellschaft zurückzuziehen und an den gewonnenen demokratischen Freiheiten nicht mehr teilzunehmen. Die Auffassung vieler Menschen, sich ganz dem Privatleben hingeben zu können und dies als Freiheit zu verstehen, hält er für einen Trugschluss (Breier 2002, 275).

Erlahmen des Bürgersinns

Dieser Rückzug ins Privatleben, birgt gleich zwei Gefahren: Zum einen die einer Tyrannei der Mehrheit, und zum anderen die, dass die Gleichheit selbst in Gefahr gerät, da dann diejenigen, die sich der politischen Entscheidungsstrukturen bemächtigt haben (ob das nun die Mehrheit ist oder nur einige wenige sind), auch der Gleichheit ein Ende bereiten können. Dies droht dann, wenn die in Demokratien (angeblich) bestehende Tendenz nach Angleichung des allgemeinen Qualitätsniveaus und damit nach dem Verschwinden herausragender Persönlichkeiten und Leistungen dazu führt, dass sich die Bindungen an die Gesellschaft verringern und nur noch auf die Kategorien des gegenseitigen Nutzens beschränken.

Verwaltungsdespotismus

Hier besteht nun die Gefahr, dass die Politik einen – wenngleich auch wohlmeinenden – »Verwaltungsdespotismus« entwickelt, der die Teilnahme der Menschen überflüssig macht. Dies kann zum Rückzug der Bürger ins Private und zur politischen Apathie führen. Daher lobt Tocqueville die föderale und dezentrale politische Struktur Amerikas und stellt fest:

»Die Amerikaner haben den Individualismus, die Frucht der Gleichheit, durch die Freiheit bekämpft, und sie haben ihn besiegt. Die Gesetzgeber Amerikas [...] dachten, dass es außerdem ratsam sei, jedem Teil des Gebiets ein eigenes politisches Leben zu geben, um die Gelegenheiten des gemeinsamen Handelns der Bürger ins Unabsehbare zu vermehren und diese täglich spüren zu lassen, dass sie voneinander abhängen.« (Tocqueville 1984, 591).

Zusammenfassung

Tocquevilles Versöhnung von Gleichheit und Freiheit

Tocqueville zeigt sich in seiner Untersuchung der amerikanischen Demokratie von dieser begeistert. In ihr findet man echte Bürgerbeteiligung vor, die tatsächlich alle Bürger einschließt, also auch die, die weder Besitz noch Geld haben. Darüber hinaus ist er von dem gelebten Föderalismus und der Anwendung des Subsidiaritätsprinzips sehr angetan, und zwar aus folgendem Grund: Nur wenn die Menschen merken, dass durch ihr lokales Engagement sich auch etwas verändert, dass also ihre Stimme zählt, kann die Demokratie in den Sitten der Menschen verankert sein und bleiben. Ein weiteres wichtiges Thema ist für ihn das Verhältnis von Freiheit und Gleichheit. In der liberalen Tradition schließen sich diese eigentlich aus. Bei Tocqueville jedoch werden beide miteinander versöhnt und zwar so, dass sie sich gegenseitig stützen. Mit Gleichheit ist die Gleichheit der gesellschaftlichen Bedingungen gemeint, d. h. Gleichheit im Zugang zu gesellschaftlichen, sozialen und wirtschaftlichen Chancen. Gleichheit, die selbst im nachrevolutionären Frankreich nicht gegeben war. Erst eine solche Gleichheit ermöglicht wirkliche Freiheit für alle.

Tocqueville gehört zu den liberalen Denkern, da er dem Staat gegenüber misstrauisch ist, weshalb er dafür plädiert, dass möglichst viele Angelegenheiten von den Menschen selbst geregelt werden. Er warnt vor der Tyrannei der Mehrheit, die zwar in einer Demokratie nie vollständig ausgeschlossen werden kann, doch durch Dezentralisierung und Gewaltenteilung (inkl. der Presse) kann die Macht, die eine gesellschaftliche Gruppe ausübt, nie zu groß werden.

Lernkontrollfragen

1 Wo liegen die Gemeinsamkeiten und Unterschiede der beiden hier behandelten liberalen Autoren?

2 Wie sehen Sie Tocquevilles Versuch, Freiheit und Gleichheit zu versöhnen?

3 Bei Locke hat das Eigentum eine große Bedeutung. Wie zentral schätzen Sie Lockes Eigentumskonzeption ein und in welchem Verhältnis steht es zu Freiheit und Sicherheit des Individuums.

4 Der Liberalismus wird häufig mit dem Konzept des Nachtwächterstaates in Verbindung gebracht. Was bedeutet das? Inwiefern passt dieses Konzept zu den drei oben genannten charakteristischen Ideen des Liberalismus?

Literatur

Primärliteratur

Tocqueville, Alexis de (1984), Über die Freiheit in Amerika, 2. Bde., München.

Locke, John (1977), Zwei Abhandlungen über die Regierung, Frankfurt/Main.

Sekundärliteratur

Bermbach, Udo (1986), Liberalismus, in: Pipers Handbuch der politischen Ideen, Bd. 4, hrsg. von Iring Fetscher und Herfried Münkler, München, 323–368.

Breier, Karl-Heinz (2002), Alexis de Tocqueville, in: Politische Theorien des 19. Jahrhunderts, hrsg. von Bernd Heidenreich, Berlin, 265–287.
Breiers Darstellung ist eine sehr gut gelungene Einführung in Tocquevilles politisches Denken. Breier bettet dieses in den zeitgeschichtlichen Erfahrungshorizont ein und beschreibt gut verständlich die verschiedenen Aspekte von Tocquevilles Theorie.

Dilthey, Wilhelm (1927), Der Aufbau der geschichtlichen Welt in den Geisteswissenschaften, in: Ders., Gesammelte Schriften, Bd. 7, Berlin.

Euchner, Walter (1991), Naturrecht bei John Locke, Frankfurt/Main.
Wer sich wirklich eingehend mit John Lockes politischer Philosophie auseinandersetzen will, der kommt an diesem Klassiker der Locke-Interpretation nicht vorbei. Euchner behandelt die zentralen Aspekte des Naturrechts und der Vertragskonstruktion bei Locke in umfassender Weise.

Euchner, Walter (1977), Einleitung des Herausgebers, in: John Locke, Zwei Abhandlungen über die Regierung, hrsg. von Walter Euchner, Frankfurt/Main, 9–59.
Euchners Einleitung zu Lockes »Zwei Abhandlungen über die Regierung« gibt einen schnellen und guten Überblick über den historischen und philosophischen Kontext, in den Lockes Schrift einzuordnen

ist. Darüber hinaus werden alle wesentlichen Elemente von Lockes politischer Philosophie gut verständlich dargelegt.

Hereth, Michael (2001), Tocqueville zur Einführung, Hamburg.
Hereths schöne Einführung behandelt die grundlegenden Gedanken der politischen Theorie Tocquevilles und bezieht sich dabei explizit auf dessen Amerikabuch und seine Schilderungen der französischen Zustände.

Mayer, J.P. (1954), Alexis de Tocqueville. Prophet des Massenzeitalters, Stuttgart.

4 | Grundelemente der Politik

Inhalt

Unter »Grundelemente der Politik« werden hier wesentliche Elemente der staatlichen Struktur und auch der Mitwirkung der Bürger an politischen Entscheidungen verstanden. Dementsprechend ist dieses Kapitel zweigeteilt:

- Im ersten Teil »Grundelemente des Staatsverständnisses« werden zunächst die Prinzipien der Gewaltenteilung und des Föderalismus in ihrer theoriengeschichtlichen Entwicklung besprochen. Besonderer Augenmerk liegt dabei auf der Aufgaben- und Kompetenzverteilung innerhalb von Staaten und wie diese jeweils begründet wurde. Im dritten Abschnitt geht es um die Parteien. Obwohl diese erst eine Erscheinung des 19. Jahrhunderts sind, wird zu Beginn des Abschnittes zunächst ein kurzer Abriss über den zumeist negativen Gebrauch des Begriffs »Partei« gegeben. Dies soll als Kontrastfolie für die anschließenden theoretischen Bemühungen der Verortung der Funktionen und Aufgaben der Parteien dienen.

- Im zweiten Teil »Grundelemente der Demokratie« geht es um zwei zentrale Begriffe der demokratischen Beteiligung an den Entscheidungen eines Gemeinwesens: »Partizipation« und »Diskurs«. Partizipation wird hier als Grundelement behandelt, kann doch gerade sie in Zeiten des raschen gesellschaftlichen Wandels die für die Politik besonders wichtige Zustimmung und Legitimation herstellen. Partizipation ist sicherlich die beste Methode beides zu erreichen. Der habermassche Diskursbegriff geht auch in diese Richtung der Legitimations»herstellung«. Habermas möchte mit seinem Diskursbegriff die alten und überkommenen Legitimationsinstanzen überwinden und ersetzen. Er trägt insofern stark normative Züge. Der Diskursbegriff von Foucault hingegen ist eher strukturell-analytisch. Mit seiner Hilfe will er die bestehende Gesellschaft und die in ihr bestehenden Macht- und Herrschaftsverhältnisse untersuchen. Wie konstruiert der Diskurs das Politische und wie wird der Diskurs verwendet, um gesellschaftlich-politische Positionen zu erreichen bzw. zu verteidigen? Beide Autoren erkennen vor allem, dass viele Diskurse nicht allen Menschen offen stehen, und schon alleine dadurch ausgrenzen und politisch sind.

4.1   Grundelemente des Staatsverständnisses

4.2   Grundelemente der Demokratie

Grundelemente des Staatsverständnisses | **4.1**

Als Gegenstand der näheren Betrachtung rücken hier die Gewaltenteilung, der Föderalismus und die Parteientheorie in den Fokus.

Die Gewaltenteilung und der Föderalismus sind zwei Konzepte der staatlichen Ordnung und Strukturierung, die seit dem 17. Jahrhundert in der politischen Theorie explizit diskutiert werden. Die Vorteile beider Konzepte liegen auf der Hand, waren aber damals im Anbetracht der bestehenden Ordnung geradezu revolutionär. Beide haben als Grundidee, dass es besser ist, die Macht in einem Staat zu verteilen. Während die Gewaltenteilung von einer Teilung der Macht in ihre verschiedenen Teilgebiete ausgeht, d.h. in die Exekutive, Legislative und Judikative, ist der Föderalismus eher implizit ein System der Machtverteilung. Ihm geht es primär darum, in einem großen Staat die Kompetenzen zu verteilen. Das naheliegendste Beispiel ist die Bundesrepublik Deutschland, in der die Bundesländer selbst Staatsqualität haben und eigene Steuern erheben und Gesetze erlassen dürfen. Man kann den Föderalismus auch als vertikale Gewaltenteilung bezeichnen. Ein weiterer Vorteil des Föderalismus ist, dass Probleme auf den staatlichen Ebenen entschieden werden können, auf denen sie auftreten.

Gewaltenteilung und Föderalismus

Die Parteien und die Theorie von ihrem Aufbau und ihrer Funktion ist von Interesse, da die politischen Parteien im Grundgesetz der Bundesrepublik Deutschland eine zentrale Rolle zugewiesen bekommen (Art. 21 GG). Bis zum Beginn des 20. Jahrhunderts haben sie jedoch nahezu keine Rolle in der Politischen Theorie

Parteientheorie

gespielt und wenn doch, dann meist eine negative. Klaus von Beyme weist darauf hin, dass die Parteien im Unterschied zu den Eliten oder Klassen als Interessensgruppen nie herangezogen wurden, um das gesamte politische System inklusive seiner Bewegungsgesetze zu erklären. Die Parteientheorie ist vielmehr als eine Theorie anzusehen, die in ihren normativen Voraussetzungen stark von anderen Theorien, in die sie eingebettet ist, abhängt, so z.B. von der Demokratietheorie, der Parlamentarismustheorie oder der Repräsentationstheorie.

4.1.1 | Gewaltenteilung

Gewaltenteilung ist heute in den modernen Demokratien eine Selbstverständlichkeit. So heißt es beispielsweise in Artikel 20, Abs. 2 des deutschen Grundgesetzes:

»Alle Staatsgewalt geht vom Volke aus. Sie wird vom Volke in Wahlen und Abstimmungen durch besondere Organe der Gesetzgebung, der vollziehenden Gewalt und der Rechtsprechung ausgeübt.«

Drei Gewalten

Legislative, Exekutive und Judikative, d.h., Gesetzgebung, Vollzug und Rechtsprechung, sind von einander getrennt, um so einem Missbrauch einer dieser Gewalten vorzubeugen. Die Idee, nicht alle staatliche Gewalt in die Hände eines einzigen Machthabers, sei es ein Monarch oder eine gewählte Regierung, zu legen, stammt aus dem England des 17. Jahrhunderts, in dem einige Revolutionen und Gegenrevolutionen stattgefunden haben. Die bürgerlichen Parteien forderten daher gegen die Bestrebungen der Stuarts, wieder eine absolutistische Monarchie einzurichten, wie auch gegen die absolutistischen Bestrebungen des zunächst siegreichen Parlaments, die Macht durch Gewaltenteilung einzuschränken.

Charles Louis de Montesquieu

Die Auswahl der Autoren für diesen Teil fiel daher sehr leicht: John Locke hat die Idee von der Gewaltenteilung als Erster in dem heute noch gängigen Sinn in die politische Theorie eingeführt und begründet. Als zweiter Autor wird Charles Louis de Montesquieu vorgestellt. Ihm war es vorbehalten, die klassische Formulierung der Gewaltenteilung in seinem Buch »Vom Geist der Gesetze« (fr. »De l'Esprit des Lois«, 1748) vorzulegen (→ vgl. weiter unten, Kap. 4.1.1.2).

Zunächst jedoch gewann die Idee der Gewaltentrennung in der Form der Mischverfassungen an Gestalt. So wird schon bei Aristoteles mit der Politie eine Mischverfassung als die beste Regierungsform bezeichnet, da sie die politische Beteiligung der verschiedenen Bevölkerungsgruppen zulässt (→ vgl. Kapitel 2.2.1.1). In der Frühen Neuzeit kamen dann Forderungen nach einer Gewaltenteilung auf, die sich gegen die Theorie der absoluten Fürstenherrschaft richteten, wie sie z.B. von Thomas Hobbes vertreten wurde (→ vgl. Kap. 2.2.1.2). Bei John Locke ist dann in den »Zwei Abhandlungen über die Regierung« (»Two Treatises of Government«) von 1690 die Unterscheidung der Staatsgewalt in eine legislative, exekutive, prärogative und föderative Gewalt zu finden (vgl. weiter unten). Die *Glorious Revolution* (→ vgl. Kap. 3.2.3.1) in England 1688 hatte zur Folge, dass der König als »King in Parliament«, das Oberhaus und das Unterhaus zusammen die Legislative innehatten. Die Verwaltung und Regierung blieben bei der Krone.

John Locke

1701 wurde dann im »Act of Settlement« die Unabhängigkeit der Rechtsprechung erklärt, also eine unabhängige Judikative errichtet. Dieses Ergebnis, dass also auch die Judikative als unabhängige Gewalt anzusehen ist, fand in der Theorie Montesquieus seinen klassischen Niederschlag. In den USA wurde die Theorie Montesquieus stark rezipiert und fand in dem System der *Checks and Balances* in den »Federalist Papers« (1787 f.; → vgl. Kap. 4.1.2.2) ihren Ausdruck. In ihnen wird zudem – abweichend vom klassischen Schema – die Kontrolle der exekutiven Gewalt durch die richterliche Gewalt gefordert (vgl. Boldt 1995, 153 f.). In Deutschland setzte sich das Prinzip der Gewaltenteilung erst mit dem Grundgesetz vom 8. Mai 1949 endgültig durch.

Mit einem Blick auf die Verfassungswirklichkeit in der Bundesrepublik Deutschland ist jedoch das alte Schema der Gewaltenteilung in Exekutive, Legislative und Judikative so nicht mehr aufrechtzuerhalten. Wie Dolf Sternberger 1960 beschrieben hat, verlaufen die Trennungslinien heute nicht mehr zwischen Parlament und Regierung, sondern zwischen Regierung und Opposition, wobei die Regierung sich auf die Parlamentsmehrheit stützen muss. Darüber hinaus hat die Bedeutung der richterlichen Gewalt seit dem 19. Jahrhundert zugenommen, was Montesquieus Urteil, sie sei »unsichtbar und nichtig« (Montesquieu 1965, 214), Lügen straft. Vielmehr ist heute aufgrund der starken Stellung des Bundesverfassungsgerichts von einer »neuen« Dreiteilung zu sprechen: Regierungsmehrheit – Opposition – Verfassungsgericht (Boldt 1995, 155). Darüber hinaus wird häufig von der Presse als der »vierten Gewalt« gesprochen, die eine Kontrollfunktion über die drei anderen Gewalten in der Hinsicht ausübt, dass sie die Öffentlichkeit informiert.

Neue Trennungslinien

GRUNDELEMENTE DER POLITIK

Die Gewaltenteilung ist in föderal organisierten Staaten nochmals untergliedert. Man spricht hier von einer horizontalen und einer vertikalen Gewaltenteilung. Während unter der horizontalen Gewaltenteilung die herkömmliche Gewaltenteilung zu verstehen ist, versteht man unter der vertikalen Gewaltenteilung die Aufgabenverteilung zwischen den verschiedenen Ebenen. In Deutschland sind das der Bund und die Länder.

Horizontale und vertikale Gewaltenteilung

4.1.1.1 | John Locke

Leben und Werk

John Locke (1632–1704)

Locke wurde 1632 in Wrington, in der Grafschaft Somerset, in England geboren. Sein Leben war von den Bürgerkriegswirren seiner Zeit geprägt. Er studierte von 1652 bis 1656 in Oxford Logik, Metaphysik und klassische Sprachen. Noch bevor er das erste Buch veröffentlichte, war er unter den europäischen Intellektuellen ein feste Größe. Er war eng mit dem Earl of Shaftesbury befreundet, was seinen gesellschaftlichen Aufstieg erleichterte und ihm ein Staatsamt bescherte. Nachdem Shaftesbury 1683 allerdings aufgrund eines Konflikts mit dem König um die Thronfolge in Ungnade gefallen und 1681 nach Holland geflohen war, wurde es bald auch für Locke zu gefährlich, in England zu bleiben. Er setzte sich deshalb ebenfalls nach Holland absetzte. Als Wilhelm von Oranien 1688 Jakob II. aus England vertrieb, konnte auch Locke wieder in seine Heimat zurückkehren. 1691 zog er sich auf ein Landgut einer Freundin in der Nähe Londons zurück. Seine wichtigsten Schriften sind neben den »Zwei Abhandlungen über die Regierung« (1690), »Ein Brief über Toleranz« (1689) und die »Abhandlungen über den menschlichen Verstand« (1690).

Anders als Thomas Hobbes (→ vgl. Kap. 2.2.1.2) dachte Locke in seinen Schriften nicht über die Bedingungen für ein friedvolles Zusammenleben der Menschen nach. Ihm ging es in erster Linie um die Selbsterhaltung des Individuums und die Sicherung seines Privateigentums in der Gemeinschaft jenseits staatlicher Eingriffe, d.h. staatsabsolutistischer Interventionen, und um die größtmögliche politische Freiheit des Bürgertums.

Selbsterhaltung und Eigentum

Naturzustand

Lockes Theorie geht von einem Naturzustand aus, in dem die Menschen, die von Natur aus gleich und friedfertig sind, mit natürlichen Rechten ausgestattet sind. Das aus Lockes Sicht Unbefriedigende an diesem Naturzustand ist, dass nicht alle Menschen sich an das natürliche Gesetz halten, das besagt: Der Mensch soll sich und, soweit es nicht seine eigene Existenz gefährdet, auch das Leben der anderen Menschen erhalten. Wird man allerdings angegriffen, so hat man das Recht, sich zu wehren. Gleichzeitig ist jeder Richter in eigener Sache, d.h., jeder darf denjenigen, der ihn angegriffen hat, bestrafen. Verstoßen nun viele gegen das natürliche Gesetz, so tritt der Kriegszustand ein.

Um dies zu vermeiden, entwirft Locke einen Vertrag, in dem die Menschen auf die zwei eben angeführten natürlichen Rechte verzichten müssen:

1. das Recht auf Selbsterhaltung,
2. das Recht, Richter in eigener Sache zu sein.

Diese beiden Rechte werden mit der Vertragsschließung an den Staat abgetreten. Die oberste Staatsgewalt stellt bei Locke die Legislative dar. Je nachdem, wer an dieser Legislative beteiligt ist, ergibt sich die entsprechende Staatsform: ist es nur ein Mensch, so ist es eine Monarchie, sind es wenige Menschen, folgt daraus eine Aristokratie und wenn alle Bürger an der Legislative mitwirken, handelt es sich um eine Demokratie. Es gibt jedoch auch Mischformen zwischen diesen Staatsformen. Ein Beispiel wäre die weiter oben beschriebene Staatsform Englands in der Frühen Neuzeit, mit König und dem Parlament.

Die Menschen geben also mit der Vertragsschließung ihre politische Gewalt, die im Naturzustand jeder für sich hat, an den Staat ab. Was aber versteht Locke unter politischer Gewalt?

»Unter politischer Gewalt verstehe ich dann ein Recht, für die Regelung und Erhaltung des Eigentums Gesetze mit Todesstrafe und folglich auch allen geringeren Strafen zu schaffen, wie auch das Recht, die Gewalt der Gemeinschaft zu gebrauchen, um diese Gesetze zu vollstrecken und den Staat gegen fremdes Unrecht zu schützen, jedoch nur zugunsten des Gemeinwohls.« (Locke 1977, II, § 3).

Die Menschen verlassen den Naturzustand Locke zufolge hauptsächlich, um ihr Eigentum zu schützen (Locke 1977, II, § 124). Damit korrespondiert der von Locke definierte Staatszweck: der Frieden, die Sicherheit und die öffentliche Wohlfahrt des Volkes, denn sie sind die

[Randnotizen:]

Vertrag

Die Legislative als oberste Staatsgewalt

Definition: politische Gewalt

Staatszweck

Voraussetzungen für einen ungestörten Genuss des Eigentums (Euchner 1977, 38; Locke 1977, II, § 131, § 134). Der abgeschlossene Vertrag sieht also so aus: Während der Einzelne seine natürlichen Rechte an den Staat abgibt, verpflichtet sich der Staat, das Leben und Eigentum der Bürger zu schützen. Hier wird schnell deutlich, wer in Lockes Staat überhaupt als Bürger anerkannt wird: der Eigentümer. Nur er besitzt das Wahlrecht, und das auch nur proportional zu seinem Eigentum, d.h. je mehr man besitzt, desto mehr Stimmen stehen einem zu (Locke 1977, II, § 158). Euchner bezeichnet Locke daher auch als »Ideologen des besitzbürgerlichen Frühkapitalismus.« (Euchner 1977, 39).

Die Gewaltenteilung bei Locke

Vier Gewalten
John Locke unterscheidet vier Gewalten: die exekutive, legislative, föderative und prärogative Gewalt. Die ersten drei beschreibt er in den Kapiteln 11, 12 und 13 der zweiten Abhandlung, die Prärogative in Kapitel 14.

Über die Legislative schreibt er:

»Das erste und grundlegende positive Gesetz aller Staaten [ist] die Begründung der legislativen Gewalt [...] Diese Legislative ist nicht nur die *höchste Gewalt* des Staates, sondern sie liegt auch geheiligt und unabänderlich in den Händen, in welche die Gemeinschaft sie einmal gelegt hat.« (Locke1977, II, § 134).

Charakter und Aufgaben der Legislative
Die Legislative muss also vom Volk dazu legitimiert sein, Gesetze zu erlassen. Locke betont, dass sie keine absolute und willkürliche Gewalt ist. Sie ist vielmehr die »vereinigte Gewalt aller Glieder der Gesellschaft, die jener Person oder Versammlung übertragen wurde, die der Gesetzgeber ist« (ebd., § 135). Sie ist weiterhin verpflichtet, nach »öffentlich verkündeten, stehenden Gesetzen und durch anerkannte, autorisierte Richter für Gerechtigkeit zu sorgen.« (ebd.). Da sie die höchste Macht im Staate ist, versucht Locke ihr eine möglichst breite Basis zu geben. Die Legislative stellt er sich in Anlehnung an das englische System, aus Ober- und Unterhaus, d.h. aus Adligen und Bürgertum, sowie König vor. Die Adligen erben ihren Sitz im Oberhaus, wohingegen die Repräsentanten des Unterhauses von den Bürgern gewählt werden. Der König ist insofern an ihr beteiligt, als dass er den von Ober- und Unterhaus verabschiedeten Gesetzen zustimmen muss (ebd., §§ 135 ff.; vgl. Schwan 2000, 200 ff.). Die Legislative muss sich aber nach Lockes Auffassung nicht ständig im Amt befinden, da die Gesetze, »deren Kraft ständig dauern soll, in einer kurzen Zeit geschaffen werden können« (ebd., Kapitel 12, § 143).

Locke ist allerdings der Auffassung – da die menschliche Natur zu schwach sei, der Verlockung des Missbrauchs zu widerstehen – dass die Gewalt, Gesetze zu erlassen, und die Gewalt Gesetze auszuführen, auf keinen Fall in einer Hand liegen dürfen, da die Gefahr des Missbrauchs zu groß wäre. Daher müssen die Legislative und die Exekutive getrennt werden. In Lockes Vorstellungswelt des 17. Jahrhunderts muss man sich die Aufteilung in Legislative und Exekutive so vorstellen, dass das Besitzbürgertum die Legislative stellt (wobei sie ja von der Exekutive einberufen wird) und der Monarch die Exekutive darstellt (wobei die Legislative durch ihr Steuerbewilligungsrecht wiederum Einfluss auf den Monarchen hat). Insofern sind diese Gewalten auch miteinander verschränkt. (ebd., vgl. Euchner 1977, 40 f.).

Eigentlich nur zwei Gewalten

Die dritte Gewalt, die Locke hier nennt, ist die föderative Gewalt. Sie ist diejenige, die das Außenverhältnis einer Gemeinschaft mit anderen Gemeinschaften regelt, und über Krieg und Frieden entscheidet (ebd., § 145 f.). In der Regel hat die Exekutive die föderative Gewalt inne. Als vierte Gewalt führt Locke die Prärogative an. Die Prärogative ist die Gewalt für all die »Dinge, für die das Gesetz keinerlei Vorsorge treffen kann.« (ebd., Kapitel 14, § 159). Auch sie fällt der Exekutive zu. Locke nennt die Prärogative die »Macht, ohne Vorschrift des Gesetzes zu handeln, zuweilen sogar gegen das Gesetz, nach eigener Entscheidung für das öffentliche Wohl zu handeln.« (ebd., § 160). Würde die Prärogative aber gegen das öffentliche Wohl handeln, so wäre dies als ein Rückfall in den Naturzustand zu verstehen. Ein Beispiel für ein solches Handeln unter Berufung auf die Prärogative wäre die schnelle unbürokratische Hilfe nach einer Katastrophe, die eventuell gegen bestehende Gesetze verstößt, da sie in Eigentumsverhältnisse eingreift.

Zusammenfassung

Die vier Gewalten bei Locke

* Die *legislative Gewalt* erlässt die Gesetze, die die exekutive Gewalt vollzieht. Sie stellt die höchste Gewalt dar und muss nach öffentlich bekannten Gesetzen, die auf das Wohl des Volkes gerichtet sind, regieren. Sie ist auf keinen anderen übertragbar, als auf den/die, den/die das Volk ausgewählt hat. Die Legislative muss nicht ständig im Amt sein.

- Die *exekutive Gewalt* vollzieht die Gesetze, die die Legislative erlässt. Sie muss eine ständige Gewalt sein.
- Die *föderative Gewalt* regelt die Beziehungen eines Landes zu anderen Staaten. Die Staaten befinden sich untereinander im Naturzustand. Die föderative Gewalt ist meist Bestandteil der Exekutive. Für sie gibt es meist keine positiven Gesetze. Ihr Handeln hängt von der Klugheit der handelnden Person ab.
- Die *prärogative Gewalt* ist für die Fälle vorgesehen, für die es keine Gesetze gibt oder bei denen die vorhandenen Gesetze unpassend wären. Also in Ausnahmefällen. Auch sie liegt in den Händen der Exekutive.

Da die föderative und die prärogative Gewalt der Exekutive zufallen, kann man eigentlich nur von zwei getrennten Gewalten reden: Exekutive und Legislative.

Schwächen in Lockes Gewaltenteilungslehre

Wie deutlich zu erkennen ist, gibt es in Lockes Gewaltenteilungslehre Schwachpunkte:

- Zum einen den, dass die Exekutive die Legislative einberuft. Dies kann dazu führen, dass sie gar nicht mehr einberufen wird, was einem Ende der Gewaltenteilung gleich käme. Locke sieht dieses Problem des eventuellen Machtmissbrauches durch die Exekutive. Sollte dies geschehen, käme dies einem Rückfall in den Naturzustand gleich, und dem Volk stünde dann ein Recht auf Widerstand zu (ebd., § 154 f., vgl. Kap. 19).

Fehlen einer Judikative

- Darüber hinaus ist das Fehlen der Judikative als ein gravierender Mangel anzusehen. Es wird bei Locke nicht ganz klar, wer die Gesetze, die die Legislative erlassen hat und die von der Exekutive ausgeführt werden, interpretiert, und wer kontrolliert, dass sie richtig ausgeführt werden. Zwar führt er am Ende der zweiten Abhandlung aus, dass das Volk Richter sein soll, jedoch ist das wenig hilfreich, genauso wenig wie sein Verweis auf Gott als Richter (ebd., § 241 ff.).

Gefahren der prärogativen Gewalt

- Wirklich bedenklich ist aber schließlich die prärogative Gewalt, die Locke einführt. Sicherlich ist es kein schlechter Gedanke, der Exekutive im Zweifels- oder Notfall das Recht einzuräumen, schnell Entscheidungen zu fällen. Jedoch legen die Ausführungen Lockes im 14. Kapitel den Schluss nahe, dass ein guter Herrscher keiner Gesetze und Legislative bedarf. Es stellt sich die Frage, wer definiert, was ein guter Herrscher ist.

Zusammenfassung

Lockes Lehre von der Gewaltenteilung

Locke entwirft ein zweiteiliges Modell der Gewaltenverteilung, in dem er Teilbereiche der Exekutive nochmals differenziert, um so der Machtkonzentration in einem Staat vorzubeugen. Die Gesetzgebung soll von der Ausführung der Gesetze getrennt werden. Jedoch lässt Locke der Exekutive in der Legislative zumindest ein Mitspracherecht übrig. Darüber hinaus ist seine Konzeption der Prärogative in Hinblick auf einen möglichen Machtmissbrauch zumindest bedenklich. Es lässt sich erkennen, dass Locke zwar sehr wohl die Gefahr erkannt hat, die in der Machtkonzentration in einer Gewalt liegt, und dass dieser Gefahr nur wirksam begegnet werden kann, wenn man die Macht auf mehrere Gewalten verteilt. In dieser Teilung ist Locke jedoch zu inkonsequent. Daran kann man ersehen, dass Locke ein Verfechter der konstitutionellen Monarchie war. Er konnte sich weder die absolute Monarchie noch die Demokratie – und diese erst recht nicht – als ideale Staatsform vorstellen.

Charles Louis de Montesquieu | 4.1.1.2

Leben und Werk

Charles Louis de Montesquieu (1689–1755)

Als Spross einer adeligen Familie wurde Montesquieu 1689 bei Bordeaux geboren. Dort studierte er auch Philosophie und Recht. 1714 wurde er zunächst Rat am Gerichtshof in Bordeaux, 1716 erbte er das Amt des Präsidenten von seinem Onkel. Die Gerichtshöfe waren im damaligen Frankreich mehr als nur Gerichte. Man kann sie als politische Körperschaften mit einigen (wenigen) Kontrollrechten bezeichnen. Hier erwarb Montesquieu daher praktische politische Erfahrungen. Schnell wurde aber deutlich, dass ihn die Wissenschaft mehr interessiert als die Arbeit am Gericht. Er verkaufte 1725 seine Präsidentschaft und hielt sich von nun an meist in Paris auf, wo er 1728 in die Académie Française aufgenommen wurde. Die folgenden Jahre reiste er durch Europa. 1731 kehrt er in seinen Geburtsort zurück. Dort verfasste er unter anderem sein

Hauptwerk »Vom Geist der Gesetze«, das 1748 anonym erschien und 1751 von der katholischen Kirche auf den Index der verbotenen Bücher gesetzt wurde. Die Aufklärer nahmen Montesquieus Buch dagegen sehr positiv auf. Montesquieu starb 1755 in Paris.

Montesquieu ist zwar nicht der erste, der die Idee der Gewaltenteilung hatte, doch er ist derjenige, der sie am prägnantesten formulierte. In »Vom Geist der Gesetze« heißt es gleich zu Beginn des 6. Kapitels des 11. Buches, das die Überschrift »Über die Verfassung Englands« trägt:

»Es gibt in jedem Staat drei Arten der Vollmacht: die legislative Befugnis, die exekutive Befugnis in Sachen, die vom Völkerrecht abhängen, und die exekutive Befugnis, die vom Zivilrecht abhängt. [...] Die letzte soll richterliche Befugnis heißen, und die andere schlechtweg exekutive Befugnis des Staates.« (Montesquieu 1965, XI. Kapitel, 6. Buch).

Welche Form soll die staatliche Ordnung haben?

Was ist das Motiv Montesquieus und seiner Lehre von der Gewaltenteilung? Es geht ihm hauptsächlich um die Freiheit der Bürger unter einer bestimmten Form staatlicher Ordnung, die demokratisch, aristokratisch, monarchisch oder despotisch sein kann, wobei man bei Letzterer nicht von Freiheit sprechen kann. Bei den ersten beiden Ordnungen müssen sich die Bürger aus Gewohnheit und Liebe zur Gleichheit unterwerfen und sie müssen ihre eigenen Interessen dem Gemeinwohl unterordnen. Das Prinzip, auf dem die demokratische oder aristokratische Republik beruht, ist die Tugend, die jedoch nicht moralisch zu verstehen ist, sondern als »die Liebe zum Vaterland und der Gleichheit«. Der tugendhafte Mensch »liebt die Gesetze seines Landes« und er handelt aus dieser Liebe heraus (Montesquieu 1965, III, 3). Diese Gesetzesliebe ist »als eine Art Konsensbereitschaft und Solidarität« zu werten, «die im gesellschaftlichen Leben zur Gewährleistung der staatlichen Ordnung aufgebracht werden muss« (Schwan 1991, 215). Die Monarchie ist durch das Streben ihrer Bürger nach Ansehen und Unterscheidung geprägt, ihr Prinzip ist die Ehre. Diese Eigenschaften der Bürger sind alles andere als gute Voraussetzungen für ein florierendes Gemeinwesen, da doch jeder immer nur auf seinen eigenen Vorteil bedacht ist. Die Despotie beruht auf der Furcht ihrer Bürger (Montesquieu 1965, II + III, s. a. Abb. 11).

Regierungsformen bei Montesquieu			Abb. 11
Regierungsform	**Wer regiert?**	**Motiv für die Anerkennung der Regierungsform**	**leitendes Prinzip**
Demokratie } Republik	das Volk	Gewohnheit + Liebe zur Gleichheit	Tugend
Aristokratie	ein Teil des Volkes		
Monarchie	eine Person	Ansehen + Distinktion	Ehre
Despotie	eines Person	Furcht	Furcht

Montesquieu ist kein Verfechter der Demokratie. Die Republik stellt er zwar als gute Verfassung dar, doch er glaubt, dass sie ein Stück der Vergangenheit ist. Die Tugend, die für eine Republik notwendig ist, ist nicht mehr zu erreichen (Althusser 1987, 81 f.). Locke nicht unähnlich tritt er für die aufgeklärte konstitutionelle Monarchie ein. Sein Anliegen ist es, herauszufinden, wie es verhindert werden kann, dass sich die Monarchie in eine Despotie verwandelt (Schmidt 2000, 75). Dazu entwickelt er sein System der Machtkontrolle oder Gewaltenteilung bzw. -balancierung.

Kein Demokratieverfechter

Garantie der Freiheit

Um die Freiheit in den guten staatlichen Ordnungen garantieren zu können, bedarf es der Gewaltenteilung, denn nur die Gewaltenteilung kann die Willkür der Herrschenden verhindern und ihre Bindung an ihre Amtspflichten und Aufgaben gewährleisten. Freiheit kann es nur in Republiken geben, also nur in Demokratien oder Aristokratien. Aber auch Monarchien zählt Montesquieu zu den guten Staatsformen. Er nennt sie die Regierungsform, bei »der ein einzelner Mann regiert, jedoch nach festliegenden, verkündeten Gesetzen« (Montesquieu 1965, II). Jedoch haben sie nicht die Freiheit zum Ziel, sondern den »Ruhm der Bürger, des Staates und des Herrschers«. Aus diesem Ruhm entspringt jedoch eine freiheitliche Gesinnung, die in diesen Staaten auch große Dinge zu leisten vermag und womöglich genauso viel zum Glück beisteuern kann wie die Freiheit als solche. Die drei Befugnisse (Exekutive, Legislative und Judikative) sind hier aber nicht aufgeteilt. Jede Monarchie hat eine eigene Aufteilung und kommt dementsprechend der Freiheit mehr oder weniger nahe. Kämen sie dieser Freiheit nicht nahe, so würde die Monarchie in Despotismus ausarten (Montesquieu 1965, XI, 7).

Freiheitliche Gesinnung

GRUNDELEMENTE DER POLITIK

Wie aber sieht diese Freiheit aus? Jegliche Willkür der Herrschenden muss ausgeschlossen sein, d.h. der bzw. die Herrschenden müssen nach Gesetzen ihre Herrschaft ausüben. Diese Gesetze müssen so gestaltet sein, dass die Freiheit nur darin bestehen kann, dass man »zu tun ermächtigt ist, was man wollen soll, und dass man nicht dazu gezwungen wird, das zu tun, was man nicht wollen soll.« (ebd, XI, 3). Diese Freiheiten umfassen auch die Freiheit von Gewalt und Zwang und die Meinungs- und Willensfreiheit.

Freiheit = Gesetzesherrschaft

Zusammenfassung

Die politische Freiheit nach Montesquieu
1. äußere Freiheit, die dem Individuum Sicherheit vor Angriffen auf es selbst oder sein Eigentum gewährleistet; sie ist nur in der Despotie nicht vorhanden;
2. innere Freiheit, die Willens- und Meinungsfreiheit garantiert, kann prinzipiell in allen staatlichen Ordnungen anzutreffen sein, außer in der Despotie;
3. demokratische Freiheit, also Selbstregierung und Selbstgesetzgebung, die Bürger dürfen alles tun, was die Gesetze gestatten; sie taucht nur in der Demokratie auf (vgl. Montesquieu 1965, XI, 3);
4. liberale Freiheit: gemäßigte politische Machtausübung durch Gewaltenteilung, um den Missbrauch der Macht zu verhindern; sie ist in gewaltenteiligen Demokratien und Aristokratien zu finden (vgl. Montesquieu 1965, XI, 4).

Die Mäßigung der Bürger, also die freiheitliche Gesinnung, wird in einer Monarchie erst dadurch gewonnen, dass die Gewalten in ihr einander beschränken und bremsen, wohingegen in der Republik diese Mäßigung immer schon durch die Tugend der Bürger gewährleistet ist (ebd., XI, 6). Vorbildlich ist hier die englische Verfassung, die ja eine Mischverfassung darstellt, in der der »König im Parlament« (*King in Parliament*) durch das Parlament und die Judikative in seiner Machtausübung gebremst wird.

Die guten Regierungsformen zeichnen sich also nach Montesquieu dadurch aus, dass in ihnen die Gewalten geteilt sind, sodass keine der Gewalten in der Lage ist, die anderen Gewalten zur Tatenlosigkeit zu verurteilen bzw. sie in ihrer Unabhängigkeit anzutasten. Alle Regierungsformen, die gewaltenteilig organisiert sind, neigen zur Demokratie.

Gewaltenbalancierung und -teilung

Montesquieus Modell der Gewaltenteilung ist kein Modell der Gewaltentrennung. Vielmehr sind die Gewalten ineinander verschränkt, sie sind verteilt und ausbalanciert. Man kann von einer Gewaltenverteilungslehre sprechen, die eine Synthese von »Legalität, Grundrechten, Machtteilung und Mischverfassung« darstellt (Rilkin 1989, 420). In dieser Lehre steht an erster Stelle die Überzeugung, dass Macht durch Macht gezügelt werden muss ([»que le pouvoir arrête le pouvoir«] Montesquiei 1965, XI, 4). In aller Kürze kann man zusammenfassend Montesquieus Staatsmodell in vier Komponenten unterteilen:

1. die Staatgewalten mit ihren drei Befugnissen (Legislative, Exekutive, Judikative),

Montesquieus Staatsmodell

2. die vorherrschenden gesellschaftlichen Kräfte, damals also Krone, Adel, Besitzbürgertum,
3. die Staatsorgane, d.h. die zwei Kammern (in England Ober- und Unterhaus), in denen Adel und Bürger (=Volk) sitzen, Volksgerichte, die periodisch per Los zusammengesetzt werden, das Adelsgericht als Ausschuss der Adelskammer, der Monarch und die Berater des Königs,
4. die »Befugnisse«, also Wahlrechte, Vetorechte, Gesetzgebungsrechte. (Schmidt 2000, 85, Rilkin 1989, 429).

Rilkin hat die Ausbalancierung der Gewalten bei Montesquiei sehr schön zusammengefasst:

- Die *Legislative* ist zwischen Monarch, Adel und Volk verteilt, wobei Letztes am meisten, der Erste am wenigsten zu sagen hat. Der Adel hat hier eine vermittelnde Rolle inne. Der Zweck dieser Aufteilung der legislativen Gewalt ist der, dass kein Gesetz ohne Beteiligung aller drei sozialen Kräfte mit ihren entsprechenden Organen zustande kommen kann: die Volkskammer, die Adelskammer und der von Ministern unterstützte Monarch.

Aufteilung der Legislative

- In der *Exekutive* hingegen sind die Vollmachten des Monarchen am größten. Die Volks- und Adelskammern haben hier nur Kontroll- und Budgetfunktionen.
- Die *Judikative* kommt dagegen ganz ohne den Monarchen aus, sie wird alleine vom Volk und vom Adel getragen (Rilkin 1989, 433 f.).

Der oben genannte vierte Punkt, die Befugnisse, sind in der Regel nur einem Organ zugeteilt; Ausnahme ist die Befugnis der Verhinderung oder der Genehmigung von Gesetzen: Sie ist auf alle drei Organe verteilt. Es wird deutlich, worauf Montesquieu hinaus will: die verschiedenen Gewalten und Organe sollen sich gegenseitig in Schach halten und die verschiedenen Interessenskonstellationen von Volk, Adel und Monarch ausgleichen. Montesquieu führt dafür auch noch »ein System ineinandergreifender Vetorechte« ein, das den Machtausgleich unter den Gewalten gewährleisten soll (Schmidt 2000, 87).

Gegenseitige Kontrolle

Althussers Einwurf (s. o.), dass Montesquieu kein Demokrat sei, wird hier deutlich. Die Einführung einer eigenen Adelskammer zur Gesetzgebung neben der Volkskammer zeigt, dass die Interessen des Adels bevorzugt behandelt und »die Privilegien des Adels vor dem Zugriff der Volkskammer« geschützt werden sollen. Auch sind in Montesquieus Gewaltenbalancierungsmodell keine Momente der Volkssouveränität zu finden (ebd.).

Zusammenfassung

Montesquieus Lehre von der Gewaltenteilung

Montesquieus Lehre von der Gewaltenteilung soll vor allem die Freiheit der Menschen vor der staatlichen Gewalt schützen. Montesquieu trennt die legislative, exekutive und judikative Gewalt voneinander, die jeweils unabhängig ihren Aufgabe nachkommen und sich gegenseitig kontrollieren sollen. Insofern muss man eher von einer »Gewaltenbalancierungslehre« sprechen. Das Moment der Balance besteht darin, dass die unterschiedlichen Bevölkerungsgruppen Zugriff auf die jeweiligen Gewalten erhalten. So gibt es in der Legislative eine Volkskammer, eine Adelskammer und auch der Monarch hat mit seinen Ministern ein Mitspracherecht. Ziel dieser Teilung und Balancierung ist, dass keine der Gewalten zu viel Macht bekommt und dass gleichzeitig die verschiedenen Interessen der unterschiedlichen Bevölkerungsschichten ausreichend berücksichtigt werden.

Lernkontrollfragen

1 Wo liegen die grundsätzlichen Unterschiede zwischen Lockes und Montesquieus Gewaltenteilungslehre?

2 Was sind die grundlegenden Unterschiede zwischen einem Staat, der gewaltenteilig organisiert ist, und einem, in dem das nicht der Fall ist?

3 Erläutern Sie die Begriffe der horizontalen und der vertikalen Gewaltenteilung.

Literatur

Primärliteratur

Locke, John (1977), Zwei Abhandlungen über die Regierung, hrsg. und eingeleitet von Walter Euchner, Frankfurt/Main.

Montesquieu, Charles de (1965), Vom Geist der Gesetze, Stuttgart.

Sekundärliteratur

Althusser, Louis (1987), Montesquieu. Politik und Geschichte, in: ders., Machiavelli, Montesquieu, Rousseau, Hamburg, 33–130.
Wer gerne eine vom Mainstream der Montesquieu-Analyse abweichende, aber eine doch sehr mit ihrem Gegenstand sympathisierende Lektüreempfehlung haben möchte, dem sei Althussers Montesquieu Abhandlung empfohlen. Althusser geht auf Montesquieus Methode, sein dialektisches Geschichtsbild, die drei Regierungsformen sowie natürlich die Gewaltenteilung ein, wobei er bei Letzterer darauf beharrt, dass sie nicht existiert. Letzten Endes nämlich sei es Montesquieu nur darum gegangen, dem Adel seine Vorrechte zu sichern und die Bourgeoisie ruhig zu stellen.

Euchner, Walter (1991), Naturrecht bei John Locke, Frankfurt/Main.
Wer sich wirklich eingehend mit John Lockes politischer Philosophie auseinandersetzen will, der kommt an diesem Klassiker der Locke-Interpretation nicht
vorbei. Euchner behandelt die zentralen Aspekte des Naturrechts und der Vertragskonstruktion bei Locke in umfassender Weise.

Euchner, Walter (1977), Einleitung des Herausgebers, in: John Locke, Zwei Abhandlungen über die Regierung, hrsg. von Walter Euchner, Frankfurt/Main, 9–59.
Euchners Einleitung zu Lockes »Zwei Abhandlungen über die Regierung« gibt einen schnellen und guten Überblick über den historischen und philosophischen Kontext, in den Lockes Schrift einzuordnen ist. Darüber hinaus werden alle wesentlichen Elemente Lockes politischer Philosophie gut verständlich dargelegt.

Rilkin, Alois (1989), Montesquieus Freiheitliches Staatsmodell, in: Politische Vierteljahresschrift 30, 420–442.
Rilkin versteht es Montesquieus Staatsmodell genau, gut lesbar und auch für den Studienbeginner verständlich darzustellen.

Schmidt, Manfred G. (2000), Demokratietheorien. Eine Einführung, Opladen.

> *Schmidts Buch sollte in der Bibliothek von Studierenden der Politikwissenschaft nicht fehlen. Er gibt einen umfassenden einführenden Überblick über die verschiedensten Demokratietheorien von der Antike bis zur Gegenwart.*

> **Schwan, Alexander** (1991), Politische Theorien des Rationalismus und der Aufklärung, in: Politische Theorien von der Antike bis zur Gegenwart, hrsg. von Hans-Joachim Lieber, Bonn, 157–258.

4.1.2 | Föderalismus

»Die Bundesrepublik Deutschland ist ein demokratischer und sozialer Bundesstaat«, heißt es in Art. 20, Abs. 1 Grundgesetz. »Bundesstaat« bedeutet, dass die Bundesrepublik Deutschland eine föderative Republik ist. Was aber heißt »Föderalismus«? Der Begriff leitet sich vom lateinischen *foedus*: Bund, Vertrag, ab und meint im Allgemeinen die horizontal und/oder vertikal gegliederte Struktur politischer Zusammenschlüsse. In einem föderal strukturierten politischen Gemeinwesen besitzen die jeweiligen Einheiten Autonomie, eigene Rechte und eine eigene Legitimität (Reichardt 1995, 102).

Föderale Struktur

Die Anfänge einer Theorie des Föderalismus reichen in die Frühe Neuzeit zurück. Johannes Althusius' Theorie des sozietalen Föderalismus (Hüglin 1991) ist an den Anfang der Betrachtung zu stellen, markieren dessen Ausführungen doch den Beginn der Auseinandersetzung mit den Vor- bzw. Nachteilen von föderalen Strukturen. Montesquieus »Vom Geist der Gesetze« (1748) beinhaltet neben seiner bekannten Lehre von der Gewaltenteilung (→ vgl. Kap. 4.1.1.2) auch eine Theorie des Föderativstaates, die besonders viel Einfluss auf die Autoren der »Federalist Papers« Madison, Hamilton und Jay hatte. Hier werden die Federalist Papers behandelt, da diese sich direkt mit der föderalen Gestaltung der Vereinigten Staaten von Amerika auseinandersetzen, d.h. die Vor- und Nachteile föderaler Strukturen eines existierenden Bundesstaates diskutieren.

Anhand Immanuel Kants Überlegungen zum ewigen Frieden werden dessen Gedanken zum Föderalismus vorgestellt. Das Besondere an den Überlegungen Kants ist, dass er einen weltweiten Staatenbund föderal organisieren möchte, um so Frieden auf internationaler Ebene zu gewährleisten. Zwar ist diese Idee bis heute Utopie, jedoch sind die Überlegungen Kants von so großer Aktualität, das die Aufnahme seiner Überlegungen als unerlässlich erschien.

Die BRD als Bundesstaat

Die Bundesrepublik ist also gemäß der Definition des Grundgesetzes ein Bundesstaat. Ein Bundesstaat ist die staatsrechtliche Verbindung von Gliedstaaten, die nicht souverän sind, d. h. er ist eine Verbindung, in der die völkerrechtliche Souveränität beim Gesamtstaat liegt. Dennoch besitzen auch die Gliedstaaten Staatscharakter. Die staatliche Organisation ist hier in der Weise aufgeteilt, dass die Gliedstaaten und der Gesamtstaat sich die Kompetenzen so aufteilen, dass keine der beiden Ebenen uneingeschränkte Regelungsmacht erhält. Folgende Aspekte müssen dabei beachtet werden:

1. Die Gliedstaaten müssen über autonome Herrschaftsbereiche verfügen;
2. um die damit verbundenen Aufgaben zu erfüllen, müssen sie eine gewisse finanzielle Eigenständigkeit besitzen;
3. sie müssen die verfassungsrechtlich abgesicherte Möglichkeit haben, sich an der Willensbildung des Zentralstaates zu beteiligen.

Reissert folgend lassen sich heute vier Föderalismusverständnisse unterscheiden:

Vier Föderalismusmodelle

1. Das *verfassungsrechtliche Verständnis* geht davon aus, dass in einem Bundesstaat die drei staatlichen Gewalten (Legislative, Exekutive und Judikative) in den Gliedstaaten wie auch im Gesamtstaat vorhanden und in dieser Konfiguration auch je verfassungsrechtlich geschützt sind.
2. Das *institutionell-funktionale Verständnis* versteht den Föderalismus von seinen Institutionen und ihren Aufgaben her. Sie sind zwischen Gesamt- und Gliedstaaten verteilt, sodass jede staatliche Ebene in ihrem Aufgabenbereich eigenverantwortlich entscheiden kann.
3. Das *soziologisch-behavioralistische Verständnis* sieht Gesellschaften dann als föderal an, wenn sie, aus »territorial verfestigten ethnischen, religiösen, ökonomischen [und] historisch-genetischen Gliederungen auch unabhängig von ihrer politischen Organisation« bestehen.
4. Das *sozialphilosophische Verständnis* bezeichnet Gesellschaften als föderal, deren Ordnungen »auf der freiwilligen Assoziation weitgehend autonomer dezentraler Einheiten aufbauen« und dabei dem Subsidiaritätsprinzip und dem Genossenschaftswesen verpflichtet sind (Reissert 1992, 238 f., Schultze 1998, 186).

Die Funktionen des Föderalismus lassen sich wiederum vierfach unterscheiden (nach: Schultze 1998, 187):

Funktionen des Föderalismus

1. Gewaltenteilung und/oder Gewaltenbalancierung gewährleisten eine Machtaufgliederung.
2. Die territoriale Eigenständigkeit bürgt für Minderheitenschutz.

3. Die wirtschaftliche, politische, militärische Integration heterogener Gesellschaften wird gewährleistet, ohne dass deren soziokulturelle Eigenständigkeit angetastet wird.
4. Die Aufgaben des Bundesstaates wie Gesetzgebung und Ausführung der Gesetze werden durch eine »funktionale Ausdifferenzierung und Dezentralisierung bei gleichzeitiger Wiederverflechtung« bewältigt. Ein Beispiel für diese Aufgabenaufteilung ist die Steuergesetzgebung. Hier macht der Bund die Gesetze und die Länder führen sie aus, d.h. die Aufgaben sind funktional ausdifferenziert und dezentralisiert. Die Wiederverflechtung ist dadurch gegeben, dass die Länder durch den Bundesrat ein Mitspracherecht bei der Steuergesetzgebung haben.

Föderalismus im Spannungsverhältnis

Damit steht der Föderalismus in einem Spannungsverhältnis und zwar von »Subsidiarität, Vielfalt und politischer Autonomie auf der einen und der Notwendigkeit zum Zusammenhandeln, dem Versuch der Herstellung gleichartiger Lebensverhältnisse und politischer Integration auf der anderen Seite« (Schultze 1998, 187). Alle verschiedenen Modelle des Föderalismus lassen sich auf zwei Grundstrukturen zurückführen:
1. Normativ kann man zwischen einem zentripetalen (Integration und Gleichheit der Lebensverhältnisse) und zentrifugalen (Autonomie und Vielfalt der Lebensbedingungen) Föderalismus unterscheiden.
2. Politisch-institutionell lässt sich von intrastaatlichem und interstaatlichem Föderalismus sprechen.

Zusammenfassung

Intrastaatlicher und interstaatlicher Föderalismus
- *Intrastaatlicher Föderalismus*: funktionale Aufgabenverteilung nach Kompetenzarten (z.B. Gesetzgebung oder -ausführung) und Gewaltenverschränkung.
- *Interstaatlicher Föderalismus*: Kompetenzverteilung nach Politikfeldern (Innenpolitik, Sicherheitspolitik, Familienpolitik) und Gewaltentrennung.

Der Föderalismus soll also zum einen Machtaufgliederung und Machtbegrenzung mittels vertikaler Gewaltenteilung sicherstellen. Zum anderen soll er die Integration heterogener Gesellschaften,

d. h. meist ökonomische Integration bei soziokultureller Eigenständigkeit der Gliedstaaten, gewährleisten. Insofern zielt Föderalismus auf eine Vielfalt in der Einheit, oder mit Schultze: »In föderal verfassten politischen Systemen geht es um die Vermittlung gegensätzlicher Zielvorstellungen, die man schematisch entlang eines bipolaren Kontinuums [zweipolige Achse] darstellen kann, das definiert ist durch eine auf Integration und die Gleichheit der Lebensbedingungen gerichtete zentripetale Zielvorstellung und durch eine auf Autonomie [...] gerichtete zentrifugale Zielvorstellung.« (Schultze 1990, 477, vgl. Abb. 12).

Vielfalt in der Einheit

Modelle und Funktionen föderaler Systeme | Abb. 12

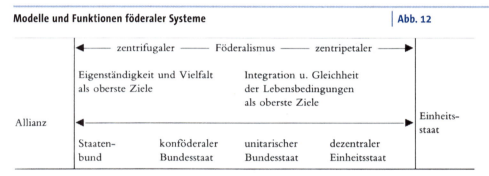

Quelle: Schultze 1990, 477.

Eine zunehmende Politikverflechtung, d. h. die eine Ebene oder Institution kann ohne die andere Ebene nichts entscheiden, ist eine ernstzunehmende Gefährdung des Föderalismus, gerade bei der intrastaatlichen Variante, dies zeigt das Beispiel der BRD. Denn sie kann zur Lähmung des gesamten Systems führen, sodass Entscheidungsfindung, Beschlussfassung und die Durchsetzung von Entscheidungen sehr schwierig werden können (vgl. dazu: Scharpf 1999).

Johannes Althusius | 4.1.2.1

Leben und Werk

Johannes Althusius (1563–1638)
Althusius wurde 1557 in Diedenshausen geboren. Er studierte in Marburg und Köln sowie in Genf und Basel Recht. 1586 wurde er als Jurist auf die Hohe Schule zu Herborn berufen. In den Jahren

1599 bis 1603 entstand sein Hauptwerk, die »Politik, methodisch geordnet und dazu an heiligen und weltlichen Beispielen illustriert«. 1604 gibt Althusius seine Stelle in Herborn auf um Syndikus (griech./lat.: der von einer Körperschaft zur Besorgung ihrer Rechtsgeschäfte aufgestellte Bevollmächtigte) in Emden zu werden, ein Amt, das ihm eine große Macht in der Stadt gab, vor allem im Zusammenspiel mit seiner Position als Ältester des Emdener Kirchenrats. Beide Ämter hatte er bis zu seinem Tod 1638 inne.

Lebensgemeinschaft

Zentraler Begriff von Althusius' Gesellschaftstheorie ist die sogenannte Lebensgemeinschaft (*consociatio*). Sie bildet das Rückgrat der Gemeinschaft. Sie ist die soziale Ordnung, die alles, von der Familie bis zum Staat, umfasst und strukturiert. Der Staat wiederum ist territorial in Provinzen und Städte gegliedert. Althusius unterscheidet zwei Sphären:

- eine öffentliche bzw. öffentlich-rechtliche: in diese fallen die Provinzen und Städte;
- eine private Sphäre: dazu gehören die Familie und berufliche Zusammenschlüsse.

Die Städte und Provinzen fungieren als Glieder des Gemeinwesens (*membra regni*), die private Sphäre wird dem Gemeinwesen nur in dem Sinne zugerechnet, als sie einen Teil der öffentlichen Körperschaft (*universitas*) bilden, die eben auch die privaten Gemeinschaften umfasst (vgl. Wyduckel 2003, XIX). Die öffentliche Körperschaft umfasst einerseits die Städte und Provinzen und andererseits die private Sphäre. Hier kann man sehen, dass Althusius noch nicht zwischen Staat und Gesellschaft unterscheidet, er also noch keinen modernen Staatsbegriff besitzt.

Kein moderner Staatsbegriff

Vielmehr ist es die calvinistische Gottes- und Rechtslehre, die Althusius' Naturrechts-, Vertrags- und Volkssouveränitätsvorstellungen prägt (Hüglin 1991, 51 ff.). In Kapitel XXI führt er aus, dass Gott den Menschen den Dekalog (Zehn Gebote) gegeben hat, und dass dieser als ewiges Recht vom Sündenfall unberührt ist und sich in der Natur als von Gott gewollte Schöpfung manifestiert. Ohne ihn wäre das menschliche Leben in Gemeinschaft nicht möglich (Althusius 2003, Kap. XXI, §41). Althusius definiert Politik als die »Kunst, Menschen zusammenzuschließen«, damit diese so eine Gemeinschaft gründen und pflegen.

Die Lebensgemeinschaft als Gegenstand der Politik

In der Lebensgemeinschaft (*consociatio*) sind diejenigen, die gemeinsam eine Gemeinschaft begründen (Symbioten), in »einem ausdrücklichen oder stillschweigenden Vertrag (*pactum*)« zusammengeschlossen. (ebd., Kap. I, § 1 f.). Die Grundlage hierfür bildet der Bund Gottes mit der Gemeinde (Gnadenbund). Dieser Bund ist gleichzeitig die Grundlage für den Vertrag, mit dem die Symbioten eine gegenseitige Verpflichtung eingehen und die Obrigkeit einsetzen. Er regelt Rechte und Pflichten des obersten Magistrats und der Glieder des Reiches. Auch hierbei ist wieder der Dekalog maßgebend.

Der Dekalog als Maß

Das Volk wählt den Magistrat, ohne allerdings diesem seine Souveränität zu überlassen, denn das »erwählte Volk kann seine Souveränität, die Ausfluß der göttlichen ist, nicht aufgeben« (Denzer 1985, 243). Einschränkend ist hier in Bezug auf die Souveränität des Volkes zu bemerken, dass nicht der Einzelne souverän ist, sondern nur das Gemeinwesen als Ganzes, d.h. der Staat (vgl. Wyduckel 2003, XXIII, XXV).

Der Bundesgedanke führt zu Althusius' Konzeption des Föderalismus. Er ist es, der den föderalen Aufbau des Staates aus den Gemeinschaften der Städte und der Provinzen (siehe weiter unten), die bis zu einem gewissen Grad selbstständig sind, regelt (Althusius, Kap. V–VIII). Die sozialen und politischen Strukturen verlaufen bei Althusius weitgehend parallel.

Fragen der Souveränität

Die Souveränität bleibt immer in den Händen der Gemeinschaft. Lediglich die Ausübung der Souveränität kann an einen Herrscher, das ist bei Althusius in der Regel der Magistrat, übertragen werden. Eingesetzt wird dieser Magistrat durch einen Rechtsakt, der sowohl die Modalitäten als auch die Form der Herrschaft festlegt. Das Besondere an dieser Konstruktion des »Auftragvertrags« ist, »dass die Gesamtheit stets Inhaberin der Herrschaftsgewalt bleibt, d.h. frei darüber verfügen kann« (Wyduckel 2003, XXI, vgl. Althusius 2003, Kap. XIX, §§ 6,12).

Insofern kann man sagen, dass sich die gesellschaftliche Strukturbildung von unten nach oben entwickelt, also diametral entgegengesetzt zu den hierarchischen Gesellschaftsstrukturen, wie sie in der Frühen Neuzeit meist bestanden. Der Staat steht bei Althusius nicht am Anfang der Theorie, sondern am Ende. Somit ist er auch nicht konstitutiv und bestimmend für alle anderen Elemente.

Gesellschaftliche Strukturbildung

Für Althusius ist alle Herrschaftsgewalt gebunden und rechtlich vorgeformt (Althusius 2003, Kap. 18 §106). Damit steht er im Gegensatz zum Absolutismus, der zu seinen Lebzeiten gerade im Aufwind war. Das Verhältnis von Volk und Herrscher wird durch ein Fundamentalgesetz bestimmt, dem *lex fundamentalis*. In Kapitel XIX beschreibt Althusius seine Bedeutung: Es gliedert die universale Gemeinschaft im Reich. »Die *lex fundamentalis* ist Inbegriff von Verträgen, die die regionalen Gliederungen des Reichs – das sind vor allem Städte und Provinzen – mit dem erklärten Ziel eingehen, ein und dasselbe Gemeinwesen zu bilden und dieses mit Rat und Tat, Schutz und Hilfe aufrechtzuerhalten und zu verteidigen.« (Wyduckel 2003, XXIV). Unter ihm sind alle Glieder des Reichs unter einem Haupt vereint und zu einem Körper verbunden. Mit andere Worten: es konstituiert das Verhältnis der Glieder zueinander und der Glieder zum Ganzen. (Althusius 2003, Kap. XIX §49). Insofern gliedert und ordnet es den föderativen Aufbau der Gemeinschaft.

Die Bedeutung des Fundamentalgesetzes

Definition

lex fundamentalis

Das *lex fundamentalis* regelt die gesellschaftliche Struktur: es konstituiert das Verhältnis der Glieder zueinander und der Glieder zum Ganzen, d. h. es ordnet den föderativen Aufbau der Gemeinschaft: Staat, Städte, Provinzen, Familie. Alle werden von zwei Organen verwaltet: den Ephoren und dem Herrscher. Die Ephoren handeln als Vertreter des föderalistischen Prinzips; der Herrscher repräsentiert die Einheit, die Ephoren die Glieder des Staates. Die Aufgabe dieser föderalen Aufgabenteilung ist zugleich die der Machtkontrolle und -verteilung.

Wer bildet den Staat?

Aus den oben schon genannten öffentlichen und privaten Sphären formiert sich schließlich der Staat als die umfassendste politische Lebensform. Sie ist aus Ehe, Familie, Verwandtschaft und Städten und Provinzen föderal zusammengesetzt. Daher auch die Bezeichnung »sozietaler Föderalismus« (Hüglin 1991).

Sozietaler Föderalismus

Diese bilden dann auch den Staat, und nicht die einzelnen Menschen. Der Staat als Summe der Gemeinschaften (Städte, Provinzen, Familie etc.) ist Träger des *jus majestatis*, d.h. der Souveränität – wobei, wie oben schon ausgeführt, die Souveränität letztlich immer beim Volk bleibt, da diese den einzelnen Menschen von Gott gegeben ist. Die Souveränität umfasst die *potestas imperandi* (Befehlsgewalt), die *suprema jurisdictio* (höchste Rechtsprechung) und die Gesetzgebung.

Der Staat wird von zwei Organen verwaltet:

- den Ephoren, die mit Ständen vergleichbar sind; sie sind Teil der Obrigkeit und repräsentieren als Versammlung zugleich das Gesamtvolk;
- dem Herrscher.

Herrscher und Ephoren bilden den gesamten Organismus des Staates. Dabei agiert der Herrscher als Vertreter des zentralistischen Staates, die Ephoren handeln als Vertreter des föderalistischen Prinzips, der Herrscher repräsentiert die Einheit, die Ephoren die Glieder des Staates (Denzer 1985, 245). Die Aufgabe dieser föderalen Gewaltenteilung ist zugleich die der Machtkontrolle und -verteilung (Althusius 2003 Kap. XVIII § 48).

In der aktuellen Föderalismusforschung wird mit Bezug auf Althusius von einem gesellschaftszentrierten und konföderalen Ansatz gesprochen, also der Föderalismusvariante, die einen Zusammenschluss regionaler Einheiten zu einer größeren Einheit bezeichnet.

Zusammenfassung

Althusius' sozietaler Föderalismus

Zentral für Althusius' Staatsverständnis ist die Lebensgemeinschaft, die die soziale Ordnung der öffentlichen und privaten Sphäre des Staates bildet. Der Staat ist in Provinzen und Städte territorial untergliedert. Die Lebensgemeinschaft stellt einen Bund dar, zu dem sich die Symbioten, also die, die den Bund ausmachen, freiwillig zusammengeschlossen haben. Dieser Bund lehnt sich an den Gnadenbund Gottes mit der Gemeinde an. Diese Gnadenbundlehre ist wiederum Vorlage für die Souveränitätslehre Althusius': Das Gemeinwesen als Ganzes ist Träger der Souveränität, nicht das Individuum. Hier kommt man nun endlich zur althusischen Föderalismuslehre: Der Bundesgedanke regelt den föderalen Aufbau des Staates aus den Gemeinschaften der Gemeinde und der Provinz.

Die Souveränität wird ausschließlich zur ihrer Ausübung an einen Herrscher abgetreten, wobei die Gesamtheit stets Inhaberin der Herrschaftsgewalt bleibt. Dementsprechend ist auch die gesellschaftliche Struktur von unten nach oben entwickelt, die durch die *lex fundamentalis* geregelt ist.

4.1.2.2 | The Federalist Papers

Definition

»The Federalist Papers« (1787/88)

Die »Federalist Papers« erschienen als eine Serie von 85 Zeitungsartikeln in einem Zeitraum von elf Monaten (Oktober 1787 bis August 1788) in drei New Yorker Zeitungen und waren jeweils mit »Publius« unterschrieben. Sie waren das Gemeinschaftswerk von Alexander Hamilton (1755–1804), John Jay (1745–1829) und James Madison (1751–1836), die zur intellektuellen und politischen Elite der damaligen Vereinigten Staaten von Amerika gehörten. Die drei Autoren warben in den »Federalist Papers« für die Ratifizierung der vom Verfassungskonvent in Philadelphia (Mai bis September 1787) ausgearbeiteten Verfassung für eine amerikanische Union. Sie erläuterten den Lesern die Prinzipien des Entwurfs und erklärten, dass es nur die Alternative: Ratifizierung der Verfassung oder Zerfall der Union, gäbe. Damit drängten sie die Verfassungsgegner in die Defensive (Zehnpfennig 1993, 5).

Wirkung und Bedeutung

Wirkung und Bedeutung der »Federalist Papers« von 1787/88 sind eng an ihre Entstehungsbedingungen gebunden. Die heutigen USA setzten sich damals aus 13 Staaten zusammen. Die 1776/1777 verabschiedeten und 1781 ratifizierten Konföderationsartikel – die »erste amerikanische Verfassung« –, die aus den 13 Bundesstaaten eine Konföderation machen sollten, erwiesen sich als ein zu schwaches Band, um diese Konföderation mit Leben zu erfüllen. Um diese nur sehr lose miteinander verbunden 13 Staaten enger zu verbinden, und in der – im 18. Jahrhundert verbreiteten – Überzeugung, dass die republikanische Staatsform nicht für große Staaten geeignet ist, war es das Ziel der Autoren der »Federalist Papers«, die 13 republikanisch verfassten Staaten zu einem Staatenbund zusammenzuschließen. Die Frage war jedoch, welche Kompetenzen, d. h. Entscheidungsbefugnisse, dem Zentralstaat zufallen und welche bei den einzelnen Bundesstaaten verbleiben sollten. Darüber entbrannte eine heftige Diskussion.

Im Folgenden wird mal nur auf einen der Autoren Bezug genommen, mal auf alle drei auf einmal. Dies rührt daher, dass man bei einigen Artikeln bis heute nicht eindeutig zuweisen kann, welcher der Autoren welchen Artikel geschrieben hat. Wo die Zuweisung möglich ist, wird sie auch hier vorgenommen. Wo nicht bzw. wo alle drei Autoren gemeint sind, wird nur von den Autoren der »Federalist Papers« gesprochen.

Zusammenfassung

Die Kernpunkte der »Federalist Papers«
- Repräsentation statt direkte Demokratie
- Wirtschaftsliberalismus
- Föderalismus mit vertikaler und horizontaler Gewaltenteilung

Zentralstaat versus Bundesstaat
Die erste amerikanische Verfassung, die vom Ende der Revolution 1776/1777 bis zu Ratifizierung des im Verfassungskonvent von 1787 entworfenen Dokuments in Kraft war, garantierte den einzelnen Staaten volle Souveränität und Unabhängigkeit gegenüber dem Staatenbund, solange diese nicht ausdrücklich Rechte an den Kongress der Vereinigten Staaten von Amerika abgetreten hatten. Hamilton kritisiert in den »Federalist Papers« diesen Zustand. Er sah den entscheidenden Mangel der Konföderationsartikel darin, dass der Kongress nicht die Macht hatte, Gesetze zu erlassen, die sich direkt auf den einzelnen Bürger in den verschiedenen Staaten bezogen, sondern nur mittels der Regierungen der Einzelstaaten handeln konnte. Die Folge davon war, dass die Resolutionen des Kongresses zwar theoretisch bindend waren, faktisch aber bloß Empfehlungen darstellten (Federalist 15).

Die Frage, die sich ganz zentral in der damaligen Diskussion stellte, war also, ob aus den 13 Staaten ein Staatenbund oder ein Bundesstaat entstehen sollte und wie die Teile und das Ganze miteinander im Verhältnis stehen sollten. Die Autoren der »Federalist

Staatenbund oder Bundesstaat?

Papers« plädierten für einen föderalen Bundesstaat, und zwar nicht zuletzt wegen der Gefahr der Faktionsbildung. Im 10. Artikel beschreiben sie, was sie unter »Faktion« verstehen: eine Gruppe von Bürgern, entweder eine Mehr- oder eine Minderheit des Ganzen, die vereint und angetrieben wird durch ein gemeinsames Interesse, das dem Interesse der anderen Bürger und dem dauerhaften Interesse der Gemeinschaft entgegenläuft (Federalist 10).

Hintergrund

Die Verfassung von 1789

Die vom Verfassungskonvent in Philadelphia 1787 verabschiedete Verfassung, für deren Annahme die Autoren der Federalist Papers sich einsetzten, wurde 1789 ratifiziert und ist heute noch – von ihren grundlegenden Prinzipien her – die gültige Verfassung der USA. Sie wurde allerdings 27-mal ergänzt und erweitert durch die »Amendments«. Der berühmteste und wohl wichtigste Zusatzartikel ist das »First Amendment«. Dieses garantiert die Meinungs- und Versammlungsfreiheit, das Petitionsrecht, verbietet die Einführung einer Staatsreligion und schützt die individuelle Religionsfreiheit.

Um den negativen Auswirkungen von Faktionsbildungen, die ganz in der menschlichen Natur liegen und deren Abschaffung einer Abschaffung der Freiheit gleichkäme, entgegenzuwirken, schlägt Madison die Schaffung einer föderalen Republik mit einer von einem repräsentativen Parlament gewählten Regierung vor (ebd.). Die Vorteile seien leicht einzusehen: die Mehrheitsfaktionen in einem Staat werden durch die anderer Staaten ausbalanciert, sodass keine der Faktionen eine solche Mehrheit erhält, dass sie alleine die Politik auf Bundesebene bestimmen könnte.

Die Grundstruktur der föderalen Ordnung

Repräsentantenhaus und Senat

Im 39. Artikel der »Federalist Papers« argumentiert Madison, dass das Repräsentantenhaus als ein Teil des Kongresses seine legitime Macht vom amerikanischen Volk bezieht. Das Volk wird dort im selben Verhältnis und nach denselben Grundsätzen vertreten sein wie in den gesetzgebenden Kammern der einzelnen Bundesstaaten.

»Insoweit ist das Regierungssystem national und nicht föderal. Andererseits liegt der Ursprung der legitimen Macht des Senats [des anderen Teils des Kongresses] bei den Staaten als politischen und gleichrangigen Gemeinwesen. Diese werden nach dem Gleichheitsgrundsatz im Senat repräsentiert sein, so wie sie es heute im bestehenden Kongress sind. Insoweit ist das Regierungssystem föderal und nicht national. Die vollziehende Gewalt wird ihren Ursprung aus einer sehr gemischten Quelle herleiten.« (Federalist 39).

Im 15. und 16. Artikel untersucht Hamilton andere föderale Gebilde, um so zu ermitteln, welches System am besten für die Vereinigten Staaten wäre. Die vergleichende Untersuchung lässt ihn zu dem Schluss kommen, dass (militärische) Gewalt, Despotimus oder andere Formen des Zwangs keine effektiven Mittel seien, um die Gesetzgebung eines souveränen Staates zu stützen. Vielmehr müsse jedem »intelligenten Geist« nach diesen Beobachtungen klar sein, dass eine Bundesregierung geschaffen werden muss, die die gemeinsamen Belange regelt und die Ordnung der Allgemeinheit wahrt.

Auf der Suche nach dem besten System

Dies kann der Ansicht Hamiltons nach aber nur funktionieren, wenn der Bundesstaat selbst die Befugnisse besitzt, die eigenen Beschlüsse umzusetzen. Dies löste bei den sogenannten Anti-Federalisten große Sorge aus. Sie fürchteten, dass eine Zentralregierung aufgrund der ihr zugewiesenen Macht selbstherrlich, willkürlich und korrupt agieren werde und wollten deshalb Gesetzgebungsorgane zwischenschalten, um so den Einfluss des Bundes auf die Einzelstaaten zu minimieren (Federalist 16).

Zusammenfassung

Die Argumente und Befürchtungen der Verfassungsgegner

Die zahlreichen Einwürfe der Verfassungsgegner sind als *Anti-Federalist-Papers* gesammelt und veröffentlicht. Ihr Hauptbedenken gegen die Verfassung und die geplante Union der 13 Einzelstaaten ist vor allem das Folgende: Ballung der Macht in der Zentralregierung, die dann möglicherweise selbstherrlich, willkürlich und korrupt wird. Fast alle Einwände gegen die Verfassung lassen sich auf diese Grundbefürchtung zurückführen. Die Vorstellungen der Anti-Federalisten gingen in Richtung direkter Demokratie mit direkten Mandaten. Ihr Ideal war ein Amerika kleiner lokaler Einheiten, die sich selbst verwalteten. (Ketcham 2003, 16–20).

Subsidiaritätsprinzip und Freiheit als Leitgedanken des Staatsaufbaus

Hamilton gesteht zu, dass die Menschen gewöhnlich dem mehr zugewandt sind, das ihnen nähersteht: der eigenen Familie mehr als den Nachbarn, der Gemeinde mehr als dem Einzelstaat und dem Einzelstaat mehr als dem Bundesstaat. Allerdings, so gibt er zu bedenken, wird die Logik dieses Prinzips zerstört, sobald die Menschen erkennen, dass der Bundesstaat durch eine viel bessere Administration geführt wird, als die kleineren Einheiten. Nichtsdestotrotz tritt er für das Subsidiaritätsprinzip ein, nach dem die Angelegenheiten auf der Ebene geregelt werden sollen, wo sie am besten geregelt werden können (Federalist 17), ein Prinzip, das z.B. in der Europäischen Union wiederzufinden ist. Allerdings sollten ökonomische und sicherheitspolitische Aufgaben auf die gesamtstaatliche Ebene verlagert werden, denn so sei die Freiheit des Individuums, die die Autoren der »Federalist Papers« als übergeordnetes Ziel immer vor Augen haben, am besten zu sichern.

Aus diesen zentralen Funktionen, die in die Hände gesamtstaatlicher Institutionen gelegt werden sollen, leitet sich dann das komplexe System der »Checks and Balances« ab: ein System der Gewaltentrennung und -verschränkung. Diese Trennung bei gleichzeitiger Verschränkung soll neben der Machtbeschränkung der Gewalten auch ihre selbsterhaltende und selbsterschaffende Dynamik unterbinden.

Diese Dynamik besteht darin, dass Institutionen immer damit beschäftigt sind, ihre Macht zu sichern und zu erweitern, und zwar auch in Bereiche hinein, die nichts mit ihren ursprünglichen Aufgaben zu tun haben. Dies sahen die Autoren der »Federalist Papers« voraus und sie versuchten daher, diese Dynamik durch die Gewaltenverschränkung und -teilung einzuhegen. Dies geschieht auf horizontaler wie auf vertikaler Ebene. Ein Beispiel für die vertikale Gewaltenteilung und ihre Wirksamkeit wäre die weiter oben beschriebene Begrenzung der Einflussmöglichkeiten von Faktionen. Es können zwar weiterhin Faktionen entstehen, doch in einem föderativen Staat können diese nicht mehr einen so großen Einfluss gewinnen.

> **Definition**

»Checks and Balances«

Die »Federalist Papers« sehen eine horizontale und vertikale Gewaltenteilung vor. Die horizontale Gewaltenteilung wird auch als ein System der gegenseitigen Kontrolle und der Herstellung eines Gleichgewichts bezeichnet (»Checks and Balances«).

Das politische System der USA besteht auf Bundesebene aus dem Kongress, der sich aus dem Senat und dem Repräsentantenhaus zusammensetzt, dem Präsidenten und dem *Supreme Court*. Die gegenseitige Kontrolle dieser Organe soll verhindern, dass sie mehr Macht erhalten, als in der US-Verfassung vorgesehen ist. Jedes dieser Organe verfügt deshalb über bestimmte Instrumente, mit denen es die eigenen Interessen durchsetzen bzw. entsprechenden Bestrebungen der anderen Organe verhindern bzw. blockieren kann. So kann der Präsident Gesetze des Kongresses durch ein Veto blockieren, der Kongress kann durch ein Impeachment (Anklage wegen Amtsvergehen) die Richter des *Supreme Courts* und den Präsidenten ihrer Ämter entheben. Der *Supreme Court* wiederum kann Gesetze als nicht verfassungskonform scheitern lassen.

Einen weiteren Punkt der vertikalen Gewaltenteilung führt Hamilton in Artikel 51 aus. In einem komplexen System wie dem der Republik Amerikas werde die Gewalt einmal zwischen zwei getrennten Regierungssystemen, d.h. zwischen denen der Gliedstaaten und des Bundesstaates, aufgeteilt, »und dann wird der jeweilige Anteil der Macht zwischen den unabhängigen und getrennten Gewalten unterteilt«. Aus dieser Konstruktion ergibt sich nach Madison für das Volk eine doppelte Sicherheit: die zwei getrennten Regierungen kontrollieren sich gegenseitig und werden dabei gleichzeitig jeweils intern nochmals kontrolliert (Federalist 51). Darüber hinaus sieht Hamilton im 78. Artikel die Kontrolle der Gesetzgebung durch eine »richterliche Gewalt«, dem »Supreme Court« vor.

Ideengeschichtlich neu ist an den »Federalist Papers«, dass der Föderalismus mit der Sicherung der Freiheit und des Wohlstands des Individuums begründet wird. Dies steht im Gegensatz zu der traditionellen konföderalen und kollektivistischen Begründung, von der Hamilton sich auch im 15. Artikel deutlich absetzt:

Das ideengeschichtliche Neue

»Der große und grundsätzliche Fehler in der Konstruktion der bestehenden Konföderation ist das Prinzip der *Gesetzgebung* für *Staaten* oder *politische Systeme* in ihrer *kooperativen* oder *kollektiven Eigenschaft* und nicht für die *Individuen*, aus denen sie sich zusammensetzen.« (ebd. 15, Hervorhebung im Original).

Darüber hinaus haben die Autoren der »Federalist Papers« eine neue Form des Föderalismus entworfen: den Bundesstaat. Diese Form des Föderalismus unterscheidet sich in drei Punkten von seinen Vorgängern:

1. Die gesamtstaatliche Ebene ist den Gliedstaaten übergeordnet, d. h. der Bundesstaat ist hierarchisiert (Vorgänger + USA vor der Verfassung von 1789).
2. Nur die Gliedstaaten gelten noch als konstitutive Einheiten des Bundesstaats und nicht mehr soziale Gruppen oder Städte, d.h. er ist territorialisiert (Vorgänger + Althusius' Föderalismuskonzept).
3. Durch die Beschwörung eines Mythos einer nationalen Kultur bzw. eines nationalen Staatsvolkes wird der Bundesstaat »nationalisiert«, d.h. als eine einheitliche Nation konstruiert.

Hintergrund

Das moderne Föderalismuskonzept der »Federalist Papers«

Das Besondere an den »Federalist Papers« ist aus der Perspektive der Politischen Theorie, dass in ihnen zum ersten Mal nur der institutionelle Rahmen für das individuelle Glücksstreben der Menschen eines Staatswesens vorgegeben wird und zwar nicht auf kleinstaatlicher Ebene wie in der Polis des antiken Griechenlands, sondern in einem großen Rahmen, der mehrere Millionen Menschen in einem riesigen Staatsgebiet umfasst. Die »Federalists« wollten die Ratifizierung der 1787 ausgearbeitete Verfassung vorantreiben, um so ein Auseinanderbrechen der Union zu verhindern. Ihr Plädoyer für einen Bundesstaat mit vertikaler und horizontaler Gewaltenteilung und einem ausgeprägtem System der »Checks and Balances« sollte zweierlei bewirken:

• Zum einen sollten die Befürchtungen der »Anti-Federalisten« beschwichtigt werden, die eine Machtanhäufung bei der Zentralregierung befürchteten.

- Zum anderen sollte diese Konstruktion die tatsächlichen Gefahren einer starken Zentralregierung beseitigen. Gleichzeitig waren die »Federalists« aber der Überzeugung, dass der Zentralregierung einige Rechte zukommen müssen, damit diese überhaupt handlungsfähig ist, und nicht nur ein Erfüllungsgehilfe der einzelnen Bundesstaaten.

Immanuel Kant | 4.1.2.3

Leben und Werk

Immanuel Kant (1724–1804)

Immanuel Kant wurde 1724 in Königsberg geboren. Bekannt wurde er durch seine großen philosophischen Schriften, die drei »Kritiken«: die »Kritik der reinen Vernunft« (1781), die »Kritik der praktischen Vernunft« (1788) und die «Kritik der Urteilskraft« (1790). Hier sind aber vor allem Kants »kleine politische Schriften« von Interesse, die er als politischer Publizist für ein breiteres Publikum, das damalige Lesepublikum, geschrieben hat, so »Zum ewigen Frieden« (1795) und »Streit der Fakultäten« (1796/98). Mit diesen »kleineren Schriften«, die vorrangig in der »Berlinischen Monatsschrift« publiziert wurden, nahm Kant Stellung zu politischen Ereignissen bzw. drängenden Fragen seiner Zeit, wie z. B. der Französischen Revolution und der Aufklärung. Nicht zuletzt weil er beiden positiv gegenüberstand, bekam er häufig Probleme mit der preußischen Zensurbehörde. Nach einer Tätigkeit als Hauslehrer lehrte Kant ab 1755 als Privatdozent an der Königsberger Universität. 1770 wurde er dort ordentlicher Professor für Metaphysik und Logik. Kant starb 1804.

Kants Schrift »Zum ewigen Frieden« erlangte zu ihrem 200. Geburtstag 1995 viel Aufmerksamkeit, weil Kant in ihr das auch heute noch hochaktuelle Thema einer Weltrepublik und eines »Föderalismus« der Nationen beschwört. Gerade in der Diskussion um den Stellenwert und die zukünftigen Aufgaben der Vereinten Nationen fällt der Name Kants immer wieder. Insofern passt Kant gut in ein Kapitel zum Föderalismus, da er die föderalistische Idee auf das Verhältnis von souveränen Staaten überträgt. Es muss

Weltrepublik

jedoch klar sein, dass dieser Föderalismus als »interstaatlicher Föderalismus« nur einen Staatenbund und keinen Bundesstaat zum Ziel haben kann.

Der politische Hintergrund von Kants Föderalismusidee

Was will Kant und in welchem Kontext thematisiert er dies? Kants politische Schriften fallen alle in den Zeitraum von Mitte der 80er- bis Ende der 90er-Jahre des 18. Jahrhunderts. In dieser Zeit geht es in Europa politisch recht turbulent zu. Das alles überschattende Ereignis ist die Französische Revolution. Das Bürgertum begehrt gegen die Bevormundung durch König, Adel und Klerus auf und möchte seiner (wirtschaftlichen) Bedeutung gemäß Mitsprache-recht in allen politischen Belangen des Staates erhalten. Ganz wichtig ist dabei auch das Selbstbestimmungsrecht der Regionen sowie das der Subjekte, d.h. der einzelnen politischen Individuen.

Französische Revolution

Kant beobachtet die Französische Revolution von seiner Heimat-stadt Königsberg aus mit Wohlwollen (mit »interesselosem Wohl-gefallen«). Die preußische Zensur unter Friedrich Wilhelm II. hin-gegen ist von seinen politischen Äußerungen nicht immer begei-stert. Einige seiner Schriften werden zensiert, da er die Französi-sche Revolution allzu sehr lobt und gar zu offen die Monarchie kri-tisiert. Kant ist der Überzeugung, in der Französischen Revolution ein »Geschichtszeichen« entdecken zu können. Dazu muss man wissen, dass Kant der Überzeugung war, dass das Wissen um die Anlagen der Menschheit es möglich macht, die Richtung des Gesamt-gangs der Geschichte vorherzusagen. Allerdings braucht man für eine solche Vorhersage ein »Geschichtszeichen«, d.h. eine Begeben-heit, »die auf das Fortschreiten zum Besseren als unausbleibliche Folge schließen ließe, welcher Schluss dann auch auf die Geschich-te der vergangenen Zeit (dass es immer im Fortschreiten gewesen sei) ausgedehnt werden könne« (Kant 1796/98, 84 ff.). Und eben eine solche Begebenheit war für Kant die Französische Revolution, und zwar eine, die auf den moralischen Charakter des Menschen-geschlechtes hinweise. Das Moralische an der Französischen Revo-lution sei, dass sie zu einer republikanischen Staatsform, d.h. zu einer rechtstaatlichen Demokratie, hinführe (Bevc 1999, 181).

Geschichtszeichen

In »Zum ewigen Frieden« betont Kant, dass nur republikanisch verfasste Staaten die Voraussetzungen erfüllen, friedlich mit ihren Nachbarn zu leben, da nur Republiken auch in außenpolitischen Angelegenheiten die Entscheidungsfindungsprozesse und Konfliktlösungsverfahren verwenden, die sie zur Lösung ihrer inneren Konflikte anwenden (Kleiner 1999, 157). Da der republikanische Staat im Inneren friedliche Mittel der Konfliktbeilegung und Konsensfindung verwendet, ist er nach Kant a priori (ohne jede vorhergehende Erfahrung, nur durch die Vernunft bestimmt) daran gehindert, einen Angriffskrieg zu führen.

Lob der republikanischen Regierungsart

Das Konzept des föderativen Friedenbunds

Nun kommt wieder Frankreich und die Französische Revolution ins Spiel, denn Kant ist der Überzeugung, dass ein republikanischer Staat, mit all den Vorzügen, die er für die Menschen mit sich bringt, auf seine Nachbarn »ansteckend« wirkt. Er geht davon aus, dass dies zweierlei Konsequenzen hat: Zum einen werden die Menschen, die in der Nähe einer Republik leben, auch wollen, dass ihr Staat republikanisch wird. Zum anderen führt dieser Prozess dazu, dass die republikanischen Staaten sich zu einem föderativen Friedensbund zusammenschließen.

Bildung eines Friedensbunds

Das Ziel eines solchen Bundes ist aber nicht die Etablierung einer zentralen Macht mit Sanktionsbefugnissen. Vielmehr zielt ein solcher Völkerbund darauf, die Sicherheit und den Erhalt eines jeden einzelnen Staates zu gewährleisten. Wie das gemeint ist, geht aus dem zweiten Definitivartikel des Ewigen Friedens »Das Völkerrecht soll auf einen Föderalism freier Staaten gegründet sein« hervor. Dort fordert Kant einen »Bund von besonderer Art [...], den man den Friedensbund (*foedus pacifikum*) nennen kann, der vom Friedensvertrag (*pactum pacis*) darin unterschieden sein würde, daß dieser bloß einen Krieg, jener aber alle Kriege auf immer zu endigen suchte« (Kant 1795, 356). Dieser Friedensbund kann aber nur unter Republiken Bestand haben.

Föderalismus freier Staaten

Zusammenfassung

Kants Friedensbund und seine Aktualität

Das internationale System der Staatenwelt ist bis heute dadurch geprägt, dass in ihr Anarchie herrscht. Es gibt keinen obersten Richter, der die Einhaltung der Regeln überwacht und sanktioniert. Anarchie bedeutet Herrschaftslosigkeit, nicht Regellosigkeit. Da gleichzeitig keine militärischen Mittel existieren, die als rein defensiv zu bezeichnen sind, führt das Rüsten einer Seite immer auch zum Rüsten auf der anderen Seite. Der amerikanische Politikwissenschaftler John H. Herz hat dies 1950 als Sicherheitsdilemma bezeichnet. Kant hat dieses Problem, dass es in den zwischenstaatlichen Beziehungen keinen obersten Richter gibt, schon zu seiner Zeit gesehen und er versucht dies mit seiner Konzeption des Friedensbundes zu lösen. In diesem Friedensbund wären die Staaten gleichberechtigt und würden aufgrund der Einsicht, dass sie alle von einem gegenseitigen dauerhaften Frieden profitieren, auf Krieg verzichten. Voraussetzung des Friedensbundes ist zum einen das gegenseitige Vertrauen seiner Mitglieder. Seine Mitglieder müssen zudem Republiken sein.

Kants Überlegungen zielen nicht auf die Etablierung eines Weltstaats, sondern auf die Gründung eines Friedensbunds freier, gleicher und souveräner Staaten, in dem die miteinander assoziierten Staaten je ihre Kompetenz-Kompetenz, d. h. die Fähigkeit, über die eigenen Handlungs- und Entscheidungsfähigkeiten und -möglichkeiten zu entscheiden, behalten (Habermas 1996, 9). Die Bedeu

Voraussetzungen für den Friedensbund

tung von Kants Friedensbund (*foedus pacificum*) liegt darin, dass er an zwei Voraussetzungen geknüpft ist:

- Die teilnehmenden Staaten müssen Republiken sein, d. h., in der heutigen Terminologie, rechtstaatlich verfasst sein.
- Der Bund muss das Sicherheitsdilemma lösen, in dem sich alle Staaten befinden, da das internationale System anarchisch ist: Aus Angst davor, angegriffen zu werden, müssen auch demokratische Staaten rüsten, was wiederum Misstrauen bei den anderen Staaten hervorruft, selbst wenn die Rüstung nur defensiven Charakter hat.

Friedenspflicht

Kant will das internationale Sicherheitsdilemma darüber lösen, dass innerhalb des Friedenbundes eine Friedenpflicht herrscht. Der Bund selbst ist demokratisch geregelt. Es soll aus souveränen Willensakten hervorgehen. Diese Akte münden in völkerrechtliche Verträge, die allerdings keine einklagbaren Rechtsansprüche begründen – d. h. die Unterzeichner können nicht zu deren Einhaltung gezwungen werden –, sondern nur eine auf Dauer gestellte Allianz der beteiligten Staaten; diese Allianz besteht also auf Dauer nur deswegen, weil die beteiligten Staaten sich freiwillig dieser Friedenspflicht unterwerfen. Habermas macht hier auf einen

Widerspruch in der Kantischen Konstruktion aufmerksam: Einerseits will Kant die Souveränität der Mitglieder wahren, andererseits soll diese Föderation auf Dauer Frieden stiften, da sich ihre Mitglieder verpflichtet fühlen, die eigene Staatsraison den Zielen der Föderation zu unterstellen (Habermas 1996, 10).

Kants Weltföderalismus

Kants »Weltföderalismus«, der nur einen losen Staatenbund mit Friedenspflicht der teilnehmenden Republiken konstruiert, geht von folgenden Annahmen aus, die garantieren würden, dass dieser lose Bund tatsächlich funktionieren würde, und dies trotz der bei den Nationen verbleibenden Souveränitätsrechte: Kants erste Annahme ist, dass die Menschen den Staat als Instrument zum Schutz vor Krieg schaffen (Kant 1795, 365). Innerhalb des Staates entwickelt sich mit der Zeit von selbst eine gute Organisation, die republikanische Verfassung (ebd. 366). Damit nun aber die Staaten sich nicht untereinander bekriegen – und dies ist die zweite Annahme Kants – und zugleich keine Universalmonarchie entsteht, die zwar den Krieg abschaffen würde, dafür aber unvermeidlich in eine Universaldiktatur führen würde, bedient sich die Natur zweier Mittel: Diese zwei Mittel sind die verschiedenen Religionen und Sprachen. Zwar bergen diese Unterschiede die Gefahren des Hasses und des Krieges, doch werden sie dazu führen, dass es bei der sich abzeichnenden »anwachsenden Kultur und der allmählichen Annäherung der Menschen« zu einer Übereinstimmung im Hinblick auf die Prinzipien des Friedens kommen wird und so ein Gleichgewicht zwischen den Staaten entsteht. Das heißt, dass die Gründe für Hass und Ablehnung gleichzeitig die Mittel gegen Despotie sein können.

Kant hat also die Hoffnung, dass die immer gebildeteren Menschen sich einander annähern und dass sich auf diese Weise der ursprüngliche Hass aufgrund der Unterschiede in Religion und Sprache in Friedensliebe verwandelt. Dies macht deutlich, wie sehr er davon überzeugt ist, dass die Menschen sich zum Besseren wandeln, d.h. immer vernünftiger werden (vgl. Bevc 1999, 180ff.). Dieses Gleichgewicht zwischen den Staaten und der Frieden werden dadurch garantiert, dass die Staaten in einen Wettstreit untereinander treten und Handel betreiben, der auf Frieden angelegt ist. Durch diese Entwicklungen werden sich die Staaten so miteinander verflechten, dass Krieg zumindest erschwert wird (ebd., 367f.). Handel benötigt einen freien und friedlichen Weltmarkt, um den

Transfer und die Konsumtion von Waren sicherzustellen. Der Weg dorthin führt am einfachsten über Kants Friedensbund, in dem die republikanischen Staaten sich freiwillig dazu verpflichten, keinen Krieg gegeneinander zu führen.

Zusammenfassung

Kants Weltföderalismus und Friedensbund

Im Gegensatz zu den anderen Föderalismustheorien geht es in Kants Theorie um einen Föderalismus zwischen unabhängigen Staaten. Kants Ziel ist eine Staatenwelt, in der der Angriffskrieg verbannt ist und die Länder ihre Angelegenheiten friedlich beilegen. Eine so organisierte Staatenwelt muss aus republikanisch regierten Ländern bestehen, da nur diese aufgrund ihrer inneren Verfasstheit die Voraussetzungen für eine friedliche Beilegung von Konflikten mitbringen. Die Annahme, dass die Menschen den Frieden dem Krieg vorziehen, begründet er damit, dass auch Staaten nur um des Friedens willen geschaffen werden. Kants Föderalismus- bzw. Staatenbundtheorie beruht somit auf zwei Annahmen:
1. Die Menschen wollen Frieden.
2. Demokratie ist die conditio sine qua non (unverzichtbare Voraussetzung) für den Frieden.

Ergebnis eines solchen Staatenbundes ist nicht nur, dass Friede herrscht, sondern mit dem Frieden gehen auch der freie Handel und ein friedlicher Weltmarkt einher. Unter dem Stichwort »Friedensdividende« ist dieses Symptom hinreichend bekannt und beobachtet worden.

Lernkontrollfragen

1 Der Föderalismus zielt auf eine Vielfalt in der Einheit. Erklären Sie diese Aussage und überlegen Sie, inwiefern sie auf die hier behandelten Konzepte zutrifft.
2 Welche zentralen Elemente von Althusius' Theorie ermöglichen es, diese als Föderalismustheorie zu bezeichnen?
3 Die »Federalist Papers« spielen eine zentrale Rolle in der Entwicklung der Idee des Föderalismus. Was sind die bleibenden föderalistischen Elemente, die die Federalist Papers entwickeln?

4 Kant wird immer wieder als Vordenker der Vereinten Nationen genannt. Nennen Sie Gründe für und gegen diese Sichtweise.

5 Föderalismus und Gewaltenteilung stehen in einem engen Zusammenhang. Inwiefern befördert der Föderalismus gewaltenteilige Strukturen?

Literatur

Primärliteratur

Althusius, Johannes (2003), Politik, methodisch geordnet und dazu an heiligen und weltlichen Beispielen illustriert, hrsg. von Dieter Wyduckel, Berlin.

Hamilton, Alexander, Madison, James, Jay, John (1993), Die Federalist Papers, übersetzt, eingeleitet und mit Anmerkungen versehen von Barbara Zehnpfennig, Darmstadt.

Kant, Immanuel (1795), Zum ewigen Frieden, in: Kant's gesammelte Schriften, hrsg. von Königlich Preußische Akademie der Wissenschaften, Berlin 1900ff., Bd. VIII, S. 341–386.

Kant, Immanuel (1796), Der Streit der Fakultäten, in: Kant's gesammelte Schriften, hrsg. von Königlich Preußische Akademie der Wissenschaften, Berlin 1900ff., Bd. VII, S. 1–116.

Sekundärliteratur

Bevc, Tobias (1999), Revolution oder Reform?, in: Kant als politischer Schriftsteller, hrsg. von Theo Stammen, Würzburg, 173–200.

Hesselberger, Dieter (2001), Das Grundgesetz. Kommentar für die politische Bildung, Bonn.

Hüglin, Thomas (1991), Sozietaler Föderalismus. Die politische Theorie des Johannes Althusius, Berlin.
Hüglins Arbeit über Althusius vermittelt einen guten, nachvollziehbaren und vollständigen Überblick über dessen politische Theorie. Diese Monographie ist jedem zu empfehlen, der sich intensiv mit Althusius beschäftigen möchte.

Ketcham, Ralph (2003), The Anti-Federalist Papers and the Constitutional Convention Debates, hrsg. von Ralph Ketcham, New York.

Kleingeld, Pauline (1995), Fortschritt und Vernunft: Zur Geschichtsphilosophie Kants, Würzburg.
Diese Arbeit zu Kant und seiner Geschichtsphilosophie ist sehr interessant auch mit
Blick auf Kants politisches Denken. Kleingeld versteht es, Kants Theorie verständlich darzustellen.

Reichardt, Wolfgang (1995), Föderalismus, in: Lexikon der Politik, hrsg. von Dieter Nohlen, Bd. 1.: Politische Theorien, München, 102–110.

Reissert, Bernd (1992), Föderalismus und die Gesellschaft der Gegenwart, in: Politikwissenschaft. Theorien, Methoden, Begriffe, hrsg. von Dieter Nohlen, München, 238–244.

Scharpf, Fritz W. (1999), Föderale Politikverflechtung. Was muss man ertragen – was kann man ändern? MPIfG Working Paper 99/3.
Scharpf als »Erfinder« des Terminus »Politikverflechtungsfalle« analysiert hier grundlegend das Problem der föderalen Politikverflechtung und legt dar, bis zu welchem Grad sie nötig ist und ab wann sie zum Hindernis föderaler Politik wird. Ein interessanter Aufsatz zu einer wichtigen Debatte.

Schultze, Rainer-Olaf (1990), Föderalismus als Alternative? Überlegungen zur territorialen Reorganisation politischer Herrschaft, in: Zeitschrift für Parlamentsfragen 21, 475–490.
Schultze reflektiert in diesem lesenswerten Aufsatz die Vor- und Nachteile diverser Föderalismusmodelle und überprüft diese Modelle im Hinblick auf das Verhältnis von Einheit und Vielfalt, Integration und Autonomie sowie Funktionalität und Effizienz. Dieser Aufsatz zeigt somit gut nachvollziehbar die Vielschichtigkeit der aktuellen Föderalismusdebatte auf.

Schultze, Rainer-Olaf (1998), Föderalismus, in: Lexikon der Politik, hrsg. von Dieter Nohlen, Bd. 7: Politische Begriffe, 186–188, München.

Scruton, Roger (1999), Kant, Freiburg i. Br.
Scrutons kurze Einführung zu Kant ist empfehlenswert, stellt er doch die grundlegenden philosophischen Gedanken Kants so dar, dass sie auch von Studienanfängern nachvollzogen werden können.

Wyduckel, Dieter (2003), Einleitung, in: Althusius, Johannes, Politik, Berlin, VII–XLVII.
Wyduckels Einleitung gibt einen guten Einblick in Althusius' Denken. Der Autor stellt zudem interessante Überlegungen zu der Anschlussfähigkeit und Relevanz der Theorie Althusius' an.

Zehnpfennig, Barbara (1993), Einleitung, in: dies. (Hrsg.), Die Federalist Papers, Darmstadt, 1–44.
Zehnpfennigs Einleitung zu den Federalist Papers informiert zuverlässig über Entstehungsgründe und -geschichte, Argumente der »Federalists« und ihre politischen Vorstellungen darüber, wie die Verfassung Amerikas auszusehen hat. Das Ganze wird abgerundet durch ein recht umfangreiches Literaturverzeichnis, das genügend Material zum vertieften Studium bietet.

4.1.3 | Parteien

Die Minimaldefinition dessen, was man unter einer Partei versteht, lautet, dass sich in ihr eine Gruppe gleich gesinnter Bürger zusammenschließt, um gemeinsame politische Vorstellungen zu verwirklichen. Nicht zuletzt aufgrund dieses Vorhabens, gruppenspezifische Meinungen durchzusetzen, wurden Parteibildung und Parteien von der Antike bis ins 18. Jahrhundert vor allem negativ bewertet. So beklagte Homer (8. Jh. v. Chr.), dem die Epen »Ilias« und »Odyssee« zugeschrieben werden, die Zerwürfnisse der Griechen untereinander, Solon (7./6. Jh. v. Chr.), der als Gesetzesreformer Athens in die Geschichte einging, hob seine Unparteilichkeit als Verdienst hervor und auch Thukydides (5. Jh. v. Chr.), der als Begründer der politischen Geschichtsschreibung gilt, fasste Parteien als eine Anomalie auf, die beseitigt gehört. Das Gleiche lässt sich über den Sprachgebrauch im antiken Rom sagen. Für die griechische und römische Antike ist festzuhalten, dass Parteien »der politischen Ordnung und dem Gemeinwohl widersprachen« und insofern als »politisch-moralisch destruktiv abgelehnt« wurden (von Beyme 1978, 678 ff.).

Pejorativer Parteienbegriff

Antike

GRUNDELEMENTE DES STAATSVERSTÄNDNISSES

Von Beyme zeigt in seinem begriffsgeschichtlichen Überblick (von Beyme 1978), dass der pejorative Gebrauch des Begriffs »Partei« bis in das 17./18. Jahrhundert üblich blieb, dann aber mit Blick auf gemischte Regierungsformen ein Wandel eintrat. Hierbei spielte vor allem die Entwicklung im 17. Jahrhundert in England eine wichtige Rolle, da sich dort das gemischte Regierungssystem (konstitutionelle Monarchie) zuerst entwickelte, so wie auch die ersten beiden »Parteien«: die »Whigs« und die »Tories«. Nichtsdestotrotz blieben auch in England Parteien höchst umstritten. In David Hume (1711–1776) fanden sie beispielsweise einen höchst prominenten Gegner. Edmund Burke (→ vgl. Kap. 3.2.3.1) jedoch verteidigte die Parteien und deren Notwendigkeit. Er war auch der Erste, der die Parteien als alternative Regierung respektive Opposition anerkannte (von Beyme 1978, 691 f.).

Wandel des Urteils über Parteien

Gegner und Befürworter

Während der Französischen Revolution bildeten sich neben den politischen »Klubs« nun auch Parteien. Dem hatten die Revolutionäre durch ihren Kampf für die Koalitionsfreiheit Vorschub geleistet. Den Anhängern der Rousseauschen *volonté générale* (→ vgl. Kap. 2.1.2.1), den »Jakobinern«, war die Parteibildung natürlich ein Gräuel, weil Parteien – nach ihrer Auffassung – die Bildung des Gemeinwillens verhinderten und die Dominanz des Partikularwillens förderten. Allerdings blieb der Begriff der Partei während der Revolution umstritten und er schaffte es auch nicht in die damalige französische Verfassungswirklichkeit.

In Deutschland ist es erst seit Beginn des Vormärzes (1815–1848/49) sinnvoll, von Parteien zu sprechen. Dabei hat sich eine grundlegende Dichotomie (Zweiteilung) herausgebildet: Es gibt eine Partei des Fortschritts und eine der Legitimität (Friedrich von Gagern) bzw. die der Revolution und der Legitimität (Friedrich Julius Stahl). Nach einem Artikel aus dem »Staatslexikon« von 1848 kann man diese Dichotomie nochmals unterteilen:

Parteien in Deutschland

»Was am Alten hängt, kann entweder stillstehen (conservativ im engeren Sinne) oder geradezu rückwärtsgehen (reactionär oder absolutistisch). Die Freunde des Neuen wollen den Fortschritt entweder mit Schonung der bestehenden Verhältnisse (Liberale im engeren Sinne) oder ohne Rücksicht auf die letzteren, schonungslos und von Grund auf (Radicale).« (Gottlob Christian Abt, Artikel *Parteien* im *Staatslexikon* von 1848, zitiert nach: von Beyme 1978, 698).

Zu dieser Zeit sprach man in Deutschland allerdings lieber von Bewegungen als von Parteien. Parteien haftete nach wie vor etwas

Negatives, die Gemeinschaft Zerstörendes an. So kam es, dass die damalige liberale und konservative Partei sich selbst nur als Vereine bezeichneten, obwohl sie formal das Recht gehabt hätten, sich als Partei zu gründen (ebd., 699).

Verein statt Partei

Die Kommunisten – und an erster Stelle Marx und Engels als Verfasser des *Kommunistischen Manifests* – verwendeten daher zur gleichen Zeit (1848) absichtlich das Wort »Partei«. Mit dem klassenspezifisch verwendeten Parteibegriff wollten sie ihre revolutionäre Haltung ausdrücken. Klassenspezifisch war die Kommunistische Partei, da sie sich als Partei des Proletariats sah, die das Proletariat zur Revolution führen werde. Hier wird die Partei zum Instrument der Machtergreifung und damit gleichzeitig auch zum Instrument ihrer Selbstauflösung, da in der – auf die Diktatur des Proletariats folgenden – klassenlosen Gesellschaft keine Partei mehr nötig sein wird (→ vgl. Kap. 3.2.2.2).

Das Revolutionsjahr 1848/49 brachte Bewegung in die Bildung und Anerkennung von Parteien in Deutschland, wobei vielerorts immer noch dem Begriff »Verein« der Vorzug vor »Partei« gegeben wurde (Fenske 1994, 64 f.). In der Frankfurter Paulskirche und der dort tagenden Nationalversammlung gehörte die Mehrheit der Abgeordneten aber schon einer Partei an. Auch gab es in ihr bereits Fraktionszwang und Parteidisziplin (von Beyme 1978, 718). Erst Anfang der 1860er-Jahre kam es jedoch zu Parteigründungen im heutigen Sinne. Die Deutsche Fortschrittspartei führte den Begriff »Partei« sogar im Namen, während der konservative Preußische Volksverein das »P-Wort« lieber noch vermied. 1869 entstand auf Initiative von August Bebel und Wilhelm Liebknecht die SdAP (Sozialdemokratische Arbeiterpartei), die 1875 durch Zusammenschluss mit dem Allgemeinen Deutschen Arbeiterverein zur SAP (Sozialistische Arbeiterpartei) wurde, und 1890, nach Aufhebung der Sozialistengesetze, dann in SPD (Sozialdemokratische Partei Deutschlands) umbenannt wurde.

Gründung von Parteien im heutigen Sinne

Parteien im Grundgesetz der BRD

Dieser kurze Abriss über den Wandel des Verständnisses von Partei führt nun direkt zur Verfassungsrealität der Bundesrepublik Deutschland, in der erstmalig den Parteien eine eigene Rolle zugewiesen ist. So heißt es im Grundgesetz, dass die Parteien im demokratischen System Deutschlands eine zentrale Rolle wahrzunehmen haben:

»Die Parteien wirken bei der politischen Willensbildung des Volkes mit. Ihre Gründung ist frei. Ihre innere Ordnung muss demokratischen Grundsätzen entsprechen. Sie müssen über die Herkunft und Verwendung ihrer Mittel sowie über ihr Vermögen Rechenschaft ablegen.« (Art. 21, Abs. 1, GG).

Der zentrale Satz, der die enorme Bedeutung der Parteien in der BRD festschreibt, ist: »Die Parteien wirken bei der politischen Willensbildung des Volkes mit.« Die Parteien bekommen hier kraft des Grundgesetzes einen Bildungsauftrag in dem Sinne, dass sie aktiv bei der Willensbildung der Bürger gefordert sind und deren Partizipation aktiv wie passiv fördern sollen.

Politische Willensbildung

Auch werden die Parteien im Grundgesetz zu verfassungsrechtlichen Institutionen erhoben. Dies bedeutet einen gewaltigen Fortschritt für die Parteien, wurden sie in der Weimarer Verfassung doch noch mit keinem Wort erwähnt. Seit der zweiten Hälfte des 19. Jahrhunderts waren die Parteien in Deutschland zwar schon einflussreiche Faktoren in der Politik, doch ihre staatsrechtliche Position war noch sehr schwach, was man beispielsweise daran sehen kann, dass Bismarck die Sozialistische Arbeiterpartei (SAP) mit den Sozialistengesetz 1878 einfach verbieten konnte. Immerhin war die SAP eine der großen Parteien, die die Arbeiterbewegung und die Gewerkschaften (die auch vom Sozialistengesetz betroffen waren) auf ihrer Seite hatte. Heute kann einzig und alleine das Bundesverfassungsgericht Parteien verbieten (Art. 21, Abs. 2, GG) und die Hürden dafür liegen sehr hoch.

Parteienverbot

Was sind nun die Funktionen von Parteien? Wie schon erwähnt ist eine ihrer Funktionen die Mitwirkung bei der politischen Willensbildung. Folgende weitere Funktionen, die zum Teil allerdings schon zur politischen Willensbildung dazugehören, lassen sich identifizieren: Man kann Parteien als zentrale Anlaufstelle für Interessen, Weltanschauungen und Meinungen betrachten. In dieser Funktion müssen sie unterschiedliche Interessen und Gruppen integrieren und letztlich mit einem einzigem Standpunkt in der Öffentlichkeit auftreten. Dies nennt man Interessenaggregation. Eine weitere Funktion ist die Interessenartikulation, d.h. die Aufgabe, die aggregierte Meinung dann auch öffentlich zum Ausdruck zu bringen.

Funktionen der Parteien

Interessenaggregation und -artikulation

Hier kann man ein zentrales Problem aller Parteien erkennen: In einer gruppenmäßig differenzierten Gesellschaft, also in einer Gesellschaft, die in viele verschiedene Interessensgruppen unterteilt ist, versuchen Parteien Partikularinteressen durchzusetzen. Um möglichst erfolgreich zu sein, benötigen Parteien viele Mitglieder bzw. Wähler. Je mehr eine Partei aber davon hat, umso schwieriger wird es für sie, sich auf ein Partikularinteresse zu einigen und Kompromissen auszuweichen, was zu einer Verwässerung der ursprünglichen Ziele führt und – mit anderen Worten – die Funktionen der Interessenaggregation und Interessenartikulation erschwert.

Zielfindungs- und Mobilisierungsfunktion

Als Nächstes ist die Zielfindungsfunktion zu nennen, d.h. das Erstellen eines Parteiprogramms inklusive einer die Programmatik unterbauenden Ideologie. Darüber hinaus ist es vor allem im Zusammenhang mit Wahlen sehr wichtig, die Bürger zu mobilisieren, d.h. sie dazu zu bewegen, dass sie zur Wahl gehen und – wenn möglich – auch noch an der richtigen Stelle ihr Kreuz zu machen (Mobilisierungsfunktion). In diesen Zusammenhang gehört auch die Sozialisationsfunktion: Die Parteien beeinflussen die politischen Einstellungen und Verhaltensmuster ihrer Wähler und integrieren darüber hinaus ihre Mitglieder in das bestehende politische System (Schultze 1998, 457). Last but not least haben die Parteien die Funktion der Elitenrekrutierung und – falls gewählt – der Regierungsbildung (von Beyme 1984, 25).

Elitenrekrutierung und Regierungsbildung

Definition

Die Funktionen von Parteien
- Zielfindungsfunktion (Erstellen eines Parteiprogramms und einer Parteiideologie);
- Aggregation (Bündelung) und Artikulation gesellschaftlicher Interessen;
- Mobilisierung und Sozialisierung der Bürger;
- Elitenrekrutierung und Regierungsbildung.

Wie man angesichts der beschriebenen Funktionen von Parteien in Demokratien leicht sehen kann, sind politische Parteien ein integraler Bestandteil der modernen westlichen Demokratien und sie stellen das Funktionieren dieser Demokratien inklusive der Einbindung ihrer Bürger sicher. In den verschiedenen Ländern unterscheiden sich die Parteien in ihrem Aufbau zwar mitunter recht deutlich, doch kommen ihnen meist die vier hier aufgezählten Funktionen zu (ebd., 25).

Um die Parteientheorie in ihrer Entwicklung sinnvoll darstellen zu können, wird hier das Schema der vorigen Kapitel leicht verändert. Da es nicht »die« Parteientheoretiker gibt, wird zunächst die klassische Parteientheorie anhand der Theorien verschiedener sozialistischer Autoren und Max Webers sowie der Oligarchiethese von Robert Michels dargestellt. Anschließend wird unter Heranziehung der Werke Klaus von Beymes und Elmar Wiesendahls die moderne Parteientheorie erläutert.

Klassische Parteientheorie

| 4.1.3.1

Die hier ausgewählten Theorien machen die Spannbreite der klassischen Parteientheorie sichtbar. Das war auch das Kriterium für ihre Auswahl. Sie sind schon von der Intention der Autoren her völlig verschieden. Während Max Weber ein wissenschaftliches Interesse daran hatte, Funktion, Aufgabe und Wesen der Parteien zu bestimmen und zu definieren, ist die Intention der sozialistischen Autoren eine ganz andere: Sie entwickeln ihre Theorien, um eine möglichst schlagkräftige und jeweils der aktuellen politischen Situation (d. h. Klassenkampf) angepasste Bewegungsstrategie, d. h. eine Strategie des taktischen Handelns, für die Partei zu besitzen. Das Interesse der Sozialisten war also ein rein strategisches im Kampf gegen die bestehende gesellschaftliche Organisation und ihre Machtverhältnisse. Mit Robert Michels Oligarchiethese am Ende dieses Kapitels wurde noch eine lange Zeit einflussreiche These der Parteienforschung berücksichtigt.

Sozialistische Parteientheorie

Die sozialistische Parteientheorie wird im Folgenden stellvertretend anhand der drei Autoren Vladimir Iljitsch Lenin, Rosa Luxemburg und Georg Lukács dargestellt. Sie geht davon aus, dass die Parteien im Prozess der Herausbildung der bürgerlichen Gesellschaft entstanden sind. Im Kampf darum, sich als herrschende Macht zu etablieren und die Kontrolle des Staates zu übernehmen, waren sie Werkzeuge der Bourgeoisie. Parteien dienten den bürgerlichen Gesellschaftsmitgliedern dazu, ihre Interessen zunächst gegenüber den herrschenden feudalen Schichten und anschließend gegenüber der Arbeiterklasse durchzusetzen. Die sozialistische Parteientheorie betont den grundlegenden Unterschied zwischen ihrer Betrachtungsweise der Parteien und der bürgerlichen:

»Die bürgerlichen Parteien bringen gegenüber der Partei der Arbeiterklasse die gemeinsamen grundlegenden Bedürfnisse der

Entstehung von Parteien

Unterschiedliche
Betrachtungsweisen

Bourgeoisie zum Ausdruck. [...] Taktische Fragen [haben] auch Einfluß auf ihr Verhältnis zur Arbeiterklasse. [...] Die bürgerliche Soziologie und der Revisionismus ignorieren den Zusammenhang zwischen den Parteien und den Klassen. Sie betrachten Parteien als Vereinigungen von Menschen mit gleichen politisch-weltanschaulichen Ansichten, unabhängig von ihrem Klassenstandpunkt.« (Klaus/Buhr 1975, 912).

Zusammenfassung

Revisionismus

Der Begriff »Revisionismus« bezeichnet im engeren Sinne eine Debatte über die Ausrichtung der Sozialdemokratie Ende des 19., Anfang des 20. Jahrhunderts. Die Revisionisten, deren Hauptvertreter Eduard Bernstein war, waren der Auffassung, dass die Grundposition des Marxismus, dass nur eine Revolution die Gesellschaft verändern könne, falsch sei. Sie vertraten dagegen die Position, dass der Kapitalismus schrittweise durch sozialistischen Elemente ergänzt bzw. durchdrungen werden könne. Daher plädierten die Revisionisten für eine reformpolitische Strategie.

Selbst die bürgerlichen Parteien, die Mitglieder aus anderen Klassen haben, ändern dadurch nicht ihren Klassencharakter. Denn dieser zeigt sich vor allem in ihrer Klassenfunktion, die darin besteht, den Fortbestand der bürgerlichen Klasse zu sichern.

Aufgabe einer sozialistischen Partei

Dagegen hat eine sozialistische Partei die Aufgabe, die Befreiung der Arbeiterklasse von ihrer Unterdrückung durch die Bourgeoisie zu organisieren. Dazu bedarf es eine ihrer Lage bewussten Arbeiterklasse. Insofern muss eine sozialistische Partei die Proletarier bei der Schaffung eines Klassenbewusstseins unterstützen:

»Ohne Klassenbewusstsein und Organisiertheit der Massen, ohne ihre Schulung und Erziehung durch den Klassenkampf gegen die gesamte Bourgeoisie kann von sozialistischer Revolution keine Rede sein.« (Lenin 1973, 15).

Es ist hier zu beachten, dass es in der sozialistischen Theorie nicht ausschließlich um die Partei geht, sondern sie widmet sich insgesamt der Frage, welche Taktik die Arbeiterklasse anwenden muss, um die bürgerlichen Parteien von der Macht zu verdrängen. Dabei spielt jedoch die Partei eine große Rolle.

Lenin (1870–1924) schreibt in »Was tun« 1902 über die Organisation zur Verbreitung der Sozialdemokratie unter repressiven Bedingungen, d.h. unter Bedingungen, in denen Opposition (gewaltsam) unterdrückt wird und Zensur herrscht. Daher geht er zunächst von einer geheimen Organisation aus, die so unauffällig wie möglich arbeitet. In dieser »konspirativen« Organisation, die natürlich von einer Partei nach heutigen Maßstäben weit entfernt ist, sollen vor allem »Berufsrevolutionäre« tätig sein. Unter Berufsrevolutionären sind Menschen zu verstehen, die nichts anderes tun, als den revolutionären Umsturz der bestehenden Gesellschaft vorzubereiten. Sie sind extra dazu ausgebildet, politisch und konspirativ geschult. Nur so lässt sich unter repressiven Bedingungen eine revolutionäre Bewegung aufbauen, die sich gleichzeitig eine Massenbasis schafft. Die Berufsrevolutionäre sind als die »Avantgarde« der revolutionären Bewegung zu bezeichnen (Lenin 1959, 468–483). Die Avantgarde bezeichnet in der sozialistischen Theorie den Teil einer Klasse, der über ein besonders ausgeprägtes Bewusstsein, politisch-ideologisches und taktisches Wissen sowie die Einsicht in die Lage der gesamten Klasse besitzt. Sie verwendet dieses Wissen dazu, den rückständigen Teil dieser Klasse aufzuklären und einen Kampf zur Eroberung der politischen Macht zu führen.

Lenins Theorie der Berufsrevolutionäre

Hintergrund

Lenin (1870–1924)

Wladimir Iljitsch Uljanow, genannt Lenin, gründete 1895 zusammen mit Julius Martow den »Kampfbund zur Befreiung der Arbeiterklasse«, einen der Vorläufer der Sozialdemokratischen Arbeiterpartei Russlands (SDAPR). Wegen politischer Agitation musste Lenin zwischen 1895 und 1900 für zwei Jahre ins Gefängnis und für drei Jahre nach Sibirien. Anschließend ging er ins westeuropäische Exil und beteiligte sich dort an der Gründung der für Russland bestimmten Zeitung »Iskra«, in der er auch sein Konzept einer revolutionären Kaderpartei beschrieb. Auf dem zweiten Parteikongress der SDARP in London setzte Lenin seine Vorstellung von einer Kaderpartei durch. Die Partei spaltete sich daraufhin in die Leninschen Bolschewiki, die die Einführung des Sozialismus auf dem Wege der Revolution erstrebten, und die Menschewiki, die für eine evolutionäre, reformistische Entwicklung hin zum Sozialismus eintraten. Im Zuge der Oktoberrevolution 1917 übernahmen die Bolschewiki unter Führung Lenins in Russland die Macht und verfolgten und töteten viele Menschewiki.

Luxemburg: Kritik an Lenin

Nicht alle in der sozialistischen Bewegung teilten diese Auffassung Lenins. Rosa Luxemburg (1871–1919) hebt die Nachteile einer solchen Organisationsweise und die Fehler in Lenins Annahmen hervor: Der extreme Zentralismus (s. u.) Lenins läuft darauf hinaus, dass die Berufsrevolutionäre letztlich alle Entscheidungen selbst treffen und die Masse des »unorganisierten, aber revolutionäraktiven Milieus« keinen Einfluss auf diese Entscheidungen hat (Luxemburg 1968, 200 f.). Auch verkennt Lenin, so Luxemburg, dass die Sozialdemokratie und damit auch der Sozialdemokrat selbst die eigene Bewegung der Arbeiterklasse ist, was nicht mehr heißt, als dass die Sozialdemokratie aus der Arbeiterklasse gespeist und vorwärtsgetrieben wird.

Hintergrund

Rosa Luxemburg (1870–1919)

Rosa Luxemburg schließt sich schon als Schülerin in Polen der sozialistischen Arbeiterbewegung an. 1893 beteiligt sie sich führend an der Gründung der im Untergrund tätigen Sozialdemokratischen Arbeiterpartei Polens. 1899 siedelt sie nach Berlin über und tritt der Sozialdemokratischen Partei Deutschlands bei (SPD), in der sie sich zur führenden Theoretikerin des linken Parteiflügels entwickelt. 1918/19 ist sie an der Gründung der Kommunistischen Partei Deutschlands beteiligt. Luxemburg wird 1919 vom politischen Gegner ermordet.

Eine Organisation hingegen, die nur aus Berufsrevolutionären besteht, habe nichts mit Sozialismus zu tun. Sie wäre eine revolutionäre Bewegung ohne Massenbasis. Um eine solche Massenbasis zu bekommen, ist Luxemburg der Auffassung, dass eine sozialdemokratische Partei ihren Kampf den jeweiligen gesellschaftlich-politischen Gegebenheiten anpassen muss. Für den Fall Russlands jedoch hält sie Lenins Taktik für falsch. Russland war zu dieser Zeit ein absolutistischer Staat, in dem der Zar und der Adel die Macht innehatten. Allerdings hatte es der russische Zarismus verpasst, sich den modernen Bedingungen des 20. Jahrhunderts anzupassen. Sein Überleben hing vom Funktionieren des Repressions- und Überwachungsapparats ab.

Luxemburg hält es unter diesen Bedingungen für angebracht, im revolutionären Kampf gegen den Absolutismus den jeweiligen lokalen Parteigeist zu unterstützen, anstatt ihn durch zentralistische Tendenzen zu brechen. Das Problem der Revolutionäre in Russland ist nämlich, dass sie noch nicht gegen die Bourgeoisie kämpfen können. Somit fehlen der absolute Klassengegensatz und damit die Voraussetzungen für die Schaffung eines Klassenbewusstseins, wie sie im Kommunistischen Manifest beschrieben werden. Nämlich erst, wenn die Klassengegensätze absolut sind, also wenn sich nur noch die Bourgeoisie und die Proletarier gegenüberstehen und es keine anderen Klassen mehr gibt, sind die Proletarier in der Lage, ein Bewusstsein über ihre eigene gesellschaftliche Lage zu entwickeln und sich dann gegen ihre Unterdrücker zu wenden. (→ vgl. Kap. 3.2.2.2).

Schaffung eines Klassenbewusstseins

Grundsätzlich leugnet Luxemburg den zentralistischen Charakter der Sozialdemokratie gar nicht. Dieser darf jedoch nur koordinieren und zusammenfassen, nicht aber reglementieren und Exklusivität beanspruchen. Das unterscheidet sie ihrem Verständnis nach deutlich von Lenin.

Lenin hingegen befürchtet bei fehlender Zentralisation und Parteidisziplin »Opportunismus« und »Desorganisation«, d. h. eine Schwächung der sozialistischen Bewegung. Die Gefahr des Opportunismus, also die Gefahr des Verrats der »kommunistischen Sache« zum eigenen Vorteil des Verräters – da sind sich Lenin und Luxemburg einig – geht vor allem von Intellektuellen und Akademikern aus. Im Gegensatz zu Lenin aber, der dieser Gefahr durch einen straffen Zentralismus begegnen will, ist Luxemburg der Auffassung, dass nichts »eine noch junge Arbeiterbewegung den Herrschaftsgelüsten der Akademiker so leicht und so sicher aus[liefert], wie die Einzwängung der Bewegung in den Panzer eines bureaukratischen Zentralismus, der die kämpfende Arbeiterschaft zum gefügigen Werkzeug eines ›Komitees‹ herabwürdigt« (Luxemburg 1968, 216). Gleichzeitig schafft die Freiheit, die weniger Zentralismus und mehr revolutionäre Selbstbetätigung der Arbeiterschaft mit sich bringt, auch Sicherheit gegenüber opportunistischen Über-

Gefahr des Opportunismus

griffen der Intelligenz und gleichzeitig die Potenzierung des politischen Verantwortungsgefühls seitens der Arbeiterschaft (ebd.).

Lenin schlägt vor, dass die Sozialdemokratische Partei Russlands neben einem Zentralorgan (ZO) noch ein Zentralkomitee (ZK) haben muss, in dem sich die besten revolutionären Kräfte bündeln und das persönlich mit allen Komitees auf regionaler und lokaler Ebene in Verbindung steht. Während das ZO die ideologische Führung in den Händen halten soll, soll das ZK die praktische Führung ausüben. ZK und ZO sollen sich regelmäßig treffen und einvernehmlich handeln. Nur so kann die revolutionäre Sozialdemokratie in Russland schlagkräftig sein (Lenin 1959b, 227 f.). In den Komitees auf lokaler Ebene sind alle Mitglieder gleichberechtigt. Ganz im Gegensatz zu Luxemburgs Behauptung, er verfolge einen extremen Zentralismus, fordert Lenin hier eine dezentralisierte Parteistruktur. Die lokalen und regionalen Gruppen sollen so autark wie möglich arbeiten. Dennoch sind Luxemburgs Anschuldigungen nicht völlig aus der Luft gegriffen. Lenin führt aus:

Zentralisierung

»Wenn hinsichtlich der ideologischen und praktischen Leitung der Bewegung und des revolutionären Kampfes des Proletariats eine möglichst große Zentralisation erforderlich ist, so ist hinsichtlich der Information der zentralen Parteistelle [...] über die Bewegung, hinsichtlich der Verantwortlichkeit vor der Partei eine möglichst große Dezentralisation erforderlich. Die Bewegung leiten muss eine möglichst kleine Anzahl möglichst gleichartiger Gruppen erfahrener und erprobter Berufsrevolutionäre. An der Bewegung teilnehmen muss eine möglichst große Anzahl möglichst verschiedenartiger und mannigfaltiger Gruppen aus den verschiedensten Schichten des Proletariats.« (Lenin 1959b, 242 f).

Zentralisation und Dezentralisation stehen in einem dialektischen Verhältnis zueinander. Letztere ist Voraussetzung und Korrektiv für erstere. Die Zentrale selbst soll nur der Dirigent sein, der korrigiert und unterstützt, anleitet und Zeitpunkte der Aktion festlegt. Gleichzeitig aber betont Lenin, dass er gegen die Bildung von Fraktionen innerhalb der Partei ist. Uneinigkeit innerhalb der Partei hilft nur den Gegnern der Ziele der Partei und schwächt sie somit. Dies bedeutet nicht, dass keinerlei innerparteiliche Kritik geübt werden darf, doch soll diese Kritik in einer so angemessenen Form vorgetragen werden, dass sie nicht die politischen Gegner dazu einlädt, diese Kritik aufzunehmen und gegen die Partei zu richten (Lenin 1961, 245–248).

Zentralisation und Dezentralisation

Zusammenfassung

Zentralisation/Dezentralisation

Hinter diesen zwei Stichworten verbirgt sich folgende Frage: Ist es taktisch klüger, eine straff geführte Kaderpartei zu organisieren, oder sollte einer horizontal organisierten Partei der Vorzug gegeben werden? Eine Kaderpartei hat eine vertikale Hierarchie und in ihr wird auf der obersten Ebene dieser Hierarchie – also in der »Zentrale« – über den Kurs und die politischen Aktionen der Partei entschieden. In einer horizontal organisierte Partei können die einzelnen Parteigruppen vor Ort über Aktionen und teilweise auch inhaltliche Schwerpunkte selbst entscheiden. Letztere hat den Vorteil, näher an den Menschen zu sein und damit auch eher akzeptiert zu werden und die Menschen zu mobilisieren. Mögliche Nachteile wären eventuell mangelnde Kohärenz der Inhalte der Gruppen, kein einheitliches Bild der Gesamtpartei, Verzettelung der Partei in viele kleine Aktionen etc. Die Vorteile der Dezentralisierung sind die Nachteile der Zentralisierung und vice versa. Für Lenin und Lukács stehen beide in einem dialektischen Verhältnis, während Luxemburg gegen einen Zentralismus ist.

Georg Lukács (1885–1971) pflichtet Lenin in dem Punkt bei, dass die Arbeiterklasse von der Partei auch geführt werden muss. Er begründet dies so, dass das Proletariat keine homogene Masse mit identischen Voraussetzungen, Bedürfnissen und Interessen darstellt. Es ist ökonomisch differenziert, d.h., es hat unterschiedliche Interessen, und ist nicht so homogen, wie es ihm oft unterstellt wird; daher bedarf es der Führung durch die Partei. Denn die Partei, wie das ja auch schon Marx und Engels im Kommunistischen Manifest festgestellt haben, hat »theoretisch vor der übrigen Masse des Proletariats die Einsicht in die Bedingungen, den Gang und die allgemeinen Resultate der proletarischen Bewegung voraus« (MEW 4, 474).

Georg Lukács

Hintergrund

Georg Lukács (1885–1971)

Georg Lukács (1885–1971) trat 1918 der Kommunistischen Partei Ungarns bei. Während der ungarischen Räterepublik war er 1919 stellvertretender Volkskommissar für Unterrichtswesen in der Regierung von Béla Kun. Nach dem Scheitern der Räterepublik floh er nach Moskau. 1923 erschien Lukács wichtigstes Werk »Geschichte und Klassenbewusstsein«, das heftige Kontroversen innerhalb der kommunistischen Bewegung auslöste. Außerdem veröffentlichte Lukács viele Aufsätze zur Taktik der Kommunisten. Er war immer ein umstrittener Theoretiker, der auch teilweise zum Widerruf seiner Schriften gezwungen wurde (Blum-Thesen, 1928).

Klassenziele des Proletariats

Grundlegende und wichtige Aufgabe der sozialistischen Partei ist es daher, den Klassenzielen des Proletariats Klarheit und Energie zu geben. Denn alleine ist sie nicht in der Lage, eine Revolution zu machen. Was sie jedoch tun kann und tun muss, ist auf die Revolution hinzuarbeiten und deren Eintreten zu beschleunigen. Auch muss die sozialistische Partei alles tun, um auf die Revolution vorbereitet zu sein, und sie muss die Proletarier auf diese ideologisch, taktisch, materiell und organisatorisch einstellen. Insofern bezeichnet Lukács Luxemburgs Auffassung, dass die Partei ein Produkt der revolutionären Massenbewegung ist, als einseitig und undialektisch.

»Die die Revolution vorbereitende Funktion der Partei macht aus ihr zu gleicher Zeit und in gleicher Intensität Produzent und Produkt, Voraussetzung und Frucht der revolutionären Massenbewegung.« (Lukács 1968a, 301 f.).

Wechselwirkung

Laut Lukács beruht die bewusste Aktivität der Partei auf »der Erkenntnis der objektiven Notwendigkeit der ökonomischen Entwicklung«. Und trotz ihrer organisatorischen Abgeschlossenheit steht die Partei stets in einer lebhaften Wechselwirkung mit der Arbeiterklasse. Luxemburg verkennt – so Lukács – das bewusste und aktive Element dieser Wechselwirkung und kann daher das entscheidende Moment des leninschen Parteikonzepts nicht verstehen: die vorbereitende Funktion der Partei. Daher muss sie, so Lukács, die daraus folgenden organisatorischen Prinzipien der Partei völlig missverstehen (Lukács 1968a, 302).

Zusammenfassung

Sozialistische Parteientheorie

Die sozialistischen Parteientheoretiker sind sich einig in ihrem Ziel, die Arbeiterklasse zu befreien und ein Klassenbewusstsein des

Proletariats zu schaffen bzw. zu fördern. In der Frage, wie dieses Ziel zu erreichen ist, herrscht jedoch Uneinigkeit.

Lenin ist der Ansicht, dass dazu eine straff organisierte und zentralistische Struktur am besten geeignet ist, die von Berufsrevolutionären getragen wird. Nur so kann den Gefahren begegnet werden, die der Aufbau einer revolutionären Partei(-struktur) mit sich bringt. Die Gefahren sind, neben der Zerschlagung durch das bestehende System, innerparteilicher Opportunismus und Verrat.

Luxemburg sieht dagegen in den zentralistischen Strukturen Lenins die Gefahr, dass die »revolutionäraktiven Milieus« keinen Einfluss mehr auf die Entscheidungen der Partei haben und diese somit nicht mehr als Entscheidungen des Proletariats angesehen werden.

Lukács verteidigt Lenin gegen Luxemburg und ist der Auffassung, dass man das Verhältnis zwischen Partei und Proletariat dialektisch sehen muss: Einerseits hat die Partei die Einsicht in die Bewegung und Ziele des Proletariats, weswegen sie diese alleine vorgeben und definieren darf, andererseits muss sie stets ihrer Massenbasis gegenüber offen und aufgeschlossen sein.

Aufgabe einer kommunistischen Partei sind also jenseits aller Differenzen die Bildung und Organisation eines klassenbewussten Proletariats.

Max Weber

In seinem Hauptwerk »Wirtschaft und Gesellschaft« gibt Max Weber (1864–1920) im Kapitel über die Parteien folgende Definition:

Webers Parteiendefinition

»Parteien sollen heißen auf (formal) freier Werbung beruhende Vergesellschaftungen mit dem Zweck, ihren Leitern innerhalb eines Verbandes Macht und ihren aktiven Teilnehmern dadurch (ideelle oder materielle) Chancen (der Durchsetzung von sachlichen Zielen oder der Erlangung von persönlichen Vorteilen oder beides) zuzuwenden.« (Weber 1972, 167).

Weber ordnet die Parteien entsprechend der Typologie von Herrschaft, die er im selben Werk aufgestellt hat (→ vgl. Kap. 2.2.1.3), in traditionale, rationale und charismatische Parteien. Diese sprechen alleine schon durch ihren Aufbau und ihre Organisationsform unterschiedliche Anhängerschaften an, die Weber jeweils auch dem Herrschaftstyp entsprechend benennt:

Drei Parteiformen

- *traditionale Dienerschaften*: Ihre Gefolgschaft ist auf die Anhänglichkeit an das soziale Prestige des Herren zurückzuführen.
- *rationale Anhängerschaften*: Ihre Gefolgschaft beruht entweder auf rationaler Anhänglichkeit, d.h. sie folgen den durch statutenmäßige Abstimmung erkorenen Leitern und Stäben, oder sie basiert auf einer weltanschauungsmäßigen, d.h. durch politisch-ideologische Übereinstimmung geschaffenen Anhänglichkeit (Weber 1972, 167 f.).
- *charismatische Gefolgschaften*: Sie zeichnen sich durch einen starken Glauben an den charismatischen Führer aus.

Drei Parteiausrichtungen

Neben den drei Merkmalen »traditional«, »rational«, »charismatisch« unterscheidet Weber weiter nach der Ausrichtung der Parteien: Parteien können entweder darauf ausgerichtet sein, die Macht für ihren Führer zu erlangen (»Patronage«-Partei) oder »sie können vorwiegend und bewusst im Interesse von Ständen oder Klassen (ständische bzw. Klassen-Partei) oder an konkreten sachlichen Zwecken oder an abstrakten Prinzipien (Weltanschauungspartei) orientiert sein« (Weber 1972, 167).

Zusammenfassung

Dreigegliederte Parteiensystematik

Weber unterscheidet drei Formen der Parteien: traditional, rational, charismatisch, die die entsprechenden Gefolgschaften haben: traditionale Dienerschaften, rationale Anhängerschaften, charismatische Gefolgschaften. Er differenziert die Parteien zudem nach ihrer Ausrichtung in: ständische bzw. Klassen-Partei, Patronage-Partei und Weltanschauungspartei. Es ist zu beachten, dass dies alles Idealtypen sind. In der Realität können die unterschiedlichsten Paarungen und Nuancen vorkommen.

Ziel der Partei

Die Anhängerschaften der Parteien können persönliche Interessen haben oder an sachlichen Zielen interessiert sein, das praktische Ziel der Partei kann aber immer nur die Erlangung der Macht für ihren Führer sein. Zwar können Parteien prinzipiell alle Mittel zur Erlangung der Macht anwenden, doch dort, wo die Macht durch Wahlen zu erreichen ist, sind Parteien nichts weiter als »Organisationen für die Werbung von Wahlstimmen«.

Politik wird von Weber als »Interessentenbetrieb« bezeichnet, der noch frei ist von ökonomischen Interessen. Die Teilnehmer an diesem »Betrieb« sind an sozialer Macht interessiert. Soziale Macht heißt: Einfluss auf ein Gemeinschaftshandeln, egal welchen Inhalts. Ziel einer Partei ist es immer ein eigenes Programm durchzusetzen oder aber einen Apparat zu besetzen und diesen dann für eigene Zwecke – d.h. für die Ziele der Partei – zu verwenden (Weber 1972, 539). Der Betrieb der Politik liegt in den Händen der Parteileiter, die die Richtung der Partei vorgeben. Weitere aktive Mitglieder der Partei werden als »Akklamanten« bezeichnet, jedoch räumt Weber die Möglichkeit ein, dass sie unter Umständen auch als Kontroll-, Diskussions- und Parteiresolutionsinstanzen fungieren können. Die Wähler bestimmt Weber nur als Werbeobjekt zu Abstimmungszeiten. Ihre Stimmung ist insofern zur Kenntnis zu nehmen, als die Partei zu Zeiten des Wahlkampfs ihre Werbeaktivitäten auf dieses »Werbeobjekt« ausrichtet.

Politik als Interessensbetrieb

Werbeobjekt Wähler

Webers Parteientheorie unterscheidet sich also deutlich von der sozialistischen. Hier sind Parteien nichts Klassenspezifisches mehr, sondern sie sind von Interessen bestimmt. Alle Menschen mit gleichen Interessen können Mitglied der gleichen Partei werden, egal, aus welcher Klasse sie stammen.

Eine Partei modernen Typs im Sinne von Webers legal rationaler Herrschaft war zu seiner Zeit beispielsweise die SPD. Die rationale Herrschaft, wie oben schon genauer beschrieben, ist als rein bürokratische die effektivste und rationalste Form der Herrschaftsausübung. Der Herrscher tritt hier in Form des Vorgesetzten auf (ebd., 125). Die Herrschaft der modernen Bürokratie hat nach Weber den Vorteil, dass der »ideale Beamte« aufgrund seines Pflichtbegriffs alle in gleicher faktischer Lage sich befindlichen Interessenten ohne Ansehen der Person gleich behandelt (ebd., 127 f.). Somit ist sie Webers Auffassung nach sehr geeignet für eine moderne Massenpartei mit einer weltanschaulichen Anhängerschaft, da sie aufgrund ihrer Struktur am effektivsten die unterschiedlichen Interessen ihrer Anhänger repräsentieren und vertreten kann (vgl. ebd., 128 ff., und 825 ff.).

Partei modernen Typs

Parteien unterscheiden sich von Klassen und Ständen nach Weber dadurch, dass sie eine andere »Heimat« haben. Während Klassen in der Wirtschaftsordnung zu Hause sind, Stände sich in der Sphäre der Verteilung der Ehre bewegen und jeweils von dort aus versuchen, sich gegenseitig sowie die Rechtsordnung zu beein-

Unterschied: Parteien – Klassen, Stände

Definition

Parteien als Interessensbetriebe

Für Weber dienen Parteien ausschließlich dazu, die Interessen einer Gruppe von Personen durchzusetzen. Das einzige Ziel von Parteien ist die Eroberung von Macht, denn diese ermöglicht es der Partei, ihre Interessen und damit die ihrer Anhänger zu verwirklichen. Für eine moderne Partei, die man sich als Massenpartei vorstellen muss, ist nach Weber die rationale Herrschaft als rein bürokratische die effektivste, da diese die Interessen ihrer Anhänger am besten vertreten und repräsentieren kann, indem sie diese alle in der gleichen Weise behandelt.

flussen, sind Parteien – wie schon erwähnt – in der Sphäre der Macht zu Hause. Parteien versuchen Einfluss auf das Gemeinschaftshandeln zu erlangen. Das bedeutet, dass es »Parteien prinzipiell in einem ›geselligen‹ Klub ebenso gut geben kann, wie in einem ›Staat‹« (Weber 1972, 539). Das Ziel von Parteien ist immer das der Vergesellschaftung. Parteien erstreben immer planvoll ein Ziel, so z.B. die Durchsetzung eines Programms oder aber ein persönliches Ziel: Pfründe, Macht und damit Ehre (ebd.). »›Vergesellschaftung‹ soll eine soziale Beziehung heißen, wenn und soweit die Einstellung des sozialen Handelns auf rational (wert- oder zweckrational) motiviertem Interessenausgleich oder auf ebenso motivierter Interessenverbindung beruht.« (ebd., 21)

Vergesellschaftung

Parteien machen also nur dort Sinn, wo sie auf eine »rationale Ordnung und einen Apparat von Personen« stoßen, mit denen sie ihre Ziele erreichen können. Mit Apparat ist beispielsweise eine moderne Verwaltungsbürokratie mit ihren Beamten gemeint. In einer Aufzählung Webers heißt es: »Richter, Beamte, Offiziere; Werkmeister, Kommis (kaufmännischer Angestellter), Unteroffizier« (ebd., 826). Wenn man so will, ist es das Bestreben von Parteien, diese modernen (Verwaltungs-)Bürokratien zu steuern oder, noch besser, mit den eigenen Leuten zu besetzen.

Soziologische Struktur und Taktik

Sowohl die soziologische Struktur als auch die Taktiken von Parteien sind aus vielerlei Gründen notwendig grundverschieden. Die Taktik hängt einerseits vom Gemeinschaftshandeln ab, um dessen Beeinflussung die Parteien kämpfen. Je nachdem ob die Gemeinschaft z.B. ständisch oder klassenmäßig gegliedert ist oder nicht, muss sie verschieden sein. Von Bedeutung für die Taktik ist zudem die Herrschaftsstruktur innerhalb der Gemeinschaft, die sie beeinflussen möchten (ebd., 539). Für die soziologische Struktur ist relevant, ob eine Partei ihre Mitglieder nur aus einer Klasse oder einem Stand rekrutiert oder aus allen gesellschaftlichen Schichten gleichzeitig. Eine Partei kann zudem, je nach Zielsetzung, gestaltlos und von kurzer Lebensdauer sein, aber auch eine klar definierte Gemeinschaft mit dauerhafter Form und dauerhaften Zielen bilden. Entsprechend sind die Mittel, derer sich Parteien laut Weber bedienen können: »von nackter Gewalt jeder Art bis zum Werben um Wahlstimmen mit groben oder feinen Mitteln: Geld, sozialem Einfluß, Macht der Rede, Suggestion und plumper Übertölpelung, und bis zur mehr groben oder kunstvollen Taktik der Obstruktion innerhalb parlamentarischer Körperschaften« (Weber 1972, 539).

Zusammenfassung

Max Webers Analyse der Struktur und Aufgabe der Parteien
Parteien sind nach Weber dazu da, ihren Leitern Macht zu geben und ihren aktiven Mitgliedern Chancen zu eröffnen. Weber unterteilt traditionale, rationale und charismatische Parteien, die jeweils andere Anhängerschaften ansprechen. Das praktische Ziel von Parteien ist immer nur der Erwerb von Macht für den Führer, sie sind nichts anderes als »Organisationen für die Werbung von Wahlstimmen«. Die Wähler bestimmt Weber nur als Werbeobjekt zu Abstimmungszeiten. Ein wichtiger Unterschied zwischen Webers Theorie und der der Sozialisten ist, dass Weber der Auffassung ist, dass Parteien Interessen und nicht Klassen vertreten.

Robert Michels

Robert Michels (1876–1936) hat festgestellt, dass demokratische Parteien eine oligarchische Tendenz besitzen, die dazu führt, dass selbst Parteien, die sich die Demokratisierung der Gesellschaft und damit die Transformation der bürgerlichen Demokratie auf die Fahnen geschrieben haben, aufgrund ihrer Struktur und Größe undemokratisch werden. Ursächlich verantwortlich für diesen Prozess ist für Michels die Tatsache, dass die Massen für ihre Emanzipation Organisationen benötigen, diese jedoch den Keim der Oligarchie notwendig in sich tragen. Michels nennt eine Reihe von

Oligarchiethesen

Gründen für seine These. Er hat verschiedene demokratische Parteien untersucht und ist dabei zu folgendem Ergebnis hinsichtlich oligarchischer Faktoren gekommen:

1. *strukturelles Argument*: organisatorische Gründe bringen in jeder Organisation oligarchische Strukturen hervor. Demokratie ist ohne Organisation nicht vorstellbar, in größeren Gebietseinheiten sind Delegation und Repräsentation notwendig. Dies legt den Grundstein für die Emanzipation der Funktionäre von der Masse (Michels 1989, 24–41);

2. *massenpsychologisches Argument*: psychologisch kommt noch das Führungs- und Verehrungsbedürfnis hinzu, die beide zur Oligarchisierung beitragen (ebd., 42–73);

3. *intellektuelles Argument*: die intellektuelle Überlegenheit der Führungsebene einer Partei, die hauptsächlich auf Einarbeitung und Kenntnis der Satzung, Organisation und Verfahrensabläufen beruht und die Masse als unwissend erscheinen lässt (ebd., 74–88, vgl. Eberle 1997, 323 f.).

Organisation bedingt Demokratiedefizit

Diese drei Punkte zeigen deutlich, dass jede Massenorganisation dem Schicksal ausgeliefert ist, früher oder später von wenigen beherrscht zu werden:

»Mit zunehmender Organisation ist die Demokratie im Schwinden begriffen [...] Die Macht der Führer wächst im gleichen Maßstab wie die der Organisation.« (Michels 1989, 26).

Allerdings sind die Oligarchiethesen Michels dem heutigen Stand der Forschung nach widerlegt. Einerseits wurde für viele Parteien gezeigt, dass sie nicht zutreffen. Meist war die Parteiführung pluralistischer als von Michels angenommen oder die Partei war in sich schon ein »Mini-Parteiensystem von Koalitionen«, was der Gesamtparteiendemokratie nicht abträglich ist (vgl. von Beyme 1995, 395). Nichtsdestotrotz ist festzustellen, dass in den meisten Parteien auch der Willensbildungsprozess hierarchisch funktioniert. Sein Verlauf ist vertikal, von oben nach unten, und hat daher wenig mit Demokratie zu tun. Vielmehr sieht es so aus, dass der innere Kreis der Partei in Verschränkung mit den Verbänden in der Lage ist, die Parteimitglieder und die Wählermassen zu lenken und zur Akklamation zu bewegen (Lenk/Neumann 1974, LXI).

GRUNDELEMENTE DES STAATSVERSTÄNDNISSES

Zusammenfassung

Antidemokratische Tendenzen der Parteien
Michels Oligarchiethese will zeigen, dass selbst demokratische Parteien aufgrund ihrer Struktur oligarchisch werden, da sie aufgrund ihrer Größe einer Organisation bedürfen, die ein Demokratiedefizit mit sich bringt. Darüber hinaus benennt er als weitere Gründe für die Oligarchisierung das massenpsychologische Argument des Verehrungsbedürfnisses, welches bei den Massen vorhanden sei, und die intellektuelle Überlegenheit der Parteispitze.

Moderne Parteientheorie

| 4.1.3.2

Man kann mit der modernen Parteientheorie die Entstehung moderner Parteien anhand von drei Erklärungsansätzen unterscheiden:

Entstehung moderner Parteien

- *institutionelle Theorien*: Sie leiten die Entstehung moderner Parteien vorwiegend aus dem »Funktionieren der repräsentativen Institutionen ab« (von Beyme, 1984, 28–31).
- *historische Krisensituationen*: Diese Theorien betonen vor allem die ideologischen Gründe für die Neugründung von Parteien, wie beispielsweise der Arbeiterparteien während der industriellen Revolution (ebd., 31 ff.).
- *Theorien der Modernisierung bzw. des sozialen Wandels*: Hier wird die Entstehung von Parteien vor allem auf die »säkularisierenden und integrierenden Effekte des Erziehungssystems und die Entwicklung der Urbanisierung als die wichtigsten Modernisierungsvariablen« zurückgeführt. Von Beyme fügt hinzu, dass diese Theorie im Rückblick Geltung nur in Hinblick auf die sogenannte Dritte Welt beanspruchen könne (vgl. ebd., 34 f.).

Der gemeinsame Nenner dieser drei Ansätze ist der, dass sie allesamt die Gründung von Parteien sowohl interessens- als auch konfliktdefiniert verstehen; d.h., dass die Parteien jeweils aus der Unzufriedenheit mit den gegebenen politischen Verhältnissen entstehen. Diese Unzufriedenheit kann sich an den institutionellen, den staatlichen, den verfassungspolitischen und/oder den sozialen Verhältnissen entzünden. Die aus dieser Situation entstehenden politischen Parteien fordern entweder die Reform oder eine revolutionäre Veränderung dieser Verhältnisse.

Drei Paradigmen Weiterhin wird in der Parteientheorie das Integrations-, Transmissions- und das Konkurrenzparadigma voneinander unterschieden, die die Rolle der Parteien im politischen System jeweils unterschiedlich beschreiben.

Integrations-, Transmissions- und Konkurrenzparadigma

Elmar Wiesendahl hat in seinem Buch »Parteien und Demokratie. Eine soziologische Analyse paradigmatischer Ansätze der Parteienforschung« (1980) diese drei Paradigmen genauer untersucht und beschrieben. Sie werden hier ausführlicher besprochen, da hier – wie auch schon in dem vorigen Kapitel – vor allem die Funktion und Rolle der Parteien von Interesse ist.

- Das *Integrationsparadigma* geht von einer integrierenden Funktion der Partei aus. Die Partei integriert unterschiedliche Interessen, Wertvorstellungen, Meinungen etc. Dieser Ansatz streicht also vor allem die Leistungen der Parteien für die Funktion und das Überleben des politischen Systems als Ganzem heraus (Wiesendahl 1980, 145 f.).
- Beim *Konkurrenzparadigma* ist die Partei Unternehmer auf dem freien Markt des Stimmenerwerbs. Das egoistische Individuum tauscht »unter rationalistischen Nutzenmaximierungsimperativen« politische Güter gegen seine Stimme (ebd., 146 f.).
- Das *Transmissionsparadigma* sieht die Parteien als Willensbildungsinstrumente. Die Parteien sollen den Wählerwillen unverfälscht in den politischen Entscheidungsprozess einbringen. Die Legitimation von Parteien und notwendigen Institutionen erfolgt ausschließlich durch den Nachweis, dass diese »strikt den Wünschen eines genuin souveränen Volkes [...] unterworfen sind.« (ebd., 148)

Integrationsparadigma Beim Integrationsparadigma (s. Abb. 13) handelt es sich um einen Ansatz der Parteienforschung, der aus der Perspektive der Elite und vom Standpunkt des Regierens aus konzeptionalisiert ist und auf eine harmonische, demokratische Ordnung ausgerichtet ist. Dabei ist sein Hauptanliegen die Stabilität vorhandener Institutionen und die Dauerhaftigkeit von Regierungen und politischen Akteuren. Das Integrationsparadigma ist skeptisch gegenüber der Volkssouveränität und der Massenpartizipation. Die Partei und das Parteiensystem haben hier die Funktion, die »Handlungsautonomie und die Persistenz [Dauerhaftigkeit] des politischen Systems sowohl von der Input- wie von der Output-Seite her gegenüber der

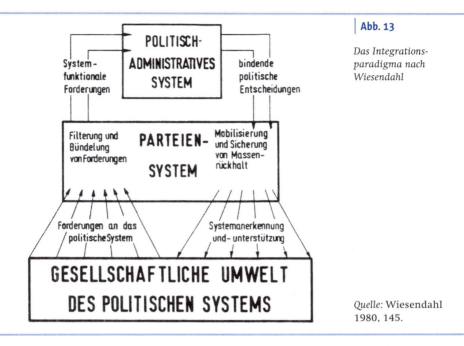

Abb. 13

Das Integrationsparadigma nach Wiesendahl

Quelle: Wiesendahl 1980, 145.

gesellschaftlichen Umwelt [zu] sichern« (Wiesendahl 1980, 145). Der Austausch zwischen dem politischen System und der gesellschaftlichen Umwelt soll nach Maßstäben funktionieren, die den Bedürfnissen des politischen Systems entsprechen.

Das Konkurrenzparadigma (s. Abb. 14) ist analog dem Modell des Marktes konzeptionalisiert. Es ist somit ein »formalistisches, individualistisch-utilitaristisches Tausch- und Vertragsmodell demokratischer Politik«. In diesem Modell handeln die Individuen eigennützig und nach freien Ermessen. Unter der Maximierung des eigenen Nutzens vollziehen sie »Tauschhandlungen von politischen Gütern gegen Stimmen« (Wiesendahl 1980, 147). Das »Wahlvolk« wird hier als Kunde der Parteien gesehen, die miteinander in Konkurrenz um die Wähler treten. Die Konkurrenzbedingungen der Parteien ergeben für die Konsumenten, also die Wähler, eine »optimale Güterversorgung des politischen Marktes« – was nichts weiter bedeutet, als dass alle erdenklichen Wählermeinungen durch Parteien vertreten sind, unter denen sie dann wählen und entsprechend ihre Stimme abgeben können. Daraus ergibt sich, so Wie-

Konkurrenzparadigma

Abb. 14

Das Konkurrenz-paradigma nach Wiesendahl

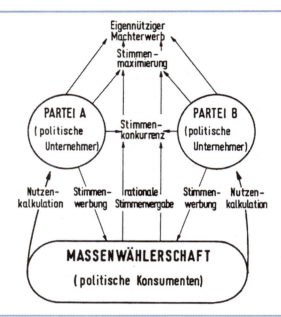

Quelle: Wiesendahl 1980, 147.

---

sendahl, dass die Partei »als Tendenzunternehmen, Wahlpropagandaapparat und Stimmenmaximierungsinstrument in den Händen von kühl um den Rückhalt von Wählermassen kämpfenden Parteiführern« ist (Wiesendahl 1980, 147).

Transmissionsparadigma

Das Transmissionsparadigma (s. Abb. 15) versucht aus basisdemokratischer Perspektive den unmittelbaren Wählerwillen, also die unvermittelten Wünsche der Wählerschaft in den politischen Entscheidungsprozess einzubringen. Es handelt sich also bei diesem dritten Paradigma um »ein rationalistisches, kollektives und transitives [übertragbares] Zielmodell demokratischer Willensbildung, bei dem alle politischen Institutionen und Prozeduren keine autonome Handlungs- und Entscheidungslegitimität besitzen« (ebd.). Sie sind direkt dem Willen des souveränen Volkes unterworfen.

Aber auch hier sind die Parteien nötig, um als Instrumente des interessenspezifischen Konfliktaustrags zu dienen. Denn erst die Parteiorganisation ermöglicht es einer interessenshomogenen Gruppe, sich erfolgreich am politischen Kampf zu beteiligen. Insofern ist auch die moderne Massenpartei als Werkzeug in der Hand des Souveräns zu verstehen, jedoch mit einer Doppelfunktion: Ein-

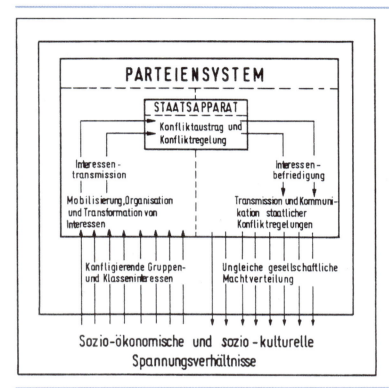

Abb. 15

Das Transmissionsparadigma nach Wiesendahl

Quelle: Wiesendahl 1980, 149.

erseits organisiert und erzieht sie die Massen, indem sie ihnen ein »Bewusstsein« liefert. Andererseits ist sie Sprachrohr und Transmissionsorgan der von ihr vertretenen Klasseninteressen, d. h., die Partei spricht im Namen der von ihr Vertretenen das aus, was sie ihnen vorher anerzogen hat. Im Namen dieser Interessen erobert sie Parlamentssitze und versucht den Staatsapparat unter ihre Kontrolle zu bringen. (ebd. 148 f).

Mit von Beyme ist das Transmissionsparadigma dem konflikttheoretischen Ansatz zuzurechnen, das also davon ausgeht, konfligierende Interessen vermitteln zu müssen. Dieser Ansatz hat normative Zielsetzungen hinsichtlich des politischen Systems. Die beiden anderen Paradigmen sind integrationstheoretische Ansätze, die eine Trennung von Elite und Bürgern vornehmen. Dies ist mit von Beyme als »suboptimal« zu bezeichnen, ist doch genau diese Trennung das, was in einem demokratischen Staat nicht mehr

Konflikttheoretischer Ansatz

Integrationstheoretische Ansätze

geschehen, sondern vielmehr überwunden werden sollte. Das Transmissionsparadigma hingegen versucht die Legitimation identitätstheoretisch herbeizuführen, ähnlich wie es in sozialistischen Theorien und bei Rousseau zu finden ist. Hier sind Parteien als Werkzeug der Willensartikulation der aktiven Bürger anzusehen (von Beyme 2000, 315).

Mischung und Wandel der Parteifunktionen

Funktionswandel der Parteien

Von Beyme konstatiert und beschreibt den Wandel der vier klassischen Funktionen der Parteien, also der Zielfindungsfunktion, der Funktion der Interessenaggregation und -artikulation, der Mobilisierungs- und Sozialisierungsfunktion und der Funktion der Elitenrekrutierung (von Beyme 2000, 376–381). Er stellt fest, dass dieser Wandel in den Funktionen mit vier Prozessen einhergeht, die im allgemeinen – und dies ist ein Kurzschluss – unter dem Titel »Krise des Parteienstaats« zusammengefasst werden. Diese vier Prozesse sind:

1. kontinuierliche Abnahme der Mitgliederzahlen,
2. Abnahme der Parteiidentifikation der Wähler (m. a. W. Arbeiter wählt SPD, katholischer Kleinbürger CDU und Selbstständiger FDP),
3. Abnahme der Wahlbeteiligung,
4. Zunahme systemfeindlicher Parteien (in Deutschland waren das in den 1990er-Jahren vor allem »rechte« Parteien, wie die Republikaner, die DVU und die NPD) (von Beyme 1997, 374 f.).

Diese vier Prozesse seien aber nicht für die Tiefe des Wandels der Funktionen verantwortlich, das Gewicht der vier Funktionen der Parteien hat sich aber gewandelt. Auch betont er, dass die vier Funktionen in ihrem Mischungsverhältnis in den verschiedenen Parteien unterschiedlich auftreten. Das hängt von drei Faktoren ab: erstens von der unterschiedlichen Selbstwahrnehmung der Parteien, zweitens haben – je nach Parteiensystem – die unterschiedlichen Funktionen eine andere Gewichtung und damit auch eine andere Bedeutung und drittens bringen die unterschiedlichen Regierungskulturen eine verschieden starke Involvierung der Parteien in Regierung und Parlament mit sich (ebd., 375).

Der Funktionswandel der Parteien stellt sich folgendermaßen dar:

Zielfindungsfunktion

• Die Zielfindungsfunktion der Parteien ist im Laufe der Zeit pragmatischer geworden, da vor allem in den Volksparteien sich nun Klasseninteressen und -unterschiede verwischten. Insgesamt kann man feststellen, dass die Ziele der Parteien sich immer mehr angenähert haben.

- Die Funktion der Interessenaggregation und -artikulation hat sich ebenfalls stark gewandelt. Zwar trifft für »single-issue-Parteien«, die an gesellschaftlichen Bruchstellen, an denen sich ja schon immer die Parteien neu gründeten, vorübergehend entstehen, eine bestimmte Interessenaggregation und -artikulation aufgrund ihrer Konzentration auf ein Thema noch zu. Bei den etablierten Parteien verliert diese Funktion aber stark an Bedeutung, da sie mittlerweile alle um ähnliche Milieus kämpfen und nicht mehr nur die Interessen bestimmter Klassen oder Gruppen vertreten (von Beyme 1997, 376 ff.).

Interessenaggregation und -artikulation

Zusammenfassung

Wandel der Funktionen der Parteien

- Sozialisierungs- und Mobilisierungsfunktion: Die Sozialisierungsfunktion hat aufgrund des Zerfalls der Gesellschaften in viele kleine Milieus stark an Bedeutung verloren. Die Mobilisierungsfunktion hat einen Wandel in der Hinsicht durchlebt, dass sie heutzutage auf ein Ereignis und eine Person hin mobilisiert.
- Interessenaggregation und -artikulation: Aufgrund der starken Veränderung der Milieus, die eine Partei wählen, können sich die Parteien nicht mehr auf die Aggregation und Artikulation einiger Interessen beschränken, mit der Ausnahme von »single-issue-Parteien«, die allerdings i.d.R. nur kurzlebig sind.
- Rekrutierung von Eliten: Diese Funktion hat an Bedeutung gewonnen. Die Ansprüche an die Kompetenzen der heutigen Politiker sind deutlich gestiegen, weshalb die gezielte Auswahl des Nachwuchspersonals entscheidend für die Zukunftsfähigkeit einer Partei ist.

- Die Sozialisierungs- und die Mobilisierungsfunktion der Parteien haben kaum noch Bedeutung. In Anbetracht des Zerfalls der alten sozialen Großmilieus (z. B. Arbeiterklasse, Kleinbürgertum) sowie weltanschaulich homogener oder religiöser Einrichtungen ist die Sozialisierungsfunktion, die die Parteien heute noch ausüben, gering. Mobilisiert werden die Wähler nur noch zu den Wahltagen und das vor allem über die Medien. Parteitage

Sozialisierungs- und Mobilisierungsfunktion

haben allenfalls noch auf regionaler oder Bundesebene eine motivierende Funktion, die vor allem darin besteht, auf den Parteichef/Kanzlerkandidaten einzuschwören und ihn einer breiten Öffentlichkeit publikumswirksam vorzustellen (von Beyme 1997, 379). Die Funktion der Mobilisierung hat sich also gewandelt: Von der Mobilisierung zum dauerhaften Parteimitglied und Stammwähler hin zum Ad-hoc-Wähler, der für jede Wahl neu gewonnen werden muss. Dementsprechend hat sich auch der Wahlkampf der heutigen Parteien verändert.

Elitenrekrutierung

• Die einzige Funktion der Parteien, die an Bedeutung gewinnt, ist die der Rekrutierung von Eliten. Dies hängt damit zusammen, dass die politische Klasse immer neue Aufgaben erfüllen muss. »Der Parteienstaat bekommt neue Dimensionen. [...] Einerseits wurde die Tendenz sichtbar, immer mehr Bereiche der Gesellschaft in den Etatisierungsprozess einzubeziehen [zu den staatlichen Aufgaben hinzufügen].« Andererseits entziehen sich Bereiche, die früher den Parteien recht offen standen, nun ihrem Zugriff, wie beispielsweise die Medien. Drittens steigt der Professionalisierungsgrad in der Politik mit der wachsenden Autonomie der Politiker von Wählerschaft und Parteimitgliedern (von Beyme 1997, 380). Diese Entwicklungen zeigen, dass es für die Parteien immer wichtiger wird, eigenen Nachwuchs zu rekrutieren. Nur so können sie sicherstellen, dass dieser den Ansprüchen des modernen Parteienstaats gewachsen ist.

Zusammenfassung

Die moderne Parteientheorie

Die drei Ansätze, die in der modernen Parteientheorie verwendet werden, um die Entstehung von Parteien zu erklären, sind institutionelle Theorien, historische Krisensituationen und Theorien der Modernisierung bzw. des sozialen Wandels. Sie verstehen die Entstehung von Parteien sowohl interessens- als auch konfliktdefiniert. Neu entstehende Parteien wollen die bestehenden Verhältnisse stets durch Reform oder Revolution verändern.

Das Integrations-, das Transmissions- und das Konkurrenzparadigma stellen verschiedene Modelle dar, in denen die Partei als Integrationsinstrument, Willenbildungsinstrument und Wettbewerbsinstrument verstanden wird, mit entsprechenden Konsequenzen für die Wählerschaft. Während das Integrationsparadigma das politische System vor dem Wählerwillen schützen soll, will das Transmissionsparadigma das Gegenteil erreichen und ein möglichst basisdemokratisches politisches System errichten. Das Konkurrenzparadigma geht vom utilitaristischen, egoistischen Bürger aus, der nach der Verwirklichung seiner persönlichen Interessen strebt. Die Wähler sind hier Konsumenten der Parteien, die um die Wählerstimmen konkurrieren.

Lernkontrollfragen

1 Was sind die Hauptunterschiede zwischen der klassischen und der modernen Parteientheorie?
2 Worin unterscheiden sich der Theorieansatz Max Webers und die sozialistische Theorie? Begründen Sie ihre Entscheidung.
3 Wie lauten die Hauptfunktionen von Parteien und inwiefern haben diese sich gewandelt? Welche der Funktionen wird den Parteien schon von den sozialistischen Theoretikern zugeschrieben?

Literatur

Primärliteratur

Lenin, Vladimir Iljitsch (1959), Was tun, in: ders., Werke, Bd. 5, hrsg. vom Institut für Marxismus-Leninismus beim Zentralkomitee der SED, Berlin, 355–549.

Lenin, Vladimir Iljitsch (1959), Organisation der Konspirativen Partei, in: ders, Werke, Bd. 6, hrsg. vom Institut für Marxismus-Leninismus beim Zentralkomitee der SED, Berlin, 227–243.

Lenin, Vladimir Iljitsch (1973), Zwei Taktiken der Sozialdemokratie in der demokratischen Revolution, in: ders., Werke, Bd. 9, hrsg. vom Institut für Marxismus-Leninismus beim Zentralkomitee der SED, Berlin, S. 1–130.

Lukács, Georg (1968a), Lenin [1924], in: Werke, Bd. 2, hrsg. von Ludz, Peter Christian u. a., Neuwied, 535–545.

Lukács, Georg (1968b), Partei und Klasse [1919], in: Werke Bd. 2, hrsg. von Ludz, Peter Christian u. a., Neuwied, 72–78.

Luxemburg, Rosa (1968), Organisationsfragen der russischen Sozialdemokratie, in: dies., Politische Schriften III, hrsg. von Ossip K. Flechtheim, Frankfurt/Main, 84–105.

Michels, Robert (1989), Zur Soziologie des Parteiwesens in der modernen Demokratie. Untersuchungen über die oligarchischen Tendenzen des Gruppenlebens, hrsg. von Frank R. Pfetsch, Stuttgart.

Sekundärliteratur

Benseler, Frank (1991), Georg Lukács (1885–1971), in: Klassiker des Sozialismus, hrsg. von Walter Euchner, 2. Bde., Bd. 2, München, 181–195.
Dieser knappe Aufsatz geht auf Lukács' zentrale Gedanken und Werke ein und stellt sie gut verständlich dar. Ein guter Anfang für eine Auseinandersetzung mit Lukács' Werk.

Beyme, Klaus von (1997), Funktionswandel der Parteien in der Entwicklung von der Massenmitgliederpartei zur Partei der Berufspolitiker, in: Oscar W. Gabriel, Oskar Niedermayer, Richard Stöss (Hrsg.), Parteiendemokratie in Deutschland, Opladen, 359–383.
Von Beyme bietet hier einen sehr informativen Aufsatz über den Funktionswandel der Parteien. Man merkt ihm deutlich an, dass in ihm Forschungsdesiderata der letzten 15 Jahre eingeflossen sind. Darüber hinaus ist er gut verständlich geschrieben.

Beyme, Klaus von (1995), Parteiendemokratie, in: Lexikon der Politik, hrsg. von Dieter Nohlen, Bd. 1: Politische Theorie, München, 391–396.

Beyme, Klaus von (1984), Parteien in westlichen Demokratien, München.

Beyme, Klaus von (1978), Partei, Faktion, in: Geschichtliche Grundbegriffe. Historisches Lexikon zur politisch-sozialen Sprache in Deutschland, Bd. 4, Stuttgart.
Wie fast alle Artikel im Lexikon der »Geschichtlichen Grundbegriffe« ist auch der von von Beyme sehr informativ und gibt einen anschaulichen Überblick über den Begriff »Partei« und seine historische Entwicklung. Dieses Nachschlagewerk ist zur ersten Orientierung immer empfehlenswert.

Eberle, Friedrich (1997), Robert Michels, in: Hauptwerke der politischen Theorie, hrsg. von Wilhelm Hofmann u. a., Stuttgart, 322–325.

Grebing, Helga (1991), Rosa Luxemburg (1871–1919), in: Klassiker des Sozialismus, hrsg. von Walter Euchner, 2. Bde., Bd. 2, München, 58–71.
Auf 13 Seiten beschreibt Grebing hier Luxemburgs Theorie in aller Knappheit. Für einen ersten Überblick über ihr Werk ist dieser kurze Aufsatz sehr zu empfehlen.

Hildermeier, Manfred (1991), Wladimir Iljitsch Lenin (1870–1924), in: Klassiker des Sozialismus, hrsg. von Walter Euchner, 2. Bde., Bd. 2, München, 27–43.
Auch dieser Aufsatz aus den »Klassikern des Sozialismus« eignet sich gut, um einen ersten Eindruck von der Theorie Lenins zu bekommen. Neben dem historischen Kontext wird vor allem die Partei-, Revolutions- und Imperialismustheorie dargestellt.

Klaus, Georg, Buhr, Manfred (1975), Philosophisches Wörterbuch, Artikel Partei, Leipzig.

Lenk, Kurt, Neumann Franz (1974), Einleitung, in: Theorie und Soziologie der politischen Parteien, hrsg. von Kurt Lenk und Franz Neumann, Darmstadt und Neuwied, S. XIII–CXI.
Die beiden Politikwissenschaftler Lenk und Neumann beschreiben in ihrer sehr informativen Einleitung die Entwicklung der politischen Parteien seit dem 17. Jahrhundert in Europa. Dabei liegen die Schwerpunkte auf der angelsächsischen Lehre des 18. Jahrhunderts, sowie auf der liberalen, konservativen und demokratischen Parteienlehre in Deutschland im 19. und 20. Jahrhundert.

Schultze, Rainer-Olaf (1998), Partei, in: Lexikon der Politik, hrsg. von Nohlen, Dieter, Bd. 7: Politische Begriffe, München, 455–457.

Weber, Max (1972), Wirtschaft und Gesellschaft, Tübingen.

Wiesendahl, Elmar (1980), Parteien und Demokratie. Eine soziologische Analyse paradigmatischer Ansätze der Parteienforschung, Opladen.

Grundelemente der Demokratie | 4.2

Die beiden Begriffe, die in diesem Abschnitt erläutert werden sollen, sind »Partizipation« und »Diskurs«. Sie sind sehr wichtige Begriffe gerade für moderne Demokratien, die unter den Bedingungen der wachsenden Mobilität der Menschen und der Globalisierung helfen sollen, die Frage der Partizipation, also wer in einem demokratischen Gemeinwesen partizipieren darf und wer nicht, befriedigend zu beantworten. Gleichzeitig stellt sich die Frage, ob die Partizipation der Bürger in den meisten westlichen Demokratien wirklich nur auf regelmäßige Wahlen beschränkt sein sollte oder ob neue Formen der Bürgerbeteiligung gefunden werden können und müssen.

Die beiden hier vorgestellten Diskurstheorien unterscheiden sich zwar grundlegend, doch gehen beide der Frage nach, inwieweit Diskurse Mechanismen zur Inklusion bzw. Exklusion sind und welche Auswirkungen dies wiederum auf die Macht und Herrschaftsverhältnisse in unseren Gesellschaften hat.

Partizipation | 4.2.1

Partizipation ist der Schlüssel für das Funktionieren von Demokratie. Wie aber soll gesellschaftliche Teilhabe am politischen Prozess aussehen? Dies ist die grundlegende Frage, die jede Partizipationstheorie, hier immer als ein Teil von Demokratietheorien verstanden, beantworten möchte. Man kann bei den verschiedenen Partizipationstheorien, die es gibt, die gleichen zentralen Motive bezüglich der politischen Beteiligung sehen: die Beteiligung möglichst vieler an möglichst vielem. Und diese Beteiligung ist im Sinne von »Teilnehmen, Teilhaben, seinen-Teil-Geben einerseits und einer Anteilnahme am Geschehen und Schicksal des Gemeinwesens andererseits« (Schmidt 2000, 251) zu verstehen.

Gesellschaftliche Teilhabe

Das Element der Partizipation ist in vielen Demokratietheorien von großer Bedeutung und dort unter verschiedenen Namen zu finden, u. a.: Partizipatorische Demokratie, expansive Demokratie, starke Demokratie, assoziative Demokratie, dialogische Demokratie, deliberative Demokratie etc. (ebd., vgl. Held 1993). Diese Liste macht deutlich, dass auch die Vorstellungen von partizipatorischer Demokratie stark differieren und teils von einer Überwindung der existierenden repräsentativen Demokratien mit ihren regelmäßig

Modelle partizipativer Demokratie

wiederkehrenden Wahlen ausgehen (z.B. Barber), teils sich nur als Demokratieerweiterung innerhalb der bestehenden repräsentativen Demokratien des politischen Liberalismus verstehen (Benhabib). Der Wandel zu einem Mehr an Partizipation kann aber in beiden Fällen nur langsam und Schritt für Schritt vor sich gehen. Bei der Untersuchung der Modelle von Barber und Benhabib sind vor allem folgende Fragen von Interesse:

1. Wer hat Teil am politischen Prozess in einer Gesellschaft?
2. Wer entscheidet über was? D.h. gibt es unterschiedliche Partizipationskompetenzen?
3. Wie werden die, die entscheiden dürfen, ausgewählt?
4. Welche gesellschaftlichen Bereiche sollen unter das Regime der Partizipation gestellt werden?

Die Vertreter der partizipatorischen Demokratietheorie sind generell der Auffassung, dass die Partizipation weniger auf eine Staatsform zielt als auf eine Lebensweise, die auf möglichst allen gesellschaftlichen Ebenen Eingang finden sollte, wobei hier nicht einmal vor der Privatsphäre haltgemacht wird.

Wählerpräferenzen

Worin liegt die spezifische Differenz zwischen der Partizipationstheorie und anderen Theorien der Demokratie? Mit Schmidt lässt sich diese Differenz daran festmachen, dass »die Präferenzen der Wähler nicht exogen« sind, sondern dass sie endogene Größen des politischen Prozesses darstellen, d.h. dass Einstellungen und Vorstellungen erst durch einen öffentlichen diskursiven Prozess der Willensbildung, der immer auch ein Prozess der Aufklärung ist, (neu)geformt werden. Man kann also feststellen, dass die partizipatorische Theorie der Annahme folgt, dass der politische Wille der Bürger »nicht dem Willensbildungs- und Entscheidungsprozess vorgelagert« ist, sondern vielmehr sein Produkt ist (Schmidt 2000, 254).

Wer darf teilhaben?

Gerade die erste der oben gestellten Fragen hat in unserem heutigen Zeitalter, in dem die Menschen aus den unterschiedlichsten Motiven mobil sind wie noch nie, herausragende Bedeutung. Denn es stellt sich beispielsweise die Frage, ob und, wenn ja, wie Migranten politisch teilhaben dürfen oder ob sie außen vor bleiben. Diese Problematik der Inklusion/Exklusion wird unter Bezugnahme auf die neuere Theorie Seyla Benhabibs untersucht.

Dagegen entwerfen David Held und andere eine kosmopolitische Demokratie, die eine globale Demokratisierung vorschlägt und die Grundgedanken der Partizipationstheorie teilt (Held 2004), jedoch jede Reflexion der Inklusions-/Exklusionsproblematik außen vor lässt, da in einer kosmopolitischen Demokratie jeder inkludiert ist. Dies scheint aber im Angesicht der heutigen Weltlage doch eine arg optimistische Annahme zu sein.

Benjamin Barber stellt den real existierenden Demokratien ein vernichtendes Urteil in Bezug auf Bürgerbeteiligung aus und bestreitet schlichtweg, dass es sich um Demokratien im eigentlichen Sinne handelt. Er bezeichnet sie als »magere Demokratien«. Dagegen stellt er ein Demokratiemodell, das auf allen Ebenen auf eine starke Bürgerbeteiligung setzt und somit die Demokratie wieder zum Leben erwecken soll. Benhabibs Modell der Partizipation basiert dagegen auf dem politischen Liberalismus. M.a.W. erweitert sie nur die bestehenden Systeme der Demokratie um partizipatorische Elemente.

Dass für die Erläuterung von Partizipationsmodellen die Wahl auf Benjamin Barber und Seyla Benhabib fiel, ist darin begründet, dass sich anhand ihrer Theorien die gegenwärtigen Probleme der Partizipation in westlichen Demokratien gut darstellen lassen.

Benjamin Barber | 4.2.1.1

Leben und Werk

Benjamin Barber (geb. 1939)

Benjamin Barber wurde 1939 geboren. Er erwarb seinen Ph. D. für Regierungslehre in Harvard. Nach reger Lehrtätigkeit an diversen Universitäten (u.a. in Princeton und an der Écoles des Hautes Études en Sciences Sociales in Paris) ist er heute »Kekst Professor of Civil Society« an der University of Maryland. Neben seiner Lehrtätigkeit berät er auch Institutionen und bekannte Persönlichkeiten. In seinen Büchern beschäftigt er sich vor allem mit der amerikanischen Demokratie, der Demokratietheorie und der Theorie der Globalisierung. Einige seiner bekanntesten Veröffentlichungen sind das für das Thema »Partizipation« besonders relevante Buch »Starke Demokratie« (1984, dt. 1994) sowie »Coca-Cola und Heiliger Krieg« (1995, dt. 1996).

Barber unterscheidet in »Starke Demokratie« zwei Formen der direkten Demokratie:

Zwei Formen direkter Demokratie

- die erste beruht auf Konsens, eine Bedingung, die aus der Perspektive pluralistischer, westlicher Demokratieerfahrungen wenig erfolgversprechend scheint und die (problematischen) theoretischen Implikationen identitärer Demokratie mit sich bringt, wie man sie von Rousseau kennt (→ vgl. Kap. 2.1.2.1).

- die zweite beruht auf Teilhabe, was zumindest prinzipiell denkbar ist, jedoch auch mehr Aktivität seitens der Bevölkerung verlangt, als dies in bisherigen repräsentativen Demokratiemodellen der Fall ist.

Genau das ist der Punkt, auf den Barber hinaus will. Er bezeichnet alle Formen der repräsentativen Demokratie als magere Demokratien, da die Bürger in ihr außer dem Akt des Wählens nichts mehr mit der Politik zu tun haben (Barber 1994, 140 ff.). Barber hingegen fordert, dass die Demokratie zu einer »Lebensform« wird, also im täglichen Leben und Umgang miteinander präsent ist. Allerdings grenzt er sich auch von den Modellen der Demokratie ab, die die Politik als die einzige Lebensform schlechthin bezeichnen. Hier nennt er u. a. Hannah Arendt und ihre Politikkonzeption der »Vita Activa« (Arendt 2002). Er versucht sich damit gegen den Vorwurf, einen totalitären Staat zu konstruieren, abzusichern, den er vorausahnend schon auf sein Werk zukommen sieht, und zwar aus der liberalen Ecke des »demokratischen Pluralismus« (Barber 1994, 99 ff.).

Repräsentative Demokratie = magere Demokratie

Barbers Kritik an den existierenden liberalen Demokratien

Die existierenden liberalen repräsentativen Demokratieformen sind für Barber also nur »magere« Demokratien. Diese werden nach ihrem »Output« (Ergebnis) bewertet, also nach rein instrumentalistischen Gesichtspunkten, nach einem »krämerhaften Kosten-Nutzen-Kalkül«, während der demokratische Prozess selbst sowie der »Input« (Einspeisung) möglichst unterschiedlicher Gesichtspunkte in diesen Prozess nicht zählt. Auch kritisiert Barber, dass die liberalen Demokratien die individuellen Freiheitsrechte gegenüber denen der Gemeinschaft überbetonen. Dies hat den »Erfolg«, dass die Gesellschaft sich entsolidarisiert und dass die atomisierten Individuen vorrangig am Eigennutz interessiert seien.

Prämissen der liberalen Demokratie sind nicht demokratisch

»Die liberale Demokratie geht von Prämissen über die menschliche Natur, das Wissen und die Politik aus, die zwar aufrichtig liberal, ihrem Wesen nach aber nicht demokratisch sind. Ihre Auffassung vom Individuum und seinen privaten Interessen untergräbt jene demokratische Verfahren, von denen sowohl die Individuen als auch ihre Interessen abhängen.« (Barber 1994, 32).

Insofern muss man die liberale Demokratie als »magere« Demokratie bezeichnen. Barber ist der Auffassung, dass die demokratischen Werte der liberalen Demokratie auf »Klugheitserwägungen« beruhen und immer nur auf den Moment sowie ausschließlich auf persönliche und private Zwecke zielen. Daher kann man nicht erwarten, dass aus ihr eine haltbare Theorie der Partizipation, der Bürgerschaft, des Gemeinwohls oder der staatsbürgerlichen Tugend hervorgeht (ebd.).

Zusammenfassung

Barbers Kritik an der liberalen Demokratie
- Die bestehenden liberalen Demokratien sind rein am Output (Ergebnis) orientierte, instrumentalistische Gebilde, die den Gemeinschaftsgedanken vernachlässigen. Sie betonen zu stark das Individuum und dessen Rechte.
- Die kapitalistische Orientierung der liberalen Demokratie ist schädlich, da der Kapitalismus mit schuld an der abnehmenden Solidarität der Menschen und damit am Fehlen eines gemeinsamen politischen Handelns ist.

Durch die zunehmende Privatisierung der öffentlichen Güter und Dienstleistungen ist es in den liberalen Demokratien auch gar nicht mehr möglich, sich durch politisches Engagement, gemeinsame Arbeit, Beratung und Entscheidung am öffentlichen Leben sinnvoll zu beteiligen, da die vormals staatlichen Aufgaben wie Bildung und Gesundheit nun in privater Hand sind und somit der Beteiligung durch Bürger nicht mehr offenstehen. Somit kann Barber in seinem Buch »Coca-Cola und Heiliger Krieg« feststellen, dass der Kapitalismus und die Globalisierung – neben dem Fundamentalismus – zu den natürlichen Feinden der Demokratie gehören. Genau aber diese zwei Punkte sind Kernpunkte des liberalen Denkens und daher nicht aus liberalen Demokratien wegzudenken. Demokratie kann hier aus dem einfachen Grund nicht mehr stattfinden, weil es für den globalisierten Kapitalismus keinen Staatsbürger mehr gibt. Dieser aber ist in seiner aktiven Form die unabdingbare Voraussetzung für eine starke Demokratie (Barber 1996).

Natürliche Feinde der Demokratie

Barber beschreibt den liberalen Menschen als unfähig, das Gewicht seiner Ideale zu tragen. Seine Freiheit wird vom Eigennutz ununterscheidbar, »und von innen heraus durch Teilnahmslosigkeit, Entfremdung und Anomie [hier: Zustand fehlender oder geringer sozialer Ordnung, Regel- und Normenschwäche] zerstört. Gleichheit wird auf die Tauschbeziehungen des Marktes reduziert und von ihren unverzichtbaren familiären und sozialen Kontexten abgetrennt; Glück bemisst sich [...] an der materiellen Befriedigung.« (Barber 1994, 61).

Das Konzept der starken Demokratie

Die starke Demokratie soll die negativen Eigenschaften der mageren Demokratie beseitigen und durch positive ersetzen. Dies soll vor allem aufgrund eines Paradigmenwechsels geschehen: Die repräsentative Politik soll durch eine stark partizipatorisch angelegte direkte Demokratie ersetzt werden. Was will Barber erreichen? Er möchte, dass die Bürger selbst, als vernünftige Akteure, über ihre Angelegenheiten, Werte und Belange entscheiden. Dazu muss er ein Modell vorstellen, das die in der liberalen Demokratie verloren gegangene Bürgerschaft wiederbelebt. Barber geht dabei von einem Politikbegriff aus, der versucht die Bedingungen für politische Entscheidungen jenseits von Metaphysik anzusiedeln und auch philosophische Fragen nach letztgültigen Wahrheiten und absoluten moralischen Regeln zu vermeiden. Die politische Frage, die sich den Bürgern stellt, sieht nach Barber so aus:

Wiederbelebung der Bürgerschaft

»Was sollen wir tun, wenn etwas uns alle Betreffendes geschehen muss, wir vernünftig handeln wollen, doch weder hinsichtlich der Mittel, noch der Zwecke übereinstimmen und keine unabhängigen Gründe für diese Entscheidung haben?« (Barber 1994, 104).

Die Definition der politischen Ausgangsbedingung lautet dann, dass das Bedürfnis nach Politik erst entsteht, wenn »öffentlich bedeutsames Handeln notwendig wird« und die Menschen trotz Uneinigkeit eine öffentliche Entscheidung herbeiführen müssen, die trotzdem vernünftig ist, »obwohl eine unabhängige Begründung für das Urteil fehlt« (ebd.).

Sieben Schlüsselbegriffe

Folgende sieben Schlüsselbegriffe müssen nun ausgeführt werden, um das verständlich zu machen (ebd., 104–120):

Handeln

1. *Handeln*: Barber versteht unter Handeln politisches Handeln in der realen Welt, wie z. B. einen Krieg zu beginnen oder die Steuern zu senken. Es handelt sich immer um menschliches Handeln, das Auswirkungen auf das Handeln oder die Umwelt anderer Menschen hat. Ohne dieses Handeln gibt es keine Politik. Das liberale Denken schenkt diesem Handeln zu wenig Auf-

merksamkeit und betrachtet die politische Welt als nahezu statisches Institutionengefüge.

2. *Öffentlichkeit*: Dieses Moment ist ganz entscheidend, wenn ein Handeln auch wirklich politisches Handeln sein soll. Politik ist somit nicht jedes Handeln, sondern nur öffentliches Handeln. Öffentliches Handeln ist jedes Handeln, das andere Menschen bzw. deren Umwelt beeinflusst. Das Problem hier ist, dass es sehr schwierig ist, die Grenze zwischen öffentlich und privat festzulegen. Das Handeln der Gemeinschaft, also das der Öffentlichkeit, ist nie privat und daher immer politisch und immer öffentlich. *Öffentlichkeit*

3. *Notwendigkeit*: Diese Kategorie sagt aus, dass auf jeden Fall eine Entscheidung getroffen werden muss. Denn auch nicht zu entscheiden, bedeutet eine Entscheidung zu treffen. Wenn man aber eine Entscheidung trifft, gibt es wenigstens den Versuch, die Dinge zu seinen Gunsten zu steuern, wohingegen das Laissez-faire des Nichtentscheidens nicht einmal diesen Versuch unternimmt. *Notwendigkeit*

4. *Entscheidung*: Politisches Handeln bedarf der Entscheidungen. Diese zeichnen sich dadurch aus, dass sie keine willkürlichen Ad-hoc-Beschlüsse sind, sondern Konsequenz von Beratungen und Entschlüssen der Bürger. Damit Bürger politische Akteure sein können, d.h. Entscheidungen treffen können, müssen sie frei sein. *Entscheidungen*

5. *Vernünftigkeit*: Die Bürger müssen vernünftig sein und damit sind auch ihre Entscheidungen und politischen Handlungen vernünftig. »Vernünftig« umschreibt Barber mit leidenschaftslos, bedacht und fair. Vernünftige Entscheidungen müssen öffentliche Entscheidungen sein. Das bedeutet im Endeffekt, dass jemand, der seine Meinung im politischen Prozess nicht hat durchsetzen können, sich selbst nicht als Verlierer ansieht, sondern dass er durch den Prozess der Diskussion seine Meinung geändert und sich von dem anderen Standpunkt hat überzeugen lassen. *Vernünftigkeit*

6. *Uneinigkeit*: Sie ist der Generalzustand jeder politischen Gemeinschaft. Gäbe es sie nicht, bräuchte man keine Politik. Natürlich darf die Uneinigkeit nicht zu groß sein, da dies das Zustandekommen einer Gesellschaft verhindern würde. Für das Zustandekommen einer Gesellschaft muss es einen langfristigen Konsens geben, der die Uneinigkeit erst erträglich macht, da er *Uneinigkeit*

Regeln dafür gibt, wie mit dieser Uneinigkeit im alltäglichen Bereich umgegangen wird.

Fehlen eines unabhängigen Grundes

7. *Fehlen eines unabhängigen Grundes*: Diesen Punkt nennt Barber den neuartigsten und zentralsten Bestandteil der politischen Ausgangsbedingung dieser Auflistung. Er ist das entscheidende Kriterium, in dem sich die starke Demokratie von den anderen Formen der Demokratie unterscheidet. Gäbe es gesichertes Wissen, Wahres, absolut Richtiges (diese drei wären jeweils ein unabhängiger Grund), so bräuchte man keine Politik mehr, da man dann schlicht nur diesen Erkenntnissen folgen müsste, um immer zur Einigkeit zu gelangen. In der realen Welt, wo es keine absolute Wahrheit und kein absolutes Wissen gibt, ist es die Aufgabe der Politik, Mehrheiten jenseits dieses Wissens zu erlangen. Die Aufgabe der Politik fängt immer dort an, wo es keinen Konsens gibt, dort, wo über die beste Lösung eines Problems gestritten werden muss.

Starke Demokratie

Das Bedürfnis nach Politik entsteht bei unklarer Entscheidungslage und der Notwendigkeit der Entscheidung. Die Antwort hierauf ist die »starke Demokratie« Barbers. Er definiert sie als »partizipatorische Politik, wobei Uneinigkeit bei Fehlen eines unabhängigen Grundes durch Teilhabe an einem Prozess fortlaufender, direkter Selbstgesetzgebung und durch die Schaffung einer politischen Gemeinschaft aufgelöst wird, die es vermag, abhängige, private Individuen in freie Bürger und partikulare wie private Interessen in öffentliche Güter zu verwandeln« (ebd., 120 f.).

Zusammenfassung

Starke Demokratie

Die starke Demokratie Barbers setzt den Bürger und seine fortwährende Beteiligung am politischen Prozess voraus. Nur dadurch kann sie Probleme lösen. Da es kein gesichertes Wissen, Wahres und absolut Richtiges gibt, muss die Politik Handlungsmöglichkeiten und Entscheidungen – also nach Barber Einigkeit – jenseits dieser drei absoluten Bedingungen schaffen. Dies ist nur möglich durch den »partizipatorischen Prozess fortwährender, direkter Selbstgesetzgebung sowie [die] Schaffung einer politischen Gemeinschaft, die abhängige, private Individuen in freie Bürger und partikularistische wie private Interessen in öffentliche Güter zu transferieren vermag« (ebd, 147).

Barber zeigt nun, wie die oben angeführten sieben Punkte in der starken Demokratie umgesetzt werden.

zu 1.) Politik sollte von Bürgern gemacht werden, nicht ihnen widerfahren. Starke Demokratie betont und lebt vom Tätigwerden ihrer Bürger. »Beteiligung, Engagement, Verpflichtung und Dienst – gemeinsame Beratung, gemeinsame Entscheidung und gemeinsame Arbeit – sind ihr Gütezeichen.« (ebd., 122).

Aktive Bürger

zu 2.) Öffentlichsein ist ein Hauptmoment der starken Demokratie. Sie schafft eine Öffentlichkeit, in der die für partizipatorische Demokratie notwendigen Beratungen und Entscheidungen stattfinden können. Dadurch entsteht die Bürgerschaft als eine Gemeinschaft – was Barber gleichzeitig als die Hauptaufgabe von Politik bezeichnet –, die auf Bürgerbeteiligung setzt.

Öffentlichkeit

zu 3.) Entscheidungen müssen notwendig getroffen werden. Es macht keinen Sinn Verantwortung abzulehnen. Politische Aktivität ist die notwendige Antwort auf die menschliche Uneinigkeit.

Entscheidungen

zu 4.) Die starke Demokratie fördert durch ihre partizipative Struktur autonome Entscheidungen der Bürger zutage. Im Gegensatz zu(m) »Kunden, Wähler oder den Massen« zählt in der starken Demokratie nur der freie individuelle Wille, der an der Gesetzgebung teilhat. Damit will Barber sagen, dass in der partizipativen Demokratie autonome Subjekte eigenständige Entscheidungen treffen, während in der liberalen Demokratie nur heteronome (fremdbestimmte) Menschen als Stimmvieh zur Wahl gehen.

Autonomie der Bürger

zu 5.) Die Vernünftigkeit der Entscheidungen wird durch die Bedingungen der starken Demokratie selbst garantiert. Barber erstellt ein Modell des »Sprechens«, das die Vernünftigkeit garantieren soll. Das Sprechen hat neun Aufgaben, die ihrerseits die Vernünftigkeit garantieren: 1. »Die Artikulation von Interessen, 2. Überredung, 3. Festlegung der politischen Tagesordnung, 4. Ausloten der Wechselseitigkeiten, 5. Ausdruck von Zugehörigkeit und Gefühl, 6. Wahrung der Autonomie, 7. Bekenntnis und Ausdruck des Selbst, 8. Reformulierung und Rekonzeptualisierung (der bestehenden Ordnung oder Vorschläge für eine solche), 9. Gemeinschaftsbildung als Schaffung öffentlicher Interessen, gemeinsamer Güter und aktiver Bürger« (Barber 1994, 176–204).

Sprechen

	zu 6.)	Das Moment der Uneinigkeit wird in Barbers starker Demo-

Kooperation — zu 6.) Das Moment der Uneinigkeit wird in Barbers starker Demokratie ausdrücklich anerkannt. Barber betont, dass er sich dadurch von Konsens orientierten Demokratietheorien (s. o.) stark unterscheidet. Barber ist dennoch der Auffassung, dass die Uneinigkeit zu bändigen sei und nicht in ein Chaos führen muss, wie es der partizipativen Demokratie häufig vorgeworfen werde. Er verwandelt, so lautet zumindest sein Anspruch, Uneinigkeit in Kooperation (ebd., 126 f.).

Kein Wahrheitsanspruch — zu 7.) Starke Demokratie geht vom Fehlen eines unabhängigen Grundes für Entscheidungen aus. Zwar wirkt auch die starke Demokratie in einer Welt, in der Wahrheitsansprüche auftreten, doch sie ist sich bewusst, dass diese Ansprüche fast so mannigfaltig sind, wie die Zahl der Bürger in der Gemeinschaft. Insofern sind diese Ansprüche nichts Absolutes, sie haben aber alle die gleiche Berechtigung, auf dem »Marktplatz der Ideen« aufzutauchen.

Wie soll das funktionieren?

Selbstverwirklichung der Menschen — In Barbers Worten stellt die starke Demokratie »die Selbstverwirklichung des Menschen durch wechselseitige Transformation in den Mittelpunkt des demokratischen Prozesses« (ebd., 207). Das beschreibt in knappen Worten ziemlich genau, was er sich von dem gemeinsamen Willensbildungsprozess der Bürger erwartet. Er geht davon aus, dass die partizipierenden und diskutierenden Bürger zu einer wechselseitigen Perspektivenübernahme bereit sind, um so die Gesichtspunkte der anderen besser verstehen und gegebenenfalls auch annehmen zu können. Dies ist natürlich nur selbst bestimmten und freien Subjekten möglich. Im Gegensatz dazu sind die Menschen in einer liberalen Demokratie fremdbestimmt und unfrei, und daher nicht zu einem solchen Verhalten in der Lage.

Gemeinschaft — Die Inklusions-/Exklusions-Problematik (→ vgl. weiter unten, 2.1.2), die heute in vielen Gesellschaften akut ist, löst Barber so auf, dass jeder Bürger Mitglied der Gemeinschaft ist, in der er sich bereit erklärt, aktiv an den Entscheidungen und Belangen der Bürgerschaft mitzuwirken. Hier sind also keine Blutsbande oder eine territorial begrenzte Staatsbürgerschaft nötig, um am politischen Prozess teilzuhaben, sondern ausschließlich die Bereitschaft daran teilzunehmen (ebd., 211–232). Barbers Betonung der Gemeinschaft an dieser Stelle lässt vermuten, dass die Bereitschaft zur Teilnahme auch eine Bereitschaft zur Angleichung mit sich bringt. Angleichung bedeutet aber immer Aufgabe eigener Identität, Verlust der Pluralität und somit dessen, was Demokratie u. a. erst ermöglichen soll. An diesem Punkt sieht man, warum Barber sich genötigt sah, gegen den Vorwurf, er konstruiere einen Totalitarismus, anzugehen, bevor dieser überhaupt erhoben wurde.

Das institutionelle Gefüge stellt sich Barber wie folgt vor, wobei hier nicht alle Punkte aufgeführt werden sollen:

Aufbau der Gemeinschaft

1. ein landesweites System von Nachbarschaftsversammlungen. Hier können die Bürger vor Ort miteinander diskutieren und Entscheidungen treffen;
2. eine nationale Kommunikationsgenossenschaft der Bürger, die die Nutzung der (damals) neuen Kommunikationstechnologien fördern, regeln und überwachen (!) soll;
3. leichter und gleicher Zugang zu Informationen, die die Bürger brauchen, um sinnvoll entscheiden zu können. Förderung staatsbürgerlicher Erziehung aller Bürger;
4. nationale Volksbegehren und -abstimmungen;
5. Besetzung kommunaler Ämter durch Losentscheid;
6. allgemeiner Bürgerdienst (Militärdienst);
7. Demokratisierung der Arbeitswelt.

Anhand dieser unvollständigen Liste kann man sich in etwa vorstellen, was eine starke Demokratie und die sie ermöglichende Gemeinschaft auszeichnen soll: zum einen die möglichst weitgehende Selbstregierung der Bürger in ihren eigenen Belangen, zum anderen ein möglichst umfassendes Bildungs- und Informationsangebot für die Bürger, damit diese auch informiert Entscheidungen treffen können. Das demokratische Element wird nochmals verstärkt durch das Losverfahren bei der Besetzung von Ämtern, den allgemeinen Militärdienst und die Demokratisierung der Arbeitswelt. Diese Elemente – man kann sie nun gut heißen oder nicht – führen zumindest der Idee nach zu einer Gleichbehandlung aller Bürger einer Gemeinschaft.

Zusammenfassung

Barbers partizipartorische Gemeinschaft

Die existierenden liberalen Demokratien versteht Barber als magere Demokratien, die der Idee der politischen Teilhabe aller entgegenstehen. Statt fremdbestimmte Objekte des Regierens will Barber aus den Menschen autonome Subjekte des Entscheidens machen. Dazu entwirft er ein Partizipationsmodell, das sicherstellen soll, dass autonome Menschen Entscheidungen treffen können. Dieses Modell beinhaltet auch, dass die in den heutigen Gesellschaften voneinander entfremdeten Menschen sich wieder solidarisieren und folglich immer auch den anderen in ihren Entscheidungen berücksichtigen. Die Bereitschaft, eine andere Perspektive zu übernehmen, ist eine zentrale Eigenschaft in einer Gesellschaft, in der der Einzelne im Zweifel gegen die eigene Überzeugung und gegen den eigenen Vorteil stimmen soll, wenn es für das Ganze besser ist. Fraglich ist jedoch Barbers Konzept der Gemeinschaft, das die Pluralität der Lebensstile und die Vielfalt der Meinungen zwangsläufig wieder reduziert.

4.2.1.2 | Seyla Benhabib

Leben und Werk

Seyla Benhabib (geb. 1950)

Seyla Benhabib wurde 1950 in Istanbul geboren und studierte dort am American College for Girls Politikwissenschaft. Im Anschluss studierte sie in den USA an der Brandeis University und an der Yale University Philosophie; 1977 promovierte sie. Neben Lehraufträgen an amerikanischen Hochschulen absolvierte sie viele Forschungsaufenthalte in Europa. Seit 2001 hat sie die Eugene-Meyer-Professur für Politikwissenschaft und Philosophie an der Yale University inne. Benhabibs Arbeit ist gekennzeichnet durch ihre Auseinandersetzung mit der Gegenwartsphilosophie wie der Kritischen Theorie, dem Feminismus, dem Kommunitarismus und der Postmoderne. Sie ist vor allem von Habermas' Diskurstheorie beeinflusst, die sie durch die Rezeption von Kant, Hegel und vor allem Hannah Arendt erweiterte. Wichtige Werke sind »Kritik, Norm und Utopie« (1986, dt. 1992), »Selbst im Kontext« (1992, dt. 1995), »Kulturelle Vielfalt und demokratische Gleichheit« (1999), »The Claims of Culture« (2002) und »The Rights of Others« (2004).

Seyla Benhabib thematisiert in ihrem neueren Werk neben dem Problem der Partizipation, d.h. der demokratischen Teilhabe der Bürger am politischen Geschehen ihrer Gesellschaft, vor allem das Problem, wer als Bürger in dem Sinne zu gelten hat, dass auch er partizipieren darf. Von Barber stammt die wenig hilfreiche Formel, dass alle, die die Bereitschaft zeigen, aktiv am Leben der Gemeinschaft teilzunehmen, auch dazugehören. Damit will er vermeiden, dass nur durch eine territoriale Zugehörigkeit oder durch Blutsbande die Partizipation möglich wird. Problematisch ist aber die Definition von »aktiv am Leben der Gemeinschaft teilnehmen«. Benhabibs Definition des Kreises der Menschen, die partizipieren dürfen, ist da eindeutiger, wie im Folgenden zu sehen sein wird.

Wer ist Bürger?

Benhabibs Partizipationskonzept

Benhabib vertritt die Vorstellung einer partizipatorischen Politik, die aus Bürgerbeteiligung und der kritischen Auseinandersetzung auf allen Ebenen der demokratischen Öffentlichkeit besteht. Wie Barber stellt sie fest, dass das zeitgenössische liberale Denken eine Antipathie gegen Demokratie und ihre tragenden institutionellen Erscheinungsformen wie auch gegen eine aktive Bürgerbeteiligung hat. Stattdessen setzt es darauf, dass die Bürger Zuschauer und Konsumenten bleiben, während die Politiker das Regieren übernehmen (Benhabib 1995, 112; vgl. Barber 1988, 18). Prinzipiell geht Benhabib konform mit den in liberalen demokratischen Gemeinwesen institutionalisierten Formen der zivilen, politischen und sozialen Bürgerrechte, jedoch kritisiert sie das liberale Verständnis der Demokratie an dem Punkt, an dem die Demokratie zu einer Analogie des Marktes wird, wo sie nur als »Methode zu Aggregation [Umsetzung unterschiedlicher Interessen in eine konkrete politische Entscheidungs- oder Handlungsalternative] und Ausgleich individueller wie kollektiver Privatinteressen« begriffen wird (Rieger 2004, 67).

Demokratiekritik

Sie folgt den Prämissen von Habermas' Diskursethik (→ vgl. Kap. 4.2.2.1), mit dem Unterschied, dass sie der Auffassung ist, dass man die Unterschiede der Personen in den Diskursen berücksichtigen muss und den »Anderen« nicht universell verallgemeinern kann. Auch könne man nicht davon ausgehen, dass alle abstrakt die gleichen Bedürfnisse und Interessen hätten (Benhabib 1995, 116–130). Insofern gilt es, den »konkret Anderen« mit dessen ureigenen Bedürfnissen wahrzunehmen und auch einmal dessen Perspektive einzunehmen, um so seinen Standpunkt besser verstehen und

Gleiche Bedürfnisse?

nachvollziehen zu können. Dieser Punkt ist ganz wichtig im Hinblick auf die Frage, wie die öffentliche Beratung und umfassende Partizipation gestaltet werden müssen. Dass die öffentliche Beratung und Partizipation keinerlei Themenbeschränkung unterliegen darf, ist für Benhabib selbstverständlich und wird von ihr als das Merkmal einer freiheitlichen Ordnung bezeichnet.

Territoriale Souveränität und Mitspracherecht

Benhabib stellt fest, dass die Volkssouveränität nicht identisch mit territorialer Souveränität ist. Volkssouveränität bedeutet, dass alle Mitglieder eines Demos (Staatgebietes) Mitspracherechte in der Gesetzgebung haben, mit deren Hilfe sie sich selbst regieren, d.h. die Rechtsprechung erstreckt sich über diejenigen, die sich selbst als Autoren dieser Gesetze sehen können. Allerdings gab es noch nie eine völlige Deckungsgleichheit zwischen denjenigen, die unter dem Gesetz stehen, und denjenigen, die es gemacht haben. In jedem bisherigen demokratischen Demos waren einige entrechtet und nur einige wurden als vollständige Mitglieder anerkannt. Territoriale Souveränität und demokratisches Mitspracherecht haben noch nie übereingestimmt. Jedoch unterliegt man einer Souveränität, sobald man in einem bestimmten Territorium wohnt – ob man Mitspracherechte hat oder nicht. Insofern muss unter den Bedingungen der Globalisierung, d.h. die Menschen werden immer mobiler (freiwillig oder unfreiwillig) und leben und arbeiten immer häufiger mal hier mal dort, die komplexe Beziehung zwischen dem Recht auf volle Mitgliedschaft und demokratischer Mitsprache und dem territorialen Aufenthaltsort neu bestimmt werden, so Benhabib (Benhabib 2004, 20). Nur so ist es möglich, die Voraussetzungen dafür zu schaffen, dass in einer Gesellschaft alle Stimmen den gleichen Wert haben und somit eine Beteiligung an den politischen Vorgängen für alle gleichermaßen sinnvoll erscheint.

Demokratischer Demos

Beteiligung aller

Auch ist festzustellen, dass eine Ungleichbehandlung von Staatsbürgern und »Nicht-Staatsbürgern« gegen das Grundprinzip der Diskursethik verstößt: nämlich, dass alle, die gleichermaßen von den Konsequenzen einer Normbefolgung betroffen sind, das Recht haben sollten, in einem praktischen Diskurs über diese Norm und die Folgen der Akzeptanz für die Interessen eines jeden zu entscheiden (Benhabib 1999, 80).

Insofern muss die Definition der Identität eines demokratischen Volkskörpers ein fortdauernder Prozess seiner demokratischen

Erneuerung und Resignifikation (Neu- und/oder Wiederbestimmung bzw. -bezeichnung) sein (Benhabib 2005, 93). D.h., dass die Vorstellung der Identität eines Volkes oder einer Nation ad acta gelegt werden muss. An die Stelle dieser Vorstellung muss das Bewusstsein treten, dass unter den gegebenen Bedingungen des Wandels und des Umherziehens der Menschen auf der Suche nach Arbeit bzw. bei der Verfolgung einer Karriere die einzige Konstante die ist, dass alles sich unablässig verändert und dass diese stete Veränderung in die Schaffung einer eigenen Identität wie der einer Nation mit einfließen muss.

Das Problem der Inklusion/Exklusion kann zwar nicht völlig gelöst werden, es kann aber entschärft werden, indem diejenigen, die dem Demos angehören, ihre Praxis der Exklusion beständig kritisch reflektieren und verändern. Benhabib ist der Auffassung, dass die Praxis der Unterscheidung zwischen »Bürgern« und »Fremden«, zwischen »uns« und »den Anderen« flüssiger und verhandelbar wird, wenn der Prozess der demokratischen Selbsterschaffung ständig von Neuem beginnt. So ist eine postnationale Konzeption einer kosmopolitischen Solidarität möglich, also eine wechselseitige Solidarität der Menschen aller »Herren und Länder«, die sukzessive alle Menschen in den Genuss der Menschenrechte inklusive der politischen Teilhaberechte bringen und gleichzeitig die exklusiven Privilegien der Mitgliedschaft beenden wird (Benhabib 2004, 21).

Inklusion/Exklusion

Rawls' Postulat, dass die demokratische Gesellschaft als vollständiges und geschlossenes System aufgefasst wird, in das man nur durch Geburt ein- und durch den Tod wieder austreten kann (Rawls 1998, 111 f.), hält der politischen Realität des 21. Jahrhunderts nicht stand (auch nicht der des 20. Jahrhunderts).

Definition

Volkssouveränität – territoriale Souveränität

Volkssouveränität ist nicht identisch mit territorialer Souveränität. Erstere bedeutet, dass alle Staatsbürger Mitspracherecht bei der Gesetzgebung haben, mit deren Hilfe sie sich selbst regieren. Jedoch leben in einem Staatsterritorium immer auch Menschen, die nicht Staatsbürger sind. Diese sind vom »sich selbst regieren« ausgeschlossen, da sie kein Mitspracherecht haben. Territoriale Souveränität und demokratisches Mitspracherecht haben noch nie übereingestimmt. Daraus folgt eine Ungleichbehandlung von Staatsbürgern und »Nicht-Staatsbürgern«, die prinzipiell gegen das Grundprinzip der Diskursethik verstößt: nämlich, dass alle, die gleichermaßen von den Konsequenzen einer Normbefolgung betroffen sind, das Recht haben sollten, in einem praktischen Diskurs über diese Norm zu entscheiden.

Globalisierung, Identität und Multikulturalismus

Benhabib stellt sich in Fragen der Identitätspolitik und des Multikulturalismus zwischen die Positionen des Liberalismus und Kommunitarismus. Sie stellt eine allzu schnelle Reifikation (Verdinglichung) gegebener Gruppenidentitäten fest. Das bedeutet, dass bestimmten Gruppen vorschnell bestimmte gruppenspezifische Eigenschaften unabänderbar zugeschrieben werden. Diese Reifikation gegebener Gruppenidentitäten beruht auf dem Versagen des Liberalismus und des Kommunitarismus, die verschiedenen Bedeutungen von kultureller Identität ausreichend zu befragen. Stattdessen wird durch diesen unreifen Normativismus, also der vorschnellen Festschreibung dieser Gruppenidentitäten, das Risiko eingegangen, existierende Gruppendifferenzen einzufrieren (Benhabib 2002, viii f.).

Benhabib ist der Auffassung, dass moralischer und politischer Universalismus, m. a. W. die Auffassung, dass für alle Menschen unveränderlich die identischen Regeln und Rechte gelten, nicht unvereinbar ist mit der Anerkennung und dem Respekt für eine demokratische Aushandlung bestimmter Formen der Differenz – also dass bestimmte Formen des »Anderssein« trotz eines moralischen und politischen Universalismus möglich sein müssen (ebd., xi). Warum ist das wichtig für das Thema »Partizipation«? Weil Benhabib der Ansicht ist, dass es keine guten Gründe dafür gibt, Minderheiten von der politischen Teilhabe auszuschließen, sondern dass es im Gegenteil unsere Pflicht ist, diese einzuschließen. Einschließen heißt, sie am politischen Prozess zu beteiligen, sodass sie sich nicht aus der Gesellschaft ausgeschlossen fühlen müssen, in der sie gerade leben.

Formen der Differenz

Insofern schlägt Benhabib einen »kosmopolitischen Föderalismus« vor, der versucht die Schwierigkeiten des »demokratischen Paradoxes« zu umgehen. Mit demokratischem Paradox ist das Problem gemeint, dass der republikanische Souverän versuchen sollte, seinen Willen durch eine Reihe von Vorverpflichtungen an formale

Kosmopolitischer Föderalismus

und substantielle Normen zu binden, wie beispielsweise an die Menschenrechte. Die Rechte und Ansprüche der »Anderen« werden dann auf Grundlage dieser Normen einerseits und den Souveränitätsansprüchen andererseits verhandelt. Das Paradox ist also, dass die Menschenrechte zwar prinzipiell für alle gelten – also auch für die «Anderen« – die Souveränitätsansprüche aber verhindern, dass sie völlig für die »Anderen« gültig sind.

Benhabib ist der Auffassung, dass dieses Paradox niemals gänzlich aufgehoben werden kann. Jedoch kann es dadurch entschärft werden, dass die doppelte Verpflichtung gegenüber den Menschenrechten und der souveränen Selbstbestimmung durch wiederholtes Verhandeln immer neu bestimmt wird. Volkssouveränität (*popular sovereignty*), d.h. eine Herrschaft, in der die, die dem Gesetz unterworfen sind, auch dessen Autoren sind, ist nicht identisch mit territorialer Souveränität. Denn während das Volk über ein spezifisches Territorium Kontrolle ausüben muss, kann es über seine Selbstkonstituierung nachdenken und dabei die Grenzen des »Volks«, d.h. die Bestimmung dessen, wer dazu gehört und wer nicht, den Umständen anpassen (Benhabib 2004, 46 ff.). Daraus schließt Benhabib, dass eine »Politik der Mitgliedschaft« im Zeitalter der Auflösung der Staatsbürgerschaftsrechte (*citizenship rights*) vor allem aus dem Verhandeln über volle Mitgliedschaftsrechte, demokratische Teilhabe und territorialen Aufenthalt und damit Zugehörigkeit besteht (ebd., 48).

Volkssouveränität

Das Problem, vor dem die Gesellschaften heute stehen, ist, das demokratische Mitspracherecht auf eine solche Weise neu zu gestalten, dass die Illusionen von der Homogenität eines Volkes (die es nie gegeben hat) sowie die Vorstellung der territorialen Beschränkung, auf der demokratische Herrschaft bislang beruht hat, beseitigt werden müssen, um den Anforderungen einer globalisierten Welt gerecht zu werden. Allen Menschen muss eine demokratische Stimme gegeben werden, unabhängig von dem Land, in dem sie gerade leben und arbeiten. Benhabib spricht von einem »disaggregated citizenship«, also einem zerfallenden Staatsbürgerschaftsrecht in der globalisierten Welt, das es den Menschen erlaubt, multiple Verpflichtungen zu entwickeln und zu unterhalten (ebd., 174).

Problem heute

Es sei hier darauf hingewiesen, dass diese positive Betrachtungsweise dieses Problems den Aspekt vernachlässigt, dass viele Menschen, die in fremden Ländern leben, sich dort nicht aus freien

Unfreiwillige Ausländer

Stücken aufhalten. In Hinsicht auf diese Menschen wäre es zynisch von multiplen Verpflichtungen und transnationalen Netzwerken zu sprechen. Migranten, Asylbewerber und Flüchtlinge bedürfen der beschriebenen positiven Effekte eines zerfallenden Staatsbürgerschaftsrechts ebenso sehr. Sie werden jedoch oft behandelt wie Kriminelle. Auch diese Menschen müssen an der Partizipation in den Ländern beteiligt werden, in denen sie sich aufhalten, jedoch wäre es am besten, dafür zu sorgen, dass sie erst gar nicht aus ihrem Heimatland fliehen müssen. Doch dies ist ein anderes Thema.

Da für Benhabib die Identität eines Demos sich immerzu verändert und im Fluss ist, kann das Paradox, dass die Exkludierten nie diejenigen sein werden, die über die Regeln von Inklusion und Exklusion entscheiden, durch den Prozess der ständigen demokratischen Erneuerung und Resignifikation zumindest flüssiger und verhandelbar gemacht werden (ebd., 177 f.).

Definition

Benhabibs kosmopolitischer Föderalismus

Anstatt demokratische Teilhaberechte an ein Staatsbürgerschaftsrecht oder andere Formen der Dazugehörigkeit zu binden, will Benhabib, dass die Menschen, egal wo sie sind, Teilhaberechte haben. Warum? Weil jeder Mensch sich dort, wo er sich aufhält, unter einer politischen Jurisdiktion (Gesetzgebung/Rechtsprechung) befindet. Diese sollte er zumindest mitbestimmen können und er sollte am politischen Diskurs teilhaben können. Das Problem dabei ist, dass die Betroffenen nicht über die Regeln der Mitgliedschaft entscheiden können, da sie ja von der politischen Teilhabe ausgeschlossen sind. Das Prinzip des kosmopolitischen Föderalismus bedeutet also, dass die Menschen, dort wo sie gerade leben, auch politisch teilhaben dürfen.

Democratic Iterations

Benhabib nennt das Verfahren, dass zu einer solchen Teilhabe der bislang Exkludierten führt, »democratic iterations«. Der Begriff »Iteration« ist von Jacques Derrida entliehen. Unter demokratischer Iteration (Wiederholung) versteht Benhabib einen komplexen Prozess der öffentlichen Argumentation und Deliberation (→ vgl. Kap. 4.2.2.1), d.h. einen Austausch, in dem universalistische Rechtsansprüche (wie die der Menschenrechte) herausgefordert, kontextualisiert, also in bestimmte Zusammenhänge gestellt, angerufen, aufgehoben, postu-

GRUNDELEMENTE DER DEMOKRATIE

liert und positioniert werden, und zwar sowohl in öffentlichen-rechtlichen und politischen Institutionen wie auch in denen der Zivilgesellschaft. Iteration heißt also so viel wie ein »sich beständig wiederholender Prozess«. In der öffentlichen Diskussion werden Konzepte wieder und wieder diskutiert. Dabei nimmt dieses Konzept immer wieder neue Formen der Bedeutung an, es ist nie dasselbe.

Kontextualisierung universalistischer Rechtsansprüche

Definition

Demokratische Iteration

Unter dem Prozess der demokratischen Iteration (demokratische Wiederholung) versteht Benhabib einen Prozess des beständigen »Neuaushandelns« von universalistischen Rechtsansprüchen, in dem diese dauernd in neue Zusammenhänge und Konstellationen gestellt werden, um so ihre Gültigkeit zu überprüfen. Dieser Prozess, in dem es u. a. auch um die Frage der Teilhabe bestimmter Personengruppen gehen soll, also um die Frage der Inklusion/Exklusion, muss fortdauernd anhalten, um somit aktuelle, der Situation angepasste Lösungen bestehender Probleme zu entwickeln. Dies führt zu einer »Recht generierenden Politik«, die gleichzeitig eine Aneignung und Auflösung von Tradition, Herkunft und Ursprung ermöglicht.

Jede Iteration verwandelt Bedeutung und fügt welche hinzu. In Bezug auf traditionelle Werte oder autoritative Quellen gilt das Gleiche. Die Iteration eignet sie sich an und verändert sie, nimmt an ihrer Stelle Platz und erlangt somit die gleiche Autorität. Insofern spricht Benhabib von einer Wiederaneignung der »Herkunft« bzw. des »Ursprungs« (*origin*). Sie ist zur gleichen Zeit die Auflösung und Bewahrung dieser Herkunft (Benhabib 2004, 180). Dieser öffentliche Akt des Interpretierens und Veränderns von Normen und Traditionen bezeichnet sie auch als »jurisgenerative politics«, also frei übersetzt als »Recht generierende Politik«. Sie gibt dazu drei Beispiele, die hier jedoch nicht näher beschrieben werden sollen: Die Diskussion in Frankreich über das Tragen von religiösen Symbolen in Schulen, die deutsche »Kopftuchaffäre« und die Veränderung des deutschen Staatsbürgerschaftsrechts. Alle drei Fälle wurden begleitet von einer sehr heftigen öffentlichen und institutionellen Diskussion. Im Laufe dieser Diskussionen wandelte sich das

Wiederaneignung der Herkunft

ursprüngliche Verständnis in ein neues und eigenständiges. In allen drei »Affären« wurden Rechte und Identitäten neu definiert, und das in einem langen diskursiven Prozess.

Zusammenfassung

Benhabibs kosmopolitischer Föderalismus

Wer darf als Bürger in dem Sinne gelten, dass er dort, wo er lebt, auch mitbestimmen darf? Dies ist die grundlegende Frage, die Benhabib sich stellt. Sie folgt den Prämissen der Diskursethik und ist der Auffassung, dass man die Unterschiede der Personen in den Diskursen berücksichtigen muss und den »Anderen« nicht universell verallgemeinern kann. Dies ist umso bedeutender, wenn sie feststellt, dass die Volkssouveränität und die territoriale Souveränität noch nie übereingestimmt haben. Es werden also immer Entscheidungen über Menschen getroffen, die an ihnen nicht beteiligt sind. Benhabib ist aber der Auffassung, dass alle gleichermaßen an den Entscheidungen beteiligt sein müssen. Da im Zeitalter der Globalisierung die Menschen beständig an unterschiedlichen Orten sich aufhalten und leben, muss auch die Frage der Teilhabe neu geregelt werden. Das Prinzip der Teilhabe durch Staatsbürgerschaft muss abgelöst werden von dem, was Benhabib als kosmopolitischen Föderalismus bezeichnet. Die Menschen müssen dort, wo sie gerade leben, auch politisch teilhaben können. Die Teilhaberechte und -bedingungen müssen immer neu ausgehandelt werden, was dann zu einer »Recht generierenden Politik« führt.

Lernkontrollfragen

1 Was sind die zentralen Differenzen und Gemeinsamkeiten zwischen den Theorien Barbers und Benhabibs?

2 Skizzieren Sie Benhabibs zentrale Aussage zur Exklusionsproblematik im Zeitalter der Globalisierung. Wie sieht ihr Vorschlag zur Inklusion aus?

3 Barber will jeden in die »Gemeinschaft« aufnehmen, der sich an dieser Gemeinschaft aktiv beteiligt. Diskutieren Sie Vor- und Nachteile eines solchen Inklusionsbegriffs.

4 Wo sehen die Partizipationstheorien vor allem Handlungsbedarf gegenüber den existierenden repräsentativen Demokratien?

Literatur

Primärliteratur

Arendt, Hannah (2002), Vita Activa. Oder vom tätigen Leben, München.

Barber, Benjamin (1994), Starke Demokratie, Hamburg.

Benhabib, Seyla (2005), Die Krise des Nationalstaats und die Grenzen des Demos, in: Deutsche Zeitschrift für Philosophie, 53, 1, 83–95.

Benhabib, Seyla (2004), The Rights of Others. Aliens, Residents, and Citizens, Cambridge.

Benhabib, Seyla (2002), The Claims of Culture. Equality and Diversity in the Global Era, Princeton.

Benhabib, Seyla (1999), Kulturelle Vielfalt und demokratische Gleichheit. Politische Partizipation im Zeitalter der Globalisierung, Frankfurt/Main.

Held, David (Hg.) (1993), Prospects for Democracy. North, South, East, West, Cambridge.

Held, David (2004), Global Covenant. The Social Democratic Alternative to the Washington Consensus, Cambridge.

Rawls, John (1998), Politischer Liberalismus, Frankfurt/Main.

Sekundärliteratur

Forst, Rainer (1997), Kontexte des Selbst. Zu Seyla Benhabibs Konzeption einer Kritischen Theorie, in: Deutsche Zeitschrift für Philosophie 45, 957–973.

Nagl-Docekal, Herta (1997), Seyla Benhabib und die radikale Zukunft der Aufklärung, in: Deutsche Zeitschrift für Philosophie 45, 943–956.

Rieger, Günther (1997), Seyla Benhabib, in: Politische Theorie der Gegenwart in Einzel

darstellungen. Von Adorno bis Young, hrsg. von Gisela Riescher, Stuttgart, 46–49.

Schmidt, Manfred G. (2000), Demokratietheorien, Opladen.
Schmidts Buch gibt einen schönen und verständlichen Überblick über die verschiedensten Demokratietheorien von Aristoteles bis zur Gegenwart. Es ist ein kompetenter Wegweiser und eignet sich auch hervorragend als Nachschlagewerk.

Diskurs | 4.2.2

Der Begriff des Diskurses ist schon seit geraumer Zeit weder aus den Sozial- und Geisteswissenschaftlichen Fakultäten noch aus den Feuilletons der Zeitungen wegzudenken. Im allgemeinen Sprachgebrauch versteht man unter Diskurs in etwa, dass man sich argumentativ miteinander auseinandersetzen muss bzw. möchte, um so zu einem Ergebnis zu gelangen. Die beiden Diskurstheorien, die im Folgenden untersucht werden sollen, sind jedoch deutlich komplexer, als der normale Sprachgebrauch es vermuten lässt. Die Theorien von Jürgen Habermas und Michel Foucault beruhen auf unterschiedlichen Diskursbegriffen, die jeweils auf einem ganz eigenen Verständnis von Diskurs basieren. Ausgewählt wurden beide Theorien aufgrund ihrer zentralen Bedeutung und ihrer

Allgemeiner
Sprachgebrauch

Habermas' Diskursbegriff

paradigmatischen Wirkung in den Geistes- und Sozialwissenschaften. Habermas' Diskursbegriff trägt stark normative, verfahrensregelnde Züge und soll als Instrument dienen, Aussagen auf ihre Richtigkeit hin zu überprüfen. Habermas ersetzt mit seiner Diskurstheorie die herkömmlichen Legitimationsinstanzen Natur, Gott und Tradition durch den herrschaftsfreien Diskurs als formale Prozedur.

Foucaults Diskursbegriff

Foucault hingegen verwendet den Begriff »Diskurs« analytisch. Dies ist so zu verstehen, dass er damit die immerwährende Erzeugung von Bedeutung durch den Sprachgebrauch meint. Wenn aber Bedeutung erzeugt wird, so ist auch gleich eine politische Komponente in dieser Bedeutung zu vermuten. Denn dann sind bestimmte Argumente, die oft in Diskussionen herangezogen werden, wie beispielsweise das Natürliche bzw. das Notwendige, immer in ihrer Bedeutung konstruierte Sachverhalte, die eigentlich jeweils auch ganz anders sein könnten (vgl. Nonhoff 2004, 65 f.).

Beide Diskurstheorien sehen in den real gegebenen Diskursen politisch-ideologische Strukturen am Werk, die die Freiheit der Menschen innerhalb dieses Diskurses einschränken und auch gesellschaftlich begrenzen, indem diese durch den Diskurs Denkstrukturen vorgegeben bekommen. Auch sind viele Menschen von den eigentlich wichtigen Diskursen ausgeschlossen. Darüber hinaus sind Diskurse immer schon von der gesellschaftlich »stärkeren« Seite vorgeformt. Auch bestimmt diese, wer an den Diskursen teilhaben darf und wer nicht. Diese »stärkere« Seite fällt meist zusammen mit der Seite, die über »Macht« und »Kapital« verfügt und keinerlei Interesse daran hat, davon etwas abzugeben.

4.2.2.1 | Jürgen Habermas

Leben und Werk

Jürgen Habermas (geb. 1929)

Jürgen Habermas wurde 1929 in Gummersbach geboren. Er promovierte 1954 in Bonn und war von 1956 bis 1959 Assistent von Theodor W. Adorno am Institut für Sozialforschung in Frankfurt am Main. Er habilitierte sich mit der Schrift »Strukturwandel der Öffentlichkeit« 1961 in Marburg bei Wolfgang Abendroth und hatte dann Professuren in Heidelberg und Frankfurt inne. 1971 wurde Habermas Direktor des Max-Planck-Instituts zur Erforschung der Lebensbedingungen der wissenschaftlich-technischen Welt in

Starnberg. Ab 1983 war er Professor für Philosophie in Frankfurt bis zu seiner Emeritierung 1994. Zentrale Werke der Diskurstheorie Habermas' sind die »Theorie kommunikativen Handelns« (1981), »Moralbewußtsein und kommunikatives Handeln« (1983), »Vorstudien und Ergänzungen zur Theorie kommunikativen Handelns« (1984), »Erläuterungen zur Diskursethik« (1991), »Faktizität und Geltung« (1992) und »Die Einbeziehung des Anderen« (1996).

Jürgen Habermas steht in der Tradition der Kritischen Theorie (→ vgl. Kap. 3.1.1.1), was vor allem in seinen Frühschriften noch zu erkennen ist. Das Interesse der Kritischen Theorie bestand in der Emanzipation der Subjekte von der Verblendung durch die hegemonialen gesellschaftlichen Kräfte. Im Gegensatz zur Kritischen Theorie geht Habermas allerdings nicht mehr vom marxistischen Produktionsparadigma aus, sondern von dem des kommunikativen Handelns (Honneth 1989, 225–264). 1958 beschreibt er in »Kultur und Kritik« die Grundannahme seiner Überlegungen und auf welches Ziel diese hinführen:

> »[I]n dem Maße, in dem mündige Bürger unter Bedingungen einer politisch fungierenden Öffentlichkeit, durch einsichtige Delegation ihres Willens und durch wirksame Kontrolle seiner Ausführung, die Einrichtung ihres gesellschaftlichen Lebens selbst in die Hand nehmen, wird personale Autorität in rationale überführbar. Das würde den Charakter von Herrschaft verändern; [...] Demokratie verwirklichte sich erst in einer Gesellschaft mündiger Menschen.« (Habermas 1973, 12).

Grundannahme seiner Überlegungen

Den Charakter von Herrschaft verändern, indem personale in rationale Autorität bzw. Legitimität verwandelt wird – dies ist der zentrale Pfeiler von Jürgen Habermas' Denken, der alle Akzentverschiebungen in seinem Werk überstanden hat.

Habermas erkennt in den bestehenden politisch-gesellschaftlichen Diskursen bestimmte Zwänge, denen die Diskursteilnehmer unterliegen, u.a. Natur, Gott und Tradition. Diese Zwänge sind immer von den herrschenden Gruppen konstruiert. Sie formen den sprachlich-gedanklichen Austausch vor und sind somit hochgradig ideologisch. Denn solche vorgeformten Zwänge können von der herrschenden politischen und gesellschaftlichen Klasse immer neu konstruiert und durchgesetzt werden, wie man beispielsweise an dem neoliberalen Diskurs seit der »Wende« 1982 – also der Über-

Zwänge

GRUNDELEMENTE DER POLITIK

nahme der Regierungsgeschäfte durch die »schwarz-gelbe Koalition« unter Helmut Kohl – sehen kann.

Beispiel: »Wende« von 1982

Die FDP, die mit der SPD unter Führung von Bundeskanzler Schmidt (SPD) regierte, kündigte damals die Zusammenarbeit in der Koalition auf, weil sie das sozialdemokratische Programm zur Bekämpfung der Arbeitslosigkeit und Wirtschaftsschwäche nicht mehr mittragen wollte. Bundeswirtschaftsminister Lambsdorff (FDP) forderte in seinem Konzeptpapier vor allem eine Abkehr vom bislang praktizierten Keynesianismus (→ vgl. Kap. 3.1.1) und eine Hinwendung zu einem Wirtschaftsliberalismus mit entsprechenden Auswirkungen auf die Finanz- und Sozialpolitik (→ vgl. Kap. 3.1.2). Der Vorsitzende der CDU, Helmut Kohl, verlangte im Wahlkampf 1982 zusätzlich eine geistig-moralische Wende, mit der er eine Rückbesinnung auf konservative Werte, wie Familie und Tradition, und auf die traditionelle Rollenverteilung zwischen Mann und Frau meinte. Die neue schwarz-gelbe Regierungskoalition strebte also in der damaligen Bundesrepublik einen politisch-gesellschaftlichen Umbruch an und forcierte dazu einen entsprechenden Diskurs, der vor allem in Bezug auf die Wirtschaft-, Finanz- und Sozialpolitik sehr erfolgreich war, sodass ab 1998 die rot-grüne Koalition in der Wirtschafts-, Finanz- und Sozialpolitik der gleichen Logik wie zuvor die »schwarz-gelbe Koalition« folgte.

Herrschaftsfreier Diskurs

Die oben genannten Zwänge, denen die Diskursteilnehmer unterliegen, die immer von den herrschenden Gruppen konstruiert sind, ersetzt Habermas in seiner Diskurstheorie durch den herrschaftsfreien Diskurs als formaler Prozedur. So können vernünftige, gleichberechtigte Menschen eine Einigung über Legitimation und Normen erzielen. Es wird hier sofort klar, dass in dieser Theorie der Sprache eine umfassende Bedeutung zukommt. Denn alle vernünftigen Einigungen werden kraft des Diskurses gefunden, der über das Medium der Sprache ausgeführt wird. Die Sprache »ist« somit die Vernunft und auch sie ist nun für die Mündigkeit des Subjekts zuständig.

Zusammenfassung

Habermas' Kritik an den bestehenden Diskursen
- In den bestehenden politisch-gesellschaftlichen Diskursen existieren Zwänge, denen die Diskursteilnehmer unterliegen: Natur, Gott und Tradition.

- Diese Zwänge sind immer von den herrschenden Gruppen konstruiert und bestimmen die gesellschaftliche Diskussion und die politische Debatte. Sie sind somit i.d.R. als hochgradig ideologisch zu bezeichnen. Denn solche vorgeformten Zwänge können von der herrschenden politischen und gesellschaftlichen Klasse immer neu konstruiert und durchgesetzt werden, u.a. in dem sie die Curricula an den Schulen bestimmen (vgl. Althusser 1977).

Nachdem die alten »Geltungswelten« (Gott, Natur, Tradition) keinen Bestand mehr haben, kann normative Geltung nur noch auf dem Weg der Zustimmung erreicht werden. Insofern können Geltungs-, Handlungs- und Ordnungsstrukturen, die ihre tradierten Rechtfertigungen verloren haben, nur noch durch Kommunikationsgemeinschaften der Betroffenen entschieden werden.

Habermas geht davon aus, dass jede Rede auf Verständigung abzielt, weswegen eine der Voraussetzungen für die Diskurstheorie die Wahrhaftigkeit ist. So setzen alle Formen des strategischen Sprachgebrauchs die Regeln des Diskurses außer Kraft: der strategische Sprachgebrauch ist weder wahrhaftig, noch ergebnisoffen. Auch steigt nicht jeder in diesen strategischen Diskurs freiwillig ein. Der strategische Sprachgebrauch unterscheidet sich vom kommunikativen Sprachgebrauch wie folgt:

Wahrhaftigkeit

»Ein kommunikativ erzieltes Einverständnis hat eine rationale Grundlage; es kann nämlich von keiner Seite instrumentell, durch Eingriff in die Handlungssituation unmittelbar, oder strategisch, durch erfolgskalkulierte Einflussnahme auf die Entscheidungen eines Gegenspielers, auferlegt werden. [...] Einverständnis beruht auf gemeinsamen Überzeugungen. Der Sprechakt des einen gelingt nur, wenn der andere das darin enthaltene Angebot akzeptiert, indem er [...] zu einem grundsätzlich kritisierbaren Geltungsanspruch mit Ja oder Nein Stellung nimmt.« (Habermas 1981, 387).

Habermas möchte mit seiner Diskurstheorie in Bezug auf Politik gewährleistet sehen, dass durch den politischen Prozess bei der Setzung von Normen nur rationale Ergebnisse erzielt werden.

Grundfrage der Diskurstheorie

In seinem Buch »Moralbewußtsein und kommunikatives Handeln« legt Habermas eine Diskursethik vor, die den Rahmen seiner Diskurstheorie des demokratischen Rechtsstaats absteckt. Die dort formulierte Frage ist: Wie müssen moralische Aussagen begründet werden, damit sie durch Einsicht als gut begründet, wahrheitsanalog und vernünftig anerkannt werden (Habermas 1983, 66 f.)? Um dies zu gewährleisten, müssen allgemeingültige Normen über ein Verfahren gefunden werden, das eine unparteiliche Urteilsbildung garantiert. Dieses Verfahren muss sicherstellen, dass die gefundenen Normen die »Anerkennung von Seiten aller Betroffenen verdienen« (Habermas 1983, 75, 103). Dieses Verfahren heißt praktischer Diskurs.

Unparteiliche Urteilsbildung

Habermas kennt zwei Formen des Diskurses: den theoretischen und praktischen Diskurs:

- Der *theoretische Diskurs* ist die Form der Argumentation, in der kontroverse Wahrheitsansprüche zum Thema gemacht werden;
- Im *praktischen Diskurs* ist die normative Richtigkeit von Ansprüchen Thema.

Beide Diskurse sind an ein Set von Regeln geknüpft, die die unparteiische Urteilsbildung erst ermöglichen. Habermas nennt dieses Set die »ideale Sprechsituation« (vgl. Habermas 1984, 174–183). Diese findet man zwar nur selten vor, jedoch muss sie als Maßstab gelten, vor allem um die Urteile und den erzielten Konsens im Nachhinein auch wieder infrage stellen zu können.

Ideale Sprechsituation

Was zeichnet eine ideale Sprechsituation aus? – Bedingungen der Chancengleichheit und die Abwesenheit bzw. Irrelevanz von diskursexternen Machtbeziehungen. Ein Beispiel für eine diskursexterne Machtbeziehung wäre, dass in einem Diskurs über die Qualität einer Fußballmannschaft der Vater den Sohn daran erinnert, dass er es ist, der als »Familienoberhaupt« in der Familie das Sagen habe und somit auch entscheiden könne, welche Mannschaft besser ist. Die Qualität, Familienoberhaupt zu sein, steht mit der Frage der Qualität eines Fußballvereins in keinem Zusammenhang. Daher ist diese Machtbeziehung als diskursextern zu bezeichnen. Chancengleichheit und die Abwesenheit von diskursexternen Machtbeziehungen soll sicherstellen, dass immer nur das bessere Argument obsiegt.

Lebenswelt

Neben dem praktischen und dem theoretischen Diskurs gibt es noch das Konzept der Lebenswelt. In der »Theorie kommunikativen Handelns« arbeitet Habermas dieses Modell aus. Innerhalb einer Lebenswelt ist das Gelingen von Kommunikation deutlich wahrscheinlicher, als wenn Personen kommunizieren, die sich nicht innerhalb der gleichen Lebenswelt befinden. Kommunikativ handelnde Subjekte verständigen sich stets im Horizont ihrer Lebenswelt. Die Lebenswelt bedeutet in diesem Zusammenhang ein (gemeinsames) Set an »mehr oder weniger diffusen, stets unproblematischen Hintergrundüberzeugungen« (Habermas 1981, 107). Sie dient als gemeinsamer Vorrat an Überzeugungen und Erfahrungen, der so eine intersubjektiv geteilte soziale Welt für ihre »Bewohner« bildet. Die Angehörigen dieser Lebenswelt grenzen die »eine objektive Welt und die intersubjektiv geteilte soziale Welt gegen die subjektiven Welten von Einzelnen und (anderen) Kollektiven ab« (ebd.).

Intersubjektiv geteilte Welt

In der Lebenswelt sind auch die Erfahrungen vorangegangener Generationen gespeichert. Daher bezeichnet Habermas die Lebenswelt als »konservatives Gegengewicht gegen das Dissensrisiko, das mit jedem aktuellen Verständigungsvorgang entsteht« (ebd.). Die Wahrscheinlichkeit, dass Kommunikation gelingt und ein Konsens erreicht wird, ist innerhalb einer Lebenswelt deutlich größer, als wenn die Kommunikation verschiedene Lebenswelten überschreiten muss (vgl. Habermas 1981, 410–452).

Zusammenfassung

Lebenswelt

Die Lebenswelt bildet für die Kommunikationsteilnehmer einen gemeinsamen Wissenshorizont, auf den sie sich jeweils beziehen können. Sie können dabei immer davon ausgehen, dass der Gesprächspartner weiß, was gemeint ist. Die Lebenswelt dient also als gemeinsamer Vorrat an Überzeugungen und Erfahrungen, gleichzeitig sind in ihr auch Erfahrungen vorangegangener Generationen gespeichert. Sie dient zudem der Abgrenzung gegenüber Fremden mit ihren Lebenswelten.

Grundbedingungen kommunikativen Handelns

Eine Grundbedingung kommunikativen Handelns ist, dass es stets rational sein muss. Rational ist eine Handlung, die eine Verknüpfung von Wissen und Rationalität beinhaltet. Eine Meinung ist um so rationaler, je zuverlässiger das Wissen ist, auf dem sie aufbaut.

Die Rationalität einer Äußerung bemisst sich an den »internen Beziehungen zwischen dem Bedeutungsgehalt, den Gültigkeitsbedingungen und den Gründen, die nötigenfalls für die Gültigkeit bzw. für die Wahrheit der Aussage oder für die Wirksamkeit der Handlungsregel angeführt werden können« (Habermas 1981, 25 ff.). Die Rationalität einer Äußerung ist auf Kritisierbarkeit und Begründungsfähigkeit zurückzuführen. Die Voraussetzungen für Rationalität erfüllt eine Äußerung, sobald sie einen objektiven Bezug zur Tatsachenwelt hat und somit einer objektiven Beurteilung zugänglich ist. »Objektiv kann eine Beurteilung nur dann sein, wenn sie anhand eines transsubjektiven Geltungsanspruchs vorgenommen wird, der für beliebige Beobachter und Adressaten dieselbe Bedeutung hat wie für das jeweils handelnde Subjekt selbst.« (Habermas 1981, 27). Mit Habermas kann man Geltungsansprüche am besten wie folgt beschreiben:

Kennzeichen von Rationalität

Geltungsansprüche

»Der Begriff des kommunikativen Handelns nötigt dazu, die Aktoren auch als Sprecher und Hörer zu betrachten, die sich auf etwas in der objektiven, sozialen oder subjektiven Welt beziehen und dabei gegenseitig Geltungsansprüche erheben, die akzeptiert oder bestritten werden können. [...] Verständigung funktioniert als handlungskoordinierender Mechanismus in der Weise, daß sich die Interaktionsteilnehmer über die beanspruchte *Gültigkeit* ihrer Äußerungen einigen, d.h. *Geltungsansprüche*, die sie reziprok [gegenseitig] erheben, intersubjektiv anerkennen. Ein Sprecher macht einen kritisierbaren Anspruch geltend, indem er sich mit seiner Äußerung zu mindestens einer ›Welt‹ verhält [z. B. zu seiner Lebenswelt].« (Habermas 1984, 588).

Dabei ist sich der kommunikativ Handelnde (Aktor) bewusst, dass dieses Verhalten einer objektiven Beurteilung zugänglich ist. Das nutzt er dazu, seinen Gegenüber zu einer rationalen Stellungnahme zu motivieren. Ein in diesem Sinne agierender Aktor muss mit seiner Aussage vier Geltungsansprüche erheben:

- dass die gemachte Aussage wahr ist,
- dass die intendierte Handlung mit Bezug auf einen geltenden normativen Kontext richtig ist,
- dass die manifeste Sprecherintention so gemeint ist, wie sie geäußert ist, also »wahrhaftig« ist (ebd.),
- dass die Aussage verständlich ist.

Es ist jedoch zu beachten, dass Habermas die Verständlichkeit später nicht mehr als Geltungsanspruch kennzeichnet, sondern als Voraussetzung für alle gelingende Kommunikation (Horster 1999, 52).

> ### Zusammenfassung
>
> **Die drei (vier) Geltungsansprüche einer Aussage**
> 1. Die gemachte Aussage ist wahr → Wahrheit.
> 2. Die intendierte Handlung ist mit Bezug auf einen geltenden normativen Kontext richtig → Richtigkeit.
> 3. Die deutlich erkennbare Absicht des Sprechers ist so gemeint, wie sie geäußert ist → Wahrhaftigkeit.
> (4. Die gemachte Aussage ist verständlich → Verständlichkeit.)

Der Sprecher einer Aussage geht dabei davon aus, dass sein Gesprächspartner ihn versteht, ohne dass er, der Sprecher, alles genau erklären muss. Hier kommt der Begriff der Lebenswelt zum Tragen. Alle Kommunikation beinhaltet das Risiko des Scheiterns: »das Risiko der fehlschlagenden Verständigung, also des Dissenses oder des Mißverständnisses, und das Risiko des fehlschlagenden Handlungsplanes, also des Mißerfolgs« (ebd., 589). Das Risiko des Scheiterns ist geringer, wenn die Kommunikation innerhalb einer Lebenswelt stattfindet.

Habermas' Modell der deliberativen Demokratie

In seinem 1992 erschienenen Buch »Faktizität und Geltung« behandelt Habermas das Modell der deliberativen Demokratie explizit in Kapitel VII als »ein[en] Verfahrensbegriff der Demokratie« (Habermas 1992, 349). Dies zeigt deutlich, dass es Habermas hier auf die prozedurale Ebene von Demokratie ankommt. Er formuliert:

»In den anspruchsvollen Verfahrensbedingungen und Kommunikationsvoraussetzungen, auf die eine legitime Rechtsetzung angewiesen ist, hat die normensetzende und -prüfende Vernunft eine prozedurale Gestalt angenommen.« (Habermas 1992, 349).

Angesichts des modernen interventionistischen Rechtsstaats, also eines Staates, der in vielfältige Lebenszusammenhänge der Bürger eingreift, in dem daher »soziale Rechte zur Sicherung personaler Autonomie« unabdingbar sind, solche Rechte gleichzeitig aber nicht paternalistisch verteilt werden können, ohne die Autonomie der Subjekte zu verletzen, fordert Habermas, dass das Sozialstaatsprojekt auf einer höheren Reflexionsstufe fortgesetzt wird. Dabei darf sich die personale Autonomie nicht nur auf private Autonomie erstrecken, sondern sie muss gleichzeitig die öffentli-

Autonomie und Vernunft

che Autonomie beinhalten, d. h. sie muss die kommunikative Freiheit beinhalten, jederzeit zu »kritisierbaren Geltungsansprüchen Stellung zu nehmen« (Habermas 1992, 161).

Rechtsstaat und Demokratie

Habermas versucht mit seinem Konzept der deliberativen Demokratie den internen Zusammenhang von Rechtsstaat und Demokratie aufzuzeigen: Deliberative Demokratie begreift die Prinzipien des Rechtsstaats als Antwort auf die Frage, wie die anspruchsvollen Kommunikationsformen einer demokratischen Willens- und Meinungsbildung institutionalisiert werden können. Nur verschiebt sich nun die Legitimationsbasis des demokratischen Rechtsstaats in das demokratische Verfahren.

Wie kann das funktionieren? Habermas schwebt ein öffentlicher Diskurs vor, der die rationale Willens- und Meinungsbildung unterstützen soll. Damit beruht die Qualität der Demokratie auf der Basis einer aktiven Zivilgesellschaft, wie er deutlich macht:

»Im prozeduralistischen Rechtsparadigma wird die politische Öffentlichkeit nicht nur als Vorhof des parlamentarischen Komplexes vorgestellt, sondern als die impulsgebende Peripherie, die das Zentrum *einschließt*. Sie wirkt über den Haushalt normativer Gründe ohne Eroberungsabsicht auf alle Teile des politischen Systems ein. Über die Kanäle allgemeiner Wahlen und spezieller Beteiligungsformen setzen sich öffentliche Meinungen in eine kommunikative Macht um, die den Gesetzgeber autorisiert und eine steuernde Verwaltung legitimiert, während die öffentlich mobilisierte Rechtskritik einer rechtsfortbildenden Justiz verschärfte Begründungspflichten auferlegt.« (Habermas 1992, 533)

Definition

Deliberative Demokratie

Habermas' Vorstellungen einer deliberativen Demokratie zielen darauf ab, den internen Zusammenhang von Rechtsstaat und Demokratie aufzuzeigen. Durch einen öffentlichen Diskurs der rationalen Willens- und Meinungsbildung soll Demokratie auf die Grundlage der aktiven Zivilgesellschaft gestellt werden. Die dabei für die deliberative Demokratie notwendige Öffentlichkeit muss für jeden gleichermaßen zugänglich sein und darf keinerlei Restriktion unterliegen. Das Modell der deliberativen Demokratie setzt auf informelle Netzwerke der zivilgesellschaftlichen Assoziationen und betont die plebiszitären und basisdemokratischen Elemente.

In »Die Einbeziehung des Anderen« hat Habermas verdeutlicht, dass er mit dem Modell der deliberativen Demokratie das normative Potential des demokratischen Rechtsstaats herausstreichen möchte. Neben den informellen Netzwerken der zivilgesellschaftlichen Assoziationen setzt er dabei auf plebiszitäre, basisdemokratische Elemente. Darüber hinaus ist die Demokratisierung von Justiz und Verwaltung ein wichtiger Bestandteil dieses Konzeptes. Ganz zentral aber für die deliberative Demokratie ist das Konzept der »Öffentlichkeit«.

Plebiszitäre, basisdemokratische Elemente

In der modernen Zivilgesellschaft gründet sich die rechtlich institutionalisierte Willensbildung und die kulturell mobilisierte Öffentlichkeit von Staat und Ökonomie getrennt. Die für die deliberative Demokratie notwendige Öffentlichkeit ist also eine, die für jeden gleichermaßen zugänglich ist und die keinerlei Restriktion unterliegt. Dies bewirkt, dass Einzelinteressen nicht unwidersprochen durchgesetzt werden können, sondern dass auch diese durch den Filter öffentlicher Diskussion müssen, was ein zentraler Bestandteil der deliberativen Demokratie ist: »Entscheidend ist, dass im Modell der deliberierenden Demokratie die politisch vollzogene Sozialintegration durch einen diskursiven Filter hindurch muss, der die institutionalisierte verfahrensregulierte Öffentlichkeit und die plurale Öffentlichkeit der Zivilgesellschaft miteinander verbindet. So mobilisiert sich kommunikative Macht, die ihren Ausdruck im Recht finden kann.« (Hofmann 2004, 213).

Öffentlichkeit

Zusammenfassung

Habermas' Diskursethik

Der zentrale Punkt in Habermas' Diskursethik ist der der Öffentlichkeit. Sie muss sich getrennt von Staat und Ökonomie konstituieren, will sie ihre Aufgabe wahrnehmen. Diese Öffentlichkeit bedeutet, dass jeder den gleichen Zugang zu ihr hat und dementsprechend jeder die gleichen Möglichkeiten besitzt, an den Regelsetzungen des demokratischen Rechtsstaats mitzuwirken. Ziel einer diskursiven Theorie der Demokratie ist es, die Autonomie der Subjekte innerhalb des Rechtsstaats zu erhöhen und gleichzeitig die Einbeziehung aller gesellschaftlichen Gruppen zu gewährleisten. Grundlage der Diskurstheorie sind Habermas' Überlegungen zum kommunikativen Handeln aus den 1980er-Jahren, die das theoretische Rahmenwerk für eine Theorie diskursiver Demokratie bilden.

4.2.2.2 | Michel Foucault

Leben und Werk

Michel Foucault (1926–1984)

Michel Foucault studierte an der École Normale Supérieure in Paris Philosophie und Psychologie. Nach einigen Jahren als Kulturvertreter Frankreichs im Ausland erhielt er 1961 noch vor seiner Disputation einen Ruf an die Universität von Clermont-Ferrand. Seine Promotion bekam er 1961 für seine Monographie »Wahnsinn und Gesellschaft« (dt. 1973). 1966 bis 1968 arbeitete er in Tunis, danach bis 1970 als Philosophieprofessor in Vincennes. 1970 erhielt er einen Ruf auf eine Professur für die Erforschung der Geschichte der Denksysteme am Pariser Collège de France. Foucault starb 1984. Einige seiner Veröffentlichungen sind, neben der bereits genannten, »Die Ordnung der Dinge«, 1966 (dt. 1974), »Überwachen und Strafen«, 1975 (dt. 1976), »Sexualität und Wahrheit«, Bd. I–III, 1976–1984 (dt. 1977–1986), »Die Ordnung des Diskurses«, 1972 (dt. 1974).

Die Diskurskonzeption von Foucault geht davon aus, dass der Diskurs ein Aussagesystem darstellt. Das soll nicht mehr und nicht weniger heißen, als dass Aussagen in ihrer Hervorbringung den Regeln des Systemzusammenhangs, in dem sie entstehen, unterliegen. Man kann dementsprechend Diskurse auch als Praktiken bezeichnen und als solche unterscheiden sie sich von den nicht-diskursiven, d. h. den technischen, institutionellen, ökonomischen und politischen Praktiken. In »Die Ordnung des Diskurses« heißt es jedoch, dass die diskursiven Praktiken nicht-diskursiven Bedingungen unterstehen: der Macht und dem Begehren.

Diskurse als Praktiken

Prinzipiell kann man feststellen, dass Foucault sich mit der Herrschaft der sozialen Institutionen, mit Diskursen und mit Praktiken zur Beherrschung und Kontrolle des Individuums beschäftigt. Nach Foucault entstanden diese Institutionen, Diskurse und Praktiken, da die »Vernunft« im klassischen Griechenland nur Chaos vorfand und daher die Strategie verfolgte, die soziale Welt nach rationalen Prinzipien zu strukturieren, um so das Chaos zu bändigen. Dabei versucht sie alle Arten der Erfahrung durch ein System von Wissen und Diskurs zu systematisieren und zu klassifizieren. Die daraus resultierenden Systeme versteht Foucault als

Schwerpunkt Foucaults

Sprachsysteme, die mit der sozialen Praxis verwoben sind (Best/Kellner 1991, 38). Man kann sie als Diskurse in Foucaults Sinn bezeichnen.

Foucault verdeutlicht dies anhand von Untersuchungen über den Wahnsinn, die Disziplinargesellschaft und die Sexualität. Dabei wird deutlich, dass es immer verschiedene Diskurse zu einem Themengebiet gibt, jedoch einer dieser Diskurse derjenige ist, der die Macht hat und dementsprechend die anderen unterdrückt. Dabei wird manches Verhalten als konform anderes als nonkonform bewertet. Das nonkonforme Verhalten wird dann von der Gesellschaft abgestraft. Beispielhaft lässt sich dies an Foucaults Geschichte des Bestrafens sehen. Die Methoden und damit die herrschenden Diskurse der Bestrafung verändern sich im Laufe der Geschichte regelmäßig. Das heißt aber nicht, dass es zu einem Zeitpunkt immer nur einen Diskurs gibt, aber es gibt immer einen hegemonialen Diskurs. Und dieser bestimmt, welche Form des Überwachens und Bestrafens in der gesellschaftlichen Realität angewandt wird (Foucault 1994). In der Regel ist es so, dass die herrschende Klasse die Definitionsmacht über die hegemonialen Diskurse besitzt.

Hegemoniale Diskurse

Wissen und Macht

Foucault stellt fest, dass menschliche Erfahrungen mehr und mehr Gegenstand der wissenschaftlichen Untersuchung wurden. Dabei werden sie innerhalb rationalistischer und wissenschaftlicher Referenzrahmen diskursiv (re)konstituiert, d.h. innerhalb der Diskurse des modernen Wissens untersucht und erforscht und somit neu gegründet. M.a.W.: Die menschlichen Erfahrungen und Handlungen werden zunehmend wissenschaftlich analysierbar und erklärbar und damit auch für Administration und Kontrolle zugänglich. Im 18. Jahrhundert gab es dann eine »diskursive Explosion«, die alles menschliche Verhalten unter den »Imperialismus« der modernen Diskurse und des Regimes von Macht und Wissen gestellt hat.

Administration und Kontrolle

Mit der Aufklärung also geraten die Menschen mehr und mehr unter ein Kontrollregime, das immer mehr Bereiche des Lebens umfasst. Foucault argumentiert hier, dass die Aufklärung die politische Macht der Vernunft vervielfacht und alle Bereiche des sozialen Lebens infiltriert hat (ebd., 39). Ein Vergleich mit den Ausführungen Horkheimers und Adornos – die ebenfalls der Überzeugung waren, dass die Rationalität, wie sie sich in der Moderne etabliert hat, eine Zwangsmacht darstellt, die die Menschen nicht befreit, sondern vielmehr unterjocht – bietet sich hier an.

Zusammenfassung

Diskurse als Instrumente der Beherrschung und Kontrolle

Die von Foucault beispielhaft behandelten Diskurse der Sexualität, des Wahnsinns und der Disziplin zeigen deutlich, dass diese Diskurse dazu verwendet werden, den Menschen ihr Verhalten vorzuschreiben. Bei abweichendem Verhalten droht das Wegsperren des Delinquenten bzw. des Patienten. Die Diskurse sind zwar prinzipiell offen für jeden, doch existieren Techniken des Ausschlusses aus Diskursen, wie die der Zulassung und die des Kommentars und der Disziplin.

Die Diskurse stellen also das menschliche Verhalten unter Beobachtung und schließen diejenigen aus, die sich zu abweichend verhalten. »Zu abweichend« soll heißen, dass – je nach Regime – bestimmte Formen des Nonkonformismus erlaubt sind.

Die Ordnung des Diskurses

In »Die Ordnung des Diskurses« behauptet Foucault, dass Diskurse – verstanden als »eine Menge von Aussagen, die einem gleichen Formationssystem zugehören« (Foucault 1973, 156) – von nicht-diskursiven Kräften bestimmt werden. Ein Beispiel für ein Formationssystem wäre etwa Sexualität, Wahnsinn oder der Umgang mit Straffälligen. Dabei formuliert Foucault die Hypothese, dass in »jeder Gesellschaft die Produktion des Diskurses zugleich kontrolliert, selektiert, organisiert und kanalisiert wird – und zwar durch gewisse Prozeduren, deren Aufgabe es ist, die Kräfte und die Gefahren des Diskurses zu bändigen, sein unberechenbar Ereignishaftes zu bannen, seine schwere und bedrohliche Materialität zu umgehen« (Foucault 2000, 10 f.).

Vier diskursive Praktiken

Man kann bei Foucault vier Formationen der diskursiven Praxis unterscheiden: Die Formation der Dinge, der Begriffe, der Sprechertätigkeit, der Strategien/thematischen Wahlen. Diese vier Formationen bilden untereinander ein Abhängigkeitssystem (Diaz-Bone 2005, 182 f.; vgl. Foucault 1973, 106), mit der Folge, dass »alle Positionen des Subjekts, alle Typen der Koexistenz zwischen Aussagen, alle diskursiven Strategien« nicht im gleichen Maße möglich sind, »sondern nur diejenigen, die durch die vorhergehenden Ebenen autorisiert werden« (Foucault 1973, 106). Die Aussagenproduktion der diskursiven Praxis rekonstruiert permanent die Wissensordnung der Diskurse, in denen – als kollektiver Denkraum – »Eigenschaften, Sachverhalte, Prozesse, Probleme, Akteure etc. geordnet sind«. Man kann daher sagen, dass Diskurse sich in sozialen Feldern verorten lassen, deren Praxisform sie gleichzeitig sind, d. h. dass sie erst die sozialen Felder »als kollektive Wissensbestände« eröffnen (Diaz-Bone 2005, 182).

Die Stellung des Subjekts im Diskurs wird von Foucault entwertet. Für ihn ist das Subjekt nichts anderes als eine bestimmte diskursive Formation in der wissenschaftlichen Ordnung, die immer wieder verschwinden muss, da sie bloß ein Element in einem – dem Subjekt immer vorausgehenden – Regelzusammenhang ist. Das Subjekt kann nicht mehr – wie in der Philosophie der Neuzeit – Ursprung aller Erkenntnis und Wahrheit sein. Die Dinge haben keine unbedingte Notwendigkeit, es muss nicht hinter jeder Handlung ein Subjekt stehen und auch die Geschichte hat keine festgelegte Ordnung (Foucault 1999, 367–462).

Stellung des Subjekts

Was bedeutet das nun für den foucaultschen Diskursbegriff? Ein Diskurs muss als ein Prozess verstanden werden, in dem Äußerungen miteinander und mit Gegenständen verknüpft werden, was dazu führt, dass »diese Gegenstände in einer bestimmten Bedeutung und damit auch bestimmten Form des Wissens überhaupt erst produziert werden« (Nonhoff 2004, 71). Anders formuliert heißt das, dass in dem Diskurs Gegenstände (Wissensbestände) und Formen in neuer Bedeutung erst konstruiert werden müssen, um so erst neues Wissen zu ermöglichen.

Zu einer diskursiven Formation kommt es aber erst, wenn unterschiedliche Aussagen verschiedene Dinge und Fakten betreffend regelmäßig sinngemäß wiederholt werden, sodass man von ihnen sagen kann, dass sie einen »dauerhaften« Bestand haben und somit einen legitimen Wissensbestand begründen. Solche Formationen sind immer im Fluss und müssen als beständig im Akt des Werdens und der Veränderung gedacht werden. Diskursive Formationen sind dann als ein Prozess mit relativer Bestandsgarantie zu denken, der aber äußeren Einflüssen unterliegt und somit langfristig auch dem Wandel und/oder der Auflösung offensteht (vgl. Nonhoff 2004, 72; Foucault 1973, 48–60).

Diskurs als Formation

Diese Formationen scheiden das Richtige vom Falschen, das Normale vom Unnormalen. Diese Unterscheidungen treffen dann

Richtig und Falsch

auch die Individuen: Denn die Bestimmung dessen, was normal ist, hat die Folge der Ausschließung für den, der Kraft dieses Formationssystems als unnormal bezeichnet wird. Er kommt dann beispielsweise ins Irrenhaus oder ins Gefängnis. Foucault beschreibt diese Exklusion wie folgt:

»Seit dem Mittelalter ist der Wahnsinnige derjenige, dessen Diskurs nicht ebenso zirkulieren kann wie der der andern: sein Wort gilt für null und nichtig, es hat weder Wahrheit noch Bedeutung, kann vor Gericht nichts bezeugen [...]; andererseits kann es aber auch geschehen, dass man dem Wort des Wahnsinnigen im Gegensatz zu jedem andern eigenartige Kräfte zutraut [...].« (Foucault 2000, 12).

Inklusion und Exklusion

Die Regeln, die das bestimmen, werden kraft des Diskurses festgelegt. Insofern kann man sagen, dass von diesen Formationen Macht ausgeht. Sie legt fest, wie man sich innerhalb der Reichweite dieser Formation zu verhalten hat und entscheidet darüber, was richtig und was falsch ist.

Zusammenfassung

Foucaults Diskursbegriff

- Der Diskurs kann nach Foucault aus unterschiedlichen gesellschaftlichen Formationen bestehen, in denen bestimmte Machtverhältnisse existieren. Die gesellschaftliche Diskurse sind konstruiert und kanalisieren bestimmte Themen.
- Die Aussagenproduktion der diskursiven Praxis rekonstruiert permanent die Wissensordnung der Diskurse, in denen – als kollektiver Denkraum – Probleme, Sachverhalte, Akteure etc. geordnet sind. Insofern lassen Diskurse sich in sozialen Feldern verorten, deren Praxisform sie gleichzeitig sind.
- Die Diskurse scheiden das Richtige vom Falschen, das Normale vom Unnormalen und setzen somit einen Selektionsprozess innerhalb der Gesellschaft in Gang.

Der Diskurs und seine Folgen

Was beabsichtigt Foucault mit seinem Diskurskonzept? Es ist ein Versuch, den Zufall, das Diskontinuierliche und die Körperlichkeit mitzudenken, sie in die Geschichte der Ideen einzubauen. Dies ist natürlich ein Affront gegen die Arten der Geschichtsschreibung, die immer nur an das Gegebene, an das tatsächlich Geschehene sich orientieren, dabei aber immer nur das festhalten, das langfristig die Oberhand behalten hat. Walter Benjamin (1898–1940) hat einmal festgestellt, dass es nicht darauf ankomme, die Geschichte der Sieger zu schreiben, sondern die der Unterdrückten (Benjamin 1991, 697). Vom Gestus her ist Foucaults Diskurskonzept ähnlich. Seine Analysen gehen in zwei Richtungen: in die der Kritik und in die der Genealogie (Abstammungs- bzw. Herkunftsgeschichte).

Kritik und Genealogie

Bei seiner Analyse der Kritik will Foucault »die Formen der Ausschließung, der Einschränkung und der Aneignung [...] erfassen« und untersuchen (Foucault 2000, 38). Mit der Genealogie will er untersuchen, »wie sich durch diese Zwangssysteme hindurch [...] Diskursserien gebildet haben; welche spezifischen Normen und welche Erscheinungs-, Wachstums- und Veränderungsbedingungen eine Rolle gespielt haben« (ebd., 39).

Die Formen der »Ausschließung, der Einschränkung und der Aneignung« sind als die verschiedenen bisherigen Funktionen der Diskurse zu verstehen. Dabei spielt die Disziplin eine entscheidende Rolle in der Produktion der jeweiligen Diskurse als eines ihrer Kontrollprinzipien: »Sie [die Disziplin] setzt ihr [der Produktion des Diskurses] Grenzen durch das Spiel einer Identität, welche die Form einer permanenten Reaktualisierung der Regeln hat.« (ebd., 25). Foucault nennt zwei weitere Kontrollprinzipien: das des Kommentars (ebd., 18 ff.) und die Kontrolle des Zugangs zu dem Diskurs (ebd., 25 ff.). Diese drei Kontrollformen, die Disziplin, der Kommentar und die Zugangskontrolle sind sehr wirksam. Ändert man die Regeln der Disziplin, so ändert sich der von Ausschließung betroffene (Personen-)Kreis, der Kommentar verringert die Möglichkeiten des Zufalls und dadurch die Wahrscheinlichkeit, dass etwas wirklich Neues entsteht und die Kontrolle des Zugangs erklärt sich von selbst: Nur die dürfen teilhaben, die gewisse Zugangsvoraussetzungen erfüllt haben.

Disziplin

Der Diskurs wird nach Foucault durch »die Begrenzungen seiner Macht, die Bändigung seines zufälligen Auftretens und die Selektion unter den sprechenden Subjekten« (ebd., 26) eingeschränkt. Dies alles bezeichnet Foucault als das Ritual der Diskurse, das man bei jedem Diskurs finden kann. Diese Rituale bestimmen für die »sprechenden Subjekte sowohl die besonderen Eigenschaften wie die allgemein anerkannten Rollen« (ebd., 27). Dies hat die Geschlossenheit der jeweiligen Diskurse mit ihren »Wahrheiten« zur Folge

Ritual der Diskurse

und hat eine doppelte Unterwerfung als Konsequenz: »die Unterwerfung der sprechenden Subjekte unter die Diskurse und die Unterwerfung der Diskurse unter die Gruppe der sprechenden Individuen« (ebd., 29). Die Folge davon ist, dass unliebsame Diskursteilnehmer und Meinungen aus dem Diskurs herausgehalten werden, aber auch, dass der Diskurs in seiner Entwicklung gehemmt ist, da durch diese Abschirmung gegenüber von außen kommenden neuen Meinungen/Gedanken der Diskurs selbst unter der »Begrenztheit« seiner Teilnehmer leidet.

Foucault diskutiert in einigen seiner Vorlesungen die Theorie eines fortwährenden gesellschaftlichen Machtkampfs, der von dem »juridisch-politischen« Diskurs, also dem bestehendem Gesellschaftssystem verdeckt wird. Aus der Perspektive eines »historisch-politischen« Diskurses kann dieser Machtkampf aufgedeckt werden. Dabei zeigt sich, dass die bisherige geschichtliche Entwicklung vor allem eine kontinuierliche Reihe von Rassenkonflikten war, in denen unterschiedliche Gruppen um die gesellschaftliche Hegemonie stritten. Dies macht deutlich, dass es immer mehrere Diskurse gleichzeitig gibt, von denen aber immer nur einer der bestimmende sein kann. Das »bestimmend Sein« eines Diskurses kann so weit gehen wie es im Falle des Rassenpluralismus im 20. Jahrhundert geschehen ist: Die beiden Schreckensherrschaften des 20. Jahrhunderts, der Stalinismus und der Nationalsozialismus haben die prinzipielle Rassenpluralität nivelliert (Hofmann 2004, 162 f., vgl. Foucault 1986). Beides sind wohl Beispiele für ausschließende Diskurse, die keine anderen neben sich dulden wollen. Die Folgen solcher ausschließenden Diskurse sind in letzter Konsequenz totalitäre Regime, alles aus einem Prinzip erklärende Ordnungsvorstellungen, Gewalt und Unterdrückung.

Pluralismus der Diskurse

Obwohl alle Diskurse die Tendenz haben, andere Diskurse zu unterdrücken, nicht zuletzt um an die Macht zu gelangen bzw. um an der Macht zu bleiben, gelingt dies in der Regel nicht, da es schlicht zu viele Diskurse gibt, die versuchen, die gesellschaftliche Macht zu erreichen. Insofern kann man mit Foucault die diskursive Vielfalt als Bedingung von Gesellschaft betrachten. Ist sie – wie im Falle von Stalinismus und Nationalsozialismus – nicht mehr gegeben, dann muss man feststellen: »Das Leben lebt nicht.« (zitiert nach Adorno 1951, 20, → vgl. Kap. 3.1.1.2).

Zusammenfassung

Die Diskurse und ihre gesellschaftliche Realität

Unter Diskurs versteht Foucault mit der sozialen Praxis verwobene Sprachsysteme bzw. eine Menge von Aussagen, die einem gleichen Formationssystem zugehören. Diese Formationen scheiden Richtig von Falsch, Normal von Unnormal. Dies hat Folgen für die Individuen: Wer als unnormal bzw. wessen Handlungen als falsch angesehen werden, muss mit Exklusion aus der Gesellschaft rechnen.

Seit dem 18. Jahrhundert steht alles menschliche Verhalten unter der Bewertung durch die verschiedenen Diskurse, wie Disziplin, Wahnsinn und Sexualität, und der Kontrolle von Macht und Wissen. Die Produktion des Diskurses wird in jeder Gesellschaft zugleich kontrolliert, selektiert, organisiert und kanalisiert. Durch gewisse Prozeduren werden die Kräfte und die Gefahren des Diskurses gebändigt, sodass sie immer nur das bewirken, was diejenigen, die diese Diskurse beherrschen, beabsichtigen.

Zentral ist weiterhin, dass es immer mehrere Diskurse zugleich gibt. Diese Pluralität der Diskurse ist wichtig, ist sie es doch, die gewährleistet, dass i.d.R. kein Diskurs zu mächtig wird. Foucaults Bestreben, über das Konzept des Diskurses die gesellschaftlichen Machtverhältnisse zu verstehen, ist ein Versuch, den Zufall, das Diskontinuierliche, die Körperlichkeit und die Geschichte der Unterdrückten mitzudenken.

Lernkontrollfragen

1 Erläutern Sie Habermas' Konzept der Lebenswelt und dessen Stellung innerhalb seiner Diskurstheorie.

2 Wieso denkt Foucault, dass sich innerhalb der gesellschaftlichen Diskurse die gesellschaftlichen Machtverhältnisse abbilden?

3 Erläutern Sie in aller Kürze Differenzen und Gemeinsamkeiten der Diskursbegriffe von Habermas und Foucault.

Literatur

Primärliteratur

Adorno, Theodor W. (1951), Minima Moralia. Reflexionen aus dem beschädigten Leben, in: Ders. (1997), Gesammelte Schriften, hrsg. von Rolf Tiedemann, Frankfurt/Main.

Althusser, Louis (1977), Ideologie und ideologische Staatsapparate, Hamburg.

Benjamin, Walter (1991), Über den Begriff der Geschichte, in: ders., Gesammelte Schriften, Bd. I.2, hrsg. von Rolf Tiedemann, Frankfurt/Main, 691–704.

Habermas, Jürgen (1999), Die Einbeziehung des Anderen, Frankfurt/Main.

Habermas, Jürgen (1992), Faktizität und Geltung. Beiträge zur Diskurstheorie des Rechts und des demokratischen Rechtsstaates, Frankfurt/Main.

Habermas, Jürgen (1984), Vorstudien und Ergänzungen zur Theorie des kommunikativen Handelns, Frankfurt/Main.

Habermas, Jürgen (1983), Moralbewußtsein und kommunikatives Handeln, Franfurt/Main.

Habermas, Jürgen (1981), Theorie kommunikativen Handelns, 2 Bde., Bd. 1: Handlungsrationalität und gesellschaftliche Rationalisierung, Frankfurt/Main.

Habermas, Jürgen (1973), Zum Begriff der politischen Beteiligung, in: ders., Kultur und Kritik. Verstreute Aufsätze, Frankfurt/Main, 9–60.

Foucault, Michel (2000), Die Ordnung des Diskurses, Frankfurt/Main.

Foucault, Michel (1999), Die Ordnung der Dinge, Frankfurt/Main.

Foucault, Michel (1994), Überwachen und Strafen. Die Geburt des Gefängnisses, Frankfurt/Main.

Foucault, Michel (1986), Vom Licht des Krieges zur Geburt der Geschichte, Berlin.

Sekundärliteratur

Best, Steven, Kellner, Douglas (1991), Postmodern Theory. Critical Interrogations, New York.

Dreyfus, Hubert L., Rabinow, Paul (1994), Michel Foucault. Jenseits von Strukturalismus und Hermeneutik, Weinheim.

Fink-Eitel, Hinrich (1997), Michel Foucault zur Einführung, Hamburg.
Fink-Eitels Einführung ist für den Studienanfänger nur bedingt geeignet, bleibt er doch dem hohen Abstraktionsniveau von Foucaults Werk treu.

Hofmann, Wilhelm (2004), Jürgen Habermas, in: Politische Theorie der Gegenwart in Einzeldarstellungen, hrsg. von Gisela Riescher, Stuttgart, 209–215.

Hofmann, Wilhelm (2004), Michel Foucault, in: Politische Theorie der Gegenwart in Einzeldarstellungen, hrsg. von Gisela Riescher, Stuttgart, 160–164.
Beide Darstellungen Hofmanns geben einen sehr schönen und die Kernthemen behandelnden Überblick über Habermas'
respektive Foucaults Werk. Hofmann macht auf die zentralen Probleme und Ideen beider Autoren aufmerksam. Somit kann der Leser beide Lexikonartikel als Anleitung zum Lesen der Werke Foucaults und Habermas' nehmen.

Honneth, Axel (1989), Kritik der Macht. Reflexionsstufen einer kritischen Gesellschaftstheorie, Frankfurt/Main.

Horster, Detlef (2006), Jürgen Habermas zur Einführung, Hamburg.
Detlef Horster versteht es, Habermas' Werk so darzustellen, dass die Werkentwicklung deutlich wird. Habermas' Theorie kommunikativen Handelns und seine Diskurstheorie werden anschaulich behandelt, zumindest in der dem Autor bekannten Ausgabe aus dem Jahr 1999.

Lemke, Thomas (2005), Geschichte und Erfahrung. Michel Foucault und die Spuren der Macht, in: Michel Foucault, Analytik der Macht, hrsg. von Daniel Defert und François Ewald, Frankfurt/Main, 318–348.

Lemke, Thomas (1997), Eine Kritik der politischen Vernunft. Foucaults Analyse der modernen Gouvernementalität, Hamburg.
Lemkes Monographie über die Gouvernementalität ist eine sehr gute Bestandsaufnahme von Foucaults politischem Denken. Sie zeigt wie dieses Denken auch im 21. Jahrhundert noch wichtige Anregungen geben kann. Neben einer umfangreichen Bibliographie hat diese Monographie den Vorteil, verständlich geschrieben zu sein und nachvollziehbar zu argumentieren.

Schneider, Wolfgang Ludwig (2005), Grundlagen der soziologischen Theorie. Bd. 2: Garfinkel – RC – Habermas – Luhmann, Wiesbaden.
Diese Einführung in die Grundlagen ist gut für Studienanfänger geeignet, da Schneider es sehr gut versteht, komplizierte Sachverhalte herunterzubrechen und sie verständlich darzustellen. Darüber hinaus arbeitet er oft auch mit Beispielen, die das Dargestellte verdeutlichen.

Register

Anarchie 65, 174, 231
– anarchisch 232
Aneignung 283, 301
Arbeit 10, 25f., 46, 82, 85, 89, 136, 142, 149,
    154, 157, 160–163, 166–175, 179, 185,
    188, 207, 269, 270, 273, 276, 279
Arbeiter 45, 104, 147, 153, 161–164, 170,
    194, 238f., 243f., 260
Aristokratie 53, 60, 65, 136, 138, 203
Aufklärung 8f., 25, 46, 49, 51, 75, 77, 84–86,
    97, 104, 106–109, 117, 131, 135, 144,
    163f., 180, 229f., 243, 266, 268, 272,
    291, 296f., 299, 303
Ausbeutung 162, 167
Autonomie 37, 46, 73, 85, 100, 105, 175,
    214, 216f., 262, 273, 293, 295

Beherrschung 110, 296, 298
Bourgeoisie 93, 164–168, 171–173, 241f.,
    245
Bürger 12, 18, 21, 40, 56, 58, 60–62, 78f.,
    95f., 116, 130, 132, 136, 139, 178–181,
    188, 190–195, 198, 203f., 208–211,
    223f., 230, 236, 239f., 260, 263, 265f.,
    268–275, 277, 284, 287, 293

Demokratie 12f., 19, 36, 41, 43f., 53, 58–60,
    65, 79, 81, 112, 127, 132, 138, 140,
    144f., 150, 152, 160f., 167, 187–190,
    192, 193–195, 198, 200, 203, 207–211,
    223, 225, 230, 232, 234, 253f., 256,
    265–270, 272–275, 277, 287, 293–295

– deliberative 265, 294f.
– direkte 270
– partizipatorische 12, 41, 195, 266–284
Dezision 77, 79
Diktatur 97, 130, 140, 144, 167, 174, 238
Diskurs 10, 37f., 69, 84–87, 89, 193, 198,
    232, 265, 276–278, 280, 282, 284–303

Egoismus 38, 41, 154, 160
Eigentum 39, 41, 63, 130f., 138f., 158, 162,
    166f., 178, 183–186, 188, 202f., 210
Ethik 23, 42, 55–58, 60, 66, 151
Exklusion 59, 65, 87, 94, 106, 139, 146, 195,
    210, 265f., 279f., 282f., 286, 300, 303

Feudalismus 130, 171f., 179–181
Föderalismus 12, 37, 192, 195, 198f., 201,
    214–234, 276, 280, 282, 284
Freiheit 8f., 11f., 15, 29, 31, 33, 35–51, 64,
    85, 94, 97f., 100, 102, 105, 109f., 115,
    121–125, 127, 129–131, 136f., 139,
    151–154, 157f., 165, 173–175, 178–186,
    189–195, 202, 208–210, 212, 219, 224,
    226f., 238, 245, 251, 269, 271, 283, 286,
    294

Geld 114, 119–121, 126, 185, 195, 253
Geltungsanspruch 289, 292f.
Gemeinschaft 11, 39f., 53, 59, 79, 81f.,
    84, 132, 145, 149, 162, 184–188,
    202–205, 218–220, 224, 238, 252,
    268, 271–277

Gerechtigkeit 8f., 11f., 15–21, 23–33, 55, 57, 60, 63, 137, 139, 151f., 159, 175, 204, 271, 281

Geschichte 41, 53, 61, 66, 72, 84, 96, 98f., 106, 113, 133, 137, 151f., 154, 164f., 168, 170, 172f., 230, 236, 248, 296f., 299–303

Gesellschaft 8, 15, 20, 24, 26–33, 35f., 38f., 41–51, 53, 62, 66, 74, 84, 86, 88, 90, 93f., 100, 102, 104–106, 108–110, 116, 122f., 125, 127, 131f., 135, 137–139, 143, 146f., 150–161, 163, 165, 167–169, 171–174, 179, 184–188, 190f., 193f., 199, 204, 218, 238f., 241–243, 249, 253, 262, 266, 268, 271, 276–280, 287, 296–298, 300, 302f.

Gesetz 47, 105, 107, 135, 137, 183f., 186f., 203–205, 211, 278, 281

Gewalt 61, 63, 72f., 80f., 84, 101, 107, 156, 167f., 183–188, 200f., 203–207, 210–212, 225, 227, 253, 302

Gewaltenteilung 12, 195, 198f., 200–202, 204, 206–212, 214–216, 221, 223, 226–228

– Exekutive 41, 64, 187f., 199–201, 204–209, 211f., 214f.

– Judikative 199–201, 206, 209–212, 215

– Legislative 41, 64, 184, 187f., 199–201, 203–209, 211f., 215

Gleichheit 17, 26, 39, 43, 82, 110, 130, 151, 154, 166, 180, 182, 190–195, 208, 216f., 270, 276

Globalisierung 12, 265, 267, 269, 278, 280, 284

Glück 19, 21–27, 57f., 76, 209, 270

Gott 62, 64, 105, 131, 135, 150, 182, 206, 218, 221, 286–289

Hermeneutik 10

Herrschaft 10f., 37, 44, 53–62, 64–70, 75–77, 79f., 85, 88f., 106, 108, 134, 136, 143, 153, 167f., 170, 181f., 210, 219, 249, 251f., 281, 287, 296

Heteronomie 37, 100, 108, 274

Ideologie 12, 47, 50, 93, 105, 129, 173, 181, 240, 248, 287, 289

Individuum 19, 21, 25, 32, 36, 39, 42, 43, 45, 47, 65, 87, 89f., 94, 102f., 124, 129f., 143, 154, 156, 178, 180, 187, 210, 221, 256, 268f.

Inklusion 26, 39, 59, 94, 151, 179, 192f., 195, 256f., 265–268, 272, 275, 277, 279–284, 300

Kapitalismus 50, 94, 109f., 124, 162, 257

Keynesianismus 114, 120f., 124

Kommunismus 129, 153, 172

Konservatismus 12, 41, 93, 129-147, 237

Kontrolle 90, 106, 143, 174, 201, 212, 227, 241, 259, 281, 287, 296–298, 301, 303

Kriegszustand 62f., 183f., 203

Kritik 88, 125, 142f., 146, 151, 155, 164, 180, 229, 244, 246, 268f., 276, 279, 287f., 301

Kultur 94–106, 108–110

Lebenswelt 102, 193, 290–293

Legitimation 36–38, 41, 53, 62f., 67, 73, 96, 98, 106, 131f., 134f., 137, 153–155, 169, 174, 182, 184–186, 195, 203, 205, 224, 233, 268, 283, 286–288

Liberalismus 12, 22–28, 35, 42–45, 93f., 112, 121–127, 129f., 132, 134, 142–144, 177–195, 200, 202–207, 209, 280

Macht 10f., 13, 39, 42, 49, 53f., 61–63, 65, 72–90, 102, 107, 117, 122, 124, 130, 132, 138, 142f., 174, 183f., 186, 189, 193, 195, 199f., 204f., 207, 210–212, 218, 223–227, 231, 241–245, 249–254, 265, 268, 276, 286, 290, 294–297, 300–303

– diskursive 85, 87, 89

Markt 112, 114f., 120, 124, 126f., 178, 180f., 256

Menschenbild 62, 75, 79, 122f.

Monarchie 53, 60, 65, 130, 137–139, 141, 181, 187f., 200, 203, 207–210, 230, 237

Monetarismus 12, 119, 121–123, 126

Nationalsozialismus 101–103, 141
Naturzustand 38f., 62–65, 135, 183f., 187,
  203, 205f.
Nonkonformismus 297f.

Objekt 41
Oligarchie 19, 60, 187f., 253

Partei 37, 140, 150, 164, 198, 200, 236–238,
  240–262
Partizipation 12, 198, 239, 265–267, 269,
  277f., 280, 282
Praxis 190, 279, 297f., 300, 303
Produktionsgenossenschaft 153, 155, 158–163
Proletariat 149f., 152, 164–168, 170, 172f.,
  179, 238, 242, 245, 247–249

Rationalität 17, 22, 28f., 33, 129, 250, 252,
  291, 297
Realität 14, 48, 50, 53, 76f., 93, 98–103, 105,
  120, 126f., 132, 156, 180, 195, 198, 216,
  218, 221, 238, 247, 250, 279, 281, 297,
  301–303
Revolution 36f., 61, 73, 80, 83, 130f.,
  134–138, 150, 154f., 166–168, 171–173,
  179, 182, 189, 194, 201, 223, 229–231,
  237f., 242f., 248, 255, 262

Selbsterhaltung 108, 185, 187f., 202f.
Souveränität 41, 66, 85, 87, 139, 215, 219,
  221–223, 233, 278f., 281, 284
Sozialismus 12, 93, 125, 129f., 149–153,
  155–157, 161, 163–169, 172–175, 179f.,
  238, 244, 246–248, 251, 260, 288

Staat 16–18, 21, 23, 42, 56, 59, 64f., 69f.,
  89f., 112–115, 117–121, 124, 126f., 129f.,
  132, 134, 140, 142f., 145f., 150–154,
  178f., 181, 185, 187f., 192, 195, 199,
  203f., 207f. 218–221, 224, 226, 231, 233,
  245, 252, 259, 268, 295
– Staatsform 203, 207, 222, 230, 266
– Staatsgebiet 228
Stalinismus 47
Subjekt 41, 49f., 85, 107, 110, 145f., 291f.,
  299

Tausch 109

Untertan 39, 41
Utilitarismus 17, 22–24, 26f., 35, 42, 45,
  159f., 179

Vertrag 44, 63–65, 135, 137, 182, 203f., 214,
  219
– Gesellschafts- 37–41
– Unterwerfungs- 64f.

Wahlen 12, 36, 38, 55, 72, 102, 131, 200,
  240, 250, 262, 265, 267, 273, 294, 298
Wahrheit 9, 44, 50, 84, 90, 143, 272, 292f.,
  296, 299f.
Widerstand 54, 97, 101, 206
Wille
– Einzelwille/Partikularwille 40
– Gemeinwille 39f., 237
– Wille aller 40
Wirtschaft 12, 16, 66, 94, 112–120, 122f.,
  127, 151, 160, 163, 249, 288